삼례도집주 三禮圖集注

권15~권19

【三】

삼례도집주【三】三禮圖集注 三

1판 1쇄 인쇄 2023년 10월 25일
1판 1쇄 발행 2023년 11월 6일

—

저 자 | 섭숭의
역주자 | 김용천 · 소현숙
발행인 | 이방원

—

발행처 | 세창출판사
신고번호 · 제1990-000013호 | 주소 · 서울 서대문구 경기대로 58 경기빌딩 602호
전화 · 02-723-8660 | 팩스 · 02-720-4579
http://www.sechangpub.co.kr | e-mail: edit@sechangpub.co.kr

—

ISBN 979-11-6684-214-6 94380
979-11-6684-211-5 (세트)

—

—

이 번역서는 2019년 대한민국 교육부와 한국연구재단의 지원을 받아 수행된 연구임 (NRF-2019S1A5A7068295).

삼례도집주 三禮圖集注

권15~권19

The Translation and Annotation of "**Sanlitujizhu**"

【三】

섭숭의聶崇義 저

김용천 · 소현숙 역주

세창출판사

옮긴이 해제

그림[圖]은 날실[經]이고, 글[書]은 씨실[緯]이니, 하나의 날실과 하나의 씨실이 서로 갈마들어 문장을 이룬다. 그림은 식물이고 글은 동물이니, 하나의 동물과 하나의 식물이 서로 필요로 하여 변화를 이룬다. 글만 보고 그림을 보지 않으면 그 소리를 들어도 그 형상을 보지 못하고, 그림만 보고 글을 보지 않으면 그 사람을 보아도 그 말을 듣지 못한다. 그림은 지극히 요약된 것이고 글은 지극히 넓은 것이니, 그림에 나아가서 쉬움을 구하고 글에 나아가서 어려움을 구한다. 옛날의 학자들은 학문하는 데 요점이 있었으니, 왼쪽에 그림을 두고 오른쪽에 글을 두고서, 그림에서 상징[象]을 찾고 글에서 이치[理]를 찾았다. 그러므로 옛사람들은 배우기가 쉬웠고 배우면 또한 공을 세우기 쉬웠으니, 들어서 시행하기만 하면 부절을 맞춘 듯이 일치하였다. 후세의 학자들은 그림에서 벗어나 글에만 나아가서 문사를 숭상하고 설명에 힘썼다. 그러므로 사람이 또한 배우기가 어려웠고 배워도 또한 공을 세우기 어려웠으니, 비록 평소 가슴속에 수많은 문장과 책을 통한 지식이 있더라도 일을 행해야 할 상황에 놓이게 되면, 망망히 향할 바를 알지 못했다. 진(秦)나라 사람이 비록 유학을 버렸지만, 또한 일찍이 도서(圖書)를 버린 적이 없었으니, 진실로 나라를 다스리는 도구는 하루라도 없어서는 안 되기 때문이었다. "圖, 經也, 書, 緯也, 一經一緯, 相錯而成文. 圖, 植物也, 書, 動物也, 一動一植, 相須而成變化. 見書不見圖, 聞其聲不見其形, 見圖不見書, 見其人不聞其語. 圖, 至約也, 書, 至博也, 卽圖而求易, 卽書而求難. 古之學者, 爲學有要, 置圖於左, 置書於右, 索象於圖, 索理於書. 故人亦易爲學, 學亦易爲功, 擧而措之, 如執左契. 後之學者, 離圖卽書,

尙辭務說, 故人亦難爲學, 學亦難爲功, 雖平日胷中有千章萬卷, 及寘之行事之間, 則茫茫然不知所向. 秦人雖棄儒學, 亦未嘗棄圖書, 誠以爲國之具, 不可一日無也."(鄭樵, 『通志』 권72, 「圖譜略」)

각종 의례에 사용하는 명물(名物)에 대한 이해는 단지 문자의 설명만으로는 부족하며 도상의 도움을 필수로 한다. 남송시대 정초(鄭樵, 1104~1162)의 위 발언은 도상과 문자의 상보적 관계를 매우 적절하게 표현한 것이라 할 수 있다.

본서는 내부소장(內府所藏) 전증(錢曾) 야시원(也是園) 영송초본(影宋鈔本)에 의거하여 선록(繕錄)한 문연각(文淵閣) 사고전서본(四庫全書本) 섭숭의(聶崇義) 『삼례도집주(三禮圖集注)』를 저본으로 삼아 우리말로 옮기고 주해한 것이다. 섭숭의 『삼례도집주』는 이미 산일된 당대(唐代)까지의 각종 『삼례도』를 수집하고 고증을 가해 완성한 책으로, 예에 관한 도해 가운데 현존하는 가장 오래되고 완전한 형태의 삼례(三禮) 도상(圖像) 저작이다.

1. 섭숭의와 『삼례도집주』 편찬 과정

섭숭의의 행적에 관해서는 주로 『송사』 권431 「섭숭의열전」에 기록되어 있으며, 『삼례도집주』 맨 앞에 부기된 두엄(竇儼, 921~963)의 원서(原序), 권11 「제옥도(祭玉圖)」의 서(序), 권20 「목록(目錄)」의 섭숭의 후서(後序) 및 『사고전서총목제요』 등을 통해서도 그와 관련한 정보를 얻을 수 있다. 하지만 "섭숭의가 세상에 이름을 떨친 것은 실로 『삼례도집주』 한 책으로 인한 것이다."라고 말해지듯이, 이들 문헌 자료의 내용은 대부분 『삼례도집주』 찬작에 관한 것이며 그의 자(字)나 호(號), 가계는 물론 생졸 연대조차 명확히 확인할 수 있는 언급이 보이지 않는다.

이들 한정적인 문헌 자료에 의하면, 섭숭의는 하남(河南) 낙양(洛陽) 출신으로, 어린 시절부터 '삼례(三禮)'에 뜻을 두어 예경(禮經) 안에서 칼날을 자유자재로 움직일 만큼 예학(禮學)에 뛰어났으며 경의(經義)에 정통했다. 오대 후한 은제(隱帝) 건우(乾祐) 연간(948~950)에 국자예기박사(國子禮記博士)에 이르렀는데, 이때 『공양춘추(公羊春秋)』를 교정하여 국학에서 판각으로 인행했다. 섭숭의가 예학과 함께 춘추학에도 조예가 깊었음을 알 수 있다. 이어서 후주 세종 현덕(顯德) 연간(954~960)에는 공적을 세워 관직이 국자사업겸태상박사(國子司業兼太常博士)에 이르렀다. 섭숭의는 후한·후주·북송 등의 왕조를 거치면서 20년 동안 학관(學官)의 관직과 예전(禮典)의 일을 함께 관장했고, 세상 사람들은 그의 박학다식함을 칭송했다고 한다.[1]

섭숭의의 『삼례도집주』는 북송 태조 건륭 연간에 완성되어 세상에 유포되었지만, 그 찬술 작업은 이미 오대 후주 시대부터 시작되었다. 오대는 당 제국이 붕괴한 후 정치적으로 혼란한 분열의 시대였지만, 수·당 이래의 예악적 성세의 뒤를 이은 통치자들은 여전히 예악 제도를 국가 통치의 기본 작동 시스템으로 삼았다. 이는 예학에 정통한 섭숭의에게 재능을 꽃피울 수 있는 공간을 제공했다.[2]

오대 마지막 왕조인 후주 세종 현덕(顯德) 3년(956) 겨울 10월, 세종은 교(郊)·묘(廟)의 제사에 사용하는 제기(祭器)와 옥기(玉器) 제작에 법식으로 삼을 만한 바가 없다고 생각해 섭숭의에게 이를 검토하여 도상으

1 『宋史』 권431, 「聶崇義列傳」.
2 喬輝, 『歷代三禮圖文獻考索』, 165쪽.

로 그려서 보고하도록 명했다. 이에 섭숭의는 전민(田敏, 880~971) 등과 함께 『주례』 「고공기·옥인(玉人)」 등의 예서(禮書)와 완심(阮諶)·정현(鄭玄, 127~200)의 예도(禮圖)(『삼례도』)에 기록된 제도를 검토하여 수십 건의 제기와 옥기를 도상으로 그렸고, 이듬해 현덕 4년(957) 봄에 그 성과를 상주했다. 이에 세종은 국자감과 태상예원(太常禮院)에 명하여 예관(禮官)과 박사를 소집하여 함께 상세하게 고증하도록 했는데, 전대의 제도와 부합하고 전례(典禮)에 의거하였으므로 모든 사람이 찬동했다고 한다. 세종은 다시 소부감(少府監)에 명하여 섭숭의의 양식에 의거해서 이들 예기(禮器)를 제작하도록 했다. 이때 제작된 교(郊)·묘(廟)의 기물은 육준(六尊)·육이(六彝)·육뢰(六罍) 등 제기(祭器) 43개, 창벽(蒼璧)·황종(黃琮)·청규(青圭) 등 옥기(玉器) 10개로 총 53개였는데, 현덕 6년(959)의 교(郊)·묘(廟)의 제사에서 실제로 행용되었다.

이후 세종은 또다시 섭숭의에게 교·묘의 제사에 사용할 제옥(祭玉)의 제도를 참작하여 정하도록 조칙을 내렸고, 한림학사 두엄(竇儼)에게 이를 통괄하도록 했다. 이에 섭숭의는 다시 당시까지 전해지던 각종 『삼례도』를 수집하여 고증을 행했다. 그러나 이 작업은 그사이 왕조 교체가 이루어져 북송 태조 건륭(建隆) 2년(961)에 이르러 비로소 완성되었다. 이듬해 건륭 3년(962) 4월, 섭숭의는 표를 올려 상주했는데, 이때 두엄이 서문을 지었다.[3]

3 『宋史』 권431 「聶崇義列傳」에는 '建隆三年四月表上之'라고 하여 섭숭의가 건륭 3년에 『삼례도』를 상주한 것으로 되어 있는데, 原田信은 『삼례도집주』 권20 「목록」의 聶崇義序에 '至大宋建隆二年四月辛丑, 第叙既訖'이라고 하였고 『郡齋書錄解題』 권3과 『玉海』 권39 등에도 '建隆 2년'으로 되어 있는 것에 의거하여 『송사』 「섭숭의열전」의 잘못이라고 하였다(「聶崇義『三禮圖』の編纂について」, 125쪽). 그러나 許雅惠는 송 태조 건륭 2년(961)에 완성했고, 그 이듬해에 조정에 표를 올려 상주한 것으로 해석하였다. 「元·宋<三禮圖>的版面形式與使用」(『臺灣歷史學報』 60, 2017), 64쪽 참조.

태조는 이를 열람한 후 가상하게 여기면서 "섭숭의는 국상(國庠, 국자감)에서 직임을 맡아 충심으로 유업(儒業)에 힘썼고, 고실(故實)을 검토하여 찾고 의와(疑訛)를 바로잡아서 관직을 받들어 책임을 다했으니, 충분히 표창할 만하다. 숭의에게 마땅히 헤아려 포상해 주어야 할 것이며, 진헌한 『삼례도』는 태자첨사(太子詹事) 윤졸(尹拙)로 하여금 35인의 유학자를 모아 다시 함께 참작하여 의론하게 해야 할 것이다."(『宋史』 권431, 「聶崇義列傳」)라고 하였다. 이처럼 태조는 섭숭의의 고실(故實)에 바탕을 둔 고증적 예학의 방법론을 상찬하면서도, 윤졸에게 유학자들을 소집하여 참의(參議)를 통해 더욱 상세하고 정확하게 할 것을 요구했다.

이에 유학자들 사이에 『삼례도』의 내용에 대한 토론이 전개되었는데, 여기서 윤졸은 섭숭의에게 반박하는 의견을 제시했고, 이에 맞서 섭숭의는 다시 경문을 인용하여 해명했다. 태조는 두 사람의 의견을 공부상서 두의(竇儀, 914~976)에게 내려 보내 재정(裁定)하여 보고하게 했다. 두의는 윤졸의 박의(駁議)와 섭숭의의 답의(答義)를 검토하여 문장에 따라 조목조목 가부를 판단하여 정하고, 두 사람의 설에 주석을 덧붙여 각각 15권으로 만들어서 상주했다. 이에 태조는 조칙을 내려 섭숭의의 『삼례도』를 천하에 반포하여 시행하게 했다.

2. 『삼례도집주』의 판본과 전승

섭숭의 사후 『삼례도집주』는 세상에 크게 유행했을 뿐 아니라 국자감 강당의 벽에 그림으로 그려졌다. 이 국자감 강당의 벽화본이 섭숭의 『삼례도집주』의 최초 전본(傳本)이다.[4] 북송 태종 때의 판국자감(判國子監) 이지(李至, 947~1001)가 찬한 「삼례도기(三禮圖記)」에 의하면, 태조의 명으로 국자감 선성전(宣聖殿) 뒤쪽의 북헌(北軒) 담장에 그려진 섭숭의 『삼례도』는 오랜 세월이 흘러 비바람에 습기가 차서 그림이 흐릿해진 상태였다. 이에 태종은 지도(至道) 2년(996)에 논당(論堂)(명륜당) 위에 벽화를 대신하여 판으로 개작할 것을 명하니, 며칠이 지나지 않아 완성되어 단청이 찬란하게 되었다. 이리하여 섭숭의 『삼례도집주』의 벽화가 판각으로 대체되어 비로소 『삼례도집주』 각본(刻本)이 출현하였다.

그러나 오늘날 섭숭의 『삼례도집주』는 초판본은 물론 국자감의 벽화도 남아 있지 않다. 현존하는 가장 오래된 판본은 남송 효종 순희(淳熙) 2년(1175) 진강부학각(鎭江府學刻) 공문지인본(公文紙印本)이다. 이 판본에는 근 400폭에 달하는 삽도(揷圖)가 그려져 있는데, 그 삽도 전각(鐫刻)의 정밀함 및 판화의 수에 있어 송대 삽도본의 백미이자 중국 판화 역사상 기념비적인 걸작으로 꼽힌다.[5]

원대에 이르러 다시 『삼례도집주』의 각본이 출현했는데, 『사부총간 삼편(四部叢刊三編)』(商務印書館, 1936) '경부(經部)'에 『석성정씨중교삼례도(析城鄭氏重校三禮圖)』의 이름으로 수록되어 있다. 이 판본은 앞의 2권과 권9 끝부분은 모진(毛晉, 1599~1659)의 급고각(汲古閣)에서 송각본(宋刻本)에 의거하여 영초(影抄)한 것이고, 그 나머지 18권은 각본(刻本)이다. 모진과 하작(何焯, 1661~1722)은 이 판본의 각본 부분을 송각(宋刻)이라 하였고, 책 위쪽에는 모씨급고각(毛氏汲古閣)의 '송본(宋本)' '갑(甲)'이라는 장인(藏印)이 찍혀 있다.[6] 권20 뒤쪽에는 왕리(王履)가 찬술한 후

4 喬輝는 섭숭의의 졸년을 태조 乾德 3년(965)으로 비정하고, 따라서 이 벽화본은 북송 태조 건덕 연간(963~968)에 그려진 것으로 보았다(『歷代三禮圖文獻考索』, 174쪽 참조).

5 吉藝龍, 「何必衣冠定相襲－聶崇義<三禮圖>的版本與揷圖」(『文津學志』. 2022年 第01期), 1쪽 참조.

6 吉藝龍, 「何必衣冠定相襲－聶崇義<三禮圖>的版本與揷圖」(『文津學志』. 2022年 第01

서(後序)가 있는데, 이 판본의 출현 과정을 상세하게 기술하고 있다. 그러나 이 왕리의 후서에는 '병오'년의 이듬해 봄에 정후(鄭侯)에 의해 이 판본이 완성되었다고 기록할 뿐 그해의 연호가 없으며, 또 이 판본을 간각한 '정후'가 구체적으로 어떤 인물인지 밝히지 않아 간행 연도를 둘러싸고 오랜 동안 논쟁이 일었다.

왕국유(王國維, 1877~1927)는 '병오'는 몽고 정종(定宗) 원년(1246)이므로 이 책은 정종 2년(1247)의 간본(刊本)이고, '정후'는 그 이름을 알 수 없으며 따라서 그의 신분도 고찰할 수 없다고 하였다.[7] 장원제(張元濟, 1867~1959)도 상해 함분루(涵芬樓)에서 이 판본을 영인하여 『사부총간 삼편(四部叢刊三編)』에 수록하고 발문을 지을 때, 기본적으로 왕국유의 설을 따르면서 '석성'은 하남(河南) 등주(登州) 석천현(淅川縣)이며, 따라서 이 책은 하남에서 간각되었다고 하였다. 이는 이후 『사부총간』이 보급됨에 따라 통설이 되어 학자들에게 커다란 영향을 끼쳤다.[8] 그러나 화철(華喆)과 이명비(李鳴飛)는 이 판본을 주관하여 간각한 '정후'는 『원사』「정정전(鄭鼎傳)」에 기록된 정정(鄭鼎, 1215~1277)으로, 정정은 산서(山西) 양성(陽城)의 정씨(鄭氏) 일족 출신이며, '석성'은 양성현의 명승지인 석성산(析城山)을 가리키며, 따라서 이 책을 간각한 곳은 산서 지역이라고 하였다.[9]

청대에 이르면 각본(刻本)·사본(寫本)·초본(抄本) 등 섭숭의 『삼례도

期), 2쪽 참조.

7 王國維, 『傳書堂藏善本書志·經部·析城鄭氏家塾重校三禮圖』(『王國維先生遺書續篇』 7책, 臺北大通書局, 1976, 2674쪽); 華喆·李鳴飛, 「<析城鄭氏家塾重校三禮圖>與鄭鼎關係略考」(『文獻』, 2015年 第1期), 9쪽 참조.

8 陳高華, 「元代出版史概述」(『歷史教學』 2004年, 第11期), 13쪽 참조.

9 華喆·李鳴飛, 「<析城鄭氏家塾重校三禮圖>與鄭鼎關係略考」(『文獻』, 2015年 第1期), 7~14쪽; 喬輝, 『歷代三禮圖文獻考索』, 175~176쪽 참조.

집주』 판본이 다수 등장한다. 그중 가장 대표적인 것이 강희 19년(1680)의 통지당장판본(通志堂藏板本)이다. 이 판본은 『통지당경해(通志堂經解)』에 수록되어 있는데, 이는 강희 연간에 선진부터 당·원·명대에 이르는 제유(諸儒)의 경설(經說) 138종과 납란성덕(納蘭成德, 1655~1685)의 자찬 2종 등 총 1,800권을 집각한 대형 총서이다. 이 총서는 서건학(徐乾學, 1631~1694)이 서적을 수집하고 납란성덕이 간각했다는 설, 그리고 서건학이 완각한 후 납란성덕의 아버지 납란명주(納蘭明珠, 1635~1708)에게 아부하고자 총서의 이름에 '통지당'이라는 글자를 붙였다는 설이 있다.

또한 청 건륭제 때 편찬한 대형 총서인 『사고전서』와 그에 앞서 건륭제가 생전에 『사고전서』의 완성을 보지 못할 것을 걱정하여 간행한 『사고전서회요(四庫全書薈要)』에서도 섭숭의 『삼례도집주(三禮圖集注)』를 수록하였다. 두 판본 모두 영초순희본(影鈔淳熙本)을 저본으로 한 송본(宋本) 계열에 속한다. 『사고전서』 총교관(總校官) 육비지(陸費墀, 1731~1790)는 회요본 『삼례도집주』에 대해 천록임랑(天祿琳琅) 명(明) 모진(毛晉) 영송초본(影宋鈔本)에 의거하여 선록(繕錄)하고, 통지당본에 의거하여 교감한 것이라고 하였다.[10]

문연각(文淵閣) 『사고전서』본은 '내부소장(內府所藏) 전증(錢曾) 야시원(也是園) 영송초본(影宋鈔本)'에 의거하여 선록한 것이다. 청대의 장서가인 전증(1629~1701)의 『독서민구기(讀書敏求記)』에 의하면, 송참본(宋槧本)은 본래 전증이 소장하고 있던 것인데, 후에 계우용(季寓庸)에게 전

10 陸費墀, 『摛藻堂影印四庫全書薈要』(臺灣 世界書局, 1985), "宋國子司業兼太常博士 洛陽 聶崇義 撰. 今依天祿琳琅明毛晉影宋鈔本繕錄, 據通志堂本恭校"; 孫蘊, 「文淵閣<四庫全書>本<三禮圖集注>的版本學價値」(『歷史文獻研究』, 2022年 第2期), 91쪽 참조.

해진 뒤 다시 서건학에게 전해졌고, 후에 다시 전증이 서건학에게 빌려서 초록하고 영송초본으로 만들었다고 한다.[11]

『사고전서총목』『삼례도집주』 20권의 제요(提要)에서는 통지당 간본과 영송초본의 판식(板式)을 다음과 같이 비교했다. 통지당본은 한쪽에 한 개 혹은 여러 개의 도상을 그려 넣고 도상의 네 귀퉁이에 이에 대한 설명을 붙여 놓아, 글자의 배열이 들쑥날쑥한 탓에 열람하기 어렵다. 이에 반해서 내부에 소장되어 있는 전증의 영송초본은 쪽마다 한 개의 도상을 그려 넣고 그 뒤에 설명을 붙여 놓아서 비교적 깔끔하게 정리되어 열람하기 쉽다.[12]

3. 『삼례도집주』의 체례 및 고증 방법

섭숭의 『삼례도집주』는 송대 이전까지 전해지던 각종 『삼례도』를 수집하고 고증을 가해서 완성한 책으로, 현존하는 가장 오래되고 완정한 형태를 갖춘 예도(禮圖)이다.

이 책의 가장 앞머리에는 북송 태조에게 헌상할 때 쓴 두엄(竇儼, 921~963)의 원서(原序)가 첨부되어 있다. 이 서문에서는 후주 세종에서 북송 태조에 이르는 시기의 예악제도 진작의 분위기, 섭숭의 생애에 대한 간략한 소개, 『삼례도집주』 편찬 과정 및 집필의 원칙, 두엄 자신이 이 책의 편찬을 통령하고 서문을 짓게 된 경위 등을 기술하고 있다.

이어서 권1에서 권19까지는 『삼례도집주』의 본편으로, 행례에 동

11 孫蘊, 「文淵閣<四庫全書>本<三禮圖集注>的版本學價值」(『歷史文獻研究』, 2022年 第2期), 91쪽 참조.

12 『欽定四庫全書』 經部 4, 『三禮圖集注』 提要, “通志堂刋本, 或一頁一圖, 或一頁數圖, 而以說附載圖四隙, 行欵參差, 尋覽未便, 惟內府所藏錢曽也是園影宋抄本, 每頁自爲一圖, 而說附於後, 較爲清整易觀, 今依仿繕録焉.”

반하는 다양한 기물을 유형화하여 분류하고, 그 아래에 세부 항목을 설정하여 해당 기물의 연원과 제도 등을 기술하였다. 먼저 『주례』·『의례』·『예기』의 이른바 '삼례(三禮)'에서 언급한 복식·궁실·제기·옥기 등의 기물을 면복도(冕服圖)·후복도(后服圖)·관면도(冠冕圖)·궁실도(宮室圖)·투호도(投壺圖)·사후도(射侯圖)·궁시도(弓矢圖)·정기도(旌旗圖)·옥서도(玉瑞圖)·제옥도(祭玉圖)·포작도(匏爵圖)·정조도(鼎俎圖)·준이도(尊彝圖)·상복도(喪服圖)·습렴도(襲斂圖)·상기도(喪器圖)의 총 16개 유형으로 나누어 각각 한 권에 담아서 서술했다. 이 가운데 편폭이 많은 사후도·상복도·상기도는 상·하로 나누어 총 19권이 되게 하였다.

이 19권에서 오른쪽 부분에 행례 때 사용하는 기물의 형상을 도상으로 게시하여 시각적으로 이해할 수 있게 했을 뿐 아니라 왼쪽 부분에는 다양한 문헌 자료를 인용하여 해당 기물에 대해 문자로 고증과 해설을 가함으로써 그 기물의 연원과 제도의 변화를 알 수 있게 하였다. 이리하여 이 책은 '좌문우도(左文右圖)', '도문병거(圖文幷擧)' 체례의 전범을 보여 주었다.

권1「면복도」, 권2「후복도」, 권3「관면도」, 권5「투호도」, 권6「사후도 상」, 권9「정기도」, 권11「제옥도」, 권15「상복도 상」, 권16「상복도 하」의 앞머리에는 각각의 서序가 첨부되어 있다. 여기에서는 그 아래에서 설명하는 유형별 기물의 제도와 형태, 그 기물을 사용하는 의례에 대한 개념, 이와 관련한 문헌 기록, 그리고 행례 절차 등을 개괄적으로 소개하고 있다.

『삼례도집주』의 마지막 권20에는 별도의「목록(目錄)」을 작성하여 수록했다. 이는 권19까지의 기물의 연혁과 제도 및 도상에 대한 미진한 설명을 보충한 것으로, 『삼례도집주』의 전체 내용을 총괄적으로 요약·정리한 부분이다. 따라서 이 「목록」 한 권을 일별한다면, 『삼례도집주』 전체의 흐름과 맥락을 짚어 내기에 충분하다. 또한 「목록」의 앞머리에는 섭숭의 본인이 쓴 후서(後序)가 실려 있다. 여기에서 섭숭의는 북송 이전에 찬술된 각종 『삼례도』의 문제점, 섭숭의 자신이 새로운 『삼례도』를 찬술하는 과정, 자료의 수집 방법과 그 범위, 고증의 원칙 등을 언급함으로써 『삼례도』를 통해 그 자신이 도달하고자 하는 예제의 이상을 보여 주었다.

섭숭의는 『삼례도집주』 권20 「목록」의 '후서'에서 참고한 자료와 고증의 방법에 대해 다음과 같이 말했다.

> 무릇 수집한 주석[集注]은 모두 주공의 올바른 법도로서, 중니(공자)가 정한 것이고, 강성(康成)(정현)이 주를 단 것인데, (가공언의) 『주소(注疏)』와 (공영달의) 『정의(正義)』를 아울러 의거했습니다. 기물에 대해 명확하게 설명할 수 없는 부분이 있을 경우, 한나라 시대의 법을 인용하여 비유하였습니다. … 또 근래의 예제를 상세하게 살펴서 연혁을 두루 알도록 하였습니다.("凡所集注, 皆周公正經, 仲尼所定, 康成所注, 傍依『疏』『義』. 事有未達, 則引漢法以況之 … 或圖有未周, 則於目錄內詳證以補其闕. 又案詳近禮, 周知沿革.")

또 권1 「면복도」의 서(序)에서도 "이제 살펴보건대, '삼례'의 경문(經文)과 주문(注文), 가공언의 『주소(注疏)』와 공영달의 『정의(正義)』 및 제가(諸家)의 예도(禮圖)에 근거하여 면관의 항목 아래에 별도로 각각 그 제도를 밝혀 놓았으니, 고금의 연혁에 관한 일을 알 수 있습니다."라고 하였듯이, 다음과 같은 방식으로 해당 기물을 고증하였다.

① 『주례』·『의례』·『예기』의 이른바 '삼례' 경문을 이용했다.

② 다음으로 '삼례' 경문에 대한 정현의 주와 가공언의 『주례주소』·『의례주소』 및 공영달의 『예기정의』를 이용했다.

③ 이상으로도 기물의 실체를 밝히기 어려울 경우 주대의 유풍이 강하게 남아 있던 한대의 제도를 인용하여 방증하였다.

④ 나아가서는 당대까지의 각종 『삼례도』 및 송대와 가까운 시대의 예제를 살펴서 해당 기물의 연혁까지 파악할 수 있도록 했다.

하라다 마코토(原田 信)에 의하면, 실제 『삼례도집주』 안에서 기물의 고증을 위해 인용한 문헌 자료의 사례는 총 1,213건에 달하는데, 이 가운데 『주례』에서 인용한 것이 482사례(경문 226, 정현의 주 181, 가공언의 소 75), 『의례』에서 인용한 것이 358사례(경문 149, 정현의 주 151, 가공언의 소 58), 『예기』에서 인용한 것이 214사례(경문 115, 정현의 주 54, 공영달의 정의 45)로, 이상이 전체의 약 90%를 차지한다.[13] 이처럼 섭숭의는 기물을 고증할 때 먼저 그 근거를 '삼례'에서 찾았음을 알 수 있다.

그러나 섭숭의는 이들 '삼례'의 경문, 정현의 주, 가공언과 공영달의 『주소』와 『정의』뿐 아니라 한대의 문헌을 비롯해서 당대에 이르는 다양한 문헌을 인용하여 기물을 고증하는 데 활용했다. 특히 채옹(蔡邕, 133~192)의 『독단(獨斷)』, 『숙손통(叔孫通, B.C.245?~B.C.190?)의 『한예기제도(漢禮器制度)』, 응소(應劭, 153~196)의 『한관의(漢官儀)』·『풍속통(風俗通)』뿐 아니라 『상옥서(相玉書)』·『구명결(鉤命決)』·『통괘험(通卦驗)』·

13 原田信, 「聶崇義『三禮圖』の編纂について」(『早稲田大學大學院文學研究科紀要』 2分冊, 2010), 122쪽.

『춘추위(春秋緯)』 등의 위서(緯書)에 이르기까지 한대에 저작되었거나 그와 관계된 수많은 문헌을 고증의 자료로 활용하였다.

이처럼 '삼례' 이외에 한대의 문헌 자료를 다수 인용한 것은, "숙손통이 예를 제정할 때 주나라의 법에 많이 의거하였다."[14]고 하였듯이 한나라의 제도 안에 주나라의 예법이 남아 있다는 인식 아래 '삼례'의 경문에 기물의 제도가 명확하게 기록되어 있지 않을 경우 한나라의 제도를 인용하여 추론함으로써[15] 새로운 도상을 만들어 내고자 했기 때문이다.

또 삼국시대 위나라 동파(董巴, ?~?)의 『한여복지(漢輿服志)』, 서진시대 사마표(司馬彪, ?~306)의 『속한서(續漢書)』, 남조 유송의 서광(徐廣, 352~425)의 『거복의주(車服儀注)』를 비롯해서 최영은(崔靈恩)의 『삼례의종(三禮義宗)』, 황간(皇侃, 488~545)·심중(沈重, 500~583)의 예설(禮說), 북주 웅안생(熊安生)의 예설 등 위진남북조 시대의 문헌도 인용하였다. 나아가서는 당대의 자료로서 위동(韋彤)의 『오례정의(五禮精義)』, 소숭(蕭嵩, ?~749)의 『개원의감(開元義鑑)』, 『개원례(開元禮)』 및 『당육전(唐六典)』을 인용하고 있으며, 권20 「목록」 '면복(冕服) 제1', '후복(后服) 제2', '면관(冠冕) 제3'에서는 각 명물의 제도와 관련하여 당 고조 무덕(武德) 연간(618~626)에 반포한 『무덕령(武德令)』의 「의복령(衣服令)」 규정을 인용하고 있어, 섭숭의가 면복·후복·면관 등의 도상을 제작할 때 이것들의 영향을 강

14 『三禮圖集注』 권3 「冠冕圖」, '四冕', "叔孫通制禮多依周法"; 같은 책, 권20 「目錄」 后服 제2, '首飾 副', "漢叔孫通制禮, 多依周法. 唯見冕板制度, 不見婦人首飾"; 같은 책, 권20 「目錄」 冠冕 제3, '四冕' 原注, "叔孫通法周制."

15 『三禮圖集注』 권20 「目錄」 '聶崇義 後序', "事有未達, 則引漢法以況之"; 같은 책, 권2 「后服圖」, '褘衣', "漢之步摇如周副之象, 故可以相類也."

하게 받았음을 보여 준다.[16]

이렇게 '삼례'의 경문, 정현의 주, 가공언과 공영달의 주소뿐 아니라 한대에서 당대에 이르는 다양한 문헌 자료를 인용하여 고증에 활용했다는 점에서, 섭숭의가 단순히 주대의 예제를 복원하는 데 그 목적을 둔 것이 아니라 시대에 따른 예제의 변화를 수용하여 송대라는 현실에 실질적으로 실행할 수 있는 실용적 측면까지 염두에 두었다고 할 수 있다. 또한 『송사』 「예문지」와 문연각 『사고전서』본에서 이 책의 이름을 『삼례도집주(三禮圖集注)』라고 한 것은 이러한 섭숭의의 고증적 방법론에 비추어 볼 때 매우 적절한 표현이라 할 수 있다.

섭숭의 『삼례도집주』는 기물에 대한 문자적 설명과 더불어 총 380여 폭에 이르는 도상을 그려 넣어 문자와 도상이 서로 상응하게 함으로써 기물의 제도와 형태를 시각적으로 명료하게 이해할 수 있도록 하였다. 권3 「관면도」 '위모(委貌)' 항목에서 "고금의 제도가 혹 문헌에 나타나기도 하는데, 장일(張鎰)의 도상이 겨우 근사할 뿐이다. 이제 오른쪽에 도상을 함께 수록하여 후대 지혜로운 사람들이 선택하기를 기다린다."고 하였으며, 같은 권3 「관면도」 '모퇴(毋追)·장보(章甫)' 항목에서 "옛날의 법식은 알기 어려우니, 문(文, 문헌 기록)에 의거하고 상(象)을 살펴서 오른쪽에 도(圖, 도상)로 갖추어 나타낸다."고 하였듯이, 왼쪽의 문자 설명과 오른쪽의 도상으로 이루어진 '좌문우도(左文右圖)'의 형식을 취했다.

16 原田信은 섭숭의는 당대뿐 아니라 송초 당시의 祭器에 대해서도 부분적으로 언급하고 있는데, 이는 송초의 禮樂制度가 당대의 영향을 강하게 받았으며, 양자의 관계성을 보여 주는 것이 고증의 중요한 근거 가운데 하나였을 것이라고 추론했다.(「聶崇義『三禮圖』の編纂について」, 『早稲田大學大學院文學硏究科紀要』 2分冊, 2010, 123~124쪽 참조.)

또 『삼례도집주』에서는 일반적으로 하나의 기물에 대한 문자 설명에 하나의 도상을 취하는 '1문(文) 1도(圖)'의 형식을 취했다. 이는 해당 기물의 제도에 대한 다양한 이설이 존재할 경우 그 가운데 하나의 설을 취하거나 여러 설을 종합해서 하나의 도상으로 만든 것으로, 그 도상은 행례 시에 필요한 기물을 직접 제작할 때의 표준이 되므로 통일성을 기하고자 한 것이다. 권4 「궁실도(宮室圖)」의 '명당' 항목에서 명당의 제도에 대한 『주례』 「고공기(考工記)·장인(匠人)」의 경문, 정현의 주 및 『주례』 「춘관(春官)·태사(太史)」 가공언의 소 등에 보이는 다양한 이설을 종합하여 5실(室)·12당(堂)·4문(門)의 명당 도상을 게시한 것이 그 대표적인 사례다.

하지만 때로 하나의 기물에 대해 2개의 도상 혹은 그 이상의 여러 도상을 게시한 경우도 있다.[17] 하나의 문자 설명에 2개의 도상, 즉 '1문 2도'의 형식은 이설이 존재하여 섭숭의 자신이 하나의 설로 확정할 수 없거나 혹은 잘못된 설을 분명히 밝혀 두고자 2개의 도상을 나란히 게시하여 양설을 병존시킨 것이다. 권3 「관면도」 '태고관(太古冠)' 항목에서 양정(梁正)은 "사설(師說)이 같지 않고, 오늘날의 『전(傳)』과 『소(疏)』에는 2개의 태고관의 상(象)이 있고, 또 아래에 진현관(進賢冠)이 있는데, 모두 옛날 치포관(緇布冠)의 유상(遺象)이라고 한다."고 하였고, 장일은 "구도(舊圖)에 이 세 가지 상이 있었다. 그 본래의 형태와 제도의 크기에 대해서는 들어 보지 못했다."고 하였다. 이에 대해서 섭숭의는 이들의 주장은 모두 경전의 뜻에 근본하지 않은 것이므로 법도가 실추되지 않

17 喬輝에 따르면 '一文二圖' 15사례, '一文三圖' 4사례, '一文四圖' 3사례, '一文五圖' 1사례, '一文六圖' 1사례, '二文二圖' 9사례, '二文三圖' 2사례, '三文三圖' 4사례, '四文四圖' 1사례, '有圖無文' 5사례가 있다고 한다.(『歷代三禮圖文獻考索』, 170쪽 참조.)

도록 하기 위해 별도의 도상을 게시한다고 하였다.[18]

섭숭의는 북송 태조 건륭 3년(962), 한대 이후 당대까지 찬술된 6본의 『삼례도』를 기초로 이에 고증을 가해 『삼례도집주』를 완성하여 헌상하였고, 태조는 조칙을 통해 이 책을 반포하게 하였다. 또 섭숭의 사후에는 태조의 명으로 국자감 선성전(宣聖殿) 뒤쪽의 북헌(北軒)에 『삼례도집주』를 벽화로 그려 넣어 학생들이 열람할 수 있게 하였으며, 태종 지도(至道) 2년(996)에는 논당(論堂)(명륜당) 위에 판으로 벽화를 대신하여 개작하게 하였다. 이는 '지도(至道)의 고사(故事)'로서 이후 지방의 군현학(郡縣學)을 통해 『삼례도집주』를 전국으로 보급시키는 계기가 되어 그 영향력이 더욱 확대되었다.

그러나 『삼례도집주』의 영향력의 확대와 지식의 보급은 도리어 비난의 칼날이 되어 되돌아왔다. 북송 중기 이후 유창(劉敞)·구양수(歐陽修)·채양(蔡襄) 등에 의해서 금석학이 성행하게 되자, 이를 바탕으로 섭숭의 『삼례도집주』에 서술된 명물 제도에 대한 검증이 이루어져 모순점이 지적되면서 그 신뢰성은 급전직하했다. 그 비난은 휘종 시대에 극에 달했다. 적여문(翟汝文, 1076~1141)은 "섭숭의는 부유(腐儒)의 설을 수집하여 『삼례도』를 저술함으로써 후학을 잘못되게 만들었다."[19]고 맹비난했다. 또 정화(政和) 5년(1115), 휘종은 섭숭의 『삼례도』는 제유(諸儒)의 억설로서 경문에 근거가 없으며, 국자감과 군현학의 벽화는 학자들에게 보여 줄 만한 것이 못 된다는 교서랑(校書郎) 가안택(賈安宅, 1088~?)

18 『三禮圖集注』 권3, 「冠冕圖」 '太古冠', "梁正又云, '師說不同, 今『傳』『疏』二冠之象, 又下有進賢, 皆云古之緇布冠之遺象.' 其張鎰重修亦云, '舊圖有此三象. 其本狀及制之大小, 未聞.' 此皆不本經義, 務在相沿, 疾速就事. 今別圖於左, 庶典法不墜."

19 翟汝文, 『忠惠集』, 「孫繁重刋翟氏公巽埋銘」, "聶崇義集腐儒之說, 著『三禮圖』以誤後學."(『文淵閣四庫全書』 1129책, 附錄.)

의 주장에 따라 조칙을 내려 국자감에 그려진 『삼례도』 벽화를 철거하게 했으며, 주현학(州縣學)에 그려진 벽화도 개정하였다.[20]

그러나 송 왕조가 항주로 남천한 후 조정의 의물(儀物)이 유실되고, 휘종 때 새로 만든 예기(禮器)도 대거 산일되자 섭숭의 『삼례도』의 전통이 일시적으로 회복되기도 하였다. 섭숭의 『삼례도』는 "고제(古制)에 부합하지 않으니, 극히 가소롭다."[21]고 비난하던 고종도 '지도의 고사'에 따라 섭숭의 『삼례도』를 강당의 벽에 그려 넣었다.[22] 또 『보우수창승(寶祐壽昌乘)』 '기복(器服)' 조목에 의하면, 휘종 정화 연간(1111~1118) 의례국(儀禮局)에서 제기(祭器)를 제조할 때 삼대(三代)의 법식에 따라 만들어 그 기물의 제도가 정밀하고 기상이 순고(淳古)하여 고종 소흥 연간(1131~1162)에 이미 반포했지만, 지방의 군현에서는 여전히 섭숭의 『삼례도』의 제도를 따르는 경우가 많았다고 한다. 이는 남송 시대에 이르러서도 섭숭의 『삼례도』의 영향력이 지속되고 있었음을 방증한다.

섭숭의 『삼례도집주』 이후 송대에는 예악제도 관련 도상 저작이 줄지어 등장하게 된다. 진상도(陳常道)의 『예서(禮書)』, 진양(陳暘)의 『악서(樂書)』, 양복(楊復)의 『의례도(儀禮圖)』, 양갑(楊甲)의 『육경도(六經圖)』가 그것인데, 섭숭의 『삼례도집주』는 이들 저작의 선구라고 할 수 있다. 그 영향은 이후에도 이어졌는데, 원대 한신동(韓信同)의 『한씨삼례도설(韓氏三禮圖說)』 2권, 명대 유적(劉績)의 『삼례도』 4권, 청대 손풍익(孫馮

20 王應麟, 『玉海』 권56, "政和五年六月丁巳, 校書郎賈安宅言, '崇義圖義皆諸儒臆說, 於經無據, 國子監三禮堂實存圖繪, 下至郡縣學間亦有之, 不足示學者. … 詔『三禮圖』及郡縣學繪畫圖象並改正, 舊所繪兩壁『三禮圖』並毁去."

21 熊克(宋), 『中興小紀』 권28, "紹興十年 … 甲子上曰, '近世禮器大不合古制, 如聶崇義『三禮圖』, 極可笑.'"

22 許雅惠, 「宋·元<三禮圖>的版面形式與使用－兼論新舊禮器變革」(『臺灣歷史學報』 60, 2017), 79쪽 참조.

翼)의 『삼례도』 3권 등의 저작도 그 계발을 받아서 찬작된 것이다. 송대 이후 시대에 따른 예도(禮圖) 및 예제(禮制)의 변화와 전개과정을 고찰하고자 할 때 『삼례도집주』는 그 출발점이 된다고 할 수 있다. 또 송대 이전 대부분의 예도가 망실된 현 상황에서 이를 완정한 형태로 담고 있는 섭숭의 『삼례도집주』는 사료적 가치의 측면에서도 매우 귀중하다고 할 수 있다.

옮긴이들이 중국의 예제와 예학이라는 공동의 관심사로 모여 공부를 시작한 지도 벌써 20년 가까운 시간이 흘렀다. 새까맣던 머리카락이 이제 하나둘 허연색으로 변해 가는 서로의 모습을 바라보면서 시간의 덧없음을 느끼면서도 한편으론 학문의 내공도 그만큼 깊어졌으리라고 믿는다.

그동안 우리의 작업은 주로 중국 정사 예악지(禮樂志)와 『예기』·『의례』·『주례』 등 문헌 연구에 집중하여 몇 권의 책을 출간하는 등 나름의 성과를 얻었다. 하지만 복식·거마·기물·건축·음악 나아가서는 해당 시대의 제도와 사상 등 다방면에 걸친 지식을 요하는 '예학'이라는 연구영역의 특성상 문헌만으로는 해결되지 않는 어려움을 느끼곤 했다. 특히 행례의 의절마다 등장하는 옥기·궁시(弓矢)·거기(車旗) 등의 구체적 명물도수(名物度數)에 대한 지식의 필요성을 절감하면서 도상(圖像)과 도해(圖解)를 겸한 섭숭의 『삼례도집주』에 대한 공부를 시작했다. 다행히 2019년에 본서가 한국연구재단의 '명저번역과제'로 선정됨으로써 정기적인 모임을 갖고 작업에 집중할 수 있게 되었다. 과제로 선정해 주신 한국연구재단 관계자분들께 감사의 말씀을 드린다.

지금까지 섭숭의 『삼례도집주』에 관해서는 딩딩(丁鼎) 선생이 송

(宋) 순희(淳熙) 2년(1175) 각본을 저본으로 삼고 석성정씨가숙 중교삼례도본과 문연각 사고전서본을 참교본(參校本)으로 삼아 점교(點校)·해설한 『신정삼례도(新定三禮圖)』(清華大學出版社, 2006)가 그 유일한 성과다. 이 문헌의 중요성에 비해 아직까지 전체 번역서가 등장하지 않았다는 것은 그만큼 이 문헌의 번역이 쉽지 않다는 방증이기도 하다. 그 어려움은 우리 번역 팀에도 똑같이 적용되었다. 기본적으로 『예기』·『의례』·『주례』 '삼례'의 전체 맥락을 이해해야 하는 것은 물론이지만, 『삼례도집주』 안에서 인용한 정현의 주, 가공언과 공영달의 『주소』와 『정의』가 정제되지 않은 채로 잘못 인용된 곳도 다수 발견될뿐더러 게시한 도상과 이를 설명하는 문장이 서로 일치하지 않는 등 텍스트 자체의 문제점이 번역을 더욱 어렵게 했다. 이를 역주로 처리하여 문장의 앞뒤 모순을 없애는 작업은 많은 시간을 필요로 했다. 또 수많은 기물의 명칭을 우리말로 표현하는 작업도 중요한 만큼 토론을 통해 최대한 통일성을 기하고자 했다. 덧붙이자면, 『삼례도집주』는 섭숭의가 북송 태조의 명에 따라 찬정하여 올린 칙찬서이다. 따라서 우리말로 옮길 때 원칙적으로 경어체를 사용해야 하지만 문장의 간결성을 기하고자 평어체를 채용하였다. 다만 '신 숭의 안(臣 崇義案)' 등으로 시작하는 문장의 경우에 한하여, 문맥을 자연스럽게 하고자 경어체로 번역하였다.

이제 지난한 번역의 모든 여정을 마치고 탈고를 앞두고 있다. 늘 그렇듯이 하나의 일을 마쳤다는 뿌듯한 성취감보다 생각지도 못한 '망문생의(望文生義)'의 엉뚱한 오역이 들통날까 하는 두려움이 앞선다. 그래도 본서가 예학과 예제의 연구자들에게 조그마한 보탬은 될 수 있을 것이라는 희망으로 위안을 삼아 본다.

공동작업의 성격상 늘 원고 제출 일정을 지키지 못하는 우리의 사정을 이해하고 기다려 주신 세창출판사 편집부 선생님들께 고마움을 전합니다. 꼼꼼한 교열과 윤문으로 책의 완성도를 높여 주신 임길남 선생님께 특히 감사의 말씀 드립니다.

2023년 5월 18일

막바지 봄꽃의 향기를 만끽하며 문원재(文園齋)에서

옮긴이를 대표하여 김용천 씀

차례

삼례도집주【三】

삼례도집주【一】

삼례도집주【二】

권8 궁시도弓矢圖 · 방향숙

권9 정기도旌旗圖 · 방향숙

권10 옥서도玉瑞圖 · 박윤미

권11 제옥도祭玉圖 · 박윤미

권12 포작도匏爵圖 · 최진묵

권13 정조도鼎俎圖 · 문정희

권14 준이도尊彝圖 · 문정희

삼례도집주【四】

권20 목록目錄 · 김용천

三禮圖集注

喪服圖 上

권15 상복도상

역주 김용천

【喪服圖上15 : 序서】

'상(喪)'에 대해서 정현(鄭玄: 127~200)의 『삼례목록(三禮目錄)』[①]에서는 "차마 '사(死: 죽다)'라고 말하지 못하고 '상(喪: 여의다)'이라고 말한 것이다. '상'이란 버리고 떠나갔다는 말이니,[②] 마치 저쪽에 온전히 살아 계셔서 이 곳을 버리고 떠나간 듯하다는 뜻이기 때문이다."라고 하였다. 살펴보건대, 『예기』「곡례 하(曲禮下)」에서는 "천자가 죽으면 '붕(崩)'이라 하고, 제후가 죽으면 '훙(薨)'이라 하고, 대부가 죽으면 '졸(卒)'이라 하고, 사가 죽으면 '불록(不祿)'이라 하고, 서인이 죽으면 '사(死)'라고 한다."[③]고 하였고, 또 『이아』「석고(釋詁)」에서는 "붕(崩)·훙(薨)·졸(卒)·불록(不祿)은 모두 죽었다는 뜻이다."라고 하였다. 이는 사(士) 이상은 각각 그 의리에 따라 칭한 것이고, 서인에 대해서 '사(死)'라고 말한 것은 그 총명으로 말한 것이다. 또 『예기』「곡례 하」 정현의 주에 "'사(死)'라는 글자는 '다한다[澌]'라는 뜻으로, 정신이 소진되었다는 말이다."라고 하였다. 『춘추좌전』에 의하면 노나라 소공(昭公)이 출분하여 간후(乾侯)[④]에 머물고 있을 때 제나라 경공(景公)이 야정(野井)[⑤]으로 가서 소공을 위로하자, 소공은 "상인(喪人)이 어떻게 칭호를 사용할 수 있겠습니까?"라고 말하였다.[⑥] '상(喪)'은 버리고 떠났다는 말로서, 마치 부모가 이곳을 버리고 저곳에 생존해 계신 듯하다는 뜻이다. 효자는 차마 부모의 정신이 소진되었다고 말하지 못하는 것이다.

'복(服)'이란 죽은 이가 떠나간 후 살아 있는 이가 복을 입는 것을 말하니, 다만 얼굴빛으로 마음을 표현하고, 복으로 얼굴빛을 표현할 뿐이다.

그러므로 『예기』 「간전」에 "참최의 상을 당했을 때 왜 암마[苴]로 만든 것을 착용하는가?⑦ 암마는 형체가 조악하니, 안의 마음을 표출하여 밖으로 드러내기 위한 것이다. 그러므로 참최의 상을 당하면 얼굴빛이 암마처럼 검푸르고, 자최의 상을 당하면 얼굴빛이 숫마[枲]처럼 어둡고, 대공의 상을 당하면 얼굴빛이 굳어져 펴지 못하는 듯하고, 소공이나 시마의 상을 당했을 때는 얼굴빛을 평소처럼 해도 괜찮다."고 하였다.

그런데 주공(周公)은 (『의례』 「상복」 편의) 경문을 지을 때 먼저 위에서 착용하는 복식을 진술하고 다음에 아래에서 그 복식을 착용하는 사람들을 나열하였다. 이곳 (『의례』 「상복」 편의 앞머리)에서 '아버지를 위해 참최 3년으로 복을 한다', '제후가 천자를 위해 참최 3년으로 복을 한다'라고 말한 것은⑧ 아랫사람이 윗사람을 위해 복을 하는 것이다. '아버지를 위해 참최 3년으로 복을 한다.'는 조목을 먼저 말한 것은 이 '참최 삼년'장은 은혜[恩]와 의리[義]를 함께 설정하였는데, 충신은 효자의 집안에서 나오지만 군신의 의리는 부자의 은혜에서 나오기 때문에 아버지를 위한 복제 조목을 먼저 말한 것이다.

『의례』 「상복」 편 '자최 장기'의 전(傳)에서 "자최와 대공의 복을 할 때는 성복(成服) 때 쓰던 관과 동일한 승수(升數)로 만든 최복으로 갈아입는다[受衰]."⑨고 하였다. 그러나 참최의 상을 당했을 때도 관과 최복을 가벼운 것으로 바꾸어 착용하는 것[受服]은 무엇 때문인가? 무릇 상을 당했을 때 복을 제정하는 것은 슬픔을 표현하기 위한 것이다. 슬픔은 성할 때도 있고 감쇄할 때도 있으니, 그 복은 슬픔에 따라서 융성하기도 하고 줄어들기도 한다. 그러므로 처음 상을 당했을 때의 복은 거칠고 조악한데, 장례를 지낸 후·연제를 마친 후·대상제를 마친 후에 이르러 점차 조금씩 문식을 가한다. 이 때문에 관과 동일한 승수로 만든 최복으로 갈아입는다. 참최의 상을 당했을 경우 처음에는 3승의 베로 만든 상의와 하의[衰裳]를 입고 6승의 베로 만든 관을 쓴다. 장례를 마친 후 성복 때 쓰던 관과 동일한 승수의 베로 만든 최복으로 갈아입으니, 6승의 베로 만든 최복으로 갈아입고[受衰], 7승의 베로 만든 관으로 바꾸어 쓴다[受冠]. 소상제(연제)를 마치면 장례 후에 쓰던 관과 동일한 승수의 베로 만든 최복으로 갈아입으니, 7승의 베로 만든 최복으로 갈아입고 8승의 베로 만든 관으로 바꾸어 쓴다. 이는 장례를 지낸 후·소상제를 마친 후에 모두 가벼운 복으로 다시 갈아입는 것이다. 그러므로 수관(受冠)·수복(受服, 受衰)이라는 명칭이 있는 것이다.

강복(降服)으로 자최(齊衰)의 복을 할 경우,⑩ 성복 때는 4승의 베로 만든 최상(衰裳, 상의와 하의)을 입고 7승의 베로 만든 관(冠)을 쓴다.【아버지가 돌아가셨을 경우 어머니를 위해 자최 3년의 복을 할 때도 4승의 베로 만든 최복을 입고 7승의 베로 만든 관을 쓴다.】 장례를 지낸 후에는 성복 때 쓰던 관과 동일한 승수의 베로 만든 최복으로 갈아입으니, 7승의 베로 만든 최복으로 갈아입고 8승의 베로 만든 관으로 바꾸어 쓴다. 정복(正服)으로 자최(齊衰)의 복을 할 경우,⑪ 5승의 베로 만든 최복을 입고 8승의 베로 만든 관을 쓴다.【아버지가 살아계실 경우 어머니를 위해 자최 장기로 복을 하거나 처를 위해 자최 장기로 복을 할 때 모두 담제(禫祭)를 지내는데, 지팡이를 짚거나 지팡이를 짚지 않는 경우 모두 5승의 베로 만든 최복을 입고 8승의 베로 만든 관을 쓴다.⑫】 장례를 지낸 후에는 성복 때 쓰던 관과 동일한 승수의 베로 만든 최복으로 갈아입으니, 8승의 베로 만든 최복으로 갈아입고, 9승의 베로 만든 관으로 바꾸어 쓴다. 의복(義服)으로 자최(齊衰)의 복을 할 경우,⑬ 6승의 베로 만든 최복을 입고 9승의 베로 만든 관을 쓴다. 장례를 지낸 후에는 성복 때 쓰던 관과 동일한 승수의 베로 만든 최복으로 갈아입으니, 9승의 베로 만든 최복으로 갈아입고, 10승의 베로 만든 관으로 바꾸어 쓴다.

강복(降服)으로 대공(大功)의 복을 할 경우,⑭ 7승의 베로 만든 최복을 입고 10승의 베로 만든 관을 쓴다. 장례를 지낸 후에는 성복 때 쓰던 관과 동일한 승수의 베로 만든 최복으로 갈아입으니, 10승의 베로 만든 최복으로 갈아입고, 11승의 베로 만든 관으로 바꾸어 쓴다. 정복(正服)으로 대공(大功)의 복을 할 경우, 8승의 베로 만든 최복을 입고 10승의 베로 만든 관을 쓴다. 장례를 지낸 후에는 10승의 베로 만든 최복으로 갈아입고, 10승의 베로 만든 관으로 바꾸어 쓴다. 의복(義服)으로 대공(大功)의 복을 할 경우, 9승으로 만든 최복을 입고 11승의 베로 만든 관을 쓴다. 장례를 지낸 후 11승의 베로 만든 최복으로 갈아입고, 12승의 베로 만든 관으로 바꾸어 쓴다.

처음 상을 당했을 때 관의 승수는 모두 장례를 지낸 후 최복의 승수와 같다. 그러므로 『의례』 「상복」 편 '자최 장기'의 전(傳)에서 "자최와 대공의 복을 할 때는 성복(成服) 때 쓰던 관과 동일한 승수(升數)로 만든 최복으로 갈아입는다."고 하였다. 『의례』 「상복」 편 '자최 장기'의 전(傳)에서 또 "소공과 시마의 복을 할 때는 최복과 동일한 승수의 베로 만든 관을 쓴다."고 한 것은 강복으로 소공의 복을 할 경우 최복과 관을 모두 10승의 베로 만들고, 정복으로 소공의 복을 할 경우 최복과 관을 모두 11승의 베로 만들고, 의복으로 소공의 복을 할 경우는 최복과 관을 모두 12승의 베로 만들며, 시마로 복을 할 경우 15승에서 그 절반을 뽑아내어 7승반의 베로 만드니,⑮ 최복과 관의 승수가 또한 동일하다는 뜻이다.

[喪者, 鄭『目録』云, "不忍言死, 而言喪也. 以喪是棄亡之辭, 若全存居彼, 棄亡於此也[1]." 案「曲禮」云, "天子曰崩,[2] 諸侯曰薨, 大夫曰卒, 士曰不祿, 庶

1 以喪是棄亡之辭, 若全存居彼, 棄亡於此也: 北京大 整理本 『儀禮注疏』 권28, 631쪽, 賈公彦의 疏에 인용된 『삼례목록』에는 "喪者, 棄亡之辭, 若全存居於彼焉, 已亡之耳."로 되어 있다.

人曰死”, 又『爾雅』云, “崩·薨·卒·不祿, 皆死也.[3]” 是士已上各爲義稱, 庶人言死, 得其總名. 又鄭注「曲禮」云, “死言澌也, 精神澌盡也.” 『左傳』魯昭公出居乾侯, 齊侯唁公于野井, 公曰, “喪人其何稱?” 是喪爲棄亡之辭, 若親棄於此, 而有存於彼, 是孝子不忍言父母精神盡也. 服者, 言死者旣喪, 生者制服, 但貌以表心, 服以表貌. 故『禮記』「間傳」曰, “斬衰, 何以服苴? 苴, 惡貌也, 所以首其内見諸外, 故斬衰貌若苴. 齊衰貌若枲, 大功貌若止, 小功·緦麻容貌可也.” 然周公設經, 上陳其服, 下列其人, 此言父與諸侯爲天子者, 是下人爲服上服者也. 先言‘父’者, 此章恩義並設, 忠臣出孝子之門, 義由恩出, 故先言‘父’也. 傳曰, “齊衰·大功, 冠其受也.” 然斬衰, 亦冠衣相受, 何者? 凡喪, 制服所以表哀, 哀有盛時殺時, 其服乃隨哀隆殺, 故初服麤惡, 至葬後·練後·大祥後漸細加飾, 是以冠受. 斬衰裳初三升冠六升, 旣葬以其冠爲受, 衰六升冠七升, 小祥又以冠爲受, 受衰七升, 冠八升. 此是葬後·祥後, 皆更以輕服受之. 故有受冠·受服之名. 其降服齊衰, 初死衰裳四升冠七升.【父卒爲母, 亦四升七升.】 旣葬以其冠爲受, 受衰七升冠八升. 正服齊衰, 五升冠八升【父在爲母·爲妻, 俱禫, 杖及不杖者, 皆五升八升】 旣葬以其冠爲受, 受衰八升冠九升. 義服齊衰, 六升冠九升, 旣葬以其冠爲受, 受衰九升冠十升. 降服大功, 衰七升冠十升, 旣葬以其冠爲受, 受衰十升冠十一升. 正服大功, 衰八升冠十升, 旣葬衰十升冠十一升. 義服大功, 衰九升冠十一升, 旣葬衰十一升冠十二升. 以其初喪冠升數, 皆與旣葬衰升數同, 故傳云, “齊衰大功, 冠其受.” 傳又曰, “小功·緦麻, 冠其衰”者, 謂降服小功, 衰冠皆十升, 正服小功, 衰冠皆十一升, 義服小功, 衰冠皆十二升, 緦麻十五升抽其半, 而七升半, 衰冠升數亦同.]

2 天子曰崩: 『禮記』「曲禮下」에는 ‘天子死曰崩’으로 되어 있다.
3 崩·薨·卒·不祿, 皆死也: 『爾雅』「釋詁下」에는 “崩·薨·無祿·卒·徂落·殪, 死也.”로 되어 있다.

역주

① 『삼례목록(三禮目錄)』: 정현이 삼례 즉 『의례』·『주례』·『예기』 각각의 편차와 편명에 대한 해제를 기록한 책이다. 『수서』 권32, 「경적지」에 "『三禮目錄』 1卷, 鄭玄 撰"으로 저록되어 있고, 남조시대 양나라의 도홍경(陶弘景: 456~536)이 주를 달았지만 망실되었다고 한다. 본래 『삼례목록』은 별도의 단행본이었는데, 가공언이 『의례소』와 『주례소』를 작성할 때 처음으로 『의례』와 『주례』 각 편 제목 아래에 갖다 붙였다. '삼례'라는 말은 『후한서』 권69하, 「유림전」 '동균전(董鈞傳)'에 보인다. "후한이 창업되자, 정중(鄭衆)은 『주관경(周官經)』을 전하였고, 후에 마융이 『주관전(周官傳)』을 지어서 정현에게 전수하였는데, 정현은 『주관주(周官注)』를 지었다. 정현은 본래 소대(小戴)의 『예』를 익혔는데, 후에 고문경을 가지고 그것을 교수하여 그 의리가 뛰어난 것을 취하였다. 그리하여 정씨(鄭氏)의 학(學)으로 삼았다. 정현은 또 소대(小戴: 戴聖)가 전한 『예기』 49편에 주를 달아 통틀어서 '삼례'로 삼았다.[中興, 鄭衆傳『周官經』, 後馬融作『周官傳』, 授鄭玄, 玄作『周官注』. 玄本習小戴『禮』, 後以古經校之, 取其義長者, 故爲鄭氏學. 玄又注小戴所傳『禮記』四十九篇, 通爲三禮焉.]" 또 『후한서』 권64, 「노식전(盧植傳)」에는 "(노식은) 『상서장구』와 『삼례해고』를 지었다."고 되어 있다. 따라서 '삼례'라는 명칭은 후한 말부터 통행된 것임을 알 수 있다.

② '상'이란 버리고 떠나갔다는 말이니: 진립(陳立), 『백호통소증(白虎通疏證)』 권11, 「붕훙(崩薨)」에 "'상'이란 무슨 뜻인가? '상'은 떠나갔다는 뜻

이다. 사람이 죽는 것을 '상'이라고 하니, 그가 떠나가서 다시는 볼 수 없게 되었음을 말한다.[喪者, 何謂也? 喪者, 亡. 人死謂之喪, 言其亡不可復得見也.]"고 하였다.

③ 천자가 죽으면 ~ '사(死)'라고 한다: 이에 대한 정현의 주에서는 "죽음의 명칭을 달리 표현하는 것은 사람들이 지각이 없는 것이 생전과 다르다고 여겨 경시할까 염려해서다. 위에서 떨어져 무너지는 것을 '붕(崩)'이라 한다. '훙(薨)'은 떨어져서 무너지는 소리이다. '졸(卒)'은 마친다는 뜻이다. '불록(不祿)'은 그 봉록을 끝내 받지 못하게 되었다는 뜻이다. '사(死)'라는 글자는 '다한다[澌]'라는 뜻으로, 정신이 소진되었다는 말이다.[異死名者, 爲人褻其無知若猶不同然也. 自上顚壞曰'崩'. '薨', 顚壞之聲. 卒, 終也. '不祿', 不終其祿. 死之言'澌'也, 精神澌盡也.]"라고 하였다.

④ 간후(乾侯): '간후'는 진(晉)나라의 땅으로, 위군(魏郡) 척구현(斥丘縣)에 있다. 그러나 『춘추좌전』과 『춘추공양전』의 소공 25년 조에는 모두 '간후'가 '양주(陽州)'로 되어 있다. 양주는 노나라와 제나라의 접경 지역으로, 오늘날의 산동성 동평현(東平縣)이다. 노나라 소공이 간후로 간 것은 소공 28년의 일이다. 『춘추좌전』 소공 28년 조에 "소공이 진나라로 가서 간후에 머물렀다.[公如晉, 次于乾侯.]"고 하였다.

⑤ 야정(野井): 제나라의 땅이다. 『춘추좌전』 소공 25년 조 두예(杜預)의 주(注)에 "제남 축아현 동쪽에 야정정이 있다.[濟南祝阿縣東有野井亭]"고 하였다. 오늘날 산동성 제하(濟河)의 동남쪽에 해당한다.

⑥ 『춘추좌전』에 의하면 ~ 말하였다: 노나라 소공과 제나라 경공의 대화는 『춘추좌전』이 아니라 『춘추공양전』 소공 25년(B.C. 517) 조에 보인다. 노나라 소공이 공실(公室)을 참람한다는 명분으로 노나라의 실력자인 계평자(季平子)를 제거하고자 하였지만 역습을 받아 실패하고 양주

(陽州)로 도망하였다. 제나라 경공(景公)이 야정(野井)으로 가서 소공을 위로하면서 제물과 제기 등을 하사하여 제사를 지낼 수 있도록 해 주었다. 하지만 소공은 겸손한 마음으로 이를 사양하고, "상인(喪人)이 어떻게 칭호를 사용할 수 있겠습니까?"라고 말하였다. 경공이 "칭호가 없는 군주가 있겠습니까?"라고 말하자, 소공은 마침내 큰 목소리로 곡을 하였다. '상인'은 소공의 자칭으로서, 나라를 잃고 도망한 사람이라는 뜻의 겸사이다.

⑦ 암마[苴]로 만든 것을 착용하는가?: '저(苴)'는 본래 씨가 붙어 있는 마인데, 형상이 조악하고 검은빛을 띤다. 이곳에서 '암마로 만든 것'이란 최상(衰裳, 상의와 하의)뿐 아니라 수질(首絰)과 요질(要絰)·지팡이[杖]를 포함한다. 『예기정의』「간전」 공영달의 소에 "'저(苴)'는 검은빛이다.['苴'是黎黑色]"라고 하였고, 또 "'저(苴)'는 검은색이다. 무릇 지극한 고통이 안에서 맺어지면, 반드시 빛깔이 밖으로 드러난다. 마음이 끊어지고 베어지는 듯하므로 얼굴빛이 반드시 검푸르다. 그러므로 상의·하의·수질과 요질·지팡이는 모두 검은색으로 갖춘다.['苴'者, 黯也. 夫至痛內結, 必形色外章, 心如斬斫, 故貌必蒼苴, 所以衰裳絰杖, 俱備苴色也.]"고 하였다.

⑧ 이곳에서 ~ 말한 것은: 『의례』「상복」 편 '참최 삼년'장에서 첫 번째 조목이 '아버지를 위해 참최 3년으로 복을 한다.[父]'이며, 두 번째 조목이 '제후가 천자를 위해 참최 3년으로 복을 한다.[諸侯爲天子]'이다.

⑨ 자최와 대공의 복을 ~ 갈아입는다[受衰]: 죽은 지 3일째 되는 날, 오복의 친속들은 모두 상관(喪冠)을 쓰고, 최복(衰服: 상의와 하의)을 입고 상구(喪屨)를 신는데, 이를 '성복(成服)이라 한다. 장례를 마친 후에는 성복 때의 최복과 상관을 가벼운 것으로 바꾸어 착용하는데, 이를 '수복(受

服)'이라 한다. 이 가운데 가벼운 최복으로 갈아입는 것을 '수최(受衰)'라고 하고, 가벼운 관으로 바꾸어 쓰는 것을 '수관(受冠)'이라 한다. '자최의 상'을 예로 들면, 성복 때 4승(升)의 베로 만든 최복을 입고 7승의 베로 만든 관을 쓰고 거상을 하다가 장례를 마친 후에는 7승의 베로 만든 최복으로 갈아 갈아입고, 8승의 베로 만든 관으로 바꾸어 쓴다. 이처럼 장례를 마친 후 성복 때 쓰던 관과 동일한 승수로 만든 최복으로 갈아입는 것을 '관기수(冠其受)'라고 한다.(김용천, 「旣葬 '受服'의 규정과 예학적 논쟁」, 『태동고전연구』42, 2019 참조)

⑩ 강복(降服)으로 자최(齊衰)의 복을 할 경우: 본복(정복)보다 낮추어서 복을 하는 것을 '강복(降服)'이라 한다. 복을 낮추어 하는 데에는 ① 자신의 높은 신분을 이유로 상대방에게 낮추어서 복을 하는 '존강(尊降)', ② 높은 신분의 사람에게 눌려서 상대방에게 낮추어서 복을 하는 '압강(厭降)', ③ 방존(旁尊)을 이유로 상대방을 낮추어서 복을 하는 '방존강(旁尊降)', ④ 양자로 본종에서 나간 사람이나 출가한 딸이 본종의 사람들에 대해 낮추어서 복을 하는 '출강(出降)'의 4 종류가 있다. 아버지가 돌아가셨을 경우, 자식은 어머니를 위해 자최 3년의 복을 한다.[*父卒爲母*] 자식이 어머니를 위해 자최 3년으로 복을 하는 것이 '정복'이지만, 아버지가 살아 계실 경우 자식은 아버지의 존(尊)에 눌려서 어머니를 위해 자최 장기로 낮추어서 복을 한다.[*父在爲母*] 이를 '강복의 자최'라고 한다.

⑪ 정복(正服)으로 자최(齊衰)의 복을 할 경우: '정복'이란 순수한 혈연관계에 따른 본래의 복을 의미하는데, ① '어머니가 장자를 위해 자최 3년으로 복을 하는 경우', ② 남편이 처를 위해 자최 장기로 복을 하는 경우, ③ 할아버지·할머니를 위해 자최 부장기로 복을 하는 경우 등이 '정복

의 자최'이다.

⑫ 지팡이를 짚거나 ~ 관을 쓴다: 처를 위해 지팡이를 짚고 자최 기년(자최 장기)의 복을 하거나 할아버지·할머니를 위해 지팡이를 짚지 않고 자최 기년(자최 부장기)의 복을 하거나 정복으로 자최의 복을 할 경우에는 모두 5승의 최복을 입고 8승의 관을 쓴다는 뜻이다.

⑬ 의복(義服)으로 자최(齊衰)의 복을 할 경우: '의복(義服)'은 혼인이나 군신 관계 등 인위적인 관계 변화에 따라 의리상 복을 하는 것을 말한다. ① 쫓겨난 처의 자식이 어머니를 위해 자최 장기로 복을 하는 경우[出妻之子爲母], ② 동거한 계부를 위해 자최 부장기로 복을 하는 경우[繼父同居者], ③ 남편의 군주를 위해 자최 부장기로 복을 하는 경우[爲夫之君], ④ 며느리가 시부모를 위해 자최 부장기로 복을 하는 경우[婦爲舅姑] 등이 이에 해당된다. 며느리는 시집오기 전까지는 시부모와 아무런 혈연관계도 없으므로 복도 없었지만 혼인을 통해 남편의 친족에 편입됨으로써 의리상 복을 하게 된 것이 그러한 사례이다.

⑭ 강복(降服)으로 대공(大功)의 복을 할 경우: 본래 정복은 자최의 복이었지만 출강(出降) 등의 원칙에 따라 대공으로 낮추어 복을 하는 경우를 말한다. ① 시집간 고모·손위누이·손아래누이·딸을 위해 대공 9월로 복을 하는 경우[姑·姊妹·女子子適人者], ② 다른 사람의 후사가 된 사람이 친곤제를 위해 대공 9월로 복을 하는 경우[爲人後者爲其昆弟] 등이 이에 해당한다. 본래 곤제(昆弟: 친형제)를 위해서는 자최 부장기로 복을 하는데, 다른 사람의 후사가 되어 본종에서 나갔기 때문에 '출강'의 원칙에 따라 한 등급 낮추어 대공 9월로 복을 한다.

⑮ 15승에서 ~ 베로 만드니: 원문 '十五升抽其半'에 대해서는 그 해석이 분분하다. 정현(鄭玄)과 오계공(敖繼公)은 7승반 즉 600올의 베인데, 그

올이 15승의 조복(朝服)만큼 세밀하기 때문에 '7승반'이라 하지 않고 '十五升推其半'으로 표현했다고 하였고, 강조석(姜兆錫)과 성세좌(盛世佐)는 14승반을 가리킨다고 하였고, 김방(金榜)과 손이양(孫詒讓)은 15승의 베인데 그 가운데 절반에만 회치(灰治: 잿물에 넣어 부드럽게 마전하는 것)의 공을 가했기 때문에 '十五升推其半'이라 한 것이라고 하였다.

【喪服圖上15：01-斬衰衣참최의·斬衰裳참최상】

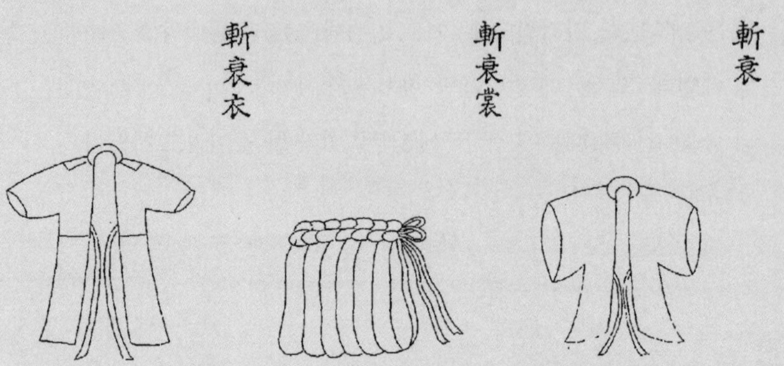

'참(斬)'은 꿰매지 않는다는 뜻이다.① '참최상(斬衰裳)'이라는 것은 3승의 저마(苴麻)로 직조한 베를 잘라서 만든 상복[衰裳]②을 말한다. 무릇 상의[衰]는 바깥쪽으로 폭을 줄이고, 하의[裳]는 안쪽으로 폭을 줄이는데 폭마다 3개의 주름이 있다.③【('袧'의) 음은 鉤(구)이다. 『의례주소』「상복」 가공언의 소에서 "'袧'는 '脯屈中曰朐'(말린 고기를 가운데로 구부려서 진설하는 것을 '朐'라고 한다.)라고 할 때의 '朐(구부리다)'의 뜻이다."④라고 하였다. '삭(削)'은 줄인다[殺]는 뜻과 같다. '무릇[凡]'이라고 한 것은 오복(五服)을 총괄하여 말한 것이다. '구(袧)'는 접어서 가운데로 구부리는 것을 말한다.】 그 하의는 앞쪽은 3폭이고, 뒤쪽은 4폭인데, 폭마다 접어서 3개의 주름을 잡으니 【참최 포함】, 상관(喪冠)의 주름이 3개인 것을 본뜬 것이다. '구(袧)'는 접어서 가운데로 구부리는 것이니, 양쪽으로 주름을 잡고 가운데를 비우게 하는 것을 말한다. '袧'는 "屈中曰朐(가운데로 구부리는 것을 '朐'라고 한다.)"라고 할 때의 '朐(구부리다)'와 같은 뜻으로 읽는다. 그렇다면 베[布]마다 무릇 3곳에서 구부리는 것이니, 양쪽으로 접어서 서로 붙이면 가운데 부분이 저절로 비워지게 된다. 『의례』「상복」 정현의 주에서 "태고시대에는 베로 관을 만들어 쓰고, 베로 옷을 만들어 입었다. 먼저 상의를 만들 줄 알아서 바깥쪽으로 폭을 줄여 몸에 편리하도록 하였고, 후에 하의를 만들 줄 알아서 안쪽으로 폭을 줄여 문식을 하였다.【『예기』「교특생」에 "태고시대에는 흰 베로 관을 만들어 썼다.⑤"고 하였는데, 정현의 주에 "요순 이전을 '태고'라고 한다."고 하였다. 이곳의 "먼저 상의를 만들 줄 알았고, 후에 하의를 만들 줄 알았다."는 것은 또한 요순 이전 황제 이후의 일을 가리킨다. 그러므로 『예기』「예운」에서 "옛날 선왕 때는 아직 삼이나 명주실로 옷을 만들지 못하고, 깃털이나 짐승 가죽으로 옷을 만들어 입었다."라고 하였는데, 정현의 주에는 "이는 상고시대의 일이다."라고 하였다. (『예기』「교특생」의) 아래 문장에서 "후성(後聖)이 흥기하였다."고 하였으니, 황제(黃帝)를 가리킨다. 이는 황제 때 처음으로 명주실이나 삼을 다듬어서 베옷이나 비단옷을 만들었다는 뜻이니, 이때는 단지 옷의 가장자리 부분을 밖으로 향하도록 꿰매서 몸에 편리하도록 하였다. "먼저 상의를 만들 줄 알았다."는 것은 먼저 베옷을 바깥쪽으로 향하도록 꿰매서 몸에 편리하도록 상의를 만들 줄 알았다는 뜻이다. "후에 하의를 만들 줄 알았다."는 것은 후에 옷의 가장자리 부분을 안쪽으로 향하도록 꿰매서 바깥쪽으로 향하도록 꿰매는 것에 비해 보기에 아름답게 하여 조금 문식이 있는 듯이 할 줄 알았다는 뜻이다. 그러므로 "후에 하의를 만들 줄 알았다."고 한 것이다.】 후세 성인은 이를 바꾸어서 상의의 폭은 바깥쪽으로 줄이고 하의의 폭은 3번 주름을 잡아서 상복을 만들었다.【요순 이전에 관과 옷은 모두 흰 베로 만들어서 길흉이 같았으며, 재계를 할 때는 검은색으로 물들인 베로 만들었다. (하·은·주) 삼대에는 제도를 바꾸었는데, 다시 모퇴(牟追)·장보(章甫)·위모(委貌)를 만들어서 도를 행할 때 쓰는 관으로 삼았다.⑥ 조복(朝服)과 제복(祭服)에는 주름이 무수히 많지만, 상복의 관과 하의는 단지 3번 주름을 잡을 뿐이다. 치포관(緇布冠)은 삼대에서 모두 관례를 거행할 때 첫 번째로 씌우는 관이었다.⑦ 백포관(白布冠: 흰 베로 만든 관)은 질박하므로, 이것으로 상관(喪冠)을 삼았던 것이다.⑧ 그렇다면 이곳에서 '후세의 성인'이라 한 것은 하나라 때의 우왕을 가리키니, 삼대 가운데 가장 빠르기 때문이다.】

부(負: 등 위쪽의 네모진 베 조각)⑨는 적(適: 깃)에서 양쪽으로 각각 1촌을 더 내서 만든다. '적(適)'은 벽령(辟領)이니, 궐중(闕中: 양쪽 벽령 사이의 텅 빈 부분)과 합해서 모두 1척 6촌이다. 부(負)는 베를 사용하여 만드는데, 사방의 너비가 각각 1척 8촌이다. 그러므로 적(適)에서 양쪽 옆으로 각각 1촌씩 낼 수 있다. 부를 만든 베는 벽령(적) 아래쪽에서 꿰매어서 아래로 늘어뜨려 등 위쪽에 놓이게 되므로 '부(負: 등에 짐을 지다)'라는 명칭을 얻게 된 것이다.【'適'의 음은 的(적)이다.】 '적(適)'은 너비가 4촌으로서, 최(衰: 가슴 앞부분)에서 양 옆쪽으로 내어서 만든다. 최(衰)는 길이가 6촌 너비가 4촌으로 바깥 옷깃[外衿] 위쪽에 이어 붙이니, 너비와 길이가 심장의 크기에 상당한다.【'博'은 곧 너비의 뜻이다.】 '적(適)'은 궐령(闕領)의 양 바깥쪽에서 각각 너비 4촌으로 만드니, 궐령과 합하면 모두 1척 6촌이 된다.【'궐(闕)'은 곧 벽령과 궐중의 사이이다.】 그러므로 두 개의 '적'은 앞쪽으로 향하여 '최'와 서로 마주 바라보며, (최에서) 양쪽 옆으로 각각 6촌을 내어서 만든다.【'적'은 곧 벽령이다.】 그러므로 『의례』「상복」 정현의 주에서 "앞에는 최(衰)가 있고, 뒤에는 부(負)가 있으며, 좌우에는 벽령(辟領)이 있는 것은 효자의 슬퍼하는 마음이 없는 곳이 없음을 표현하는 것이다."라고 하였다. 가공언의 소에 "'최(衰)'라는 글자는 무너지다[摧]는 뜻이다. 최(衰)를 심장 부위에 붙이는 것은 효자에게 슬프고 무너지는 마음이 있음을 표현하는 것이다. 부(負)를 뒤쪽에 만드는 것은 슬프고 애달픔을 등에 짊어지고 있기 때문이다. 좌우의 벽령(辟領)을 '적(適)'이라고 하는 것은 슬퍼하는 마음이 마땅히 부모로 향해 가서 이에 매어서 다른 일을 함께 생각할 겨를이 없기 때문이다. 사방을 둘러보아도 모두 슬픔과 고통뿐이니, 이것이 슬픔이 없는 곳이 없다는 뜻이다."라고 하였다.

상의는 목에서 허리까지 2척 2촌의 베를 사용하여 만드니, 양쪽 몸의 전후는 각각 4척 4촌이다.【이는 등뼈 부위를 꿰맨 한쪽의 앞뒤에 의거하여 말한 것이다.】 양쪽으로 합해서 8촌이니, 8촌에 궐중과 벽령 1척 6촌을 더한다. 그렇다면 이는 거(袪: 소맷부리)·메(袂: 소매)·최(衰: 가슴 앞부분)·부(負: 등 위쪽)의 4가지 물건을 제외하고, 오직 상의의 몸체만을 계산하여 말한 것이다. 무릇 베 1장 4촌을 사용하여 상의를 만드는 것이다.⑩【'궐중(闕中)'은 중앙부분을 제거하여 목 부위를 편안하게 한다는 뜻이다. 등뼈에 해당하는 곳에서 양쪽 가장자리를 꿰매어 총 8촌을 제거하는 것이다. 만약 한쪽의 가장자리를 제거하면 단지 4촌을 제거하는 것이다. '메(袂: 소매)'는 상의의 몸체에서 양쪽으로 내어 나온 부분이다. 그러므로 『의례』「상복」의 아래 문장에서 "소매는 한 폭의 베를 상의에 연결시킨다."⑪고 하였으니, 또한 상의와 폭을 달리하지 않음을 밝힌 것이다.】 소매는 한 폭의 베를 (상의와) 연결시키고 줄이지 않는다.【'촉(屬)'은 연결시킨다[連]는 뜻과 같다. 소매와 상의의 몸체는 똑같이 한 폭이다. '폭을 연결시킨다.'는 것은 온폭 2척 2촌을 사용한다는 뜻이다. '메(袂: 소매)'라고 한 것은 몸체에서 소매로 향하는 것에 의거하여 칭한 것이다. '의(衣: 袂中, 소매의 중앙)'⑫라고 한 것은 위쪽에서 겨드랑이를 향해 내려가는 것에 의거하여 말한 것이다. 무릇 베를 사용하여 옷이나 활쏘기의 표적을 만들 때는 모두 폭의 가장자리 1촌을 줄이고 제거하여 꿰맨다. 이제 "그 폭을 연결한다."고 하였으니, 그 폭의 가장자리를 줄여서 제거하지 않고 온폭을 취해서 소매를 만드는 것이다. 반드시 폭을 줄이지 않는 것은 상의 2척 2촌과 동일하게 하고자 함을 취한 것이다.】 소매가 상의의 몸체와 연결되어 있는 것은 두 소매와 상의의 몸체 3가지가 나란히 (2척 2촌임을) 밝히는 것이다.【양 옆의 소매와 중앙의 상의 몸체로 모두 3가지이니, 아래쪽 끝자락은 모두 나란하다. 소매와 상의의 몸체가 모두 2척 2촌임을 가리키니, 그것으로 보통 사람의 팔뚝을 넣기에 충분하다. 『예기』「심의」에서 "메중(袂中)은 팔꿈치를 돌리게 할 수 있다."고 한 것이 그것이다.】 소맷부리[袪]의 세로 길이는 1척 2촌이니, 보통 사람의 맞잡은 양 손을 넣기에 충분하다.【길례 때 손을 맞잡는 경우에는 왼손을 위쪽에 놓고, 상례 때 손을 맞잡는 경우에는 오른손을 위쪽에 놓으니, 이것이 양손을 맞잡는 예법이다. '거(袪)'는 소매의 입구이다. 그렇다면 소맷부리[袪]와 소매[袂]가 서로 맞닿은 곳에서, 소매는 점차 5촌씩을 줄여서 작게 해야 하고, 소맷부리는 점차 5촌씩을 늘려서 넓게 해야 한다. 오늘날 상복의 소맷부리·소매와 다른 듯하다.】

참최는 3승의 베로 만든다. 【정복으로 아버지를 위해 3년의 복을 할 경우】 3승 반의 베로 만들기도 하는데 【의복으로 군주를 위해 3년의 복을 할 경우】, 실가닥은 3승 반으로 하지만 꿰매지는 않는다.【정복에 비해 조금 섬세하지만, 사실은 240올을 쓴다. 아버지가 장자를 위해 참최 3년의 복을 한다. 또 남의 후사가 된 사람이 (후사로 삼아준 사람을) 위해,⑬ 처가 남편을 위해, 첩이 군(君: 남편)을 위해,⑭ 결혼하지 않은 딸이나 결혼했다가 돌아와서 아버지의 집에 살았던 딸이 (아버지를 위해) 모두 참최 3년의 복을 한다.】 '자르다[裁割]'라고 하지 않고 '베다[斬]라고 한 것은 고통이 심한 뜻을 취한 것이다. 이를 알 수 있는 것은, 살펴보건대 『예기』 「삼년문(三年問)」에서 "상처가 크면 그 아무는 날수가 오래가고, 고통이 심하면 그 낫는 것이 더디다."라고 하였기 때문이다. 또 『예기』 「잡기하(雜記下)」에서 "현자(縣子)⑮가 '삼년상을 당하면 애통함이 칼로 베는 듯하고, 기년상을 당하면 애통함이 칼로 깎는 듯하다.'라고 하였다."고 하였으니, 슬픔에도 깊고 옅음이 있음을 말한 것으로 '참(斬)'은 고통이 심하다는 뜻이다. 그러므로 '참(斬)'이라고 한 것이다.

참최의 상의와 하의를 이미 저마(苴麻: 검은빛의 암마)로 만들었으므로 수질과 요질 및 지팡이도 저마와 저죽(苴竹: 검은빛의 대나무)으로 만든다. 그러므로 아래 『의례』 「상복」 '참최 삼년'장의 경문에서 "苴絰杖絞帶(검은빛의 암마로 만든 수질과 요질을 두르고, 검은빛의 대나무 지팡이를 짚고, 검은빛의 암마를 꼬아서 만든 허리띠를 찬다.)"라고 하여 '저(苴)' 한 글자로 이 세 가지 물건을 포괄하였다. 또 『의례주소』 「상복」 '참최 삼년'장의 정현 주에서 "무릇 상복은 상의를 '최(衰)'라 하고, 하의를 '상(裳)'이라 한다."고 하였는데, 가공언의 소에 "'무릇[凡]'이라고 말한 것은 정현이 오복을 겸하여서 해석한 것이다. 살펴보건대, 아래의 『의례』 「상복·기(記)」에서 '최(衰)는 너비가 4촌이고, 길이가 6촌이다.'라고 하였다. 가슴에 꿰매어 붙이는 것을 총괄하여 '최(衰)'라고 하는 것이니, 단지 심장 크기에 상당하는 것만을 가리킬 뿐이 아니다.【그러므로 '최'라고 말한 모든 것이 단지 심장 크기에 상당하는 것만이 아니다.】 그러므로 '최(衰: 상의)'라고 한 모든 것은 모두 '상(裳: 하의)'과 서로 짝하여 말한 것이니, 조복(弔服)으로 착용하는 시최[緦]·의최[疑]·석최[錫] 세 가지를 또한 '최'라고 한다."⑯고 하였다.

['斬'者, 不緝也. 斬衰裳者, 謂斬三升苴麻之布, 以爲衰裳也. 凡衰外削幅, 裳內削幅, 幅三袧.【音鉤. 賈疏, "'袧'如'腒屈中曰朐'之'朐.'" '削'猶殺也. '凡'者, 總五服而言也. '袧'者, 辟襵之, 屈中也.】 其裳前三幅, 後四幅, 每幅辟襵三【包斬】, 象喪冠之辟積三也. 袧爲辟襵屈中者, 謂辟兩側, 空中央也. 以'袧'讀與"屈中曰朐"義同, 則每布凡三處屈之, 辟兩邊相著, 自然中央空闕也. 注云, "大古, 冠布·衣布. 先知爲上, 外殺其幅, 以便體也. 後知爲下, 內殺其幅, 有飾也.【「郊特牲」曰, "太古冠布", 注云, "唐虞已上曰太古", 是太古冠布·衣布也. 此"先知爲上, 後知爲下", 亦謂唐虞已上, 黃帝已下. 故「禮運」云, "昔者先王, 未有麻絲, 衣其羽皮", 注云, "此上古之時也." 下云, "後聖有作", 謂黃帝也. 是黃帝時始治絲麻, 以爲布帛, 是時但以邊幅向外縫之, 於體爲便. 先知爲上者, 謂先知縫布衣向外以便體爲上也. 後知爲下者, 謂後知邊幅向內縫之, 比於向外觀之爲美, 稍似有飾, 故云"後知爲下也."】 後代聖人易之, 以衣幅外殺, 裳幅三袧者, 爲喪服."【唐虞已上, 冠衣皆白布, 吉凶同, 齊則緇之. 三代改制, 更制牟追·章甫·委貌, 爲行道(朝服)之冠.[1] 其朝祭(冠)服, 皆辟積無數,[2] 喪之

1 牟追·章甫·委貌, 爲行道(朝服)之冠: 『儀禮』 「士冠禮」와 『禮記』 「郊特牲」의 정현 주에는

冠裳, 但三襵耳. 緇布冠, 三代皆爲始冠之冠. 白布冠質, 乃爲喪冠. 若然, 此言後世聖人, 指夏禹身, 以其三代最先故也.】 負, 廣出於適寸. 適者, 辟領也, 與闕中共一尺六寸. 負用布方廣尺有八寸, 故得出適兩傍各寸也. 負布縫於領下, 下垂放之, 以其置在背上, 故得負名.【適音的.】 適, 博四寸, 出於衰者, 以衰長六寸, 博四寸, 綴於外衿之上, 廣長當心.【博, 卽廣也.】 適在闕領之外, 各廣四寸, 與闕領共有一尺六寸.【闕, 卽領闕中也.】 故兩適向前, 與衰相望, 兩傍各出六寸.【適, 卽辟領也.】 故鄭注云, "前有衰, 後有負, 左右有辟領者, 孝子哀戚, 無所不在也." 賈釋云, "'衰'之言摧也. 衰當心者, 明孝子有哀摧之志也. 負在後者, 以其負荷悲, 哀在於背也. 左右辟領, 謂之適者, 以哀戚之情, 當有指適, 緣於父母, 不兼念餘事, 以示四處, 皆有悲痛. 是其哀戚無所不在也." 衣自領至衣腰二尺二寸, 兩身前後四尺四寸【此據脊縫一傍前後而言也.】, 兩傍共有八寸, 八寸加闕中與辟領尺有六寸. 然則此除袪·袂·衰·負四物, 唯計衣身而言. 凡用布一丈四寸.【闕中, 謂闕去中央, 安項處, 當脊縫兩廂, 總闕去八寸. 若去一廂, 則止去四寸. 袂者, 衣身兩傍出者也. 故下云, "袂屬幅", 亦明與衣不別幅也.】 袂屬幅而不削.【屬, 猶連也. 袂與衣身, 同是一幅. 連幅者, 謂整幅二尺二寸也. 言袂, 據從身向袂而稱也. 言衣, 據從上向腋下而云也. 凡用布爲衣及射侯, 皆削去邊幅一寸爲縫殺. 今云'屬連其幅', 則是不削去其邊幅, 取整幅爲袂也. 必不削幅者, 欲取與衣二尺二寸同也.】 袂所以連衣身者, 明兩袂與衣身參齊也.【兩傍袂與中央衣身, 總爲三事, 下畔皆等, 謂袂與衣身, 俱二尺二寸, 其袖足以容中人之肱, 「深衣」云, "袂中可以運肘", 是也.】 袪尺二寸, 足以容中人之併兩手也.【吉時, 拱尙左手, 喪時, 拱尙右手, 是併兩手也. 袪, 袖口也. 然

委貌·章甫·毋追와 관련하여 "三冠皆所服以行道也", "常所服以行道之冠也"로 되어 있어 '朝服' 두 글자는 불필요하므로 衍文으로 처리하여 번역하지 않았다.

2 其朝祭(冠)服, 皆辟積無數: 『의례』「상복」 정현 주에는 "祭服朝服, 辟積無數."로 되어 있다. 평상시 쓰는 관에는 별도의 주름을 잡지 않으므로 저본의 '冠'은 衍文이다.

則袪袂相接之處, 袂宜漸殺五寸, 令小, 袪宜漸侈五寸, 令寬. 與今時喪服袪·袂似異矣.】

斬衰三升【正服爲父】 三升半【義服爲君】 謂縷如三升半而不緝【比正服微細, 其實二百四十縷. 父爲長子斬, 又爲人後者, 妻爲夫, 妾爲君, 女子在室及嫁而反在父室者, 皆三年.】 不言'裁割', 而言'斬'者, 取痛甚之意. 知者, 案「三年問」云, "創鉅者, 其日久, 痛甚者, 其愈遲", 又「雜記」, "縣子曰, '三年之喪如斬, 期之喪如剡'", 謂哀有深淺, 是斬爲痛深之義, 故云"斬也." 斬衰旣用苴麻, 則首絰腰絰及杖, 亦用苴麻·苴竹爲之, 故下云, "苴絰杖絞帶", 以一苴目此三事也. 又注云, "凡服上曰衰, 下曰裳", 賈釋云, "言'凡'者, 鄭總五服而解之也. 案下記云, '衰, 廣四寸, 長六寸', 綴之於心, 總號爲衰, 非止當心而已.【故諸言'衰', 非止當心而已.】 故諸言衰者, 皆與裳相對, 至於弔服緦疑錫三者, 亦謂之爲衰也."]

역주

① '참(斬)'은 꿰매지 않는다는 뜻이다: 마융(馬融)은 '불집(不緝)'은 '불편(不緶)'의 뜻이라고 하였고, 이여규(李如圭)는 '불편(不緶)'은 상복[衰裳]의 가장자리를 꿰매지 않는다는 뜻이라고 하였다. 가공언(賈公彦)은 "오늘날 사람들은 '집(緝)'을 '편(緶)'이라고 하는데, '편(緶)'은 '집(緝)'과 같은 뜻으로, 베를 잘라서 상복을 만들고, 그 가장자리를 꿰매지 않는 것을 가리킨다."고 하였다. 호배휘(胡培翬)는 "'참(斬)'은 '자(齊)'와 대비되는 것으로, '참(斬)'은 베[布]를 베고 잘라서 끊는 것이니, 끊은 후 꿰매지 않은 것을 '참(斬)'이라 하고, 꿰매면 '자(齊)'가 된다.[斬與齊對, 斬是斬截布斷之, 斷之而不緝爲斬, 緝之則爲齊也.]"고 하였다.(胡培翬, 『儀禮正義』 권21, 1342 및 1347쪽 참조.)

② 3승의 저마[苴麻]로 직조한 베를 잘라서 만든 상복[衰裳]: 80올의 실 가닥을 1승(升)이라고 한다. 고대 중국에서는 한 폭 안에 들어가는 실 가닥[縷]의 수로 그 베의 거칠고 세밀한 정도를 구분하였다. 『한서』「식화지」에 의하면 주나라 법에서는 포백(布帛)의 너비 2척 2촌을 '폭(幅)'이라 하였으며, 『의례』「향사례」의 정현 주에서도 "오늘날 관포(官布)의 폭은 2척 2촌이다."라고 하여 한대에도 마찬가지였다. 따라서 '3승의 최상'은 2척 2촌의 폭 안에 세로로 240올의 실 가닥을 넣어서 만든 상복을 뜻한다. '저마(苴麻)'는 씨가 붙어 있는 암마로서 조악하고 검은 빛을 띤다. 참최의 상을 당한 사람은 그 고통이 극에 달하여 그 마음의 슬픔이 검푸른 얼굴빛으로 나타난다. 검은빛의 암마로 상복을 만들어

입음으로써 슬픈 감정과 복식을 상응하게 하는 것이다.

③ 무릇 상의[衰]는 ~ 주름이 있다: 상복의 상의[衰]는 가장자리 부분을 밖으로 향하도록 꿰매서 만들고, 하의[裳]는 가장자리 부분을 안쪽을 향하도록 꿰매서 만드는 것을 말한다. 폭마다 3개의 주름을 잡는다.

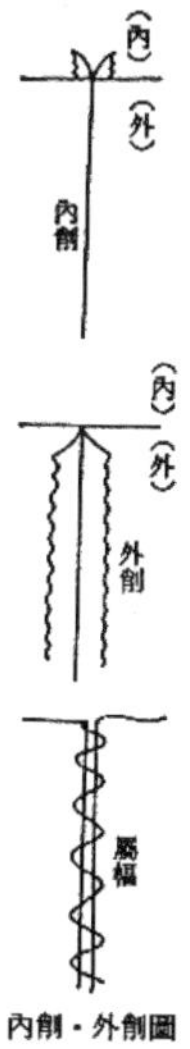

내삭(內削)·외삭도(外削圖)
池田末利(이케다 스에토시), 『儀禮(III)』

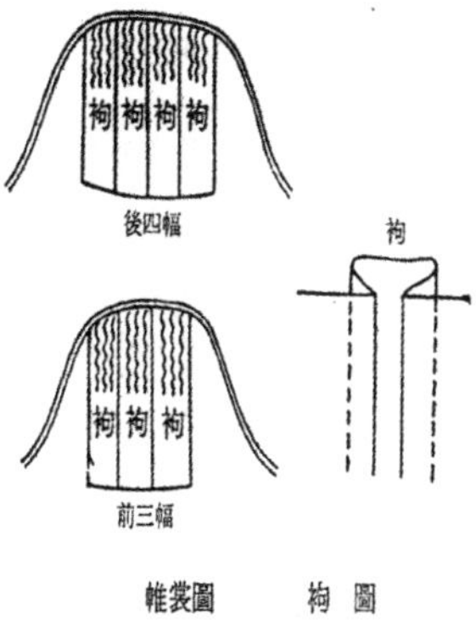

유상도(帷裳圖)·구도(袧圖)
池田末利(이케다 스에토시), 『儀禮(III)』

④ '구(袧)'는 ~ 뜻이다: 『의례주소』「상복」 가공언의 소이다. 그 원문은 "살펴보건대, 『예기』「곡례 상」에서 '말린 고기[脯脩]를 진설할 경우에는 구(朐: 고기의 가운데를 구부려 놓는 것)를 왼쪽에 놓고, 말(末: 추가해서 진설하는 음식)을 오른쪽에 놓는다.'고 하였는데, 정현은 '중앙으로 구부려놓는 것을 구(朐)라고 한다.'고 하였다. 이곳에서 '구(袧)'라고 한 것도 중앙으로 구부리는 것을 가리킨다.[案「曲禮」, '以脯脩置者, 左朐右末', 鄭云, '屈中云朐.' 則此言袧者, 亦是屈中之稱.]"이다.

⑤ 태고시대에는 흰 베로 관을 만들어 썼다: 『예기』「교특생」에 "태고시대에는 흰 베로 관을 만들어 썼는데, 재계를 할 때는 그것을 짙은 검은색으로 물들여서 썼다.[大古冠布, 齊則緇之.]"고 하였다. 따라서 이곳의 '관포(冠布)'는 흰 베로 만든 관을 가리킨다. 또 『예기』「잡기 상(雜記上)」에서 "태백관(大白冠)과 치포관(緇布冠)에는 관끈 장식을 하지 않았다.[大白緇布之冠不緌.]"고 한 것에 대해 정현은 "'태백'은 곧 태고시대의 흰 베로 만든 관으로, 지금의 상관(喪冠: 상에 쓰는 관)이다.[大白, 卽太古白布冠, 今喪冠也.]"라고 하였다.

⑥ 모퇴(牟追) ~ 삼았다: 모퇴·장보·위모의 세 가지 관은 모두 치포관이다. '모퇴(牟追)'는 하나라 때의 현관의 명칭이다. '毋追'로도 쓰는데, '毋'는 발성조사이고, '追'는 높이 쌓는다[堆]는 뜻으로, 그 형태를 가지고 명칭을 삼은 것이다. '장보(章甫)'는 은나라 때의 현관의 명칭으로, '장보(章父)'로도 쓴다. '장(章)'은 밝다[明]는 뜻으로, 은나라는 질박함을 숭상하였기 때문에 장보관을 써서 문식을 냄으로써 장부를 밝게 드러내 보인다는 의미이다. '위모(委貌)'는 주나라 때 검은색의 비단으로 만든 현관으로, '위(委)'는 안정시킨다[安]는 뜻으로, 용모를 안정시키고 바르게 한다는 의미이다. 『후한서』「여복지(輿服志)」에 의하면, 그 길이는 7촌, 높이는 4촌으로 그 형상이 엎어놓은 술잔과 같으며, 앞쪽은 높고 넓으며, 뒤쪽은 낮고 날카롭다고 한다. 사·대부가 예를 행할 때 쓰는 예관(禮冠)이다.(委貌冠, 皮弁冠同制, 長七寸, 高四寸, 制如覆杯, 前高廣, 後卑銳, 所謂夏之毋追, 殷之章甫者也. 委貌以皁絹爲之, 皮弁以鹿皮爲之. 行大射禮於辟雍, 公卿諸侯大夫行禮者, 冠委貌, 衣玄端素裳.)

⑦ 치포관(緇布冠)은 ~ 관이었다: 관례에서는 세 차례 관을 씌워 주는데, 이를 '삼가(三加)'라고 한다. 첫 번째에는 치포관(緇布冠)을 씌워 주고, 두

번째에는 피변(皮弁)을 씌워 주고, 세 번째에는 작변(爵弁)을 씌워 준다. 피변은 치포관보다 존귀하고, 작변은 또 피변보다 존귀하다. '삼가'의 예를 마친 후 관례를 치른 사람은 현관(玄冠: 검은색 비단으로 만든 관)을 쓰고, 현단(玄端: 검은색 베로 만든 웃옷)을 입고, 작필(爵韠: 검붉은 무릎가리개)을 착용하고서, 자신의 신분을 나타내는 예물[摯]을 받들고 군주를 찾아뵙는다.(『의례』「사관례」 참조.)

⑧ 백포관(白布冠: 흰 베로 만든 관)은 ~ 것이다: 태고시대에는 오직 흰 베로 짠 관 즉 백포관(白布冠)을 썼는데, 후에 모퇴(毋追) 등의 관이 만들어지자 기존에 착용하던 백포관을 상관(喪冠)으로 사용했다는 뜻이다. 『예기』「교특생」의 정현 주에 하·은·주 삼대에 제도를 바꾸어 재계할 때 검게 물들여 썼던 관[齊冠]은 더 이상 사용하지 않았고, 흰 베로 짠 관(白布冠)은 질박하므로 상관으로 사용하였다고 하였다.(三代改制, 齊冠不復用也, 以白布冠質, 以爲喪冠也.)

⑨ 부(負: 등 위쪽의 네모진 베 조각): 상복에서 등 위쪽의 베로 만든 네모진 조각을 말한다. 위쪽 부분은 깃[辟領]과 이어져 있고, 양변으로 깃보다 각각 1촌이 넓다. 등 부위에 있기 때문에 '부(負)'라고 하는데, '부판(負版)'

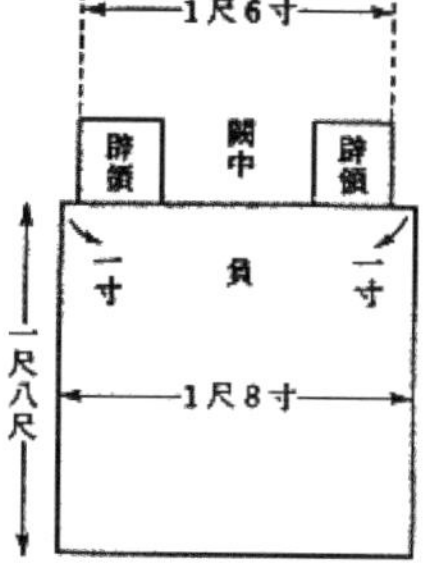

負（衣背面）圖

부도(膚圖)
池田末利(이케다 스에토시), 『儀禮(III)』

이라고도 한다.

⑩ 상의는 ~ 만드는 것이다: 이 문장은 『의례』「상복」 정현의 주를 인용한 것인데, '궐중'은 베를 사용하지 않는데 이것까지 계산에 넣은 것은 오입으로 생각된다. 정현의 주에서는 "상의는 목에서 허리까지 2척 2촌의 베를 사용하고, 이를 두 배로 하면 4척 4촌이고, 여기에 벽령 8촌을 더하고 다시 두 배를 한다. 상의는 1장 4촌의 베를 사용하여 만드는 것이다.[衣自領至要, 二尺二寸, 倍之四尺四寸, 加辟領八寸, 而又倍之. 凡衣用布一丈四寸.]"라고 하였다.

⑪ 소매는 ~ 연결시킨다: 소매[袂]와 상의의 몸체[衣身]를 한 폭의 베로 만들어서 일체가 되도록 하는 것을 말한다. 『의례』「상복·기」 정현의 주에서는 "촉(屬)'은 연결시킨다는 뜻이다. 폭을 연결시킨다는 것은 줄이지 않음을 말한다.[屬, 猶連也. 連幅, 謂不削.]"라고 하였다. 즉 줄여서 꿰매지 않고 상의와 연결시켜 한 폭으로 소매를 만든다는 뜻이다.

⑫ '의(衣: 袂中, 소매의 중앙)': 이곳의 '의'는 상의가 아니라 소매의 중앙 부분을 가리킨다. 『의례』「상복」에서 "의(衣)는 길이가 2척 2촌이다.[衣, 二尺有二寸.]"라고 하였는데, 정현은 "이는 소매의 중앙부분을 말한다. '의(衣)'라고 한 것은 몸과 서로 가지런히 함을 밝힌 것이다. 2척 2촌이면 그 소매로 보통 사람의 팔뚝을 충분히 넣을 수 있다.[此謂袂中也. 言衣者, 明與身參齊. 二尺二寸, 其袖足以容中人之肱也.]"고 하였다.

⑬ 남의 후사가 된 사람이 (후사로 삼아준 사람을) 위해: '다른 사람의 후사가 된다[爲人後]'는 것은 대종의 후사가 된다는 뜻이다. 뇌차종(雷次宗)은 "경문은 본래 '爲人後者, 爲所後之父(남의 후사가 된 사람은 후사로 삼아준 아버지를 위해서)'라고 해야 한다. '爲所後之父' 다섯 글자가 빠진 것은 후사로 삼아 줄 아버지가 일찍 죽어 이제 후사로 삼아 줄 그 사람이 정

해지지 않아서 조부나 증조·고조의 후사가 될 수도 있기 때문에 뺀 것이다. 후사로 삼아 주는 사람이 정해지지 않았음을 보이기 위한 것이다.[此文當云'爲人後者爲所後之父', 闕此五字者, 以其所後之父或早卒, 今所後其人不定, 或後祖父, 或後曾高祖, 故闕之, 見所後不定故也.]"라고 하였다. 이에 대해 하흔(夏昕)은 "『춘추공양전』 성공 15년 조에 '다른 사람의 후사가 된 자는 후사로 삼아 준 사람의 아들이 된다.'고 하였다. 이미 아들이 되었다면 후사로 삼아 준 아버지를 위해 참최의 복을 하는 것은 당연하다. 뇌차종의 설대로라면, 「상복」 자최 장기장의 '父在爲母'도 '爲人後者, 所後之父在, 爲所後之母'라고 해야 한다. 그러나 후사로 삼아 준 아버지의 구족 및 그 외친에 대해서는 모두 실자(實子)처럼 복을 하기 때문에 「상복」 편에서 후사로 삼아 준 아버지의 친속의 복에 대해 특별히 말하지 않은 것이다."라고 하였다.(胡培翬, 『儀禮正義』 권21, 1369쪽 참조.)

⑭ 첩이 군(君: 남편)을 위해: 이곳의 '군(君)'은 남편[夫]을 뜻하지만 첩은 적처[女君]보다 신분이 낮기 때문에 감히 '부(夫)'라 칭하지 못한다. '군(君)'이라 칭한 것은 신하와 같기 때문이다. 오계공은 "첩은 신하와 같다. 그러므로 (첩) 또한 섬기는 사람을 군주로 여긴다.[妾與臣同, 故亦以所事者爲君.]"고 하였다.(胡培翬, 『儀禮正義』 권21, 1372쪽 참조.)

⑮ 현자(縣子): 노(魯)나라 대부로 이름은 쇄(瑣)이니, 예(禮)를 잘 아는 사람으로 통한다. 『예기』 「단궁 상」에 보인다.

⑯ 조복(弔服)으로 ~ '최'라고 한다: 조문을 할 때는 흰색의 베로 작변(爵弁)의 형태를 만들고 환질(環絰: 수질)을 두른다. 그 복에는 석최(錫衰)·시최(緦衰)·의최(疑衰)의 세 가지가 있다. 왕이 3공 6경을 위해서는 석최로 조복을 삼고, 제후를 위해서는 시최로 조복을 삼고, 대부·사를 위해서

는 의최로 조복을 삼는다. 제후와 경·대부도 석최를 조복으로 하고, 대렴과 소렴 그리고 빈 등의 일을 당해서는 변질(弁絰)을, 그렇지 않을 때는 피변(皮弁)을 하는데, 천자와 구별하려는 것이다. 사는 시최를 상복으로 하고, 그 조복은 의최(素裳·冠)이다.(『의례』「상복·기」 정현의 주 참조.)

【喪服圖上15：02-斬衰衽참최임】

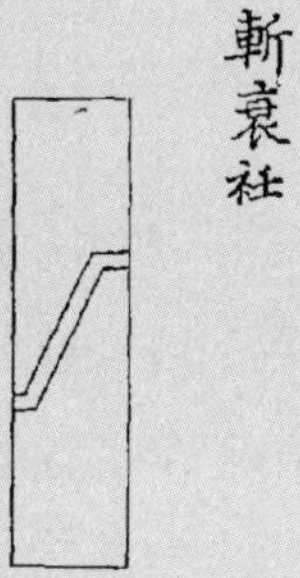

옷섶[衽][①]은 길이가 2척 5촌으로 위로 상의에 이어 붙이니, 하의의 위 끝부분을 가리기 위한 것이다.[②] 그 하의는 앞쪽이 세 폭이고 뒤쪽이 네 폭인데, 양쪽 가장자리를 열어서 속옷을 노출시킨다. 이 때문에 옷섶을 상의의 양옆에 이어 붙이고, 아래로 늘어뜨려서 하의와 서로 접하는 곳을 가리는 것이다.【한 폭의 세로길이는 2척 5촌인데, 비스듬히 자르고, 위아래로 각각 1척씩을 남겨 두어 정(正)을 만든다. '정'은 방정하여 자르지 않은 것을 말한다. '비스듬히 자른다.'는 것은 상정(上正) 1척의 아래 경계에서 옆으로 들어가고, 이어서 6촌 되는 곳에서 비로소 비스듬히 아래로 향하여 아래 1척의 아래 경계에 이르고, 또 옆으로 6촌을 들어가서 이어서 두 개의 조각 각각 1척 5촌을 만드니, (형태가) 제비의 꼬리와 같다. 총 길이 2척 5촌이 된다. 무릇 베 3척 5촌을 사용하여 만든다. 이 두 개의 옷섶은 위로 이미 상의에 이어 붙였으니, 이는 별도로 제도를 만들어 밝혀 둔 것이다.】

[衽, 長二尺有五寸, 上屬於衣, 所以掩裳際也. 其裳, 前三幅, 後四幅, 開兩邊, 露見裏衣. 是以須衽屬衣兩傍, 垂之掩裳交際處也.【一幅長二尺五寸, 斜破之, 上下各留一尺爲正. 正者, 方正不破之謂也. 斜破者, 從上正一尺之下畔傍入, 繼六寸乃始斜向下, 至下一尺之下畔, 又傍入六寸, 繼之分作兩條, 各一尺五寸, 如燕尾, 共長二尺五寸. 凡用布三尺五寸. 此二衽上已屬於衣, 此別出制度以曉之.】]

역주

① 옷섶[衽]: 『예기』「옥조」 '衽當旁(옷섶은 몸의 양 옆에서 맞닿아 있다.)'에 대한 정현의 주에 "'옷섶[衽]'은 치마폭(앞쪽의 세 폭·뒤쪽의 네 폭)이 교차하는 곳의 갈라진 부분을 말한다. 무릇 옷섶은 베를 줄여서 아래로 늘어뜨리기도 하고 줄여서 위로 올리기도 한다. 이 때문에 '소요(小要: 양 곁으로 前幅과 後幅을 합쳐서 꿰맨 곳, 즉 허리 부분에서 가장 좁은 곳)'라는 명칭이 여기서 생겨났다. 옷섶은 상의에 이어 붙일 때는 아래로 늘어뜨려서 풀어놓고[朝服·祭服·喪服.], 하의에 이어 붙일 때는 꿰매서 앞뒤를 합쳐 놓아서(深衣) 위와 아래가 서로 변한다.['衽', 謂裳幅所交裂也. 凡衽者或殺而下, 或殺而上, 是以小要取名焉. 衽屬衣則垂而放之, 屬裳則縫之以合前後, 上下相變.]"고 하였다. 이에 대해 강영(江永)은 『심의고오(深衣考誤)』에서 다음과 같이 설명했다. "옷섶[衽]은 베를 비스듬히 잘라 줄여서 하의의 위 끝부분을 가리는 것에 대한 명칭이다. 심의(深衣)처럼 하의의 앞쪽과 뒤쪽이 중앙에서 맞닿은 것은 '옷섶'이라 칭하지 않으며, 오직 옆에서 맞닿은 곳에서 비스듬히 잘라서 줄인 부분만을 '옷섶'이라 칭한다. 그러므로 경문에서 '衽當旁'이라 한 것은 중앙에서 맞닿은 곳이 아님을 밝힌 것이다. 정현이 '무릇 옷섶은 줄여서 아래로 늘어뜨리기도 하고 줄여서 위로 올리기도 한다.'고 한 것은 일반적인 옷의 옷섶을 널리 풀이한 것이다. 옷섶에는 두 가지가 있다. 조복·제복·상복은 모두 유상(帷裳: 조복의 복장으로, 온폭의 베로 만들고 줄이지 않은 것)으로 착용하는데, 앞쪽이 세 폭이고, 뒤쪽이 네 폭이며, 하의의 위 끝부분이 상의

와 이어져 있지 않으므로 옷섶으로 가린다. 베를 둘로 잘라 나누어서, 넓은 끝부분을 위쪽으로 하여 상의와 합해서 꿰매고, 좁은 끝부분을 아래로 늘어뜨려서 제비의 꼬리[燕尾] 형태를 취하게 하니, 즉 「상복」 편에서 '옷섶은 길이가 2척 5촌이다.'라고 한 것이 이것이다. 이것이 '베를 잘라 줄여서 아래로 늘어뜨린 옷섶'이다. 심의(深衣)의 옷섶도 하의의 옆과 맞닿은 곳을 둘로 잘라서 나누는데, 좁은 끝부분을 위로 향하게 하고 넓은 끝부분을 아래로 늘어뜨린다. 이것이 '베를 잘라 줄여서 위로 올리는 옷섶'이다. 정현이 '옷섶은 상의에 이어 붙일 때는 아래로 늘어뜨려서 풀어놓는다.'고 한 것은 조복·제복·상복의 옷섶을 말한 것이다. 정현이 '하의에 이어 붙일 때는 꿰매서 앞과 뒤를 합친다.'고 한 것은 곧 심의의 옷섶을 말한 것이다.[衽者, 斜殺以掩裳際之名. 深衣裳前後當中者, 不名衽, 唯當旁而斜殺者, 名衽. 故經云, '衽當旁', 明其不當中也. … 云, '凡衽者, 或殺而下, 或殺而上', 此廣解凡裳之衽也. 衽有二, 朝服·祭服·喪服, 皆用帷裳, 前三幅後四幅, 裳際不連, 有衽掩之. 用布交解, 寬頭在上, 合縫之, 狹頭在下, 如燕尾之形, 卽<喪服>篇, '衽二尺有五寸', 是

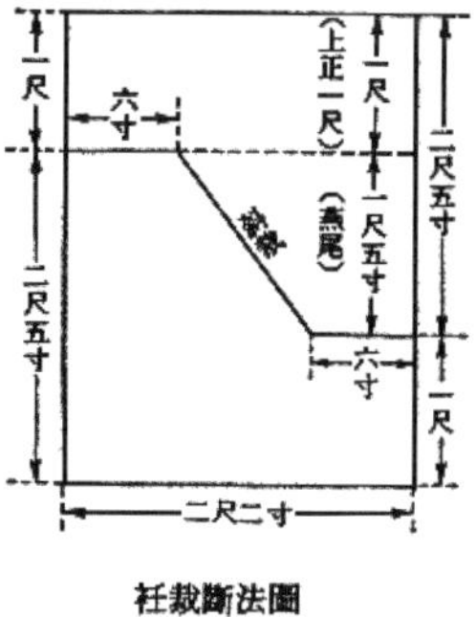

임재단법도(衽裁斷法圖)
池田末利(이케다 스에토시), 『儀禮(III)』

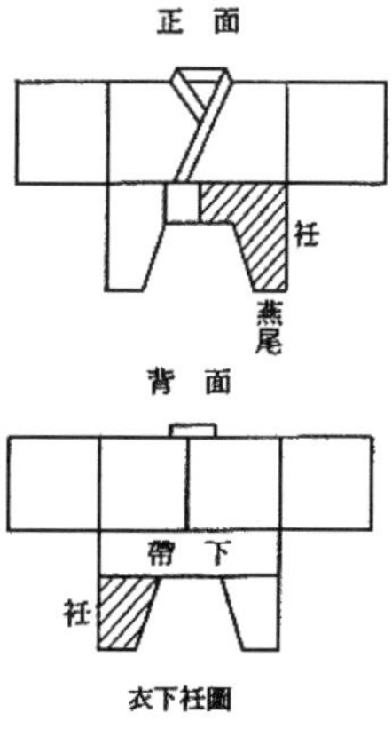

의하임도(衣下衽圖)
池田末利(이케다 스에토시), 『儀禮(III)』

也, 此衽之殺而下者也. 深衣之衽當裳, 旁亦交解, 而以狹頭向上, 寬頭向下, 此衽之殺而上者也. 云'衽屬於衣, 則垂而放之', 謂朝祭·喪服之衽. 云'屬於裳, 則縫之以合前後', 卽此深衣之衽也.]"라고 하였다.(胡培翬, 『儀禮正義』 권25, 1610쪽 참조.)

② 길이가 2척 5촌으로 ~ 위한 것이다 : 『의례』 「상복」 정현의 주에 "2척 5촌은 유사(有司)들이 예복에 매는 허리띠의 늘어뜨린 부분[紳]과 동일한 길이이다. 상정(上正)은 1척이고, 연미(燕尾)는 1척 5촌으로, 모두 3척 5촌의 베를 사용한다.[二尺五寸, 與有司紳齊也. 上正一尺, 燕尾一尺五寸, 凡用布三尺五寸.]"고 하였는데, 『예기』 「옥조」에서는 "허리띠의 늘어뜨린 부분[紳]의 길이 규정은 사의 경우 3척이고, 유사의 경우는 2척 5촌이다.[紳長制, 士三尺, 有司二尺有五寸.]"라고 하였다. 호배휘에 의하면, 3척 5촌의 베에서 정(正) 1척씩 둘을 빼면 1척 5촌이 남는다. 그것을 비스듬히 잘라서 2개의 연미를 만들어 각각 1척 5촌을 얻으니, 정 1척과 합하여 2척 5촌이 된다. 위쪽은 넓고 아래쪽은 좁은 형태를 이룬다. 넓은 위쪽은 상의에 이어 붙여서 위에서 아래로 늘어뜨리니, 제비의 꼬리와 같다.(『儀禮正義』 권25, 1611쪽) 또 이여규(李如珪)는 "베 3척 5촌을 취하여 서로 자르는데, 위아래의 양 끝에 각각 온폭 세로 길이 1척씩을 남겨 두고, 그 아래로 횡으로 6촌을 끊고, 이어서 비스듬히 잘라서 2개의 연미를 만드니, 길이가 1척 5촌이다. 무릇 베 3척 5촌을 사용하여 2개의 옷섶을 만들고, 옷 허리의 양옆에 이어 붙이고, 아래로 늘어뜨려서 하의의 앞뒤 끝부분을 가린다. 그 넓은 끝부분이 위쪽에 놓이는 것은 길례와 반대가 되는 것이다.[取布三尺五寸, 交解之, 兩端各留全幅長一尺, 其下橫斷六寸, 乃斜裁之爲二燕尾, 長尺五寸. 凡用布三尺五寸, 而得二衽, 綴于衣要之兩旁, 垂之以掩裳前後際, 其闊頭在上, 反于吉也.]"라고 하였다.(『儀禮集釋』 권19, 「喪服」)

【喪服圖上15：03-苴絰저질】

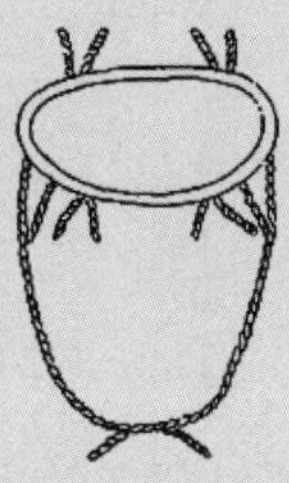

‘저질(苴絰)’이라고 할 때의 ‘저(苴)’는 마에 분(蕡)이 있는 것이다. 『이아』「석초(釋草)」에 “분(蕡)은 시실(枲實: 마의 씨)이다.”라고 하였는데, 손염(孫炎)은 “‘분’은 마의 씨의 명칭이다.”라고 하였다. 빛깔을 가지고 말하면 ‘저(苴: 검푸른 색)’라고 하고, 씨가 있는 것을 가지고 말하면 ‘분(蕡: 마의 씨)’이라고 한다. 아래에서 ‘모마(牡麻: 씨가 없는 숫마)’라고 한 것은 ‘분(蕡: 씨가 있는 암마)’과 대비하여 명칭을 삼은 것이고, ‘시마(枲麻: 빛깔이 덜 조악한 마)’라고 한 것은 ‘저(苴: 빛깔이 거칠고 조악한 마)’와 대비하여 칭호를 만든 것이다.① 『예기』「간전(間傳)」에 “참최의 상을 당하면 얼굴빛이 암마[苴]처럼 검푸르고, 자최의 상을 당하면 얼굴빛이 숫마[枲]처럼 어둡다.”고 하였다. 그렇다면 ‘시(枲)’는 숫마[雄麻]이고, ‘분(蕡)’은 씨가 있는 마이다. 『이아』「석초」에서 “‘분’은 시실(마의 씨)이다.”라고 한 것은 유사한 것을 들어서 말한 것이니, 둥근 대광주리를 ‘단(簞)’이라 하고, 네모진 대광주리를 ‘사(笥)’라고 하는 것과 같은 것이다. 『논어』「옹야(雍也)」 정현의 주에 “단(簞)은 사(笥)이다.”라고 하였으니, 또한 유사한 것을 들어서 말한 것이다.

또 『의례』「상복」 ‘참최 삼년’장의 전(傳)에 “암마로 만든 참최의 수질은 그 크기(굵기)가 9촌이니, 마의 뿌리 부분[本]을 왼쪽 귀의 옆에 놓고, 마의 뿌리 부분을 마의 끝부분[末]의 아래에 놓고서 묶는다.②"고 하였다. 가공언(賈公彦)은 "'본(本)'은 마의 뿌리를 가리킨다. 살펴보건대, 『의례』「사상례(士喪禮)」 정현의 주에 '참최의 상에서 마의 뿌리 부분을 왼쪽 귀의 옆에 놓고 마의 뿌리 부분을 마의 끝부분의 아래에 놓고서 묶는 것은 무거운 상복은 안(마음)을 통어하고 양에 근본하기 때문이다.③'라고 하였다. 아버지는 양인데, 왼쪽[左] 또한 양이다. 아래[下]는 안[內]의 뜻이다. 그러므로 '무거운 상복은 안(마음)을 통어한다.'고 하였으니, 아픔은 마음 안에서 발하는 것이기 때문이다. 이는 어머니의 상에 마의 뿌리 부분을 오른쪽 귀의 옆에 놓고 마의 뿌리 부분을 마의 끝 부분의 위에 놓고 묶는 것은 가벼운 상복은 외부를 통어하고 음에 근본하기 때문임과 대비되는 것이다."라고 하였다.

『의례』「상복」 정현의 주에 "마를 머리에 두르거나 허리에 두르거나 모두 '질(絰)'이라고 한다. '질'이라는 글자는 진실하다는 뜻으로, 효자에게 진실한 마음이 있음을 드러내는 것이다. 그러므로 이 복을 제정한 것이다."라고 하였다. 참최의 상을 당하면 얼굴빛이 저(苴: 암마)와 같으니, '저'는 조악하다는 뜻이다. 얼굴빛은 암마로 상징하고, 상복은 마음으로 인해서 제정되는 것이다. 그러므로 효자의 진실한 마음을 드러내는 것이다. 수질(首絰)은 치포관(緇布冠)의 규항(頍項)④을 본뜬 것이고,⑤ 요질(腰絰)은 대대(大帶: 허리띠)를 본뜬 것이다. 또 효대(絞帶)가 있는데 혁대(革帶)를 본뜬 것이니, (참최의 효대는 암마를 꼬아서 만드는데) 자최 이하는 베로 만든다.⑥ 아래의 『의례』「상복」 '자최 삼년'장에서 "삭장(削杖)을 짚고, 포대(布帶)를 두른다."⑦고 한 것이 이것이다. 아래 『의례주소』「상복」 '참최 삼년'장 정현의 주에 "손에 가득 차는 것을 '격(搹)'이라고 하는데, '격'은 움켜쥔다는 뜻이다. 보통 사람의 한 움큼은 둘레 길이가 9촌이다."⑧라고 하였는데, 가공언의 소에는 "참최의 수질의 둘레 길이를 9촌으로 하는 것은 머리는 양이므로 양의 수가 9에서 끝남을 취하고자 한 것이다. 자최 이하는 강쇄(降殺)의 의리를 취하니, 본받는 바가 없다."고 하였다.【소렴(小斂) 후에 수질을 두르니, 즉 환질(環絰)을 두르는 것이다. 사의 경우 흰색의 위모관(委貌冠)에 환질을 두른다. 대부 이상은 소변(素弁)에 환질을 두른다. 성복(成服) 후에는 모두 규질(繆絰)을 두른다.⑨】

[苴絰者, 麻之有蕡者也. 『爾雅』云, "蕡, 枲實." 孫炎曰, "蕡, 麻子[名][1]也." 以色言之謂之苴, 以實言之謂之蕡. 下云'牡麻'者, 對蕡爲名, 言'枲麻'者, 對苴生稱也. 故「閒傳」云, "斬衰貌若苴, 齊衰貌若枲." 若然, 枲是雄麻, 蕡是子麻. 『爾雅』云"蕡, 枲實"者, 擧類而言也, 若圓曰簞, 方曰笥, 鄭注『論語』云, "簞, 笥也", 亦擧其類也. 又傳曰, "苴絰大搹【音革】, 左本在下." 賈釋云, "本謂麻根也. [案「士喪禮」鄭注云, '下本在左], 重服統於內而本陽也. 父是陽, 左亦陽也.' 下是內. [故云'重服統於內', 以言痛[從]心內發故也. 此對[爲]母右本在上, 輕服統於外而本陰也.[2]" 注云, "麻在首在腰, 皆曰絰. 絰之言實也, 明孝子有忠實之心, 故爲制此服(名)[3]." 則斬衰貌若苴, 則苴是惡也. 色貌象苴, 服因心而發, 故明孝子忠實之心. 首絰象緇布冠之頍【去蘂反】項, 腰絰象大帶. 又有絞帶象革帶, 齊衰已下用布, 下齊衰章(去), "削杖·布帶[4]", 是也. 下注云, "盈手曰搹. 搹, 扼也. [中人之扼],[5]

1 麻子[名]: 저본에는 '麻子'로 되어 있지만, 『爾雅正義』「釋草」에 의거하여 '名'을 보충하였다.

2 本謂麻根也. [案「士喪禮」鄭注云, '下本在左], 重服統於內而本陽也. 父是陽, 左亦陽也.' 下是內. [故云'重服統於內', 以言痛[從]心內發故也. 此對[爲]母右本在上, 輕服統於外而本陰也.: 이 문장은 『의례주소』「상복」'참최 삼년'장 가공언의 소인데, 생략된 부분을 보충하여 번역하였다.

3 (名): 저본에는 '名'이 있지만, 『의례』「상복」'참최삼년'장 정현의 주에 '故爲制此服焉'으로 되어 있다. 앞의 '麻子[名]'의 '名'이 이곳에 잘못 첨입된 것으로 생각된다. 이에 따라 衍文으로 처리하였다.

4 齊衰章(去), "削杖·布帶": 『의례』「상복」'자최 삼년'장의 원문은 "削杖, 布帶, 疏屨, 三年

圍九寸", "斬衰之絰, 圍九寸者, 首是陽, 欲取陽數, 極於九也. 自齊衰已下, 取降殺之義, 無所法象也."【小斂時, 纚絰, 卽環絰也. 士則素委貌上加環絰. 大夫已上, 素弁而加環絰. 成服後, 皆繆絰也.】]

者."이므로 '去'를 衍文으로 처리하였다.

5 [中人之扼]: 저본에는 이 4글자가 없지만, 『의례』「상복」'참최 삼년'장 정현의 주에 의거하여 보충하여 번역하였다.

역주

① 아래에서 ~ 칭호를 만든 것이다: 『의례』 「상복」 '자최 삼년'장의 전(傳)에 "모마는 시마이다.[牡麻者, 枲麻也.]"라고 하였다. 마융(馬融)은 "'분(蕡)'은 시실(枲實: 마의 씨)이다. 시마(枲麻)에 씨가 있는 것은 그 빛깔이 거칠고 조악하다. 그러므로 (참최복에) 이것을 사용하는 것이다. '저(苴)'는 마의 빛깔이다.['蕡'者, 枲實, 枲麻之有子者, 其色麤惡, 故用之. '苴'者, 麻之色.]"라고 하였다. '시(枲)'는 '마(麻)'와 대문(對文)으로 쓰일 경우는 '숫마'의 뜻이 되지만, 산문(散文)으로 쓰일 경우에는 '마(麻)'와 같은 뜻이다. 즉 마융이 말한 '시실(枲實)'은 '마실(麻實)'과 같은 뜻으로, '마의 씨'를 의미한다.

② 마의 뿌리 부분[本]을 ~ 묶는다: 장이기(張爾岐)는 『의례정주구두(儀禮鄭注句讀)』 권11에서 "'좌본재하(左本在下)'는 수질의 제도로서, 마의 뿌리 부분을 왼쪽 귀의 위에 놓고, 이마 앞쪽으로부터 목 뒤쪽으로 돌리고, 다시 왼쪽 귀의 위에 이르게 한다. 마의 끝부분을 마의 뿌리 부분의

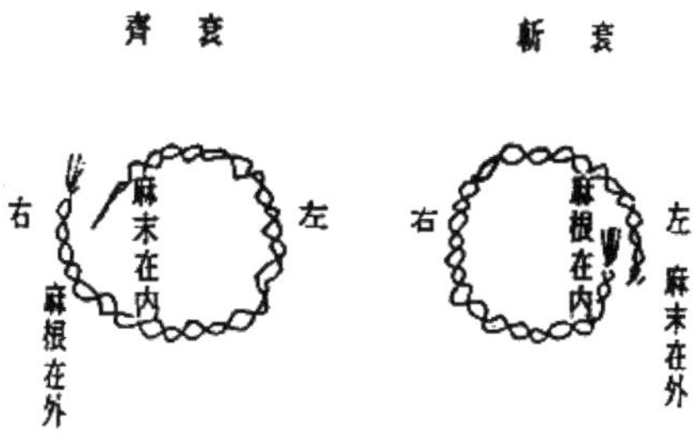

수질(首絰)의 본말(本末)
(정현의 설)
谷田孝之(다니다 다카유키), 『中國古代喪服の基礎的研究』

위쪽에 얹어서 합하여 묶는다.[左本在下者, 本謂麻根, 首絰之制, 以麻根置左, 當耳上, 從額前遶項後, 復至左耳上, 以麻之末, 加麻根之上綴束之也.]"고 하였다.

③ 참최의 상에서 ~ 근본하기 때문이다: 정현은 '좌본재하(左本在下: 참최)와 우본재상(右本在上: 자최·대공)'에서의 '상하(上下)'를 '내외(內外)'의 뜻으로 해석한 것으로, 장이기의 설과 다르다. 앞의 역주 그림 참조.

④ 치포관(緇布冠)의 규항(頍項): '치포관'은 검은 베로 만든 관으로, 관을 고정시키는 비녀가 없다. 관례(冠禮)에서 첫 번째로 씌우는 관이자 서인들이 평소에 쓰는 관이기도 하다. '규항'은 그 실체에 대한 명확한 정설이 없다. 정현에 의하면, 치포관에는 비녀[笄]가 없으므로 규항을 착용하여 머리의 가장자리를 둘러서 턱 아래에서 묶고, 귀퉁이에 네 개의 끈[綴]을 만들어 그것으로 관을 고정시킨다. 목 가운데에 고리가 있는데, 또한 규항을 고정시키기 위해 만든 것이다. (『의례』「사관례」 정현의 주 및 [冠冕圖03 : 04-緇布冠] 역주 ④ 참조.)

⑤ 수질(首絰)은 ~ 본뜬 것이고: 길례(吉禮)에 사용하는 치포관에는 별도로 규항이 있어서 관을 고정시킨다. 흉례(凶禮)의 상복에는 별도로 수질이 있어서 관 위에 얹는다. 이 때문에 '본떴다'고 한 것이다.(胡培翬, 『儀禮正義』 권21, 1344쪽 참조.)

⑥ 요질(腰絰)은 ~ 베로 만든다: 길례에는 대대(大帶)와 혁대(革帶)의 두 가지 허리띠를 갖추어서 두르는데, 허리 안쪽에 혁대를 두르고, 그 밖으로 대대를 두른다. '대대'는 흰색 비단이나 누인 비단으로 만든 허리띠로서, 혁대 위에 포개어서 두르고, 그 나머지 부분을 아래로 늘어뜨려 장식으로 삼는데, 이를 '신(紳)'이라 한다. 『예기』「옥조」 정현의 주에 "대부 이상은 흰색 비단으로 허리띠[大帶]를 만드는데, 모두 너비가

4촌이다. 사는 누인 비단으로 허리띠를 만드는데, 너비가 2촌으로 두 번 감아서 4촌으로 만든다.[大夫以上以素, 皆廣四寸. 士以練, 廣二寸, 再繚之.]"고 하였다. '혁대'는 가죽으로 만든 허리띠로서, 여기에 패옥 등을 매단다. 『예기』 「옥조」 정현의 주에 "무릇 차는 물건은 혁대에 매단다.[凡佩, 繫於革帶.]"고 하였다. 『백호통(白虎通)』 「상복」에 "요질은 허리띠를 대신하는 것이다.[腰絰者, 以代紳帶也.]"라고 하였는데, 정현이 "요질은 대대를 본떴다.[腰絰象大帶]"고 한 것은 대체로 이에 의거한 것이다. '효대(絞帶)'는 암마(苴麻)로 만든 허리띠이다. 호배휘(胡培翬)는 "효대는 먼저 마를 꼬아서 줄을 만들고, 그런 다음 두 줄을 교차시켜 묶어서 허리띠를 만든다.[絞帶, 當是先以麻糾作繩, 而後絞之以爲帶.]"고 하였다. '효대'와 '요질'의 관계에 대해서 왕숙(王肅)은 효대는 요질과 같은 것이라고 하였고, 뇌차종(雷次宗)은 효대는 요질의 아래에 있으며, 요질보다 5분의 1이 작다고 하였다. 주희는 뇌차종의 설을 취하여 "요질은 대대를 본뜬 것으로, 양 끝을 길게 아래로 늘어뜨린 것이다. 효대는 혁대를 본뜬 것으로, 한쪽 끝에 고리가 붙어 있어 다른 한쪽 끝을 그 안

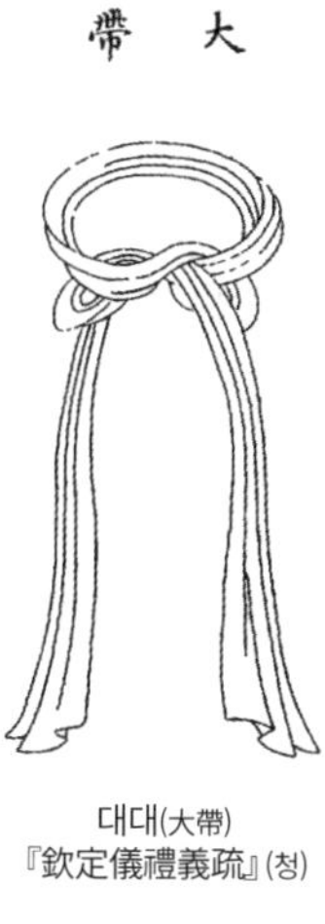

대대(大帶)
『欽定儀禮義疏』(청)

혁대(革帶)
『欽定儀禮義疏』(청)

요질(腰絰)
『欽定儀禮義疏』(청)

효대(絞帶)
『欽定儀禮義疏』(청)

에 넣고서 묶는다.[『朱子語類』 권85 禮2 '喪服經傳', "腰経象大帶, 兩頭長垂下, 絞帶象革帶, 一頭有扣子, 以一頭串於中而束之."]"고 하였다. 또 참최복에서는 암마를 꼬아서 만든 '효대(絞帶)'를 허리에 두르고, 자최의 복 이하에서는 베로 만든 '포대(布帶)'를 허리에 두른다.(胡培翬, 『儀禮正義』, 1344쪽 참조.)

⑦ 삭장(削杖)을 짚고, 포대(布帶)를 두른다: 참최 삼년의 상에 '저장(苴杖)'을 짚고 효대(絞帶)를 두르는 것에 반해 자최 삼년의 상에는 삭장을 짚고 포대를 두른다. '저장'은 검푸른 대나무로 만든 지팡이이고, '삭장'은 오동나무로 만든 지팡이이다. 『백호통』 「상복」에 "지팡이를 대나무나 오동나무로 만드는 것은 무엇 때문인가? 그 나무의 명칭에서 의미를 취하기 때문이다. '竹'(대나무)은 蹙(슬프다)의 뜻이고, '桐'은 痛(아프다)의 뜻이다. 아버지의 상에는 대나무 지팡이를 쓰고, 어머니의 상에는 오동나무 지팡이를 쓰는 것은 무엇 때문인가? 대나무[竹]는 양(陽)이고, 오동나무[桐]는 음(陰)이기 때문이다. 대나무는 어째서 양이 되는가? 대나무는 잘라서 사용하니, 질박한 것이다[質]. 그러므로 양이 된다. 오동나무는 깎아서 사용하니, 인공을 가한 것으로, 문식을 낸 것이다[文]. 그러므로 음이 된다.[所以杖竹桐, 何? 取其名也. 竹, 戚也, 桐, 痛也. 父以竹, 母以桐何? 竹者, 陽也, 桐者, 陰也. 竹何以爲陽? 竹斷而用之, 質, 故爲陽陰也. 桐削而用之, 加人功, 文, 故爲陰也.]"고 하였다. '저장'의 형상은 원형인데, '삭장'의 형상에 대해서 왕숙은 "'삭장'은 깎아서 네모지게 만든다.[削杖, 削爲四方.]"고 하였고, 두예는 "둥글게 깎는 것이니, 대나무를 형상한다.[員削之, 象竹.]"고 하였다. 가공언은 "아버지는 아들의 하늘이니, 대나무의 둥근 것은 하늘을 상징한다. 또 대나무는 네 계절을 관통하여 변하지 않는데, 아들이 아버지를 위해 애통해하는 것도 추위

와 더위를 거치더라도 바뀌지 않는다. 그러므로 대나무로 만든 지팡이[苴杖]를 사용한다. 어머니를 위해 오동나무로 만든 지팡이를 짚는 것은 '桐(오동나무)'은 '同(같다)'의 뜻으로, 내심(內心)은 아버지를 위할 때와 같기 때문이다.[父者, 子之天, 竹圓亦象天. 又竹能貫四時而不變, 子之爲父, 哀痛亦經寒溫而不改, 故用竹也. 爲母杖桐者, 欲取桐之言同, 內心同之於父.]"라고 하였고, 또 대덕(戴德)의 『상복변제(喪服變除)』에는 "깎아서 아랫부분이 네모지게 하는 것은 어머니를 땅에 비유하는 뜻을 취한 것이다.[削之使下方者, 取母象於地故也.]"라고 하였다. 그러나 오계공과 서건학은 두예의 설을 취하여 '삭장'도 '저장'과 마찬가지로 원형이라고 하였고, 호배휘도 질(絰)의 형상이 원형이므로 장(杖)의 형상 역시 원형이라고 하였다. '포대(布帶)'는 자최 이하의 복에서 두르는 허리띠로, 베로 만들기 때문에 붙여진 명칭이다.(胡培翬, 『儀禮正義』 권21, 1349쪽 참조.)

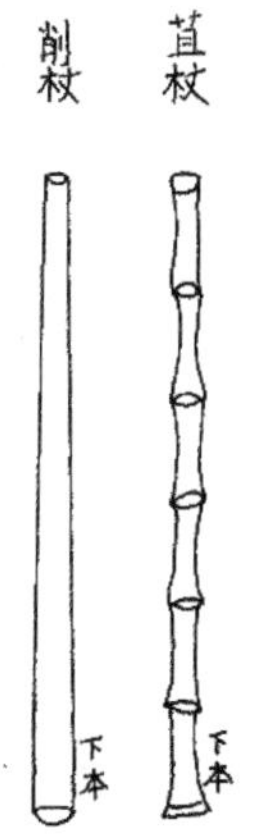

삭장(削杖)과 저장(苴杖)
黃以周, 『禮書通故』(청)

⑧ 보통 사람의 ~ 9촌이다: '저질(苴絰)'은 검은빛의 조악한 암마로 만든 참

최의 수질이다. 단옥재(段玉裁)는 "「상복」에서 '저질대격(苴絰大搹)'이라고 했을 때의 '격(搹)'은 보통사람이 손에 가득 쥐는 것을 뜻하니, 그 둘레의 길이는 9촌이고, 그 직경은 대략 3촌이다.[「喪服」'苴絰大搹' … 此言中人滿手把之, 其圍九寸, 其徑約計三寸也.]"라고 하였다.

⑨ 소렴(小斂) 후에 ~ 두른다: '환질(環絰)'은 마를 빙 둘러서 원형으로 만들어 머리에 얹는 것으로, 소공 이하의 수질인데, 소렴 후에 공·대부·사가 모두 이 환질을 두른다.(『예기』「잡기 상」, "小斂, 環絰, 公·大夫·士一也.") 정현은 『예기』「단궁 하」의 주에서 " '환질'은 조복(弔服)의 수질이다. 당시 부인들이 가볍고 세밀한 것을 좋아하여 이것을 많이 입었다.[環絰, 弔服之絰. 時婦人好輕細, 而多服此者.]"고 하였고, 「잡기 상」의 주에서는 "환질은 한 가닥으로 만드는데, 이른바 '전질'이다.[環絰者, 一股, 所謂纏絰也.]"라고 하였고, 『주례』「하관·변사(弁師)」의 주에서는 "환질은 그 크기가 시마복의 마질과 같으니, 빙 두르고 꼬지 않는다.[環絰者, 大如緦之麻絰, 纏而不糾.]"고 하였다. 이를 종합하면, '환질'은 조복(弔服)에 두르는 수질이고, 그 크기는 시마복의 수질과 같고, 한 가닥을 고리[環] 모양으로 빙 둘러서 양 끝이 서로 교차하도록 하는데, 그 양 끝을 꼬아서 묶지 않는 것이다. 그러나 손희단(孫希旦)은 줄은 반드시 두 가닥이어야 묶을 수 있으니, 모든 질(絰)이 다 마찬가지이다. 한 가닥으로는 질을 만들 수 없다고 하여 정현의 설을 비판하였다.(『禮記集解』「檀弓下」, "舊說謂環絰一股, 非也. 繩必兩股而後能固結, 凡絰皆然, 一股者, 不可以爲絰也.") 정현은 『의례』「상복」'대공상(大功殤)'장의 "殤之絰不樛垂"의 '樛'로 '繆'의 뜻을 풀이하였는데, '樛'는 '絞' 즉 '꼰다.'는 뜻이다.(不樛垂者, 不絞其帶之垂者.) 따라서 정현에 의하면, '환질'은 한 가닥의 양 끝을 꼬아서 묶지 않는 것에 반하여, '효질(絞絰)' 즉 '규질(繆絰)'은

양 끝을 꼬아서 묶은 수질을 뜻한다. 죽은 지 2일째 되는 날 소렴을 한 후에 양 끝을 꼬아서 묶지 않은 환질을 두르고, 3일째 성복을 한 후에는 양 끝을 꼬아서 묶은 규질을 하는 것이다. 한편 오계공(敖繼公)도 '繆'를 '꼰다'는 뜻으로 해석하고, 『의례』「상복」'대공상(大功殤)'장의 '絰不樛垂'에 대해서 "'樛'는 마땅히 '繆'가 되어야 한다. 『예기』「단궁 하」에 '齊衰而繆絰'(자최복을 입고 수질의 끈을 꼰다)이라고 한 것은 바로 이를 두고 한 말이다. '繆'는 '꼰다'(絞)는 뜻이다. '絰'은 수질이다. '垂'(늘어뜨려진 끈)는 그 수질의 끈(纓)이다. 상(殤)의 수질에 끈이 있는 경우 그 끈을 꼬지 않고 흩뜨린다. 이것이 또한 성인으로 죽은 사람의 경우와 다른 점이다.['樛'當作'繆'. 檀弓曰'齊衰而繆絰'正謂此也. '繆', 絞也. '絰'謂首絰也. '垂'者, 其纓也. 殤絰之有纓者, 不絞其纓而散之, 此亦異於成人者.]"라고 하였다. 오계공도 '규질(繆絰)'에서의 '繆'를 '꼬다.'는 뜻으로 해석한 점에서는 정현과 같지만, 정현이 꼬는 대상을 수질의 양 끝으로 이해한 반면, 오계공은 수질의 아래로 늘어뜨린 부분, 즉 끈[纓]으로 이해한 점이 다르다.

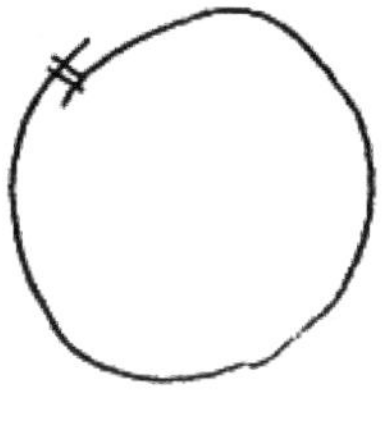

환질(環絰)(정현의 설)
谷田孝之(다니다 다카유키),
『中國古代喪服の基礎的研究』

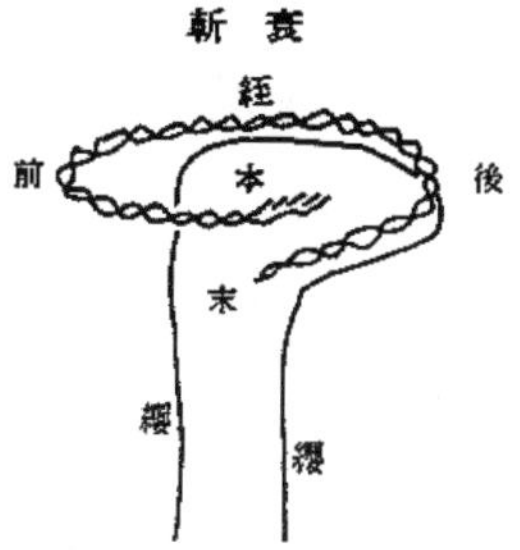

질(絰)과 질영(絰纓)관계(정현의 설)
谷田孝之(다니다 다카유키),
『中國古代喪服の基礎的研究』

【喪服圖上15：04-腰絰요질】

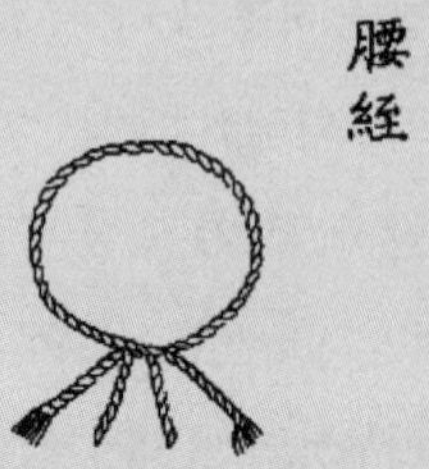

요질(腰絰)은 그 크기(굵기)가 7.2촌인데① 양 끝을 꼬아서 묶으니, 두 가닥을 서로 교차하여 양 끝에서 묶고 각각 마의 뿌리를 남겨 두어 아래로 3척을 내려뜨리는 것을 말한다. 『예기』「잡기 하」에 "요질을 두른 자는 대대(大帶)를 두르지 않는다."고 하였는데, 정현은 "상을 당했을 때는 요질로 대대를 대신하기 때문이다."라고 하였다.【이미 (요질로) 대대를 본떴기 때문이다. 또한 요질을 교차하여 묶은 곳에서 양 옆을 각각 끈으로 묶는데, 대대에서 끈으로 띠의 매듭을 묶는 것을 본뜬 것이다.② 부인도 또한 (참최의 상에) 암마로 만든 수질[苴絰]에 요질과 효대를 두른다.】

[腰絰, 大七寸五分寸之一而繆之, 謂兩股相交, 兩頭結, 各存麻本, 散垂三尺.「雜記」曰, "麻者不紳", 鄭玄云, "喪以腰絰代大帶." 故「喪服」注云, "腰絰象大帶."【旣象大帶. 亦於絰交繫處, 兩傍各綴組, 象大帶之組約. 婦人亦服苴絰幷腰絰·絞帶.】]

역주

① 요질(腰絰)은 ~ 7.2촌인데: 오복(五服)에서 질대(絰帶: 수질과 요질)의 차등은 수질에서 1/5을 감쇄하여 요질을 만든다. 참최 수질의 크기(굵기, 둘레 길이)는 9촌이므로, 여기서 1/5을 감쇄하여 7.2촌의 요질을 만든다. 청대의 황이주(黃以周: 1828~1899)는 견란(甄鸞, 북주)·이순풍(李淳風, 당)의 산법(算法)에 의거하여 오복의 질대 차등을 다음과 같이 추산하였다. 참최의 수질(9촌)에 4를 곱하고(36촌) 다시 이를 5로 나누어 참최의 요질 7.2촌을 얻는데, 이는 자최의 수질과 같다. 자최의 수질(7.2촌)에 4를 곱하고(28.8촌) 다시 이를 5로 나누어 자최의 요질 5.76촌을 얻는데, 이는 대공의 수질과 같다. 대공의 수질(5.76촌)에 4를 곱하고(23.04촌) 다시 이를 5로 나누어 대공의 요질 4.608촌을 얻는데, 이는 소공의 수질과 같다. 소공의 수질(4.608촌)에 4를 곱하고(18.432촌) 다시 이를 5로 나누어 소공의 요질 3.6864촌을 얻는데, 이는 시마의 수질과 같다. 시마의 수질(3.6864촌)에 4를 곱하고(14.7456촌) 다시 이를 5로 나누어 시마의 요질 2.94912촌을 얻는다.(『禮書通考』 권9, 「喪服通考」4, "五服之帶, 甄鸞·李淳風算術, 皆四其實, 五其法. 今如其術推之. 斬衰之首絰, 據鄭注圍九寸, 去五分一以爲帶, 四其實, 五其法, 得帶圍七寸二分. 齊衰之絰與斬衰之帶同, 去五分一以爲帶, 四其實, 五其法, 則齊衰帶圍得五寸七分六釐. 大功之絰與齊衰之絰同, 去五分一以爲帶, 四其實, 五其法, 則大功帶圍得四寸六分零八豪. 小功之絰與大功之帶同, 去五分一以爲帶, 四其實, 五其法, 則小功帶圍得三寸六分八釐六豪四絲. 緦麻之絰與小功之帶同, 去五分一以爲帶, 四其實, 五其法, 則緦麻帶圍得以村九分四釐九豪一絲

二忽.)

② 대대에서 ~ 본뜬 것이다: 『예기』「옥조」에 "천자에서 제자(弟子)에 이르기까지 허리띠의 매듭을 묶을 때 너비 3촌의 끈[組]을 사용한다. 길이는 허리띠의 늘어뜨려진 부분과 똑같다. 허리띠의 늘어진 부분[紳]의 길이 규정은 사의 경우 3척이고, 유사의 경우는 2척 5촌이다.[幷紐約用組三寸. 長齊于帶. 紳長制, 士三尺, 有司二尺有五寸.]"라고 하였다. 이에 대해 정현은 "'3촌'은 허리띠를 묶는 뉴(紐)와 조(組)의 너비다. '길이가 허리띠와 나란하다.'는 것은 신(紳)과 길이가 같다는 뜻이다. '신(紳)'은 허리띠의 아래로 늘어뜨린 부분이다.[三寸, 謂約帶紐·組之廣也. 長齊于帶, 與紳齊也. 紳, 帶之垂者也.]"라고 하였다.

【喪服圖上15：05-絞帶효대】

絞帶

'효대(絞帶)'는 암마를 꼬아서 만든 허리띠이니,① 암마를 꼬아서 줄을 만들고 그것으로 허리띠를 만들기 때문에 '효대'라고 한 것이다. 왕숙(王肅)은 "효대의 크기(굵기)는 요질과 같으니【또한 7.2촌이다.】, 또한 암마로 만든다."고 하였다. 마융과 정현은 이에 대해 말하지 않았으므로, 마땅히 왕숙의 해석에 따라야 한다. 다만 질대(絰帶: 요질)는 우제를 마친 후 마질(麻絰)을 바꾸어 갈질(葛絰)을 두른다.② (가공언은) "효대는 우제를 마친 후 비록 (『의례』「상복」의 경문에서) 바꾸는 것인지에 대해 말하지 않았지만, 살펴보건대 공·경사·대부의 중신(衆臣)들은 그들의 군(君)을 위해 포대(布帶)를 착용하며,③ 또 자최 이하의 경우 또한 포대를 착용한다. 그렇다면 (암마를 꼬아서 만든) 효대도 우제를 마친 후 (베로 만든) 포대로 바꾸어 착용하는 것이 의리상으로 옳다.④"고 하였다.【효대는 혁대와 같은 것인데, (혁대는) 대대의 안쪽에 두른다.】

[絞[1]帶者, 繩帶也, 謂絞苴麻爲繩, 以作帶, 故云'絞帶.' 王肅(以)[謂][2]"帶如

1 絞: 陸德明의 『經典釋文』「儀禮音義」에서 "(絞는) 户와 交의 반절이니, 뒤에서도 모두 마찬가지이다. 본래의 뜻으로 발음하기도 한다.[户交反, 後皆同. 一音如字.]"고 하였다. 즉 '絞'는 '효'로 발음하는 것이 원칙이고, '絞'의 본래 뜻인 '꼰다.'고 할 때의 '교'로 발음하기도 한다는 것이다.
2 (以)[謂]: 저본에는 '以'로 되어 있지만, 『欽定禮記義疏』에 '謂'로 되어 있는 것에 의거하여 교

腰絰【亦七寸五分寸之一.】, 亦用苴麻爲之." 馬·鄭不言, 當從王義. 但絰帶至虞後, 變麻服葛, 絞帶虞後, 雖不言所變, 案公士大夫之衆臣爲君服布帶, 又齊衰已下亦(云)[3]布帶, 則絞帶虞後變麻服布, 於義可也.【絞帶如革帶, 大帶之下帶之.】]

감하였다.

3 (云): 저본에는 '云' 자가 있지만, 『儀禮注疏』 권28, 633쪽, 賈公彦의 疏에는 '又齊衰已下亦布帶'로 되어 있어 '云' 자가 없으므로, 이에 의거하여 衍字로 처리하였다.

역주

① '효대(絞帶)'는 ~ 허리띠이니: 이는 『의례』 「상복」 '참최 삼년'장의 전문(傳文)이다. 하섭(何燮)은 '효대(絞帶)'를 '승대(繩帶)'로 해석한 것은 마를 꼬아 줄을 만들고 아래로 늘어뜨리지 않기 때문이라고 하였다. 가공언은 "암마로 효대를 만든다.[以苴麻爲絞帶.]"고 하였고, 이여규(李如珪)는 "'승대'는 마를 꼬아 줄로 만들고, 그것으로 허리띠를 만드는 것이다.[繩帶者, 絞麻爲繩, 作帶也.]"라고 하였다. 호배휘도 "효대는 먼저 마를 꼬아서 줄을 만들고, 그런 다음 두 줄을 교차시켜 묶어서 허리띠를 만든다.['絞帶', 當是先以麻糾作繩, 而後絞之以爲帶.]"고 하였다.(胡培翬, 『儀禮正義』 권21, 1344쪽 참조)

② 질대(絰帶: 요질)는 ~ 두른다: 상례에서는 죽은 지 3일째 되는 날 오복의 친속들은 모두 상관(喪冠)을 쓰고, 상복[衰服]을 입고 상구(喪屨)를 신는데, 이를 성복(成服)이라 한다. 또 장례를 마치고 우제(虞祭)를 지낸 후에는 가벼운 상복으로 갈아입는데, 이를 수복(受服)이라 한다. 소렴 후의 성복 때에는 암마[苴麻: 참최]나 숫마[牡麻: 자최 이하] 등 '마'를 꼬아서 만든 수질과 요질을 착용한다. 이러한 수질과 요질을 '마질(麻絰)'이라 한다. 우제를 마치고 수복을 할 때는 칡[葛]으로 만든 수질과 요질로 바꾸어 착용한다. 이러한 수질과 요질을 '갈질(葛絰)'이라 한다. 이처럼 마질에서 갈질로 바꾸어서 착용하는 것을 '수갈(受葛)'이라 한다.(김용천, 「旣葬 '受服'의 규정과 예학적 논쟁」, 『태동고전연구』 42, 2019 참조)

③ 공·경사·대부의 ~ 착용하며: 『의례』 「상복」 '참최 삼년'장의 경문에

"공·경사·대부의 중신들은 그들의 군을 위해 참최 3년으로 복을 하는데, 베로 만든 허리띠[布帶]를 차고, 마 끈으로 엮어 만든 짚신[繩屨]을 신는다.[公·士·大夫之衆臣爲其君, 布帶, 繩屨.]"고 하였다. 정현은 경문의 '사(士)'를 '경사(卿士)'로 해석하였다. '군(君)'은 공·경·대부를 가리킨다.

④ 효대는 ~ 옳다: 이 문장은 『의례주소』「상복」'참최 삼년'장에 대한 가공언의 소를 인용한 것이다.

【喪服圖上15：06-斬衰冠참최관】

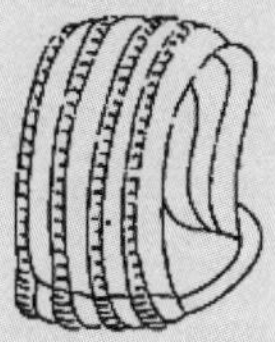

상관(喪冠)은 6승의 베로 만드는데,① 관량(冠梁)②의 주름은 오른쪽으로 향하게 접어서 꿰매고,③ 관량의 양쪽 끝을 바깥쪽으로 내어서 관 테두리[武]에 꿰매어 붙인다.④ 관량의 너비는 3촌으로, 머리 위의 앞쪽에서 뒤쪽으로 거쳐 두른다. 풀 먹인 종이를 재료로 삼아 만들며, 위쪽을 베로 감싸서 주름[辟襵]을 만든다.【('襵'의) 음은 輒이다.】 (관량의) 양 끝은 모두 관 테두리 아래에 있는데, 밖으로 향하여 반대로 구부려서 관 테두리에 꿰매어 붙이고, 앞뒤로 두 꿰맨 끝 부분에서 밖으로 향하여 주름을 잡는다. 그러므로 '외필(外畢: 밖으로 내어서 꿰매다)'이라고 한다. 『예기』「곡례 하」에 "엽관(厭冠)을 쓰고 있으면 대궐 문에 들어가지 못한다."고 하였는데, 정현의 주에서는 "'엽(厭)'은 '복(伏: 엎드린다, 납작하다)'의 뜻과 같다. 상관(喪冠)은 납작하게 엎드려 있는 모양이다."라고 하였으니, 반대로 구부리는 것을 뜻한다. 그러므로 엎드린다는 명칭을 얻은 것이다.【관으로 머리의 장식을 삼는다. 그러므로 상의·하의[衰裳]의 두 배로 하여 6승의 베로 만드는 것이다.⑤ 또 물로 씻어 내어 깨끗이 하는데, 다만 잿물에 넣어 마전하지 않을 뿐이다. 6승으로 만든 관이 잿물에 넣어 마전을 하지 않는 것이라면, 7승 이상의 경우에는 모두 잿물에 넣어 마전을 하는 것이다.⑥ 그러므로 『의례』「상복」'대공상(大功殤)'장의 정현 주에서 "'대공포'는 그 두드려서 다듬은 공이 거칠고 소략한 것이다."라고 하였다. 그렇다면 7승 이상의 경우에는 모두 잿물을 넣어 마전을 한 것이다.】

[冠六升, 右縫, 外畢.[1] 冠廣三[2]寸, (落)[跨][3]頂前後. 以紙糊爲材, 上[裹][4]以布爲辟積【音輒】, 兩頭皆在武下, 向外反屈之, 縫於武, 以前後兩畢之末, 而向外襵之. 故云'外畢.' 「曲禮」云, "厭冠不入公門." 注云, "厭猶伏也. 喪冠, 厭伏也", 謂反屈之, 故得厭伏之名.【以冠爲首飾, 故倍衰裳, 而用六升布. 又加水以濯之, 但勿用灰而已. 冠六升者, 勿用灰, 則七升已上, 皆用灰也. 故大功章注云, "大功布, 其鍛治之功, 麤(治)[沽][5]之." [則七升已上][6]是皆灰者也.】]

1 冠六升, 右縫, 外畢: 『儀禮』「喪服」'斬衰三年'章의 傳文에는 "冠繩纓條屬, 右縫. 冠六升, 外畢."로 되어 있으며, 『儀禮』「既夕禮」에는 "冠六升, 外縪, 纓條屬. 厭."으로 되어 있다. 여기서는 저본에 따라 번역하였다.

2 三: 北京大 整理本 『儀禮注疏』 권28, 636쪽 賈公彥의 疏에는 '三'이 '二'로 되어 있다. 여기서는 저본에 따라 번역하였다.

3 (落)[跨]: 저본에는 '落'으로 되어 있으나, 司馬光의 『書儀』 권6 「五服制度」와 徐乾學의 『讀禮通考』 권32 「喪服3」에 의거하여 '跨'로 교감하였다.

4 上[裹]: 司馬光의 『書儀』 권6 「五服制度」와 徐乾學의 『讀禮通考』 권32 「喪服3」에는 '上' 다음에 '跨' 한 글자가 더 있다. 이에 의거하여 보충하여 번역하였다.

5 (治)[沽]: 저본에는 '治'로 되어 있으나, 『儀禮』「喪服」'大功殤'章의 경문에 의거하여 '沽'로 교감하였다. 『儀禮』「喪服」'齊衰三年'章의 정현 주에 "'沽'는 거칠다는 뜻과 같다.[沽猶麤也.]"고 하였다.

6 [則七升已上]: 저본에는 이 5글자가 없지만, 北京大 整理本 『儀禮注疏』 권28, 633쪽 賈公彥의 疏에 의거하여 보충하여 번역하였다.

역주

① 상관(喪冠)은 6승의 베로 만드는데: 중국 고대에는 한 폭 안에 들어가는 실 가닥[縷]의 수로 그 베의 거칠고 세밀한 정도를 구분하였다. 『한서』 「식화지」에 의하면 주나라 법에서 포백(布帛)의 너비 2척 2촌을 '폭(幅)'이라 하였으며, 『의례』 「향사례」 정현의 주에서도 한대의 관포(官布)는 2척 2촌이었다고 하였다. 베[布] 80올의 실 가닥을 1승(升)이라 한다. 따라서 7승의 상관은 2척 2촌의 폭 안에 세로로 560올의 실 가닥을 넣어서 만든 것이다. 승수가 클수록 그만큼 올을 많이 넣어서 섬세하고 고운 베가 된다. 상복은 승수의 차이를 통해서 그 차등을 나타내는데, 가장 무거운 참최복을 가장 낮은 승수의 베로 만들고, 점차 베의 승수를 증가시켜 가벼운 상복을 만든다.

② 관량(冠梁): 관 테두리[武]의 앞쪽[額]에서부터 덮어서 관의 뒤쪽[項]까지 이르는 부분을 말하는데, 간단히 '관(冠)'이라고도 한다. '양(梁)'은 관 앞쪽 등뼈 위에 금동의 이파리를 얹어 놓은 것으로, 그 모양이 마치 집의 들보와 같기 때문에 '양(梁: 들보)'이라고 한 것이다. 이것은 관계(官階)를 구분하는 관의 장식이다. 『후한서』 「여복지 하(輿服志下)」에 "공과 후는 3개의 양을 만들고, 중이천석에서 박사까지는 2개의 양을 만들어 쓴다. 박사 이하 소사와 사학의 제자들은 모두 양을 하나로 한다.[公侯三梁, 中二千石以下至博士兩梁. 自博士以下至小史·私學弟子皆一梁.]"고 하였다.

③ 주름은 오른쪽으로 향하게 접어서 꿰매고: 『예기』 「잡기 상」 정현의

주에 "'오른쪽으로 꿰맨다.[右縫]'는 것은 오른쪽으로 향하게 주름을 접어서 꿰맨다는 뜻이다.['右縫'者, 右辟而縫之.]"라고 하였다. '주름[辟]'은 관량(冠梁)의 주름을 뜻한다. 공영달에 의하면 길관(吉冠)의 경우에는 주름이 왼쪽으로 향한다. 왼쪽은 양(陽)이기 때문이다. 흉관(凶冠)의 경우에는 오른쪽으로 향한다. 오른쪽은 음(陰)이기 때문이니, 상(喪)에서 숭상하는 바이다.(吉冠則襵上, 辟縫向左, 左爲陽, 陽, 吉也. 而凶冠縫向右, 右爲陰, 陰, 喪所尙也.) 또 『예기』「단궁 상」에서는 "옛날에 관은 세로로 꿰맸는데, 오늘날에는 가로로 꿰맨다. 그러므로 상관이 길관과 상반되는 것은 옛날의 제도가 아니다.[古者冠縮縫, 今也衡縫. 故喪冠之反吉, 非古也.]"라고 하였다.

④ 관량의 양쪽 ~ 붙인다: 외필(外畢)에서의 '畢'은 『의례』「기석례(旣夕禮)」에는 '縪'로 되어 있는데, 호배휘(胡培翬)는 『옥편(玉篇)』과 『광운(廣韻)』에 모두 '縪, 冠縫也.'라고 한 것에 의거하여 '縪'을 정자(正字), '畢'을 가차자(假借字)라고 하였다. 『의례』「상복」'자최 삼년'장 정현의 주에 "관의 앞과 뒤를 구부리고 내어서 관 테두리에서 꿰맨다.[外畢者, 冠前後屈而出, 縫於武也.]"고 하였고, 「기석례」 정현의 주에서는 "'縪'은 관의 테두리에 꿰매어 붙인다는 뜻이다. '바깥쪽으로 한다.'는 것은 그 나머지를 바깥쪽으로 한다는 뜻이다.[縪, 謂縫著於武也. 外之者, 外其餘也.]"라고 하였다. 이에 따르면 관량(冠梁) 2촌의 양쪽 끝을 관의 테두리[武] 아래로 내리고 다시 구부려 바깥쪽으로 내어서 그것을 관의 테두리에 꿰매어 붙이는 것을 '외필(外縪)'이라 칭한다. 이렇게 하는 것은 관의 원초 형태는 관량을 머리 위의 앞쪽에서 뒤쪽으로 거쳐 두른 후, 끈으로 그 위를 동여맸기 때문으로 상관(喪冠)은 이를 본뜬 것이다.(谷田孝之, 『中國古代喪服の基礎的研究』, 90~95쪽 참조)

상관(喪冠)의 외필(外縪)
谷田孝之(다니다 다카유키), 『中國古代喪服の基礎的硏究』

⑤ 상의·하의[衰裳]의 ~ 것이다: 참최의 상에서 최복은 3승 혹은 3승 반의 베로 만들고, 상관은 6승의 베로 만든다. 따라서 최복과 관은 2배의 승수 차이가 난다. 오복의 승수 차등은 아래 표 참조.

기장 수복표(김용천, 「旣葬 '受服'의 규정과 예학적 논쟁」)

		成服		受服	
		衰	冠	受衰	受冠
참최 삼년	정복	3승	6승	6승	7승
	의복	3승반	6승	6승	7승
자최 삼년	정복	4승	7승	7승	8승
자최 기년	강복	4승	7승	7승	8승
	정복	5승	8승	8승	9승
	의복	6승	9승	9승	10승
대공	강복	7승	10승	10승	11승
	정복	8승	10승	10승	11승
	의복	9승	11승	11승	12승
소공	강복	10승	10승		
	정복	11승	11승		
	의복	12승	12승		

⑥ 또 물로 씻어 내어 ~ 마전을 하는 것이다: 참최와 자최를 소포(疏布: 거친

베)라고 하는 것에 반해서 대공 이하를 공포(功布: 인공을 가해 문식을 한 베)라고 한다. '공포'란 '단탁회치(鍛濯灰治)' 즉 방망이로 두드리고 물로 씻어 내며 다시 잿물에 넣어 부드럽게 마전한 베를 뜻한다. 방망이로 두드리고 물로 씻어 내는 '단탁(鍛濯)'의 인공만 가하면 그것을 '소포'라 하고, 여기서 다시 잿물에 넣어 부드럽게 마전을 하는 '회치(灰治)'의 인공을 가하면 그것을 '공포'라고 한다. 또 '소포'는 거칠고 성긴 정도가 심하여 아직 완성되지 않은 듯하므로 '미성포(未成布)'라고 하고, '공포'는 점차 정밀하고 세밀해져서 길복의 베에 가까운 완성된 베라는 의미로 '성포(成布)'라고 칭한다. 3승에서 6승까지가 미성포이며, 6승과 7승 사이가 미성포에서 성포로 넘어가는 경계이다. 이 때문에 7승의 베로 만든 최복을 '대공'이라고 한다.

【喪服圖上15：07-冠繩纓관승영】

冠繩纓

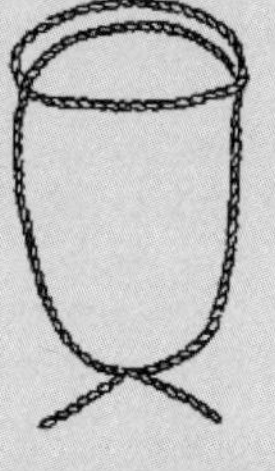

(『의례』「상복」‘참최 삼년’장의 전에) “관승영(冠繩纓: 참최관에 매다는 삼끈으로 만든 한 가닥의 끈)①은 조촉(條屬)을 한다.”고 하였는데, 정현 주에서는 “‘촉(屬)’은 붙인다[著]는 뜻과 같다. 한 가닥의 줄을 통째로 구부려서 관의 테두리[武]를 만들고, 아래로 늘어뜨려 관끈[纓]을 만들어 관량(冠梁)에 꿰매어 붙이는 것이다.”라고 하였다.【이 한 가닥의 줄로 만든 관끈은 암마[苴麻]를 사용하지 않는다.】 또 『예기』「잡기 상」에 “상관은 한 가닥의 줄로 관의 테두리와 관끈을 만들어 관량에 꿰매어 붙여서 길례와 흉례를 구별한다.”고 하였다. 그렇다면 길관(吉冠)의 경우 관끈과 관 테두리는 다른 재료로 만들지만, 흉관(凶冠)의 경우 관끈과 관 테두리는 같은 재료로 만드는 것이다. 생각건대, 한 가닥의 줄을 이마 위를 따라서 매고, 정수리 뒤쪽에 이르러 엇갈려 앞으로 지나가게 하여 각각 귀에 이르면 관의 테두리에서 꿰매고, 각각 턱 아래로 드리워서 묶는다. 삼년상에서 연관(練冠)②으로 바꾸어 착용할 때도 한 가닥의 줄로 관의 테두리와 관끈을 만들어 관량에 꿰매어 붙이고[條屬], 관량의 주름을 오른쪽으로 향하게 접는다[右縫]. 대상(大祥)에 이르러 최복(衰服: 상복)과 지팡이를 벗게 되면 조복(朝服)에 호관(縞冠)을

쓰니,③ 마땅히 관끈과 관 테두리는 다른 재료로 만들어 길례의 법에 따라야 한다. 가공언은 "대공(大功) 이상은 상관의 주름을 오른쪽으로 향하게 접고, 소공(小功) 이하는 상관의 주름을 왼쪽으로 향하게 접는다. 그러므로 『대대례기(大戴禮記)』에 '대공 이상은 공손하고, 소공 이하는 고고하다.'라고 하였다. 효자(孝子)가 조계(阼階) 아래에서 서쪽을 향해 조석곡(朝夕哭)④을 하면, 조문하는 빈은 밖에서 문 안으로 들어와 북쪽을 향해 바라본다. 대공 이상은 슬픔이 무거우므로 그 상관은 세 번 주름을 접는데 오른쪽으로 향하게 하여 접으니, 음을 따르는 것이다. (빈이 북쪽을 향해 바라보면) 유유연(唯唯然)하여 공순하다. 소공과 시마는 슬픔이 가볍지만 그 상관은 또한 세 번 주름을 잡는데 왼쪽으로 향하게 하여 접으니, 양을 따르는 것이다. 조문하는 빈이 밖에서 문 안으로 들어와서 북쪽을 향해 바라보면 액액연(額額然)하여 거슬린다. 빈을 맞이할 때 두 가지 경우 모두 줄과 끈[繩纓]은 한 가닥으로 만들어 관량에 꿰매어 붙이지만, 그 관량은 혹 왼쪽으로 주름을 잡아 길례를 따르고, 혹 오른쪽으로 주름을 잡아 흉례를 따르는 것이 다르다.

["冠繩纓, 條屬", 注云, "屬猶著也. 通屈一條繩爲武, 垂下爲纓, 著之於冠也."【此繩纓, 不用苴麻.】又「雜記」云, "喪冠條屬, 以別吉凶", (言)[若然],[1] 吉冠, 則纓武別材, 凶冠, 則纓武同材. 謂將一條繩從額上約之, 至(項)[頂][2]後交過前, 各至耳, 於武綴之, 各垂於頤下結之也. 三年之練冠, 亦條屬, 右縫. 至大祥, 除其衰杖, 則朝服縞冠, 當纓武異材, 從吉法也. 賈釋云, "大

1 (言)[若然]: 저본에는 '言'으로 되어 있으나, 北京大 整理本『儀禮注疏』권28, 635쪽, 賈公彥의 疏에 의거하여 '若然'으로 교감하였다.
2 (項)[頂]: 저본에는 '項'으로 되어 있으나, 徐乾學의『讀禮通考』권32,「喪服3」'冠'에 의거하여 '頂'으로 교감하였다.

功已上右縫, 小功已下左縫. 故『大戴禮』云, '大功已上唯唯[然][3], 小功已下額額[然].' (此據)[4]孝子朝夕哭在阼階之下, 西面, 弔賓從外來入門, 北面見之. 大功已上哀重, 其冠三辟褔, 向右爲之, 從陰. 唯唯然, 順也. 小功·緦麻哀輕, 其冠亦三辟褔, 向左爲之, 從陽. 弔賓從外來入門, 北面望之, 額額然逆. 向賓(也)[5]二者繩纓皆條屬, 其冠辟褔, 或左從吉, 或右從凶, 不同也."]

3 唯唯[然]: 저본에는 '唯' 다음에 '然'이 없으나, 黃榦, 『儀禮經傳通解續』 권1, 「喪服1」에 의거하여 보충하였다. 아래도 마찬가지이다.
4 (此據): 저본에는 '此據' 두 글자가 있으나, 黃榦, 『儀禮經傳通解續』 권1, 「喪服1」과 北京大 整理本 『儀禮注疏』 권28, 636쪽, 賈公彦의 疏에 의거하여 衍文으로 처리하였다.
5 (也): 저본에는 '也'자가 있으나, 黃榦, 『儀禮經傳通解續』 권1, 「喪服1」과 北京大 整理本 『儀禮注疏』 권28, 636쪽 賈公彦의 疏에 의거하여 衍字로 처리하였다.

역주

① 관승영(冠繩纓: 참최관에 매다는 숫마로 만든 한 가닥의 끈): 숫마[枲麻]로 만든 참최관의 끈을 말한다. 가공언은 『의례주소』「상복」의 소에서 "관승영은 6승의 베로 관을 만들고, 또 한 가닥의 줄을 구부려서 관의 테두리를 만들고, 아래로 내려뜨려 관끈을 만든다. 자최관의 관끈은 베로 만들므로, 이 승영은 저마(암마)가 아니라 모마(숫마)로 만든다는 것을 알 수 있다.[冠繩纓者, 以六升布爲冠, 又屈一條繩爲武, 垂下爲纓.…齊衰冠纓用布, 則知此繩纓不用苴麻, 用枲麻.]"고 하였다. 손희단(孫希旦)은 "승영은 참최관의 끈이다.[繩纓, 斬衰冠之纓也.]"라고 하였다.(『禮記集解』)

② 연관(練冠): 삼년상에서 기년이 되어 소상(小祥)의 제사를 지낼 때 쓰는 관을 말한다. '연관(練冠)'은 누인 비단으로 만든 관으로, 누인 비단은 그 재질이 부드럽고 깨끗하다.

③ 대상(大祥)에 이르러 ~ 쓰니: '호관(縞冠)'은 누이지 않은 흰색 생견(生絹)으로 만든 관으로, 대상제(大祥祭)를 지낼 때 착용한다. 『예기』「상복소기」에 "성인의 상(喪)에서 상복을 벗는 이는 그 대상(大祥)의 제사에서 조복(朝服)을 입고 호관(縞冠)을 쓴다.[除成喪者, 其祭也朝服縞冠.]"고 하였다. 조복(朝服)은 15승의 베로 짠 검은 색의 웃옷[緇衣]에 흰색 치마[素裳]를 입고 검은색 비단으로 만든 현관(玄冠)을 쓰는 복장이다. 대상제를 지낼 때 조복에 현관을 쓰지 않고 호관을 쓰는 것은 '호관'은 아직 순수하게 길할 때의 제복(祭服)이 아니기 때문이다.

④ 조석곡(朝夕哭): 처음 상을 당했을 때, 주인은 소리가 끊이지 않게 곡을

하는데, 이를 '무시곡(無時哭)'이라 한다. 시신을 빈궁에 안치한 다음날[旣殯之後], 즉 죽은 지 4일째 되는 날부터 매장을 할 때까지는 아침에 한 번 저녁에 한 번 빈궁의 조계(阼階) 아래에서 곡을 하는데, 이를 '조석곡(朝夕哭)'이라 한다. 다만 이때는 아침과 저녁 사이라도 슬픔이 밀려오면 여사(廬舍)에서 곡을 한다. 『의례』「상복」'참최 삼년'장의 전(傳)에서 "곡을 하는데 밤낮으로 때 없이 한다.[哭晝夜無時.]"고 한 것이 그것이다. 매장을 하고 우제를 지낸 후 졸곡제(卒哭祭)에 이르면 아침저녁으로 때 없이 하던 곡을 멈추고 아침과 저녁의 조석곡만을 하는데, 장례를 치른 후에는 슬픔이 조금 줄어들기 때문이다.

【喪服圖上15：08-苴杖저장】

저장(苴杖)은 대나무로 만든다. 아버지의 상에 대나무로 만든 지팡이를 짚는 것은 아버지는 아들의 하늘이니, 대나무는 원형으로 또한 하늘을 상징하기 때문이다. 대나무에는 밖과 안으로 마디가 있으니, 아들이 아버지의 상에 밖과 안의 고통이 있음을 상징한다. 또 (대나무는) 네 계절을 관통하여 변하지 않으니, 자식이 아버지의 상에 슬퍼하고 고통스러워하는 것도 또한 추위와 따스한 계절을 거치더라도 바뀌지 않는다. 그러므로 대나무로 만든 지팡이를 짚는 것이다.

[苴杖, 竹也. 爲父所以杖用竹者, 父是子之天, 竹圓亦象天. 竹又外內有節, 象子爲父亦有外內之痛. 又能貫四時而不變, 子之爲父, 哀痛亦經寒溫而不改, 故用竹也.]

【喪服圖上15：09-菅屨관구】

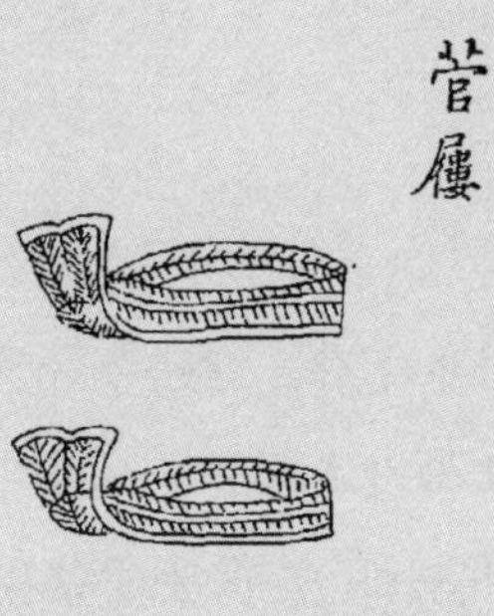

관구(菅屨)는 억새풀로 만든 신발이다.① 『모시』 「소아(小雅)·백화(白華)」 모형(毛亨)의 전(傳)에 "백화(白華)는 야관(野菅)이다.② (백화를) 물에 담가서 관(菅)으로 만든다."고 하였고, 정현의 전(箋)에서는 "들판에 백화가 자라는데, 물에 담근 후에 그것을 '관'이라 칭한다. 물에 담가 적셔서 관으로 만들면, 부드럽고 질겨서 사용하기에 적당하다."라고 하였다. 이곳의 '관(菅)' 또한 물에 담가서 적신 것이니, 이것으로 신발을 만든다. 또 아래 『의례』 「상복」 '참최 삼년'장의 전(傳)'에 "'관구(菅屨)'는 관비(菅菲: 억새풀로 엮은 짚신)인데,③ 엮은 나머지 끝 부분은 바깥쪽을 향하게 하여 묶는다."④고 하였다. 그렇다면 주공 당시에는 (신발을) '구(屨)'라고 하였고, 자하(子夏) 당시에는 '비(菲)'라고 칭했던 것이다.【자하는 『상복전』을 지었기 때문이다.⑤】 '외납(外納)'은 그 장식을 밖으로 하는 것이니, 바깥쪽을 향하여 엮는 것을 말한다.]

[菅屨, 謂以菅草爲屨. 毛傳云, "白華, 野菅也. 已漚爲菅." 箋云, "白華於野, 已漚名之爲菅. 漚菅, 柔韌中用矣." 此菅, 亦是已漚者, 用之爲屨. 又下傳云, "菅屨者, 菅菲. 外納也." 然則周公時謂之屨, 子夏時謂之菲.【子夏作『喪服傳』故也.】 外納者, 外其飾也, 謂向外編之也.]

역주

① 관구(菅屨)는 억새풀로 만든 신발이다: '관(菅)'은 줄기와 잎은 백모(白茅)와 같은데 그 줄기의 형태는 가는 갈대와 유사하다. 줄기의 높이는 3m에 달한다. 예로부터 그 줄기로 취침용 돗자리를 만들었는데 이를 관석(菅席) 혹은 천(薦)이라 하였다. 또한 물에 담가 적셔서 새끼줄이나 짚신을 만들기도 하였다.(潘富俊, 『詩經植物圖鑑』, 上海書店出版社, 2003)

② 백화(白華)는 야관(野菅)이다: 『이아주소』 「석초(釋草)」 형병(邢昺)의 소에 "백화 또한 띠풀의 일종이다. 물에 담그면 부드럽고 질겨서 그 명칭을 달리하여 그것을 '관'이라고 한다. 따라서 물에 적시지 않고 들에 있는 것을 가리켜 '야관'이라 할 뿐이다.[白華, 亦是茅之類也. 漚之柔韌, 異其名謂之爲菅. 因謂在野未漚者爲野菅耳.]"라고 하였다.

③ '관구(菅屨)'는 관비(菅菲 : 억새풀로 엮은 짚신)인데: 호배휘는 '관구'는 상중에 신는 신발[喪屨]의 뜻으로, 주공 때는 '구(屨)'라고 하였는데, 「상복」의 전(傳)이 만들어질 당시에는 상중에 신는 신발을 '비(菲)'라고 칭하였기 때문에 전(傳)을 지은 사람이 당시의 명칭에 의거하여 '관구'를 '관비'로 풀이한 것이라고 하였다. 또 '菲'는 '屝'(짚신)와 같은 뜻이다. 『설문』에 '屝'는 신발의 일종이라고 하였는데, 단옥재는 신발 가운데 거친 것을 '屝'라고 한다고 하였다. 『방언(方言)』에서도 '屝'는 거친 신발이라고 하였고, 『석명』에는 제인(齊人)들은 짚신을 '屝'라고 한다고 하였다.(胡培翬, 『儀禮正義』 권21, 1352~1353쪽 참조)

④ 엮은 나머지 ~ 묶는다: 『의례주소』 「기석례」에 "신발은 엮고 남은 부

분을 거두어서 밖으로 묶는다.[屨外納]”고 하였는데, 정현은 “‘납(納)’은 남은 부분을 거두는 것이다.[納, 收餘也.]”라고 하였고, 가공언은 “나머지 끝 부분을 거두어서 바깥쪽을 향하게 하여 묶는 것이니, 조악한 것을 취하고 문식을 일삼지 않기 때문이다.[謂收餘末, 向外爲之, 取醜惡不事飾故也.]”라고 하였다. 즉 짚신을 엮고 남은 억새풀의 끝부분은 모두 바깥쪽을 향하게 하여 묶는 것이니, 안으로 감추지 않고 조악함을 드러내는 것이다. 장이기(張爾岐)도 “‘외납’은 신발 엮는 일을 마치면, 그 나머지 끝부분을 바깥쪽을 향하게 하여 묶는다는 뜻이다.[爲編屨畢, 以其餘頭向外結之.]”라고 하였다.(胡培翬, 『儀禮正義』 권21, 1353쪽 참조)

⑤ 자하는 『상복전』을 지었기 때문이다: 『의례』의 본문은 경(經), 전(傳), 기(記)의 세 가지 형태로 기술되어 있다. ‘전’과 ‘기’는 ‘경’의 의미를 밝히고 설명한 부분인데, 전통적으로 ‘경’은 주공이 지은 것이며, ‘전’과 ‘기’는 후대에 지은 것이라고 이해하였다. 그런데 ‘전(傳)’은 독특하게 「상복」 편에만 나타난다. 당석경(唐石經)의 「상복」 편 표제어는 ‘喪服 第十一, 子夏傳’으로 되어 있다. 그러나 육덕명의 『경전석문』에는 ‘喪服經傳 第十一’로 되어 있고, 금본(今本) 『의례주소』 「상복」 편에는 ‘喪服第11’이라 하여 모두 ‘자하전(子夏傳)’의 세 글자가 없다. 구중용(瞿中溶)은 석경본(石經本)의 원각(原刻)은 ‘喪服經傳 第十一’로 되어 있었는데, 후에 마모되어 바꾸어 새겨 넣은 것이므로 금본(今本) 석경(石經)은 신빙할 수 없다고 하였다. 호배휘도 주소금본(注疏今本)과 석경(石經)은 의거할 수 없는 것이라고 하였다. 완원(阮元)의 교감기에도 “『수서』 「경적지』를 살펴보면 마융 등이 주를 낸 『상복』에 모두 ‘喪服經傳’이라고 제목을 달았으니, 이 네 글자가 바로 본래의 제목”이며, ‘자하전(子夏傳)’ 3글자는 후대의 찬입이라고 하였다.(胡培翬, 『儀禮正義』 권21, 1339쪽 참조)

【喪服圖上15 : 10-倚廬의려】

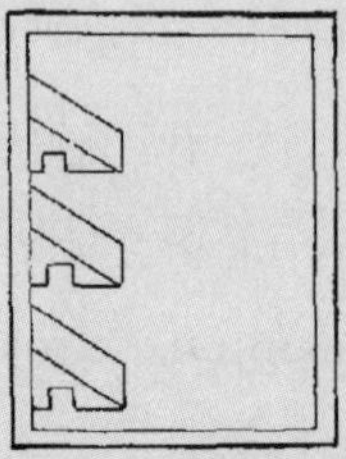

倚廬

‘의려(倚廬)’는 중문[①] 밖 동쪽 벽 아래에 나무를 비스듬히 걸쳐놓아 만든 여막으로서, 북쪽으로 문을 낸다. 『의례』「상복」의 전(傳)에 “효자는 의려에 거처하면서 거적 위에서 잠을 자고, 날벽돌로 베개를 삼으며, 잘 때도 수질과 요질을 벗지 않는다.”고 하였다. “중문 밖의 의려에 거처하는 것은 부모님이 밖에 계신 것을 슬퍼하기 때문이고, 거적 위에서 잠을 자고 날벽돌로 베개를 삼는 것은 부모님이 수풀이 자라난 흙속[草土]에 계신 것을 슬퍼하기 때문이다.”[②]【‘점(苫)’은 짚을 엮어서 짠 거적이다. ‘괴(塊)’는 아직 굽지 않은 흙벽돌이다.】(『의례』「상복」의 전에서 또) “우제를 지낸 이후에는 문미의 풀을 베어 없애며[翦屛], 의려의 문미를 들어 올리고 기둥을 세워 떠받치며[柱楣],[③] 잠을 잘 때 자리를 깐다.【구우(九虞)·칠우(七虞)·오우(五虞)·삼우(三虞)를 지낸 후에 비로소 옛 의려를 바꾸니, 서쪽으로 문을 내고, 출입문 옆을 끼고 동서로 얹은 들보의 풀을 베어 없앤다. ‘주미(柱楣)’라는 것은 앞쪽 들보를 ‘미(楣: 문미)’라고 하는데, 미의 아래 양쪽 끝 부분에 기둥을 세우고 그 위로 들보를 얹는 것을 말하니, 이것이 바로 출입문의 옆을 끼고 있는 들보[屛]이다. ‘잠을 잘 때 자리를 깐다.[寢有席]’는 것은 『예기』「간전」에 “우제를 지낸 후에는 양 끝을 베어 가지런하게 하되 끝을 엮어서 안으로 넣지 않은 하(苄: 부들자리)를 사용한다.[苄翦不納]”고 하였는데, 정현은 “하(苄)는 오늘날의 부들[蒲苹]이다."라고 하였다. 즉 이곳의 '잠을 잘 때 자리를 깐다.[寢有薦]'는 것은 거적 위에 부들자리를 깔고 잠을 잔다는 뜻이다.】 연제(練祭)를 마치면 외침(外寢)에 거처한다."고 하였다.【이곳의 외침은 중문 밖 지붕 아래에 날벽돌을 쌓아서 만든 것이니, 벽에 맥질을 하지 않은 악실(堊室)이다. '지붕 아래[屋下]'는 의려가 동쪽 벽에 나무를 기대어서 만드는 것과 대비하여 말한 것이다.】 상을 당한 처음에 의려나 악실에 거처하는데, 자식이 아버지를 위해 신하가 군주를 위해 복을 할 때 각각 친소와 귀천의 차서에 따라서 거처할 곳을 정한다. 『주례』「천관·궁정(宮正)」에 "(궁정은) 대상(大喪)을 당했을 경우 의려와 악실을 나누어주는데, 그 친소와 귀천에 따라 거처할 곳을 변별한다."고 하였는데, 정현의 주에서는 "친밀한 자와 존귀한 자는 의려에 거처하고, 소원한 자와 비천한 자는 악실에 거처한다."고 하였다. 『예기』「잡기 상」에는 "조정의 경·대부·사는 의려에 거처하고, 도읍의 사는 악실에 거처한다."고 하였다.

살펴보건대, 당나라 대종(代宗) 대력(大歷) 연간(766~779)에 양수(楊垂)가 『상복도(喪服圖)』를 찬술하였는데, 의려의 제도 및 악실과 막차(幕次)의 서열과 순서에 대해 다음과 같이 말하였다. "동쪽 행랑 아래에 여차(廬次: 의려)를 설치하는데, 행랑이 없으면 담장 아래에 설치하여 북쪽을 윗자리로 삼는다. 무릇 의려를 세울 때는 먼저 나무 하나를 담장 아래에 옆으로 놓는데 담장과의 거리는 5척이 되게 하며, 그 나무를 땅에 눕혀서 문미로 만들고, 이어서 다섯 개의 서까래를 위로 세워서 동쪽 벽 위에 비스듬히 기대어 놓으며, 짚으로 엮은 거적으로 덮어 둔다. 그 남쪽 면과 북쪽 면도 풀로 가리고, 북쪽으로 문을 낸다. 효자 한 사람이 하나의 의려에 거처하는데, 문에는 거친 베로 만든 발을 친다. 의려의 형태는 허름한 가옥과 같으니, 그 안에 반쪽의 자리를 펼칠 수 있다. 의려 안에는 볏짚으로 엮은 거적과 흙덩이를 넣어 둔다. 그 의려의 남쪽에 악실을 만드는데, 삼면에 날벽돌을 쌓아서 위로 지붕에까지 이르게 한다. 만일 담장 아래에 악실을 만들 경우에도 허름한 가옥과 같이 만들며, 기와로 덮고 서쪽으로 출입문을 낸다. 실(室) 안에 자리와 목침을 놓는다. 실 남쪽에 대공의 막차(幕次)를 만드는데, 막차 안에 부들자리를 펼쳐놓는다. 대공의 막차 남쪽에 또 소공과 시마의 막차를 만들고 막차 안에 침상을 놓는데, 모두 서쪽으로 문을 낸다. 제후의 경우는 처음 죽었을 때 의려의 문 밖에 다시 작은 담을 세우지만, 나머지 경우는 그렇게 하지 않는다. 어머니를 위해 복을 할 경우 아버지와 같은 방식으로 한다. 계모와 자모를 위해 복을 할 경우 의려에 거처하지 않고 악실에 거처한다. 만일 계모에게 자식이 있을 경우는 데리고 온 자식이 의려에 거처한다. 처를 위해 복을 할 경우는 어머니에 준해서 한다. 그 악실 및 막차는 사람마다 지급할 필요는 없으며, 함께 같은 곳에 거처해도 괜찮다. 부인은 서쪽 행랑 아래에 거처한다.【오늘날에는 종묘의 뜰 중앙에서 하는데, 연거(輦車)의 휘장 안에 얇은 볏짚으로 덮어서 만든다. 이미 고제(古制)와 다른 것이다. 그러므로 당례(唐禮)를 인용하여 바로잡았다.】]

[倚廬, 謂倚木爲廬在中門外東方, 北户.「喪服傳」, "孝子居倚廬, 寢苫, 枕塊, [寢]不脫絰·帶[1]." "居門外之廬, 哀親之在外也, 寢苫枕塊者, 哀親之在草土也."【苫, 編藁. 塊, 墼也.】"旣虞, 翦屛, 柱楣, 寢有蓆.【九虞七虞五虞三虞之後, 乃改舊廬, 西向開户, 翦去户傍兩廂屛之餘草. 柱楣者, 前梁謂之楣, 楣下兩頭豎柱施梁, 乃夾户傍之屛. 寢有蓆者,「閒傳」云, "旣虞, 芐翦不納." 鄭云, "芐, 今之蒲苹." 卽此'寢有蓆', 謂蒲蓆加於苫上也.】旣練, 舍外寢."【此寢謂中門外於屋下壘墼爲之, 不塗墍之堊室也. 屋下, 對廬偏倚東壁而言也.】初喪, 居廬堊室, 子爲父, 臣爲君, 各

1 [寢]不脫絰·帶:『儀禮』「喪服」'斬衰三年·傳'에는 '不' 앞에 '寢' 한 글자가 더 있다. 보충하여 번역하였다.

依親踈貴賤之序. 「天官·宮正」云, "大喪授廬舍, 辨其親踈貴賤之居." 註云, "親者·貴者居廬, 踈者·賤者居堊室." 「雜記」云, "朝廷卿大夫士居廬, 都邑之士居堊室." 案唐大歷年中有楊垂撰『喪服圖』, 說廬形制及堊室幕次序列次第云, "設廬次於東廊下, 無廊於牆下, 北上. 凡起廬, 先以一木橫於牆下, 去牆五尺, 卧於地爲楣, 卽立五椽於上, 斜倚東墉上, 以草苫蓋之. 其南北面亦以草屛之, 向北開門. 一孝子一廬, 門簾以縗布. 廬形如偏屋, 其間容半席, 廬間施苫·凷. 其廬南爲堊室, 以墼壘三面, 上至屋. 如於牆下, 卽亦如偏屋, 以瓦覆之, 西向戶. 室施薦木枕. 室南爲大功幕次, 次中施蒲席. 次南又爲小功·緦麻, 次施牀, 並西户. 如諸侯始死, 廬門外便有小屛, 餘則否. 其爲母與父同. 爲繼母·慈母, 不居廬居堊室. 如繼母有子, 卽隨子居廬. 爲妻準母. 其堊室及幕次不必每人致之, 共處可也. 婦人次於西廊下.【見時於中庭, 葦障中, 以藁薄覆爲之, 旣違古制, 故引唐禮以規之.】]

역주

① 중문: 정현에 의하면 천자는 고문(皐門), 고문(庫門), 치문(雉門), 응문(應門), 노문(路門)의 순서로 5문을 세우는데, 이 가운데 세 번째 문인 '치문'을 '중문'이라고 하였다. 하지만 손이양(孫詒讓)은 노문이 내문, 고문(皐門)이 외문이며, 나머지 고문(庫門)·치문·응문의 3문이 내문과 외문의 사이에 위치하기 때문에 통틀어 '중문'이라고 한다고 하였다.(孫詒讓, 『周禮正義』 권14, 541쪽 참조) 제후의 경우, 고문(皋門), 응문, 노문의 순서로 3문을 세우는데, 응문이 중문이 된다. 호배휘에 의하면, 사(士)의 경우에는 2문을 세우는데, 대문(大門)은 밖에 있고, 침문(寢門)은 안에 있기 때문에 침문을 '중문'이라고 칭하는데, 곧 빈궁(殯宮)의 문을 가리킨다고 하였다.(胡培翬, 『儀禮正義』 권21, 1353쪽 참조)

② 중문 밖의 ~ 슬퍼하기 때문이다: 『의례주소』 「상복」 '참최 삼년'장의 전(傳)에 대한 가공언 소(疏)의 인용문이다.

③ 문미의 풀을 ~ 떠받치며[柱楣]: '柱楣'는 "楣에 기둥을 받친다."는 뜻이다. 정현의 주에는 '楣'는 '梁'으로 이른바 梁闇(諒闇)이라고 하였다.('諒'古作'梁', 楣謂之梁. '闇', 讀如'鶉鵪'之'鵪', 闇謂廬也. 廬有梁者, 所謂拄楣也.) '양(諒)'은 옛날에는 '양(梁)'으로 썼다. 문미[楣: 처마 또는 차양]를 양(梁)이라고 한다. '암(闇)'은 '순암(鶉鵪)'이라고 할 때의 '암(鵪)'의 발음으로 읽는다. '암(闇)'은 의려[廬]의 뜻이다. 의려에 들보가 있는 것이 이른바 주미(柱楣: 기둥과 처마)이다. 초상에는 미(楣)를 동벽(東壁)에 기대어 놓고, 풀을 엮어서 이를 병폐(屏蔽: 가리개)로 삼는데, 우제를 마친 후 그 병

(屛)을 자르고 미(楣)를 높이고 주(柱)를 세워, 남북에서 보면 Δ형태에서 □형태로 변하고, 서쪽으로 문을 내고 이전의 북쪽 문을 닫는다. 이를 '주미'라고 한다.(程瑤田, 『儀禮喪服文足徵記』, 「剪屛柱楣圖說」) 『예기정의』 「상대기」에 "부모의 상에 의려(倚廬)에 거쳐하는데 흙으로 담장을 하지 않는다. 거적에서 잠을 자고 흙덩이를 베개로 삼으며, … 장례(葬禮)를 거행한 후에 처마에 나무를 받치고, 의려(倚廬)에 흙을 발라 막는데, 의려 바깥 드러나는 곳에는 흙을 발라 막지 않는다.[父母之喪, 居倚廬, 不塗, 寢苫枕凷…旣葬, 柱楣, 塗廬, 不於顯者.]"라고 하였고, 공영달의 소에 말하듯이 비로소 햇빛이 들어오도록 하고, 또 의려에 흙을 발라 바람이 들어오도록 하는 것이다.

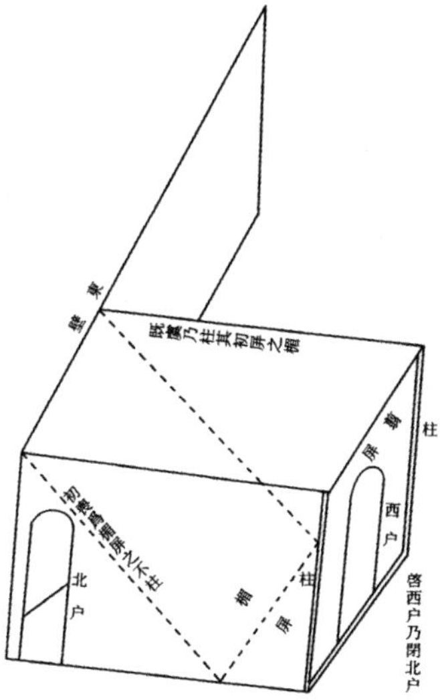

전병주미도(翦屛柱楣圖)
程瑤田, 『儀禮喪服文足徵記』(청)

喪服圖 下

권16 상복도하

역주 김용천

【喪服圖下16：序】

무릇 5등급의 상복에서 아랫단을 자르고 꿰매지 않는 것이 한 가지이고, 자른 후에 꿰매는 것이 네 가지입니다.① 자최에서 시마에 이르기까지 상복은 모두 아랫단을 꿰맵니다.【정현은 『예기』「곡례 상」의 주에서 "'자(齊)'는 치마 아랫자락의 꿰맨 곳을 가리킨다."고 하였다.】 그렇다면 군주를 위해 '참최(斬衰)'의 복을 한다고 하여 저 '추(麤: 거칠다)'의 명칭을 버린 것은 ('衰' 안에) '추(麤: 거칠다)'라는 명칭의 뜻이 저절로 드러나기 때문이며,② '공(功: 大功·小功)'·'시(緦: 緦麻)'라고 하여 '자(齊: 꿰매다)'의 호칭을 버린 것은 '자(齊: 꿰매다)'라는 호칭의 뜻이 또한 분명하기 때문입니다.③ 그런데 아랫단을 꿰매는 네 가지 상복(자최·대공·소공·시마)의 상의는 모두 외삭폭(外削幅)【바깥쪽으로 향하게 줄여서 꿰매는 것】을 하여 모두 바깥쪽으로 돌려서 네모지게 꿰매며【마치 오늘날의 삼의(幓衣)④와 같으니, 먼저 펼친 후에 비로소 바느질을 한다.】, 그 하의는 모두 내삭폭(內削幅)을 하여 모두 안쪽으로 향하게 줄인 후 비로소 꿰맵니다.

신 섭숭의는 또 살펴보건대, 『의례』「상복」의 상·하 편은 11장(章)으로 구성되는데, 참최에서 시마에 이르기까지 승수(升數)⑤에 차이가 있습니다. 그 차이로 말하자면, 참최의 경우는 두 가지가 있는데, 정복(正服)과 의복(義服)⑥에 따라 승수가 같지 않습니다.

아버지를 위해 복을 할 때는 3승의 베로 상복을 만드는데 정복이기 때문이고, 군주를 위해 복을 할 때는 3승반의 베로 상복을 만드는데 의복이기 때문입니다. 그 관은 똑같이 6승의 베로 만듭니다. 자최 삼년의 복을 할 경우에는 단지 정복의 4승만 있는데, 관은 7승의 베로 만듭니다.⑦ 계모(繼母)와 자모(慈母)【'자모'는 아버지의 명으로 모자관계가 된 경우를 말한다.】를 위해 복을 하는 것은 비록 의복(義服)으로 복을 하는 것이지만, 계모는 아버지의 짝이기 때문에 감히 친모와 달리할 수 없으며, 자모는 아버지의 명을 중시하기 때문에 감히 친모보다 낮출 수 없습니다.⑧ 그러므로 친모와 동일하게 하는 것입니다. 이 때문에 대략 하나의 의절로 만들어 (친모의) 정복과 똑같이 할 뿐입니다.

아버지가 살아 계실 때 어머니를 위해 복을 할 경우[父在爲母]·처를 위해 복을 할 경우[爲妻]에는 자최 장기(齊衰杖朞)로 복을 합니다. 『예기』「잡기 하(雜記下)」에 "(기년상의 경우) 11개월이 되면 연제(練祭)를 지내고 13개월이 되면 대상제(大祥祭)를 지내고, 15개월이 되면 담제(禫祭)를 지낸다."고 한 것은 이 경우를 두고 말한 것입니다. 그러나 어머니의 경우는 은애(恩愛) 때문에 복을 하는 것이고, 처의 경우는 의리로 합쳐진 관계이기 때문에 복을 하는 것이니, 비록 아버지의 존귀함으로 인해 눌리고 굽혀서 복을 하지만 담제를 지내고 지팡이를 짚어서 (정의를) 펼 수 있는 것입니다.⑨ 그러므로 참최 삼년과 마찬가지로 똑같이 정복으로 복을 하지만 아랫단을 꿰매어 자최 기년으로 복을 하는데, 상의와 하의는 5승의 베로 만들고, 관은 8승의 베로 만듭니다. 또 자최 3월의 경우는 의복으로 복을 하는 것이니, 상의와 하의는 6승의 베로 만들고, 관은 9승의 베로 만듭니다.

증조부모를 위해 복을 할 경우는 모두 정복으로 복을 합니다. 다만 정복으로 복을 하지만 소공과 동일한 승수의 복을 착용하는 것은 그 할아버지를 높여서 자최 3월로 복을 하기 때문입니다.⑩ 이미 본복이 아니므로 의복과 동일한 승수의 복을 착용하는 것입니다. 또 상대공(殤大功)의 복을 할 경우 의복(義服)이 있으니, 장상(長殤)이나 중상(中殤)⑪으로 죽은 남편의 곤제의 아들·딸을 위해 대공으로 복을 하는 것은 의복으로 복을 하는 것입니다.⑫ 그 상의와 하의는 9승의 베로 만들고, 관은 11승의 베로 만듭니다. 나머지는 모두 낮추어서 하니, 그 상의와 하의는 7승의 베로 만들고, 관은 10승의 베로 만듭니다.

성인으로 죽은 사람을 위해 대공으로 복을 하는 경우는⑬ 모두 강복(降服)이 있고, 정복(征服)이 있고, 의복(義服)이 있습니다. 시집간 고모, 손위누이·손아래누이, 딸을 위해 대공으로 복을 하는 경우 등은 강복(降服)으로 복을 하는 것이고【상의와 하의 및 관의 승수는 대공상(大功殤)의 강복과 동일하다.】, 부인(婦人)이 남편의 일족을 위해 대공으로 복을 하는 경우는 의복(義服)으로 복을 하는 것이고【상의와 하의 및 관의 승수는 대공상(大功殤)의 의복과 동일하다.】, 나머지는 모두 정복으로 복을 하는 것입니다. 그 (정복의 경우) 상의와 하의는 8승의 베로 만들고, 관은 10승의 베로 만듭니다.⑭

또 세최(繐衰)로 복을 하는 경우, 오직 의복(義服)만 있습니다. 그 상의와 하의는 4승반의 베로 만들고, 관은 7승의 베로 만듭니다.⑮ 제후의 대부가 천자를 위해 복을 하는 것이므로 의복과 동일한 승수로 하는 것입니다.⑯

상소공(殤小功)으로 복을 하는 경우, 강복(降服)이 있고, 의복(義服)이 있습니다. 부인(婦人)이 남편의 일족을 위해 복을 하는 따위는 의복으로 복을 하는 것이니, 상의와 하의 및 관은 똑같이 12승의 베로 만듭니다. 나머지는 모두 강복으로 복을 하는 것이니, 상의와 하의 및 관은 똑같이 10승의 베로 만듭니다.

성인으로 죽은 사람을 위해 소공으로 복을 하는 경우는⑰ 강복이 있고【상의와 하의 및 관의 승수는 소공상(小功殤)의 강복과 동일하다.】 정복이 있는데,

상의와 하의 및 관은 똑같이 11승의 베로 만듭니다. 또 의복이 있습니다【상의와 하의 및 관의 승수는 소공상(小功殤)의 의복과 동일하다.】.

시마로 복을 할 경우 상의와 하의 및 관에 강복, 정복, 의복이 있는데, 모두 똑같이 15승에서 그 절반을 뽑아내어 7승반의 베로 만듭니다.⑱

[凡五服衰裳, 一斬四齊. 自[齊]衰(裳),[1] 以至緦麻, 衰並齊.【鄭曲禮注云, "齊謂[裳]下緝也[2]."】然則君衰棄彼麤名, 麤名自顯, 功·緦遺其齊號, 齊號亦明. 而四齊之衰並外削幅【外殺縫也.】, 皆外展而方齊【若今幓衣, 先展訖, 乃行針功.】, 其裳並內削幅, 皆內展而始緝. 臣崇義, 又案, 「喪服」上下十有一章, 從斬至緦, 升數有異. 其異者, 斬衰有二, 正·義不同. 爲父以三升爲正, 爲君以三升半爲義. 其冠則同六升. 其三年齊, 惟有正之四升, 冠七升, 繼母·慈母【慈母謂父命爲母子者.】, 雖是義服, 繼母以配父不敢殊, 慈母以重命不敢降, 故與母同. 是以略爲一節, 同正而已. 父在爲母·爲妻, 齊衰杖朞. 「雜記」云, "十一月而練, 十三月而祥, 十五月而禫", 是也. 然母則恩愛也, 妻則義合也, 雖父尊厭屈, 禫·杖猶申. 故與三年同正服而齊, 衰五升, 冠八升. 又齊衰三月者, 義服也, 衰則六升, 冠九升. 曾祖父母計是正服, 但正服合服小功, 以尊其祖而服齊衰三月. 旣非本服, 故與義服同也. 又殤大功有義, 爲夫之昆弟之[子女子子之]長殤,[3] 義也. 其衰九升, 冠十一

1 自[齊]衰(裳): 저본에는 '自衰裳'으로 되어 있으나, 『四部叢刊』本과 盛世佐의 『儀禮集編』 권25 「喪服第十一之四」(聶氏曰, 凡五服衰裳, 一斬四齊, 自齊衰, 以至緦麻, 衰並齊)에 의거하여 '自齊衰'로 교감하였다.

2 齊謂[裳]下緝也: 저본에는 '裳'이 없으나, 『예기』 「곡례 상」 정현의 주에 '齊謂裳下緝也'로 되어 있고, 「옥조」 정현의 주에도 '齊, 裳下緝也.'로 되어 있는 것에 의거하여 보충했다.

3 爲夫之昆弟之[子女子子之]長殤: 저본에는 '爲夫之昆弟之長殤(장상으로 죽은 남편의 곤제를 위해 대공으로 복을 한다)'고 되어 있으나, 『의례』 「상복」의 규정에 의하면, 남편의 곤제에 대해서는 복을 하지 않는다. 한편 『의례』 「상복」 '상대공(殤大功)'장에는 "장상이나 중상으로 죽은 남편의 곤제의 아들·딸을 위해 대공으로 복을 한다[夫之昆弟之子·女子子之長殤·中殤]"고 규정하고 있다. 이에 의거하여 교감하였다.

升. 餘皆降也, 其衰七升, 冠十升. 成人大功, 皆一有降有正有義. 姑姊妹出適之等是降也.【衰冠同殤降.】 婦人爲夫族爲義也.【衰冠同殤義.】 餘皆正也. 其衰八升, 冠十升, 又(緦)[繐][4]衰唯有義服. 其衰四升半, 冠七升. 諸侯之大夫爲天子, 故同義服也. 殤小功有降有義, 婦人爲夫之族類, 義也. 衰冠同十二升, 餘皆降也, 衰冠同十升. 成人小功有降【衰冠同殤降.】, 有正, 衰冠同十一升, 有義【衰冠同殤義.】. 緦麻之衰冠降正義也, 皆同十五升抽去其半而已.]

4 (緦)[繐]: 저본에는 '緦'로 되어 있으나, 『의례』「상복」에 의거하여 '繐'로 교감하였다.

역주

① 아랫단을 ~ 네 가지입니다: '참(斬)'은 상복의 아랫단을 자른 후 꿰매지 않는 것을 말하고, 자른 후에 꿰매는 것을 '자(齊)'라고 한다. 앞의 [喪服圖上15 : 01-斬衰衣·斬衰裳] 역주 ① 참조.

② 군주를 위해 ~ 때문이며: 본문의 '군최(君衰)'는 신하가 군주를 위해 복을 할 때 착용하는 참최(斬衰)의 복을 가리키며, '추(麤)'는 정현이 『의례』「상복」 '자최 삼년'장의 주에서 "'소(疏)'는 거칠다[麤]는 뜻과 같다.[疏, 猶麤也.]"고 하였듯이 '거칠다'는 의미이다. 『의례』「상복」 '자최 삼년' 장에서 "아랫단을 꿰맨 거친 베로 만든 상의와 하의를 입는다.[疏衰裳齊]"라고 하여 자최의 상에 거친 상복을 입는다는 뜻을 밝혔다. 채덕진(蔡德震)은 『의례』「상복」 편의 경문 '疏衰裳齊'는 '자최'를 뜻한다고 하였으며, 이여규(李如珪)는 "'거친 상의와 하의[疏衰裳]'는 거친 베로 만든 것이다. '참최(斬衰)'는 자른 후에 상의와 하의를 만들기 때문에 먼저 '참(斬: 베다)'을 말한 것이다. '소최(疏衰)'는 상의와 하의를 만든 후에 꿰맨다. 이 때문에 '자(齊: 꿰매다)'를 나중에 말한 것이다. '참최(斬衰)'도 본래 거친 베로 만들지만, '거칠다[麤]'는 말로는 슬픔을 충분히 표현해 낼 수 없다. 이 때문에 '참(斬: 베다)'으로 상복의 명칭을 삼아서 그 고통이 극심하다는 뜻을 나타낸 것이다. '자최(齊衰)'에 이르러 '거칠다[疏]'라고 칭한 이유가 있음을 알 수 있다."고 하였다.(胡培翬, 『儀禮正義』 권21, 1383쪽 참조.)

③ '공(功: 大功·小功)'·'시(緦: 緦麻)'라고 하여 ~ 때문입니다: 대공·소공과 시마의 상복에는 비록 '자(齊: 꿰매다)'라는 말을 사용하지 않았지만, 이

들 상복은 실제로 모두 베를 자른 후에 아랫단을 꿰맨다.

④ 삼의(幓衣): 머리카락을 묶는 수건으로, 삼두(幓頭), 조두(幧頭), 낙두(絡頭)라고도 한다. 후한시대 양웅(揚雄)의 『방언(方言)』에 의하면, 진(秦)나라와 진(晉)나라 사이에서는 '낙두(絡頭)'라 하고, 조(趙)나라와 위(魏)나라 사이에서는 조두(幧頭)라고 하였다.[自關而西, 秦晉之郊曰絡頭, 南楚江湘之閒曰帞頭, 自河以北趙魏之閒曰幧頭.]"라고 하였다. 『의례』「상복」'참최 삼년'장에서 "(처·첩 및 딸은 성복을 한 이후) 베로 만든 머리끈을 하고, 가는 대나무 비녀를 꽂고, 북상투를 하고, 상복을 입고서 참최 3년으로 복을 한다.[布總, 箭笄, 髽, 衰, 三年.]"고 한 것에 대해서 정현은 "'좌(髽)'는 묶은 머리카락을 노출시키는 것이니, 남자의 괄발과 같은 것이다. 참최의 괄발에는 마를 사용하므로, 좌 역시 마를 사용한다. 마를 사용하는 경우에는 목에서 앞으로 하여 이마 위에서 교차시키고 다시 뒤로 감아 상투에 묶어 삼두(幓頭)를 착용한 듯이 한다.[髽, 露紒也, 猶男子之括髮. 斬衰括髮以麻, 則髽亦用麻. 以麻者自項而前, 交於額上, 卻繞紒, 如著幓頭焉.]"고 하였다. 『예기』「옥조」의 정현 주에서는 "사(士) 이하는 모두 홑겹으로 하여 합치지 않고 양 변을 꿰매서 봉합하는데, 오늘날 조두(幧頭)를 만들 때 하는 방식과 같다.[士以下皆禪, 不合而繂積, 如今作幧頭爲之也.]"고 하였다.

⑤ 승수(升數): 중국 고대에는 한 폭(幅) 안에 들어가는 마 가닥[縷]의 수로 그 베의 거칠고 세밀한 정도를 구분하였다. 『한서』 권24하 「식화지」에 의하면 주법(周法)에서는 포백(布帛)의 너비 2척 2촌을 '폭'이라 하였으며(太公爲周立九府圜法 … 布·帛廣二尺二寸爲幅, 長四丈爲匹.), 『의례』「향사례」 정현의 주에서도 "오늘날 관포(官布)의 폭은 2척 2촌이다."라고 하여 한대에도 마찬가지였다. 베[布] 80올[縷]의 마 가닥을 1승(升)이라 한다.

⑥ 정복(正服)과 의복(義服): '정복'이란 순수한 혈연관계에 따른 본래의 복을 의미하는데, 아들이 아버지를 위해 참최 3년의 복을 하는 경우 등을 말한다. '의복'은 혼인이나 군신 관계 등 인위적인 관계 변화에 따라 의리상 복을 하는 것을 말한다. 신하가 군주를 위해 참최 3년의 복을 하는 경우 등을 말한다. [喪服圖上15 : 序] 역주 ⑪과 ⑬ 참조. 『의례』「상복」편에는 참최복을 하는 것으로, 아버지를 위해 하는 복 4조목(①父, ②爲人後者, ③女子子在室爲父, ④子嫁, 反在父之室, 爲父三年.), 남편을 위해 하는 복 2조목(①妻爲夫, ②妾爲君.), 군주를 위해 하는 복 3조목(①諸侯爲天子, ②君, ③公·士·大夫之衆臣爲其君, 布帶, 繩.), 그리고 아버지가 장자를 위해 하는 복(①父爲長子.) 등 모두 10조목을 기록하고 있다. 당대의 가공언(賈公彦: ?~?)은 이 가운데 ① 자식이 아버지를 위해 복을 하는 경우[子爲父], ② 아버지가 장자를 위해 복을 하는 경우[父爲長子], ③ 처가 남편을 위해 복을 하는 경우[妻爲夫] 등을 '정복의 참최'로, ① 제후가 천자를 위해[諸侯爲天子], ② 신하가 군주를 위해 복을 하는 경우[臣爲君] 등을 '의복의 참최'로 구분하였다.(北京大 整理本 『儀禮注疏』 권34, 755~756쪽, 賈公彦의 疏, "以其斬章有正義, 子爲父, 父爲長子, 妻爲夫之等, 是正斬, 至諸侯爲天子, 臣爲君之等, 是義斬.) 그러나 청대의 호배휘(胡培翬: 1782~1849)는 신하가 군주를 위해 복을 할 때는 자식이 아버지를 위해 복을 할 때와 동일하게 해야 하므로 이 역시 '정복의 참최'이며, 공·경·대부의 중신(衆臣)들이 그들의 주군 즉 공·경·대부를 위해 복을 하는 것이 '의복의 참최'에 해당한다고 하여 가공언의 설을 비판하였다.(『儀禮正義』 권25, 1614쪽, "今案, 舊說以臣爲君之等爲斬衰義服, 不知臣之爲君, 當與子爲父同. 戴氏震以三升有半之衰, 專公士大夫之臣服其君, 較舊說爲長.) 또 『개원례』에서는 ① 남의 후사가 된 사람이 후사로 삼아준 사람을 위해,

② 처가 남편을 위해, ③ 첩이 남편을 위해, ③ 번왕의 속관이 國君을 위해 복을 하는 4가지 조목을 '의복의 참최'에 포함시켰다.(『大唐開元禮』 권132, 凶禮, 斬衰三年·義服, "爲後者爲所後父, 妻爲夫, 妾爲君, 國官爲國君.") 이처럼 참최의 정복과 의복 분류에도 그 해석이 상이하다. 한편 정현에 의하면 참최복 가운데 3승반의 베로 만든 최복은 '의복'이며, 3승의 베로 만든 최복은 '정복'이다.(『儀禮』「喪服·記」, 鄭玄의 注, "或曰三升半者, 義服也.")

⑦ 자최 삼년의 복을 ~ 만듭니다: 『의례』「상복」에는 자최 3년의 복을 하는 것으로 ① 아버지가 먼저 돌아가신 후 어머니를 위해 복을 하는 경우[父卒則爲母], ② 계모를 위해 복을 하는 경우[繼母如母], ③ 자모를 위해 복을 하는 경우[慈母如母], ④ 어머니가 장자를 위해 복을 하는 경우[母爲長子]의 4가지를 규정하고 있다. 이때 상의와 하의의 최복은 모두 4승의 베로 만들어 착용하고, 7승의 베로 만든 관을 착용한다.

⑧ 자모는 ~ 낮출 수 없습니다: 『의례』「상복」 '자최 삼년'장에 "자모를 위해서도 친모와 마찬가지로 자최 3년으로 복을 한다.[慈母如母]"고 규정하였는데, 전(傳)에서는 "옛 기록에 '첩 가운데 자식이 없는 사람과 첩의 자식 가운데 어머니가 없는 사람이 있을 경우, 아버지가 첩에게 그를 자식으로 삼으라고 명하고, 자식에게 어머니로 모시라고 명한다.' 라고 하였다. 이와 같다면 살아 계실 때는 친어머니처럼 봉양하고, 돌아가시면 친어머니처럼 3년상을 지내는데, 이는 아버지의 명을 귀하게 여기기 때문이다.[傳曰, '妾之無子者, 子之無母者, 父命妾曰, 女以爲子, 命子曰, 女以爲母.' 若是, 則生養之終其身如母, 死則喪之三年如母, 貴父之命也.]"라고 하였다. 이곳 본문의 '중명(重命)'은 아버지의 명을 중시한다는 뜻이다.

⑨ 그러나 ~ 펼 수 있는 것입니다: 어머니는 아버지와 더불어 은애가 본래

동일하지만, 아버지로 인해 눌리고 굽혀서 기년으로 복을 한다. 이 때문에 비록 굽히기는 하지만 오히려 담제를 지내고 지팡이를 짚고서 그 정의(情意)를 펼 수 있다. 처를 위해 복을 할 때도 마찬가지로 정의를 펼 수 있다. 처는 비록 의리로 합쳐진 관계이지만, 처는 남편을 하늘로 여기기 때문에 남편을 위해 참최의 복을 한다. 남편은 처를 위해 담제를 지내고 지팡이를 짚음으로써 보답한다. 다만 남편은 존귀하고 처는 비천하기 때문에 자최와 참최의 차이가 있다. 그러나 호배휘는 처를 위해 반드시 담제를 지내고 지팡이를 짚어서 정의를 펼칠 수 있는 것은 아니라고 반박하였다. 『예기』 「상복소기」에 "아버지·어머니·처·장자를 위해 담제를 지낸다.[爲父·母·妻·長子禫]"고 하였고, 또 "종자는 어머니가 살아 계시더라도 처를 위해 담제를 지낸다.[宗子, 母在爲妻禫.]"고 하였다. 호배휘는 '종자는 어머니가 살아 계시더라도 처를 위해 담제를 지낸다.'고 하였으므로 종자 이외의 나머지 사람들은 부모가 살아 계시면 모두 담제를 지내지 않는다는 뜻이라고 하였다. 또 『예기』 「증자문」에 "며느리가 사당에서 알현하기 전에 죽으면, 사위는 지팡이를 짚지 않는다.[女未廟見而死, 壻不杖.]"고 하였으므로 처를 위해 반드시 담제를 지내거나 지팡이를 짚는 것은 아니라고 하였다.(胡培翬, 『儀禮正義』 권22, 1394쪽 참조.)

⑩ 다만 ~ 때문입니다: 조부모를 위해 부장기(不杖朞)의 복을 하므로 증조부모를 위해서는 그보다 한 등급 아래인 대공의 복을 해야 한다. 또는 복은 친족관계로 말하면 고조부(高祖父)에서, 오복(五服)의 구분으로 말하면 시마(緦麻)에서 끝나므로 소공의 복을 해야 한다. 그런데 『의례』 「상복」에서는 증조부모를 위해 비교적 무거운 자최의 복을 하고, 복을 하는 기간은 가장 짧은 3개월로 하는 것으로 규정하였다. 이 점은 증손

에 대한 복이 소공(小功)이어야 하는데도 시마(緦麻)로 규정한 것과 연관이 있다. 즉, 3세대 동거의 가족구성에서 증조(曾祖)와 현손(玄孫)의 연대감은 현저하게 감소하기 때문이다. 그러나 증조의 경우는 직계 존속이기 때문에 비속인 현손에 대한 복처럼 복을 하는 방식과 기간을 낮추지 못하고, 기간은 한 등급 낮추되 방식은 높이는 선에서 절충한 것이다. 이를 『의례』「상복」의 전(傳)』에서는 "소공은 형제 사이에 입는 복이므로, 형제 사이의 복으로 감히 지존(至尊: 증조부모)을 위해 복을 할 수 없기 때문[小功者, 兄弟之服也. 不敢以兄弟之服, 服至尊也.]"이라고 설명하였다.

⑪ 장상(長殤)이나 중상(中殤): 성인이 되지 못하고 죽은 것을 상(殤)이라 한다. 나이 19세에서 16세 사이에 죽으면 '장상(長殤)'이라고 하고, 15세에서 12세 사이에 죽으면 '중상(中殤)'이라고 하고, 11세부터 8세 사이에 죽으면 '하상(下殤)'이라고 한다. 8세 미만에 죽으면 모두 '무복(無服)의 상(殤)'이라고 한다.

⑫ 장상(長殤)이나 ~ 것입니다: 학경(郝敬)은 "존속의 상(殤)은 숙부와 고모에 그치고, 세부(큰아버지) 이상은 아버지보다 나이가 많으므로 상(殤)이 없다.[尊屬之殤, 止於叔父姑, 自世父以上長於父, 則無殤也.]"고 하였다. 시복의 주체에 대해서 호배휘는 숙부를 위해서는 형의 아들이 복을 하고, 고모를 위해서는 조카와 형제가 복을 하고, 남편의 곤제의 아들·딸을 위해서는 큰어머니와 작은어머니가 복을 한다고 하였다.(胡培翬, 『儀禮正義』 권23, 1486쪽 참조.)

⑬ 성인으로 ~ 경우는: 『의례』「상복」에는 '성인 대공'의 복을 하는 것으로 ① 시집간 고모·자매·딸을 위해[姑·姊妹·女子子適人者], ② 종부곤제를 위해[從父昆弟], ③ 남의 후사로 간 사람이 친곤제를 위해[爲人後

者爲其昆弟], ④ 서손을 위해[庶孫], ⑤ 적부를 위해[適婦], ⑥ 시집간 여자가 여러 형제들을 위해[女子子適人者爲衆昆弟], ⑦ 시집간 고모가 남녀 조카를 위해 하는데, 그들이 입어준 복으로 갚아 주는 경우[姪杖夫婦人, 報.], ⑧ 남편의 할아버지와 할머니·큰아버지와 큰어머니·작은아버지와 작은어머니를 위해[夫之祖父母, 世父母, 叔父母.], ⑨ 대부가 사(士)인 할아버지와 할머니·큰아버지와 큰어머니·작은아버지와 작은어머니·자식·곤제·곤제의 자식을 위해[大夫爲世父母·叔父母·子·昆弟·昆弟之子爲士者], ⑩ 제후의 서곤제와 대부의 서자가 어머니·아내·곤제를 위해[公之庶昆弟·大夫之庶子, 爲母·妻·昆弟], ⑪ 대부인 종부곤제가 서로 복을 하는 경우[皆爲其從父昆弟之爲大夫者], ⑫ 남편 곤제의 시집간 딸을 위해[爲夫之昆弟之婦人子適人者], ⑬ 대부의 첩이 군의 서자를 위해[大夫之妾爲君之庶子], ⑭ 시집가거나 안 간 딸이 큰아버지와 큰어머니·작은아버지와 작은어머니·고모·자매를 위해[女子子嫁者·未嫁者, 爲世父母·叔父母·姑·姉妹], ⑮ 대부·대부의 아내·대부의 자식·제후의 곤제가 대부에게 시집간 고모·자매와 딸을 위해[大夫·大夫之妻·大夫之子·公之昆弟, 爲姑·姉妹·女子子嫁於大夫者], ⑯ 국군(國君)이 국군에게 시집간 고모·자매·딸을 위해[君爲姑·姉妹·女子子嫁於國君者]의 16가지 조목을 규정하고 있다.

⑭ 그 (정복의 경우) 상의와 ~ 만듭니다: 대공복은 강복의 경우 7승의 베로 만든 상의와 하의를 착용하고 10승의 베로 만든 관을 쓰며, 정복의 경우 8승의 베로 만든 상의와 하의를 착용하고 10승의 베로 만든 관을 쓰며, 의복의 경우 9승의 베로 만든 상의와 하의를 착용하고 11승의 베로 만든 관을 쓴다.

⑮ 그 상의와 ~ 만듭니다: 『의례』「상복·기」에는 세최(繐衰)는 4승반의

베로 상의와 하의를 만들고, 8승의 베로 관을 만드는 것으로 규정되어 있다.(繐衰四升有半, 其冠八升.)

⑯ 제후의 대부가 ~ 하는 것입니다: 오계공은 제후의 대부는 천자의 배신(陪臣)이므로 참최의 복을 할 수 없지만 복이 없을 수도 없기 때문에 세최의 복을 제정한 것이라고 하였다. 또 자최 3월로 하지 않는 것은 구국(舊國)의 군주를 위한 복을 피하기 위한 것이라고 하였다.(諸侯之大夫, 於天子爲陪臣, 不可以服斬, 又不可以無服, 故爲之變而制此繐衰焉. 不齊衰三月者, 亦避於其舊國君之服也. 胡培翬, 『儀禮正義』 권24, 1522쪽 참조)

⑰ 성인으로 ~ 경우는: 『의례』 「상복」에는 '성인 소공'의 복을 하는 것으로 ① 종조조부모와 종조부모를 위해 하는데, 갚아 주는 경우[從祖祖父母·從祖父母, 報], ② 종조곤제를 위해[從祖昆弟], ③ 종부자매를 위해[從父姊妹], ④ 시집간 손녀를 위해[孫適人者], ⑤ 남의 후사로 간 사람이 시집간 친자매를 위해[爲人後者爲其姉妹適人者], ⑥ 외할아버지와 외할머니를 위해[爲外祖父母] 등 모두 13조목을 규정하고 있다.

⑱ 시마로 ~ 만듭니다: 원문 '十五升抽去其半'에 대해서는 그 해석이 분분하다. 정현(鄭玄)과 오계공(敖繼公)은 7승반 즉 600올의 베인데, 그 올이 15승의 조복(朝服)만큼 세밀하기 때문에 '7승반'이라 하지 않고 '十五升推其半'으로 표현했다고 하였고, 강조석(姜兆錫)과 성세좌(盛世佐)는 14승반을 가리킨다고 하였고, 김방(金榜)과 손이양(孫詒讓)은 15승의 베인데 그 가운데 절반에만 회치(灰治)의 공을 가하였기 때문에 '十五升推其半'이라 한 것이라고 하였다.(胡培翬, 『儀禮正義』 권24, 1554~1555쪽 참조) 『의례』 「상복」 '시마 삼월'장의 전(傳)에는 '十五升抽其半'으로 되어 있는데, '抽'는 '去'의 뜻이다.

【喪服圖下16：01-齊衰衣자최의·齊衰裳자최상】

齊衰衣

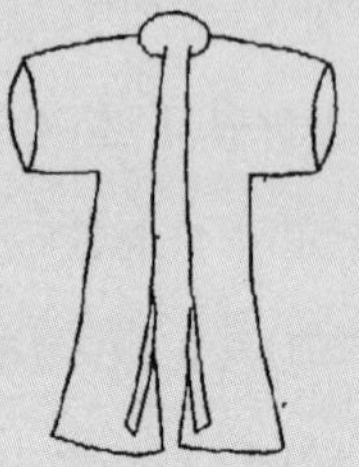

齊衰裳

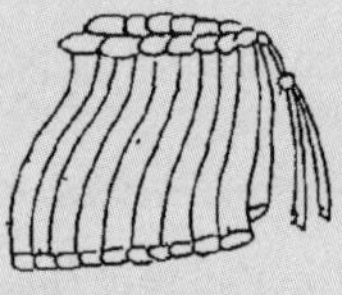

(『의례』「상복」'자최 삼년' 장에서) "소(疏)한 베로 상의와 하의를 만들고 자(齊)를 한다.[疏衰裳齊]"고 하였으니, '소(疏)'는 거칠다[麤]는 뜻과 같으며, '자(齊)'는 꿰맨다[緝]는 뜻이다. 이곳 '자최 삼년'의 장(章)은 '참최 삼년'의 장보다 가볍기 때문에 '참최 삼년'의 장 뒤에 규정을 둔 것이다. 앞의 '참최 삼년'의 장 가운데에서 군주를 위해 복을 할 때는 최복을 3승반의 베로 만드니,① '추(麤: 거칠다)'라고 한다. 3승의 베로 만든 최복은 정복(正服)의 참최(斬衰)이니, '추(麤: 거칠다)'라는 명칭을 얻지 못한다. 3승반의 베는 성포(成布)② 3승에 비해 조금 섬세하니, '추(麤: 거칠다)'라는 칭호를 얻는다. (『춘추좌전』에서) "안자(晏子)가 (아버지 안환자가 죽었을 때) 추최참(麤衰斬: 아랫단을 꿰매지 않은 3승의 거친 베로 만든 최복)을 입었다."고 한 것은 3승의 참최(斬衰) 안에 포함되기 때문이다.③ (3승의) 참최(斬衰)로 정복(正服)을 삼기 때문에

(군주를 위해서는) 의복(義服)을 설정하여 입게 한 것이다.④

이곳 소최(疏衰: 거친 베로 만든 최복)의 4승에서 비로소 그 거칠다[麤: 疏]는 뜻을 나타냈다. 그렇다면 아버지를 위해 복을 할 때는 슬픔이 극에 달하니, 깊이 애통해 하는 베는 듯한 슬픔[斬]을 곧바로 나타내어 거친 인공조차도 가하지 않는 것이다. 의복(義服)의 참최나 자최 등에 이르러서 비로소 거칠다[麤]는 칭호를 나타낸 것이다. 대공과 소공은 더욱 뚜렷하게 인공을 나타낸다. 시마는 극히 가벼우니, 더욱 세밀한 인공을 표현한다. 슬픔에는 모두 깊고 얕음이 있으므로 문식을 하는 것에도 차이가 있는 것이다. 그렇다면 참최(斬衰)라고 하여 먼저 '참(斬)'을 말한 것은 첫째로는 먼저 그 베[布]를 자른 후 상의와 하의를 만든다는 뜻을 보여 주기 위한 것이고, 둘째로는 아버지를 위해 복을 할 때 슬픔이 극에 달하니 먼저 베이는 듯한 슬픔이 깊고 중함을 표현하기 위한 것이다. 이 자최의 복은 조금 가벼우니, 곧바로 상복을 만드는 법을 나타낸 것이다. 상의와 하의를 만든 후에 비로소 그것을 꿰맨다. 이 때문에 '참최(斬衰)'라고 하여 '참(斬)'의 글자가 앞에 있고,⑤ '소최자(疏衰齊)'라고 하여 '자'(齊)'의 글자가 뒤에 있는 것이다.⑥

["疏衰裳齊"者, 疏猶麤也, 齊者緝也. 此(衰齊)[齊衰][1]三年章, 以輕於斬, 故次斬後. 上斬衰章中, 爲君三升半, 曰'麤', 衰以三升, 正服斬, 不得'麤'名. 三升半, 成布三升, 微細, 則得麤稱. "晏子麤衰[斬][2]", 爲在三升斬內, 以斬爲正, 故設義服之. 此疏衰四升始見其麤. 若然, 爲父哀極, 直見深痛之斬, 不沒人功之麤. 至於義服斬衰·齊衰之等, 乃見麤稱. 其大功·小功,

1 (衰齊)[齊衰]: 저본에는 '衰齊'로 되어 있으나, 通志堂藏板本에 의거하여 '齊衰'로 바로잡았다.
2 [斬]: 저본에는 '斬'이 없으나, 『춘추좌전』 양공 17년 조에 의거하여 보충하였다.

更見人功之顯. 緦麻極輕, 又表細密之事. 皆爲哀有深淺, 故作文不同者也. 則斬衰先言斬者, 一則見先斬其布, 乃作衰裳, 二則見爲父極哀, 先表斬之深重. 此齊衰稍輕, 直見造衣之法. 衰裳旣就, 乃始緝之. 是以斬衰斬在上, 疏衰齊在下.]

역주

① 군주를 위해 ~ 만드니: 참최 삼년의 복 가운데 아버지를 위해서는 3승의 베로 최복을 만들지만 군주를 위해서는 3승반의 베로 만든다. 군주를 위해 참최의 복을 하는 것은 의복(義服), 즉 의리상 하는 것이므로 아버지를 위해 복을 할 때와 차등을 두는 것이다.

② 성포(成布): 참최와 자최는 소포(疏布: 거친 베)로 만드는 것에 반해 대공 이하는 공포(功布, 인공을 가해 문식한 베)로 만든다. '공포'란 '단탁회치(鍛濯灰治)' 즉 방망이로 두드리고 물로 씻어 내며 다시 잿물에 넣어 부드럽게 마전한 베를 뜻한다.(『儀禮』「士喪禮」, 鄭玄의 注, "'功布', 鍛濯灰治之布也.") 방망이로 두드리고 물로 씻어 내는 '단탁(鍛濯)'의 인공만 가하면 그것을 '소포'라 하고, 여기서 다시 잿물에 넣어 부드럽게 마전을 하는 '회치(灰治)'의 인공을 가하면 그것을 '공포'라고 한다. 또 '소포'는 거칠고 성긴 정도가 심하여 아직 완성되지 않은 베인듯 하므로 '미성포(未成布)'라고 하고, '공포'는 점차 정밀하고 세밀해져서 길복의 베에 가까운 완성된 베라는 의미로 '성포(成布)'라고 칭한다.(陳澔, 『禮記集說』, 文淵閣四庫全書, 121冊 수록, 권10「間傳」제37, "謂之成布者, 三升以下之布, 麄疏之甚, 若未成然, 六升以下, 則漸精細, 與吉服之布相近, 故稱成也.") 그러나 이곳의 '성포'는 단지 마의 가닥을 다듬어서 베로 완성했다는 의미이다.

③ 안자(晏子)가 ~ 때문이다: 『춘추좌전』 양공(襄公) 17년 조에서 "제나라 안환자(晏桓子)가 죽자 안영(晏嬰)은 아랫단을 꿰매지 않은 거친 베로 만든 최복[麤縗斬]을 입고, 검은빛의 암마로 만든 수질과 요질을 두르고,

검은빛의 암마를 꼬아서 만든 허리띠를 차고, 검은빛의 대나무 지팡이를 짚고, 엄짚신을 신고, 죽을 먹으며 의려에 거처하면서 거적 위에서 잠을 자고, 풀로 베개를 삼았다.[齊晏桓子卒, 晏嬰麤縗斬, 苴絰帶杖, 菅屨, 食粥, 居倚廬, 寢苫, 枕草.]"고 한 것에 의하면 '참최'는 '추최참(麤縗斬)'이라고도 하였다.

④ 의복(義服)을 설정하여 입게 한 것이다: 『의례』「상복·기」에 의하면 참최복은 3승의 베로 만들기도 하고, 3승반의 베로 만들기도 한다.(衰三升·三升有半, 其冠六升.) 아버지가 돌아가셨을 때는 3승의 베로 만든 최복으로 복을 하는데 이것이 참최의 정복(正服)이고, 군주가 붕어했을 경우는 3승반의 베로 만든 최복으로 복을 하는데 이것이 참최의 의복(義服)이다. 앞의 「상복·기」에 대해서 정현은 "'최'는 참최이다. 어떤 사람은 3승반은 의복이라고 하였다.[衰, 斬衰也. 或曰, 三升半者, 義服也.]"고 하였다. 3승의 최복이란 2척 2촌의 폭 안에 세로로 240올의 마 가닥을 넣어서 만든 상복이며, 3승반의 최복이란 280올의 마 가닥을 넣어서 만든 상복이다. 승수가 클수록 그만큼 올을 많이 넣어서 섬세하고 고운 베가 된다. 최복은 승수의 차이를 통해서 그 차등을 나타내는데, 가장 무거운 참최복을 가장 낮은 승수의 베로 만들고 점차 베의 승수를 증가시켜 가벼운 최복을 만든다.

⑤ '참최(斬衰)'라고 ~ 앞에 있고: 『의례』「상복」 '참최 삼년'장의 앞머리에 "斬衰裳, 苴絰(아랫단을 꿰매지 않은 상의와 하의를 입고, 검은빛의 암마로 만든 수질과 요질을 두른다)"이라고 하여 '斬'의 글자가 가장 앞에 위치한다.

⑥ '소최자(疏衰齊)'라고 ~ 것이다: 『의례』「상복」 '자최 삼년'장의 앞머리에 "疏衰裳齊, 牡麻絰(아랫단을 꿰맨 거친 베로 만든 상의와 하의를 입고, 숫마로 만든 수질과 요질을 두른다)"이라고 하여 '齊'의 글자가 '疏衰裳'의 뒤에 위치한다.

【喪服圖下16 : 02-牡麻絰모마질】

經 麻 牡

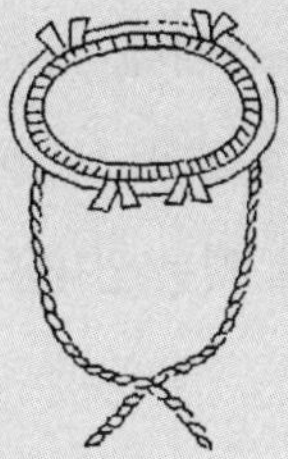

숫마[牡麻]로 만든 수질(首絰)은 마의 뿌리 부분[本]을 오른쪽 귀의 옆에 놓고, 마의 뿌리 부분을 마의 끝부분[末]의 위에 놓고서 묶는다.① 참최(斬衰)의 수질[絰]에 대해서는 '마(麻)'의 글자를 붙여 말하지 않았는데, 이곳 자최(齊衰)의 수질에 대해서 '마'의 글자를 보인 것은, 참최의 복을 할 때는 지팡이를 짚는데, 지팡이도 또한 (수질과 마찬가지로) 저(苴: 검은빛)로 만들기 때문이다. 그러므로 '마'의 글자를 붙여 말할 수 없었던 것이다.② 이곳 '자최 삼년'장의 경문에서는 ('牡'의 글자가) 독립되어 '지팡이[杖]'를 겸하여 가리키지 않으므로 (수질에 대해) '마(麻)'의 글자를 붙여서 말할 수 있는 것이다.③【모마(牡麻)는 시마(枲麻: 숫마)이다.】

[牡麻絰, 右本在上者也. 斬衰絰, 不言麻. 此齊衰絰, 見麻者, 彼有杖, 杖亦苴, 故不得言麻. 此絰文孤, 不兼杖, 故得言麻也.【牡麻, 枲麻也.】]

역주

① 숫마[牡麻]로 ~ 묶는다: 이는 『의례』 「상복」 '자최 삼년'장 전(傳)의 문장이다. '모마(牡麻)'는 시마(枲麻)라고도 하는데 씨가 맺지 않는 숫마[雄麻]를 가리킨다. 숫마는 씨를 맺는 암마 즉 저마(苴麻)에 비해 그 껍질이 가늘고 부드럽다.

② 참최(斬衰)의 수질[絰]에 대해서는 ~ 것이다: 참최의 수질은 저마(苴麻: 검은빛의 조악한 암마)로 만든다. 『의례』 「상복」 '참최 삼년'장에는 "斬衰裳, 苴絰·杖·絞帶(아랫단을 꿰매지 않은 상의와 하의를 입고, 검은빛의 암마로 만든 수질과 요질을 두르고, 검은빛의 대나무 지팡이를 짚고, 검은빛의 암마를 꼬아서 만든 허리띠를 찬다.)"라고 하여, 수질과 요질에 대해 '마(麻)'의 글자를 붙이지 않았다. 이곳의 '저(苴)'는 수질과 요질[絰]뿐 아니라 지팡이[杖]와 허리띠[絞帶]까지 수식하는 글자인데, 지팡이는 저(苴: 암마)와 같은 검은빛의 대나무로 만드는 것이지 마로 만드는 것이 아니다. 따라서 '저(苴)'의 글자로 '絰·杖·絞帶'의 세 가지 물건을 포괄한 것이므로, '마(麻)'의 글자를 붙일 수 없는 것이다.

③ 이곳 '자최 삼년'장의 경문에서는 ~ 것이다: 『의례』 「상복」 '자최 삼년'장에서는 "疏衰裳齊, 牡麻絰, 冠布纓, 削杖(아랫단을 꿰맨 거친 베로 만든 상의와 하의를 입고, 숫마로 만든 수질과 요질을 두르고, 베로 만든 끈을 단 관을 쓰고, 오동나무 지팡이를 짚는다.)"이라고 하여 '모마(牡麻: 숫마)'는 '질(絰: 수질과 요질)'만을 수식하고, '삭장(削杖: 오동나무로 만든 지팡이)'은 수식하지 않는다. 따라서 수질에 대해 '마(麻)'의 글자를 붙일 수 있다는 뜻이다.

【喪服圖下16：03-冠布纓관포영】

纓 布 冠

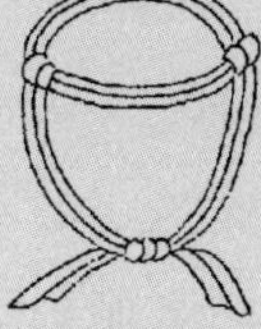

관포영(冠布纓: 자최관에 매다는 베로 만든 한 가닥의 끈)은 참최복의 승영(繩纓: 참최관에 매다는 숫마로 만든 한 가닥의 끈)과 마찬가지로 또한 한 가닥의 베로 만든 줄을 통째로 구부려서 관의 테두리를 만들고, 아래로 내려뜨려 관끈을 만들어 관에 꿰매어 붙인다.【참최복의 관승영은 뒤로 물러나 효대(絞帶)의 아래에 서술하여 (효대의) 아래로 내려뜨리는 것을 상징하지 않도록 하였다.① 자최복의 관포영에는 이러한 의리가 없다. 그러므로 앞으로 내세워 수질과 같은 곳에 있도록 서술하였다.②】

[冠布纓, 如斬衰繩纓, 亦通屈一條布爲武, 垂下爲纓, 著之於冠.【斬衰冠繩纓退在絞帶下, 使不象垂也. 齊衰冠布纓無此義, 故進之使與絰同處.】]

① 참최복의 관승영은 ~ 하였다: 『의례』「상복」'참최 삼년'장에는 "斬衰裳, 苴絰·杖·絞帶, 冠繩纓(아랫단을 꿰매지 않은 상의와 하의를 입고, 검은빛의 암마로 만든 수질과 요질을 두르고, 검은빛의 대나무 지팡이를 짚고, 검은빛의 암마를 꼬아서 만든 허리띠를 차고, 숫마로 만든 끈을 단 관을 쓴다)"이라고 하여 '관승영(冠繩纓)'을 '효대(絞帶)' 다음에 언급함으로써 관끈을 효대(암마를 꼬아서 만든 허리띠)까지 늘어뜨리지 않는 뜻을 밝혔다.

② 자최복의 관포영에는 ~ 서술하였다: 『의례』「상복」'자최 삼년'장에는 "疏衰裳齊, 牡麻絰, 冠布纓, 削杖, 布帶(아랫단을 꿰맨 거친 베로 만든 상의와 하의를 입고, 숫마로 만든 수질과 요질을 두르고, 베로 만든 끈을 단 관을 쓰고, 오동나무 지팡이를 짚고, 베로 만든 허리띠를 찬다)"고 하여 수질·요질 다음에 관끈[冠布纓]을 함께 서술하고, 이어서 지팡이와 베로 만든 허리띠[布帶]를 언급하여 관끈이 허리띠까지 늘어뜨릴 수 있음을 밝혔다.

【喪服圖下16 : 04-削杖삭장】

杖 削

삭장(削杖)①은 오동나무로 만든다. 어머니를 위해 복을 하는 경우 오동나무[桐]로 만든 지팡이를 짚는 것은 '동(桐)이라는 글자는 똑같다[同]는 뜻이기 때문이니, 마음속의 비통함을 아버지의 상과 똑같이 하는 뜻을 취하고자 한 것이다. 오동나무의 겉에 마디가 없는 것은 집 안에 두 존귀한 분이 없음을 상징한다. 그러므로 밖으로 아버지보다 굽혀서 어머니를 위해 자최의 복을 하는데, (오동나무 지팡이를 짚는 것은 오동나무는) 시간을 거치면서 변화가 있기 때문이다.②

또 살펴보건대, 대덕(戴德)의 『상복변제(喪服變除)』에는 "깎아서 아랫부분이 네모지게 하는 것은 어머니는 땅을 상징하는 뜻을 취한 것이다."라고 하였다. 비록 앞의 '참최 삼년'장과 이곳의 '자최 삼년'장에서 저장(苴杖)과 삭장(削杖)의 굵기를 말하지 않았지만, 살펴보건대 『예기』 「상복소기(喪服小記)」에 "질(絰)의 굵기를 줄여나가는 방법은 다섯 등분하여 하나를 줄인다. 장(杖)의 굵기는 질(絰)과 같게 한다."고 하였고, 정현의 주에서는 "요질의 굵기와 같게 한다는 뜻이다."라고 하였다.【자최 요질의 굵기는 5와 19/25촌이다.③】 (정현이) 반드시 요질의 굵기와 같게 함을 알 수 있었던 것은

'장(杖: 지팡이)에 대한 설명이 '심(心: 가슴)' 이하부터 요질과 같은 곳에 서술되어 있기 때문이다.④

또 (『의례』「상복」 '참최 삼년'장의 전(傳)에서) "지팡이를 짚을 때는 모두 뿌리 부분이 아래에 있도록 한다."고 한 것은 나무의 본성을 따르는 것이다.⑤【'본(本)'은 뿌리[根]를 뜻한다.】 (『의례』「상복」 '참최 삼년'장의 전(傳)'에서) "(지팡이의 길이는) 각각 사람들의 가슴과 나란하게 한다."고 한 것은 지팡이는 병을 부지하기 위한 것인데, 병은 마음에서 일어나기 때문이다. 그러므로 지팡이의 높이는 가슴을 기준으로 삼는다.⑥

[削杖, 桐也. 爲母杖桐者, 桐之言同也, 欲取內心悲痛同之於父也. 以桐外無節, 象家無二尊, 故外屈於父, 爲之齊衰, 經時而有變也. 又按『變除』云, "削之使下方者, 取母象於地也." 上苴杖, 此削杖, 雖不言杖之麤細, 案「喪服小記」云, "絰殺五分而去一, 杖大如絰." 註云, "如腰絰也."【腰絰五寸二十五分寸之十九.】 必知如腰絰者, 以杖從心已下, 與腰同處故也. 又云, "杖者, 皆下本"者, 從木性也.【本, 根也.】 "各齊其心"者, 杖以扶病, 病從心起, 故杖之高下以心爲斷也.]

역주

① 삭장(削杖): 이 이하의 문장은 대부분 『의례주소』 「상복」 '참최 삼년'장의 전(傳)에 대한 가공언의 소를 인용한 것이다. '삭장'은 자최로 복을 할 때 짚는 지팡이로, 오동나무에서 그 껍질을 벗겨 내어 만든다.

② 그러므로 ~ 때문이다: 아버지의 상에 검은빛의 대나무로 만든 지팡이를 짚는 이유에 대해 『의례주소』 「상복」 '참최 삼년'장 가공언의 소(疏)에서는 "대나무는 네 계절을 관통하여 변하지 않는데, 아들이 아버지를 위해 애통해하는 것도 추위와 더위를 거치더라도 바뀌지 않는다. 그러므로 대나무로 만든 지팡이[苴杖]를 사용한다.[爲父所以杖竹者, … 又竹能貫四時而不變, 子之爲父哀痛, 亦經寒溫而不改, 故用竹也.]"고 하였다. 따라서 어머니의 상에 오동나무로 만든 지팡이[削杖]를 짚는 것은 그 오동나무가 계절에 따라 변화되는 것처럼 아버지의 상에 비해 슬픔이 줄어드는 뜻을 취한 것이다.

③ 자최 요질의 크기(굵기, 둘레 길이)는 5와 19/25촌이다: 5등급의 상복에서 요질의 굵기는 수질의 굵기에서 1/5을 감쇄하여 만드는데, 이때 사용하는 지팡이는 요질의 굵기와 동등하다. 또 한 등급 아래의 수질은 한 등급 위의 요질과 그 굵기가 동등하다. 『의례』 「상복」의 규정에 의하면, 참최의 수질은 그 굵기가 9촌인데 여기서 1/5을 감쇄하여 7.2촌의 참최 요질을 만들며, 자최의 수질은 그 굵기가 참최 요질과 마찬가지로 7.2촌인데 여기서 1/5을 감쇄하여 5.76촌, 즉 5와 19/25촌의 자최 요질을 만든다.

기장 수갈표(旣葬 受葛表)(김용천, 「旣葬 '受服'의 규정과 예학적 논쟁」)

크기 \ 服		斬衰	齊衰	大功	小功	緦麻
首絰	成服 麻絰	9촌(苴麻)	7.2촌(牡麻)	5.76촌(牡麻)	4.608촌(牡麻)	3.6864촌(澡麻)
	旣葬 葛絰	7.2촌(苴麻)	5.76촌(牡麻)	4.608촌(牡麻)		
	練祭 葛絰	5.76촌	4.608촌			
要絰	成服 麻帶	7.2촌 二糾之	5.76촌	4.608촌	3.6864촌(牡麻)	2.94912촌(澡麻)
	旣葬 葛帶	5.76촌 四糾之	4.608촌	3.6864촌		
	練祭 葛帶	4.608촌	3.6864촌			

④ (정현이) ~ 때문이다: 『의례』「상복」 '참최 삼년'장의 전(傳)에서 지팡이에 대한 설명이 '杖各齊其心' 이하 "皆下本. 杖者何? 爵也. 無爵而杖者何? 擔主也. 非主而杖者何? 輔病也. 童子何以不杖? 不能病也. 婦人何以不杖? 亦不能病也."로 이어져서 앞의 수질·요질과 같은 곳에서 서술되고 있는 것을 말한다.

⑤ 지팡이를 ~ 것이다: 『의례』「상복」 '참최 삼년'장의 전(傳)에서 '하본(下本)'에서의 '본'은 지팡이의 뿌리 부분을 가리킨다. 『의례』「기석례(旣夕禮)」에서 "지팡이는 뿌리 부분이 아래에 있도록 하는데, 대나무 지팡이나 오동나무 지팡이나 마찬가지이다.[杖下本, 竹·桐一也]."라고 한 것에 대해서 정현은 "그 본성을 따르는 것이다.[順其性也.]"라고 하였다. 즉 지팡이의 뿌리 부분이 아래에 있도록 하는 것은 대나무와 오동나무의 본성에 따르는 것이라는 뜻이다. 오계공은 이것은 길례(吉禮)의 경우와 다른 것으로, 길례에서는 지팡이의 끝 부분이 아래에 놓이도록 하여 잡는다고 하였다. 『예기』「곡례 상」에 "지팡이를 바칠 때는 지팡이

의 끝을 잡는다.[獻杖者執末]"고 하였다.(胡培翬, 『儀禮正義』 권21, 1349쪽 참조.)

⑥ 지팡이는 병을 ~ 기준으로 삼는다: 오계공(敖繼公)에 의하면, 지팡이는 처음에는 작위가 있는 사람이 부모의 상을 치루기 위해 만든 것으로 존귀한 자를 우대하기 위한 것이었는데, 후에 상주가 병을 부지하기 위해 사용하는 의리가 생겨난 것이라고 하였다.(『儀禮集說』 권11, 「喪服」 제11, "杖, 初爲有爵者, 居重喪而設, 所以優貴者也. 其後乃生擔主輔病之義焉.") 또 『백호통』 「상복」에는 "반드시 지팡이를 짚는 것은 효자가 부모를 잃으면, 슬픔으로 곡을 하고 우느라 3일 동안 먹지 못하여 신체가 파리하고 병이 들게 되기 때문이다. 그러므로 지팡이로 몸을 부지하게 하는 것이니, 죽은 이로 인해 살아 있는 이를 손상시키지 않음을 밝히는 것이다.[所以必杖者, 孝子失親, 悲哀哭泣, 三日不食, 身體羸病, 故杖以扶身, 明不以死傷生也.]"라고 하였다. 이것이 병든 몸을 부지하는 의리이다.

【喪服圖下16：05-布帶포대】

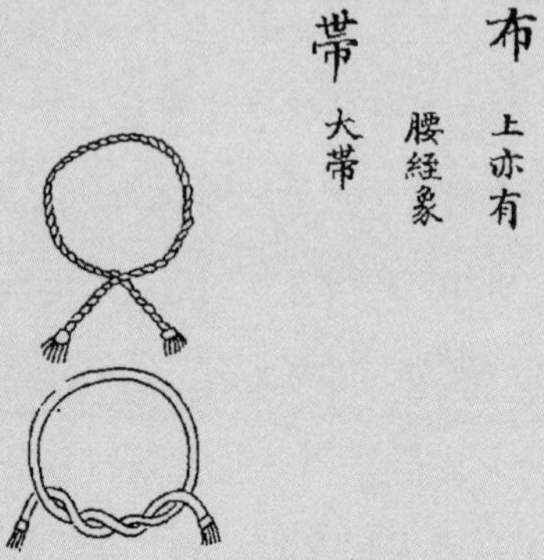

【위에 또한 요질을 착용하니, 대대(大帶)를 본뜬 것이다.】

포대(布帶: 베로 만든 허리띠)는 또한 혁대(革帶)를 본뜬 것으로,① 7승의 베로 만든다.② 이는 곧 아래의 '자최 장기(齊衰杖期)'장에서 "베로 만든 허리띠의 가선 장식[帶緣]③은 각각 그 관의 승수에 따른다."고 한 것이 그것이다.【허리띠의 가선장식과 관은 모두 7승의 베로 만드니, 심의의 가선장식과 같은 것이다.④】 이곳 '자최 삼년(齊衰三年)'장에서 '포영(布纓: 자최관에 매다는 베로 만든 한 가닥의 끈)·포대(布帶: 베로 만든 허리띠)'라고 말한 것은 참최복의 승영(繩纓: 참최관에 매다는 숫마로 만든 한 가닥의 끈)·효대(絞帶: 암마를 꼬아서 만든 허리띠)가 모두 줄로 만들어서 사용하는 것과 대비했기 때문이다.⑤

[【上亦有腰絰, 象大帶】 布帶者, 亦象革帶, 以七升布爲之. 此卽下章云, "帶緣各視其冠.", [是也].[1]【帶緣, 冠皆七升布, 如深衣之緣.】 此言布纓·布帶者, 對斬衰纓帶皆用繩故也.]

1 [是也]: 저본에는 '是也' 두 글자가 없으나, 北京大 整理本『儀禮注疏』 권30, 651쪽, 賈公彦의 疏에 의거하여 보충하였다.

역주

① 포대(布帶, 베로 만든 허리띠)는 ~ 것으로: 이 이하의 문장 역시 대체로 『의례주소』 「상복」 '자최 삼년'장 가공언의 소를 인용한 것이다. '포대'는 베로 만든 허리띠로서, 참최복에서는 암마를 꼬아서 만든 효대(絞帶)를 착용하고, 자최 이하의 복에서는 포대(布帶)를 착용한다. 정현에 의하면, 수질은 관례(冠禮) 등 길례에 착용하는 치포관(緇布冠: 짙은 검은색 베로 만든 관)의 규항(缺項: 치포관을 머리에 고정시키는 부속물)을 본뜬 것이며, 길례에서는 대대(大帶: 옷을 묶는 허리띠)와 혁대(革帶: 패옥을 차는 허리띠)를 두르는데 상복에서도 이를 본떠서 요질과 효대(자최 이하는 포대)의 두 가지 허리띠를 갖추어 두른다.(『儀禮』 「喪服」 '斬衰三年章', 鄭玄의 注, "首絰象緇布冠之缺項, 要絰象大帶, 又有絞帶, 象革帶.") 주희는 요질은 길례의 대대를 본뜬 것으로 양 끝을 길게 아래로 늘어뜨리지만, 효대는 길례의 혁대를 본뜬 것으로 한 쪽 끝에 고리가 붙어 있어 다른 한쪽 끝을 그 안에 넣고서 묶는다고 하였다.(『朱子語類』 권85 禮2 '喪服經傳', "腰絰象大帶, 兩頭長垂下, 絞帶象革帶, 一頭有扣子, 以一頭串於中而束之.")

② 7승의 베로 만든다: 가공언은 포대의 크기는 허리띠와 중의(中衣: 속옷)의 가선장식은 각각 그 관의 승수에 따른다는 『의례』 「상복」 '자최 장기'장의 전(傳)에 의거하여 7승의 베로 만들어야 한다고 주장하였다.(北京大 整理本 『儀禮注疏』 권30, 651쪽, 賈公彦의 疏, "布帶者, 亦象革帶, 以七升布爲之, 此卽下章帶緣各視其冠是也.")

③ 베로 만든 허리띠의 가선 장식[帶緣]: 이곳의 '대연(帶緣)'에 대해서 이

를 '대(帶)'와 '연(緣)'의 두 가지 물건으로 볼 것인지, '대의 연'으로 볼 것인지, 또 후자로 본다면 '대'는 요질인가 아니면 효대(絞帶, 主人)·포대(布帶, 衆主人)인가 하는 것을 둘러싼 다양한 해석이 존재한다. 성세좌(盛世佐)는 '대(帶)의 연(緣)'으로 해석하면서 "'대연(帶緣)'은 포대(布帶)의 가선장식이다. 참최의 효대(絞帶)에는 가선장식이 없으며, 자최 이하는 베로 허리띠를 만들고 또 가선 장식을 하니, 가벼운 상복에는 문식을 하기 때문이다. '허리띠의 가선장식[帶緣]'은 각각 그 관의 승수에 따른다.'고 하였으므로 허리띠의 승수는 각각 그 최복에 따르는 것인 듯하다. 가공언이 대(帶)와 연(緣)의 두 가지 물건으로 나누고, '연(緣)'을 중의(中衣: 속옷)의 가선으로 해석한 것은 잘못이다. 오계공이 관(冠)·최(衰)의 가선장식을 가리킨다고 한 것은 더욱 잘못되었다."라고 하였다. 성세좌의 설에 동조하는 호배휘도 "참최의 효대(絞帶: 암마를 꼬아서 만든 허리띠)에 대해 가공언은 저마(苴麻)로 만든다고 하였다. 그렇다면 자최 이하의 효대(絞帶)는 비록 베를 사용하지만 그 승수는 또한 최복과 같아야 하며, 관의 승수와 같아서는 안 된다. 가공언이 앞 장의 소에서 '포대(布帶)는 7승의 베로 만든다.'고 한 것은 잘못이다. 이곳의 전에서 '각각 그 관의 승수에 따른다.'고 한 것은 허리띠의 가선장식[帶之緣]을 두고 한 말이지, 허리띠[帶]를 가지고 말한 것이 아니다."라고 하였다.(胡培翬, 『儀禮正義』 권22, 1397쪽 참조.)

④ 심의의 가선장식과 같은 것이다: 『의례』「상복」'자최 장기'장의 전(傳)에서 "帶緣, 各視其冠."라고 한 것에 대한 정현의 주이다. 『예기』「옥조」에서 심의(深衣)의 제도에 대해 "가선장식의 너비는 2촌반이다.[緣廣寸半]"라고 한 것에 대해 정현은 "(緣은) 가선을 장식하는 것이다.[飾邊也.]"라고 하였다. 호배휘에 의하면, 정현은 심의(深衣)의 가선 장식은

사람들이 모두 이해할 수 있는 바이므로 심의(深衣)의 연(緣)으로 이곳 '허리띠의 연(緣)'을 비유한 것이니, 이곳의 '연(緣)'도 가선 장식임을 말한 것이다.(胡培翬, 『儀禮正義』 권22, 1396쪽 참조.)

⑤ 참최복의 승영(繩纓: 참최관에 매다는 숫마로 만든 한 가닥의 끈) ~ 대비했기 때문이다: 참최복의 '관승영(冠繩纓)'에 대해 가공언은 "6승의 베로 관을 만들고, 또 한 가닥의 줄을 구부려서 관의 테두리[武]를 만들고, 아래로 늘어뜨려 끈을 만든다.[以六升布爲冠, 又屈一條繩爲武, 垂下爲纓.]"고 하였고, 또 "자최의 관끈은 베를 이용하므로, 이곳의 줄로 만든 관끈은 저마(苴麻: 암마)로 만들지 않고, 시마(枲麻, 숫마)로 만든다는 것을 알 수 있다.[齊衰冠纓用布, 則知此繩纓不用苴麻, 用枲麻]"고 하였다.(北京大整理本 『儀禮注疏』 권28, 625~626쪽 참조.) 즉 '승영(繩纓)'은 한 가닥의 마 줄로 만드는 것이다. 하섭(何燮)은 「상복」 '참최 삼년'장의 전(傳)에서 '효대(絞帶)'를 '승대(繩帶)'로 해석한 것[絞帶者, 繩帶也.]은 마를 꼬아 줄을 만들고 아래로 늘어뜨리지 않기 때문이라고 하였다. 가공언은 "검은빛의 암마로 효대를 만든다.[以苴麻爲絞帶]"고 하였고, 이여규는 "'승대(繩帶)'는 마를 꼬아 줄로 만들고 그것으로 허리띠를 만든다.[繩帶者, 絞麻爲繩作帶也.]"라고 하였다. 호배휘도 "'효대'는 마땅히 먼저 마를 꼬아서 줄을 만들고, 그런 다음 두 줄을 교차시켜 묶어서 허리띠를 만든다.[絞帶, 當是先以麻糾作繩, 而後絞之以爲帶.]"고 하였다.(胡培翬, 『儀禮正義』 권21, 1344쪽 참조.)

【喪服圖下16 : 06-疏屨소구】

疏屨

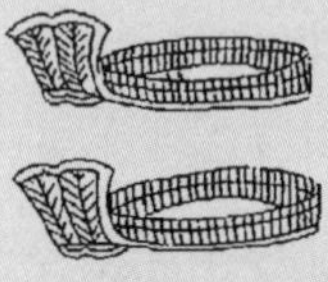

소구(疏屨)는 거친 짚신[麤屨]이다.[1]【'疏不熟(채소가 익지 않는다.)'[2]이라고 할 때의 '소(疏: 채소)'의 뜻으로 읽으니, 풀[草]을 뜻한다. '소구(疏屨)'라고 한 것은 풀을 사용하는 의리를 취한 것이다.】 이 때문에 참최의 복은 무거운 것인데, (그 짚신을) '관구(菅屨)'라고 하여 풀의 구체적인 명칭(억새풀)을 보여 주었다. 그러므로 그 조악한 모습을 든 것이다. 자최의 복은 가벼운 것인데, (그 짚신을) '소구(疏屨)'라고 하였다. 그러므로 풀의 총칭(풀)을 든 것이다. 이 이하에서도 각기 차등의 마땅함을 들었다. 그러므로 '자최 부장기(齊衰不杖朞)'장에서는 '마구(麻屨: 마로 엮은 짚신)'라고 하였고, '자최 삼월(齊衰 三月)'장과 '대공(大功)'장에서는 똑같이 '승구(繩屨: 마 끈으로 엮어 만든 짚신)'라고 하였고, 소공(小功)과 시마(緦麻)의 복은 가벼우므로 또 그 짚신의 호칭을 빠뜨렸다.

『의례』「상복」'자최 삼년'장의 전(傳)에서 "소구(疏屨)는 누런 띠풀로 만든 짚신[藨蒯之菲][3]이다."라고 하였다. 『의례』「상복」에서는 아버지가 돌아가셨을 경우 어머니를 위해 자최 3년으로 복을 하고[父卒爲母三年], 아버지가 살아 계실 경우 어머니를 위해[父在爲母]·처를 위해[爲妻]·쫓겨난 어머니를 위해[爲出][4] 자최 장기(齊衰杖朞)로 복을 하고, 아버지가 돌아가신 후 계모가 재가를 했을 경우에도 또한 자최 장기로 복을 하는데【일찍이 모자의 관계였으므로 그 은혜를 끝마치는 것을 귀하게 여기기 때문이다.】, 모두 아랫단을 꿰맨 거친 베로 만든 상의와 하의를 입고, 숫마[牡麻]로 만든 수질과 요질을 두르고, 베로 만든 끈을 단 관[冠布纓]을 쓰고, 오동나무 지팡이[削杖]를 짚고, 베로 만든 허리띠[布帶]를 두르고, 거친 짚신[疏屨]을 신는다고 규정하였다.【쫓겨난 처의 아들이 아버지의 후사가 되었다면, 쫓겨난 어머니를 위해 복을 하지 않는다.⑤ 그리하여 쫓겨난 어머니는 외조부모를 위해 복을 하지 않는다.】

할아버지·할머니를 위해, 큰아버지·큰어머니, 작은아버지·작은어머니를 위해, 형제의 아들과 딸을 위해, 적손(適孫)을 위해【적손을 중히 여기는 것이다.】, 남의 후사가 된 자가 자신을 낳아 준 친부모를 위해, 시집간 딸이 친부모를 위해【강복(降服)이다.】,⑥ 시집간 딸이 아버지의 후사가 된 곤제를 위해,⑦ 동거한 계부를 위해,⑧ 시집간 고모·손위누이·손아래누이·딸에게 제사를 주관할 사람이 없을 경우 그녀들을 위해⑨【제사를 주관할 사람이 없기 때문이다.】, 군주의 부모를 위해,⑩ 첩이 여군(女君: 군주의 적처)을 위해,⑪ 며느리가 시부모를 위해,⑫ 남편의 곤제의 아들과 딸들을 위해【아들과 딸 모두 마찬가지이다.】, 제후의 첩과 대부의 첩이 자신의 아들을 위해, 딸이 할아버지·할머니를 위해, 제후의 첩으로부터 사의 첩에 이르기까지 친부모를 위해 복을 하는데, 이는 모두 지팡이를 짚지 않고[不杖], 마로 엮은 짚신[麻屨]을 신고서 자최 기년으로 복을 하는 경우이다.【이러한 자최복의 경우에는 풀로 엮은 짚신을 신지 않는다.】

다른 나라에 의탁하고 있는 군주[寄公]가 의탁하는 나라의 군주를 위해 자최 3월로 복을 한다. 모든 남녀⑬가 대종자(大宗子) 및 대종자의 어머니·처를 위해【'여(女)'는 시집을 가지 않은 여자 및 시집을 갔다가 본가로 쫓겨 온 여자를 가리키는데 모두 자최 삼월로 복을 하니, 존조(尊祖)의 의리이다.】, 벼슬을 그만둔 자·기내(畿內)의 백성·서인(庶人)으로서 관직에 있는 자가 군주를 위해 모두 자최 삼월로 복을 한다. 구군(舊君)의 어머니와 처를 위해,⑭ 본래는 동거했지만 지금은 동거하지 않는 계부 및 증조부모를 위해【고조와 마찬가지로 마땅히 소공으로 복을 해야 하는데 자최 삼월로 복을 하는 것이니, 그 상복을 무겁게 하는 것은 존귀한 이를 높이는 것이고[尊尊], 그 복상의 기간을 줄이는 것은 은혜를 감쇄하는 것이다[恩殺].】, 대부에게 시집을 간 딸·20세의 성인이 되었으면서도 아직 시집을 가지 않은 딸이 증조부모를 위해 모두 자최 삼월로 복을 한다.【기공(寄公) 이하 모두 의복(義服)으로 자최 삼월의 복을 하는 경우이니, 복상의 기간이 짧으므로 '부장기(不杖朞)'장의 아래에 규정을 둔 것이다. 기공(寄公)을 가장 위에 기록한 것은, 이 '자최 삼월'장은 의복(義服)을 논한 것이므로 혈연관계가 가장 소원한 사람을 앞머리에 세웠다.】]

[疏屨者, 藨屨也.【讀如'疏不熟'之疏, 疏 草也. '疏'取用草之義.】是故斬衰重, 而言菅屨, (故)見草體, [故]擧其惡貌也.[1] 齊衰輕, 而言疏屨, 故擧草之總稱也. 自此已下, 各擧差降之宜. 故不杖章言麻屨, 齊衰三月與大功同繩屨, 小功緦麻輕, 又沒其屨號. 「傳」曰, "疏屨者, 藨蒯之菲也." 叙父卒爲母三年, 父在爲母·爲妻·爲(生)[出][2]母朞, 父卒爲繼母嫁者亦朞【曾爲母子貴終其恩也.】, 皆服疏衰裳, 齊, 牡麻絰, 冠布纓, 削杖, 布帶, 疏履【出妻之子爲父後者, 爲出母無服, 然母出爲外祖父母, 無服】, 祖父母, 世父母·叔父母, 兄弟之子, 適孫【重適.】, 爲人後者爲[其][3]父母, 嫁女爲父母【降服.】, 昆弟之爲父後者, 繼父同居者, 姑·姊妹·女子子適人, 而無主者【爲無祭主故也】, 爲君之父母, 妾爲女君, 婦爲舅姑, 夫之昆弟之子【君女皆是.】, 公妾·大夫之妾爲其子,

1 (故)見草體, [故]擧其惡貌也.: 저본에는 '故'가 '見'의 앞에 있으나, 뒤의 疏屨의 문장 구조로 보았을 때 '擧'의 앞에 있어야 한다.
2 (生)[出]: 저본에는 '生'으로 되어 있으나, 通志堂藏板本에는 '出'로 되어 있으며, 또 『의례』 「상복」 '자최 장기'장에도 "出妻之子爲母."로 되어 있은 것에 의거하여 '出'로 교감하였다.
3 [其]: 저본에는 '其'의 글자가 없으나, 『의례』 「상복」 '자최 부장기'장에 의거하여 보충하였다.

女子子爲祖父母, 公妾及士妾爲其父母, 此皆齊衰期, 不杖·麻屨者也.【此齊衰, 不用草.】寄公爲所寄之國君, 服齊衰三月. 凡男女爲大宗子及宗子母妻【女謂女子子在室及嫁歸宗者也, 皆齊衰三月, 尊祖之義也.】, 致仕者·畿內之民·庶人在官者爲君, 皆三月. 君之母·妻, 繼父本同居今不同者及曾祖父母【與高祖同, 宜服小功, 而服齊衰三月者, 重其衰麻, 尊尊也. 減其日月, 恩殺也.】, 女子子嫁於大夫者·二十成人而未嫁者, 爲曾祖父母皆齊衰三月.【自寄公已下皆義服三月者, 日月旣少, 故在不杖之下. 而書寄公在上者, 此章旣論義服, 故以疏者爲首.】]

역주

① 소구(疏屨)는 거친 짚신[麤屨]이다: '소구'는 자최 삼년이나 자최 장기로 복을 할 때 착용하는 신발로서, 물고랭이[藨]나 황모[蒯]를 엮어서 만든다. '소(疏)'는 거칠다는 뜻으로, 물고랭이나 황모를 엮어서 만든 신발은 대체로 조악하기 때문에 '소구'라고 한 것이다.

② '疏不熟(채소가 익지 않는다.)': 『이아(爾雅)』「석천(釋天)」에서 "穀不熟曰饑, 疏不熟曰饉(곡식이 익지 않는 것을 '기(饑: 오곡이 흉년 들다)'라 하고, 채소가 익지 않는 것을 '근(饉: 채소가 흉년 들다.)'이라 한다."고 하였다. 이에 대한 곽박(郭璞)의 주(注)에는 "먹을 수 있는 풀을 통칭하여 '소(蔬)'라고 한다.[凡草菜可食者, 通名爲疏.]"고 하였다. 본문의 '疏'는 '蔬(풀)'와 통하는 글자이다.

③ 누런 띠풀로 만든 짚신[藨蒯之菲]: 학경(郝敬)은 "'표(藨)'와 '괴(蒯)'는 모두 풀인데, '관(菅, 억새풀)'보다 조금 세밀한 것이다.[藨·蒯, 皆草, 而較細於菅.]"라고 하였다. '표(藨: 물고랭이)'는 '괴(蒯: 황모)'의 일종으로 물가에서 자라는데, 높이가 4척 정도이고, 줄기로 자리, 새끼, 신발 등을 만든다. '괴(蒯)'도 풀이름으로, 물가에서 자란다.

④ 쫓겨난 어머니를 위해[爲出]: 쫓겨난 처 즉 '출모'를 위해 복을 할 때는 아들의 조건과 아버지의 생존여부 및 어머니의 재가 여부가 문제 된다. 오빈가(吳賓家)는 『상복회통설(喪服會通說)』에서 "'쫓겨난 처'란 아버지가 살아 계실 경우이다. 그 아들에게 명하여 어머니의 집에 가서 분상을 하게 하고, 그 아들이 상주가 되는 것이다. 그러므로 장기(杖期)의 제

도를 둔 것이다. '쫓겨난 처의 아들'이라고 한 것은 아버지의 명이 있음을 밝힌 것이다. 아버지가 돌아가셨다면, 아들은 명을 받을 수가 없으며, 또 분상하러 갈 수도 없다. 『의례』「상복」'자최 장기(齊衰杖期)'장의 전(傳)에서 '아버지의 후사가 된 자는 쫓겨난 어머니를 위해 복을 하지 못한다.'고 한 것도 아버지가 살아 계실 때의 경우이다. 그러므로 아들이 쫓겨난 어머니에 복을 하는 의리는 아버지가 살아 계시고 그 처를 위해 복을 하는 일을 끊을 수 없기 때문일 뿐이다. 아래의 경문에서 '아버지가 돌아가셨을 경우'[父卒]라고 했으므로, 이 경문은 '아버지가 살아 계신 경우'임이 분명하다."라고 하였다.(胡培翬, 『儀禮正義』 권22, 1402쪽 및 北京大 整理本 『儀禮注疏』 권30, 659쪽 참조.)

⑤ 쫓겨난 처의 아들이 ~ 않는다: 주희는 "쫓겨난 어머니에 대해, 아버지의 후사가 된 자는 복을 하지 않는다. 이는 선조를 높이고 대종을 공경하는 것으로, 집안에 두 윗사람이 없다는 뜻이다.[出母, 爲父後者無服, 此尊祖敬宗, 家無二上之意.]"라고 하였다. 『예기』「상복소기」에는 "아버지의 후사가 된 자는 쫓겨난 어머니를 위해 복을 하지 않는다. 복을 하지 않는 것은 거상을 하고 있는 자는 종묘에 제사를 지낼 수 없기 때문이다.[爲父後者爲出母無服, 無服也者, 喪者不祭故也.]"라고 하였다.

⑥ 시집간 딸이 친부모를 위해【강복(降服)이다.】: 딸은 본래 아버지를 위해 참최 삼년으로 복을 하고, 아버지가 돌아가셨다면 어머니를 위해 자최 삼년으로 복을 하는데, 다른 집으로 시집을 가면 종(宗)이 바뀌므로 한 등급 낮추어 아버지와 어머니를 위해 자최 기년으로 복을 한다. 『의례』「상복」'자최 부장기'장의 전(傳)에서는 '불이참(不貳斬: 참최복을 두 번하지 못함)'의 원칙에 따라 시집을 가면 남편을 위해 참최복을 해야 하므로, 친부모를 위해서는 한 등급 낮추어 자최 부장기로 복을 해야 한

다고 설명한다.(爲父何以期也? 婦人不貳斬也.) 이처럼 정복(正服) 즉 친복(親服)을 낮추어서 하는 것을 '강복(降服)'이라 한다. 정현에 의하면, '강복'에는 4종류가 있다. ① 존강(尊降)으로, 군과 대부는 자신의 신분이 높기 때문에 상대방에게 낮추어서 복을 하는 등의 경우이고, ② 압강(厭降)으로, 공자와 대부의 자식은 아버지의 신분에 눌려 낮추어서 복을 하는 등의 경우이고, ③ 방존강(旁尊降)으로, 공의 곤제는 방존이므로 낮추어서 복을 하는 등의 경우이고, ④ 출강(出降)으로, 남의 집에 양자로 들어간 사람과 시집간 딸은 남의 집으로 갔기 때문에 낮추어서 복을 하는 등의 경우이다. 따라서 이곳의 '시집간 딸이 친부모를 위해 자최 부장기로 복은 하는 것'은 '출강'에 해당한다.

⑦ 시집간 딸이 아버지의 후사가 된 곤제를 위해: 본래 곤제를 위해서는 자최 부장기로 복을 하는데, 시집을 갔다면 '출강(出降)'의 원칙에 따라 한 등급을 낮추어 대공 9월로 복을 해야 한다. 하지만 그 곤제가 아버지의 후사가 되었으므로 한 등급을 높여 자최 부장기로 복을 하는 것이다.

⑧ 동거한 계부를 위해: 『의례』「상복」'자최 부장기'장의 전(傳)에서는 동거한 경우에는 자최 기년으로 복을 하고, 분가한 경우라면 자최 3월로 복을 하는데, 반드시 동거한 적이 있어야 분가할 수 있으므로 동거한 적이 없다면 분가할 수도 없다고 하였다.(同居則服齊衰期, 異居則服齊衰三月. 必嘗同居然後爲異居, 未嘗同居則不爲異居.) 호배휘는 「상복」편의 경문에서 '계부를 위해 복을 한다.'고 하지 않고 '동거한 계부를 위해 복을 한다.'라고 한 것은 동거해야지 '계부'라는 칭호가 있고, 만약 동거하지 않았다면 '계부'라고 칭하지 못함을 보인 것이라고 하였다.

⑨ 시집간 고모 ~ 그녀들을 위해: 오계공(敖繼公)은 시집간 고모, 손위누

이·손아래누이, 딸을 위해서는 본래 출강의 원칙에 따라 대공으로 낮추어서 복을 해야 하지만, 이제 그녀들에게 제사를 주관할 제주(祭主)가 없으므로 낮춘 복에 한 등급을 더하여 자최 부장기의 복을 해 주는 것으로 해석한다.(胡培翬, 『儀禮正義』 권22, 1436쪽, "爲姑·姊妹·女子子出適者, 降爲大功, 今以旣無主, 乃加於降服一等, 而爲之期. 其姑·姊妹, 於昆弟姪, 亦不容不以其所加者報之.")

⑩ 군주의 부모를 위해: 군주는 자신의 부모와 장자를 위해 참최의 복을 하므로, 신하들은 군주를 따라서 한 등급을 낮추어서 기년으로 복을 한다. 이는 '종복(從服)'에 해당한다. '종복'이란 직접적인 혈연관계가 없던 대상을 인위적으로 혈연관계 속에 편입하거나 인위적인 관계에 압도되어 인위적인 관계인 상태로 복을 하도록 의무지우는 것으로, 복의 주체에 비해 한 등급 낮추어서 복을 한다. 시복대상과 주체를 매개하는 이와의 친족관계 때문에 매개자의 친족이나 군주 그리고 군주의 친족에 대해 복을 하는 것이다.

⑪ 첩이 여군(女君: 군주의 적처)을 위해: '여군(女君)'은 군주의 적처를 말한다. 정현에 의하면, 여군은 첩에 대해서 자신을 위해 입어 준 복으로 갚자니 무겁고, 낮추자니 혐의를 받을 수 있으므로, 복을 하지 않는다.(『의례』「상복」'자최 부장기'장 정현의 주, "女君於妾無服, 報之則重, 降之則嫌.")

⑫ 며느리가 시부모를 위해: 남편을 따라서 복을 하는 종복(從服)이다. 남편은 부모를 위해 참최 3년의 복을 하므로, 며느리는 종복의 원칙에 따라 남편보다 한 등급을 낮추어 시부모를 위해 자최 부장기로 복을 하는 것이다. 『예기』「상복소기」에 "며느리가 시부모의 상을 당하였는데, 쫓겨나면 상복을 벗는다.[婦當喪而出, 則除之.]"고 하였다. 이 복은 남

편을 따라서 복을 하는 것임을 밝힌 것이다.

⑬ 남녀: 『의례』 「상복」의 '자최 삼월'장에는 '남녀(男女)'가 '장부부인(丈夫婦人)'으로 되어 있다. '부인(婦人)'에 대해 정현은 시집을 가지 않은 여자 및 시집을 갔다가 본종으로 쫓겨 온 여자를 가리킨다고 하였다.('婦人', 女子子在室及嫁歸宗者也.) '장부'와 '부인'의 범위의 대해서 ① 마융은 장부와 부인을 오속의 범위를 불문한 일족의 남녀로 본다. "장부와 부인은 일족의 남녀로서, 모두가 종자의 어머니와 처를 위해 복을 한다.[丈夫婦人, 謂一族男女, 皆爲宗子母與妻.]" ② 왕숙은 오속 밖의 친족만을 가리키는 것으로 해석한다. "이는 족인들 가운데 또 오속의 친족이 없는 자가 돌아와서 그 종자를 위해 복을 하는 경우이다.[此爲族人無復五屬者, 反爲其宗子服也.]" ③ 채덕진은 오속 내외의 복을 구분한다. "대종은 지존이므로 오속 밖에 있는 사람도 모두 자최 3월의 복을 한다. 오복의 관계 안에 있는 자로서 시마의 친족은 자최 3월의 복을 하고 벗는다. 대공과 소공의 친족이라면 자최 3월의 복을 하고 나서 대공·소공의 상복을 받아 그 달수를 채운 후에 그친다.[大宗至尊, 五屬之外, 皆服齊衰三月. 其在五服中者, 緦麻之親, 服齊衰三月而除. 若大功小功之親, 則既服齊衰三月, 乃受以大功, 小功之衰, 以足其月數而止.]" (胡培翬, 『儀禮正義』 권23, 1462쪽 참조.)

⑭ 구군(舊君)의 어머니와 처를 위해: 군주의 어머니와 처는 소군(小君)이므로 신하들은 마땅히 복을 해야 한다. 신하가 지위에 있을 때에는 군주를 위해 참최의 복을 하고, 군주의 어머니와 처를 위해서는 군주를 따라서 하는 종복이므로 기년의 복을 한다. 그러나 벼슬에서 물러난 후에는 구군(舊君) 즉 옛 군주의 어머니와 처를 위해 자최 3월로 복을 한다. 서건학(徐乾學)은 '구군(舊君)'을 위해 복을 하는 경우 세 가지를 들

었다. ① 벼슬을 하다가 그만두고 스스로 조정과 떨어져 있는 사람으로, 『의례』 「상복」 '자최 삼월'장의 "구군과 구군의 어머니·처를 위해 자최 3월로 복을 한다.[爲舊君·君之母·妻]"는 규정이 그것이다. ② 이념이 맞지 않아 군주를 떠나 스스로 종국(宗國)을 버린 사람으로, 『의례』 「상복」 '자최 삼월'장의 "대부가 구군을 위해 자최 3월로 복을 한다[舊君]"는 규정이 그것이다. ③ 신하의 의리가 이미 끊어져서 다른 나라로 가서 살고 있거나 새로운 군주를 섬기고 있는 사람으로, 『의례』 「상복」 '자최 삼월'장의 "대부가 국외에 있을 경우, (본국에 남아 있는) 그의 처와 장자가 구국(舊國)의 군주를 위해 자최 3월로 복을 한다.[大夫在外, 其妻·長子爲舊國君.]"는 규정이 그것이다.(胡培翬, 『儀禮正義』 권23, 1465~1466쪽 참조.)

【喪服圖下16：07-大功布衰대공포최·大功布裳대공포상】

大功布衰

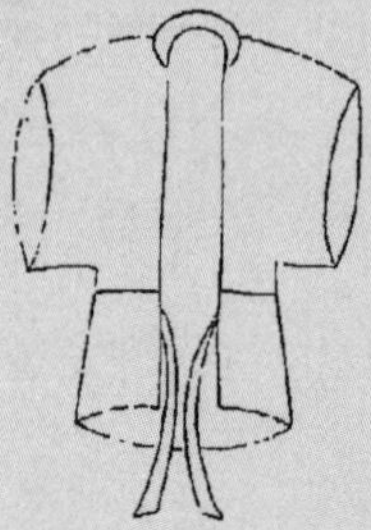

大功布裳

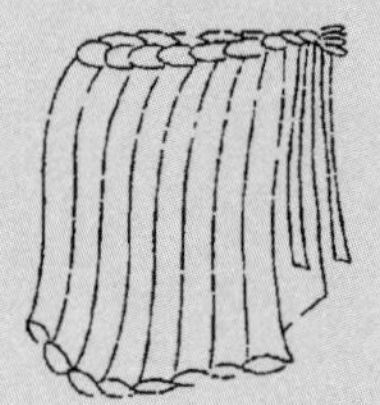

(『의례』「상복」'상대공(殤大功)'장에서) "대공(大功)의 베로 만든 상의와 하의를 입고, 숫마[牡麻]로 만든 질(絰: 수질과 요질)을 두르고, 수복(受服)[1]이 없이 상을 마치는 경우는 다음과 같다."고 하였다. 이곳에서 단지 '질(絰, 수질과 요질)'이라 말하고, '영질(纓絰: 수질에 끈을 단다)'이라 말하지 않은 것은,[2] 본래는 자최·참최로 복을 해야 하는데, 이제 성인이 되기 전에 죽어서 대공으로 낮추어서 복을 하는 것이기 때문이다. 그러므로 정복 대공의 앞과 의복 자최의 다음에 규정을 둔 것이다.【무릇 복상(服喪)을 할 때는 장례를 마친 후 마(麻)로 만든 수질·요질을 갈(葛)로 만든 수질·요질로 바꾸어 두른다. 성인의 경우라면 이 가벼운 복으로 수복을 한다. 이곳에서 '수복이 없다[無受]'고 한 것은 성인이 되지 못하고 죽은 사람의 복상은 그 문식이 번다하지 않기 때문이다. 그러므로 이 가벼

운 복으로 수복을 하지 않는 것이다. 또 『의례』「상복」'상대공(殤大功)'장의 전(傳)에서 "불규수(不樛垂)"라고 한 것은 아래로 늘어뜨린 요질의 끈을 꼬지 않는다는 뜻이다.③ 대공 이상의 경우 소렴(小斂) 전에 모두 아래로 늘어뜨린 요질의 끈을 흩어 놓았다가, 성복(成服) 할 때에 이르러 비로소 그것을 꼰다.④ 소공 이하의 경우, 처음에 곧바로 끈을 꼬아 놓는다. 이제 성인이 되기 전에 죽어서 대공으로 낮추어 복을 하는 경우[殤大功], 소렴 전 및 성복 후에 모두 아래로 늘어뜨린 요질의 끈을 흩어놓고 꼬지 않음으로써 아직 성인이 되지 못하였음을 보여 준다. 그러므로 성인으로 죽은 경우와 달리하는 것이다.】

『의례』「상복」'상대공'장의 전(傳)에서 "나이 19세에서 16세 사이에 죽으면 장상(長殤)이라 하고, 15세에서 12세 사이에 죽으면 '중상(中殤)'이라 하고, 11세에서 8세 사이에 죽으면 '하상(下殤)'이라 한다. 8세 미만에 죽으면 모두 '무복(無服)의 상(殤)'이라고 한다.⑤ 무복의 상은 태어난 후의 달수로 곡을 하는 날수를 정한다. 태어난 후의 달수로 곡을 하는 날수를 정하는 상(殤)의 경우, 애통해 하지만 상복은 없다. 그러므로 자식이 태어나서 석 달이 되면 아버지는 그에게 이름을 지어주는데, 죽으면 곡을 한다. 아직 이름을 지어 주기 전에 죽었다면, 곡을 하지 않는다.⑥"고 하였다.【'태어난 후의 달수로 곡을 하는 날수를 정한다.'는 것은 태어난 지 한 달이 되었을 경우 하루 곡을 한다는 뜻이다. '애통해 하지만 상복은 없다.'는 것은 곡을 할 뿐이라는 뜻이다.】

(『의례』「상복」'상대공'장의) 복제(服制) 규정은 다음과 같다. 장상이나 중상으로 죽은 아들·딸을 위해⑦【'상(殤)'이란 아들과 딸이 관례(冠禮)나 계례(笄禮)를 치르기 전에 죽어 애통해하는 경우를 말한다.⑧】, 장상이나 중상으로 죽은 숙부·고모·자매·적손을 위해, 대부의 서자가 장상이나 중상으로 죽은 적곤제를 위해, 장상이나 중상으로 죽은 남편의 곤제의 아들·제후의 적자를 위해 대공으로 복을 한다. 장상으로 죽은 경우는 모두 9개월 동안 복을 하

는데 수질에 끈을 매달고, 중상으로 죽은 경우는 모두 7개월 동안 복을 하는데 수질에 끈을 매달지 않는다.【'공(公)'은 군주이다. (공·후·백·자·남의) 5등 작위를 가진 모든 사람 및 대부는 적자(適子)를 위해 모두 정통(正統)이므로 성인으로 죽었다면 참최의 복을 한다. 이제 성인이 되지 못하고 죽어서 대를 이을 수 없으므로 대공복 안에 넣은 것이다. 수질에 끈을 매다는 것은 그 정이 무겁기 때문이다. 대공 이상의 경우 수질에 끈을 매다는데, 한 가닥의 줄로 만든다. 소공 이하의 경우는 수질에 끈을 매달지 않는다.】

["大功布衰裳, 牡麻絰, 無受者." 此直言'絰', 不言'纓絰'者, 以其本服齊·斬, 今爲殤死, 降在大功者, 故次在正大功之上, 義齊衰之下.【凡喪, 旣葬變麻服葛. 若成人, 則以此輕服受之. 此云'無受', 以殤文不縟, 故不以此輕服受之也. 又「傳」云, "不樛垂"者, 謂不絞帶之垂者也. 大功已上, 於小斂前, 皆散帶之垂者, 至成服乃絞之. 小功已下, 初便絞之. 今殤在大功者, 於小斂前及成服後, 皆散垂不絞, 以示未成人, 故與成人殊.】「傳」曰, "年十九至十六爲長殤, 十五至十二爲中殤, 十一至八歲爲下殤, 不滿八歲已下, 皆爲無服之殤. 無服之殤, 以日易月, 以日易月之殤, 殤而無服, 故子生三月, 則父名之, 死則哭之. 未名則不哭."【'以日易月'者, 謂生一月者, 哭之一日也. '殤而無服'者, 哭之而已.】 叔服, 子·女子子之長殤·中殤【殤者, 男女未冠笄而死, 可哀傷者也.】, 叔父·姑·姊妹·適孫·庶子爲適昆弟·夫之昆弟之子·公之適子·大夫之適子而在長殤·中殤者, 其長殤皆九月, 纓絰, 其中殤皆七月, 不纓絰.【公, 君也. 通五等及大夫爲適子皆是正統, 成人斬衰. 今爲殤死不得著代, 故入大功. 絰有纓者, 爲其情重也. 自大功已上, 絰有纓, 以一條繩爲之. 小功已下, 絰無纓也.】]

역주

① 수복(受服): 정현에 따르면 '수복'에서의 '수(受)'는 '이어받는다[承]'는 뜻이다.(『儀禮』「喪服」'大功九月'章, 鄭玄의 注, "受猶承也.") '수복'은 장례를 마친 후 무거운 복을 이어받아 가벼운 복으로 바꾸어 착용하는 것을 말한다. 참최 삼년복의 경우, 성복(成服)을 할 때 3승(정복) 혹은 3승반의 베로 만든 최복(상복)을 입었다가 장례를 마친 후 6승의 최복으로 수복(受服)을 한다. 자최 삼년복의 경우, 성복을 할 때 4승의 베로 만든 최복을 입었다가, 장례를 마친 후 7승의 최복으로 수복을 한다. 자최 기년복의 경우, 성복을 할 때 4승(강복)·5승(정복)·6승(의복)의 최복을 입었다가 장례를 마친 후 7승(강복)·8승(정복)·9승(의복)의 최복으로 수복을 한다. 대

기장 수복표(旣葬 受服表)(김용천, 「旣葬 '受服'의 규정과 예학적 논쟁」)

		成服		受服	
		衰	冠	受衰	受冠
참최 삼년	정복	3승	6승	6승	7승
	의복	3승반	6승	6승	7승
자최 삼년	정복	4승	7승	7승	8승
자최 기년	강복	4승	7승	7승	8승
	정복	5승	8승	8승	9승
	의복	6승	9승	9승	10승
대공	강복	7승	10승	10승	11승
	정복	8승	10승	10승	11승
	의복	9승	11승	11승	12승
소공	강복	10승	10승		
	정복	11승	11승		
	의복	12승	12승		

공복의 경우, 성복을 할 때 7승(강복)·8승(정복)·9승(의복)의 최복을 입었다가 장례를 마친 후 10승(강복)·10승(정복)·11승(의복)의 최복으로 수복을 한다. 상대공, 소공복 이하의 경우는 수복이 없다.

② 단지 '질(絰: 수질과 요질)'이라 ~ 않은 것은: 『의례』「상복」'상대공(殤大功)'장에 "그 장상으로 죽은 사람들을 위해 모두 9개월 동안 복을 하는데, 수질에 끈을 단다. 그 중상으로 죽은 사람들을 위해 7개월 동안 복을 하는데, 수질에 끈을 달지 않는다.[其長殤皆九月, 纓絰. 其中殤七月, 不纓絰.]"고 하였다. 이에 대해서 정현은 수질에 끈을 다는 것은 그것이 중하기 때문인데, 대공 이상에는 한 가닥의 줄로 끈을 만들어 달고, 소공 이하에는 수질에 끈이 없다고 하였다.(絰有纓者爲其重也. 自大功以上絰有纓, 以一條繩爲之. 小功已下絰無纓也.) 정현의 이러한 해석은 성인의 오복(五服)에 끈이 있는 경우와 끈이 없는 경우를 가지고 포괄적으로 해석한 것이다. 다만 『의례』「상복」에는 성인의 오복 가운데 단지 대공의 경우만 '수질에 끈을 단다.[纓絰]'는 표현이 보이고, 나머지의 경우에는 이런 표현이 보이지 않는다. 정현은「상복」'상대공(殤大功)'장의 경문에서 "장상 구월 영질(九月纓絰), 중상 칠월 불영질(七月不纓絰)"이라 하였기 때문에 성인의 대공 9월 이상에는 수질에 끈을 달고, 소공 7월 이하에는 수질에 끈을 달지 않는 것으로 해석한 것이다. 또 '영질(纓絰)'과 '불영질(不纓絰)에 대해서 ① 마융은 "장상은 성인이기 때문에 그 수질에 끈을 다는 것이며, 중상은 천하여 그 예가 간략하기 때문에 수질에 끈을 달지 않는 것이다.[長殤以成人, 其絰有纓, 中殤賤, 禮略, 其絰無纓也.]"라고 하였다. 또 ② 진전도 "장상과 중상은 단지 수질에 끈이 있는가 없는가 하는 차이만 있을 뿐이다.[長·中殤, 唯以絰有纓無纓爲異耳.]"라고 하였다. 그러나 ③ 호배휘는 "장상도 미성인이며, 중상은 그 나이

가 장상보다 어릴 뿐이지 천한 것은 아니다. 또 장상 9월·중상 7월은 단순히 영(纓: 끈)의 유무 차이뿐은 아니다.[長殤亦未成人, 中殤以其年少於長殤, 非賤也. 又長殤九月·中殤七月, 不獨有纓無纓爲異.]"라고 하여 마융과 진전의 설을 비판하였다.(胡培翬, 『儀禮正義』 권23, 1487쪽 참조.)

③ "불규수(不樛垂)"라고 ~ 뜻이다: '질'은 요질인가 수질인가, 또 '규(樛)'의 뜻과 관련하여 매우 복잡하고 다양한 해석이 이루어졌다. 정현을 비롯해 호배휘, 저인량(著寅亮)은 '질'을 '요질'로 해석하였고, 오계공, 성세좌 등은 '수질'로 해석하였다. ① 호배휘는 '질'을 '요질'로, '樛'를 '摎'의 가차로서 '묶는다'는 뜻으로 보고, 따라서 '질불규수(絰不摎垂)'는 '요질의 늘어뜨린 부분을 묶지 않는다.'는 뜻으로 해석하였다. ② 저인량도 '질'을 '요질'로, '摎'를 '꼰다.'는 뜻으로, 요질의 아래로 늘어뜨린 끈을 꼬는 것으로 해석하였다. "요질에는 꼬거나 흩뜨리거나 하는 변화가 있다. 처음에는 흩뜨리고 이어서 꼬는 것이 변화하는 것이니, 그 문식이 번다한 것이다. 처음부터 끝까지 꼬지 않는 것이 변화하지 않는 것이니, 그 문식이 번다하지 않은 것이다. ③ 그러나 오계공(敖繼公)은 '질'을 '수질'로, '繆'은 '꼰다.'는 뜻으로 보고, 따라서 '질불규수'는 '수질에서 아래로 늘어뜨려진 끈을 꼬지 않는다.'는 뜻으로 해석하였다.(胡培翬, 『儀禮正義』 권23, 1483쪽 참조.)

④ 대공 이상의 경우 ~ 꼰다: 『예기』 「잡기 상」에 "대공 이상은 산대(散帶)를 한다.[大功以上散帶.]"고 하였다. 일반적으로 상례에서 소렴을 한 후 질대(絰帶)를 착용하는데, 대공 이상의 경우는 그 질대(요질)의 끈을 아래로 늘어뜨리고 꼬지 않는다. 이것을 '산대(散帶)'라고 한다. 결국 '산대'와 '불규수(不摎垂)'는 같은 뜻이 된다. 다만 「잡기 상」의 문장은 성인의 상을 예로 든 것으로, 처음에는 꼬지 않다가 성복(成服)을 한 이후에

꼰다[絞]. 그러나 성인이 되기 전에 죽은 상대공(殤大功)의 경우는 처음부터 끝까지 꼬지 않는다.

成服 전의 散垂
谷田孝之(다니다 다카유키),
『中國古代喪服の基礎的研究』

成服 후의 絞垂
谷田孝之(다니다 다카유키),
『中國古代喪服の基礎的研究』

⑤ 8세 미만에 죽으면 ~ 한다: 『공자가어(孔子家語)』「본명(本命)」에 "남자아이는 태어난 지 8개월이 되면 이빨이 나고, 8세가 되면 이빨을 간다. 여자아이는 7개월이 되면 이빨이 나고, 7세가 되면 이빨을 간다.[男子八月生齒, 八歲齔齒. 女子七月生齒, 七歲齔齒.]"고 하였다. 이곳에서 '8세 미만에 죽으면 모두 무복(無服)의 상(殤)이 된다.'고 한 것은 남자아이에 의거하여 말한 것이다. 그러므로 8세 이상으로 죽으면 유복(有服)의 상(殤)이 된다.(北京大 整理本 『儀禮注疏』 권31, 693쪽, 賈公彦의 疏 참조.)

⑥ 아직 이름을 ~ 않는다: 오계공(敖繼公)에 의하면, 아이가 아버지를 알아보면 그때 아버지가 이름을 지어 준다. 아직 이름을 지어 주지 않았다는 것은 아이가 아직 아버지를 알아보지 못한다는 뜻이다. 알아보지 못한다면 부자의 은혜가 아직은 성립하지 못한 것이다. 그러므로 곡을 하지 않는 것이다.(胡培翬, 『儀禮正義』 권22, 1483쪽, "未名則不哭者, 子見於父, 父乃名之, 未名則是未之見也, 未見則未成父子之恩, 故不哭.")

⑦ 장상이나 중상으로 죽은 아들·딸을 위해: '상(殤)'에는 장상(長殤)·중상(中殤)·하상(下殤)의 3등급이 있는데, 중상은 장상을 따라 그 복이 동일하기 때문에 장상과 중상을 연속해서 말한 것이다. 성인으로 죽었다면, 장자를 위해 참최로 복을 하고 중자 및 시집가지 않은 딸을 위해서는 모두 자최 기년으로 복을 해야 한다. 하지만 장상·중상으로 죽었다면 한 등급을 낮추어 대공으로 복을 하고, 하상으로 죽었다면 한 등급을 더 낮추어 소공으로 복을 한다.(胡培翬, 『儀禮正義』 권23, 1480쪽 참조.)

⑧ '상(殤)'이란 ~ 말한다: 『예기』 「상복소기」에 "장부(남자)가 관례를 행하였으면 상(殤)이 되지 않고, 부인(여자)이 계례를 행하였으면 상(殤)이 되지 않는다.[丈夫冠而不爲殤, 婦人笄而不爲殤, 故知男女未冠笄而死, 可哀殤者.]"고 하였다. 그러므로 남녀가 관례와 계례를 하지 못하고 죽으면 슬프고 애처롭다는 것을 알 수 있다.

【喪服圖下16：08-大功牡麻絰대공모마질·大功牡麻絰纓대공모마질영】

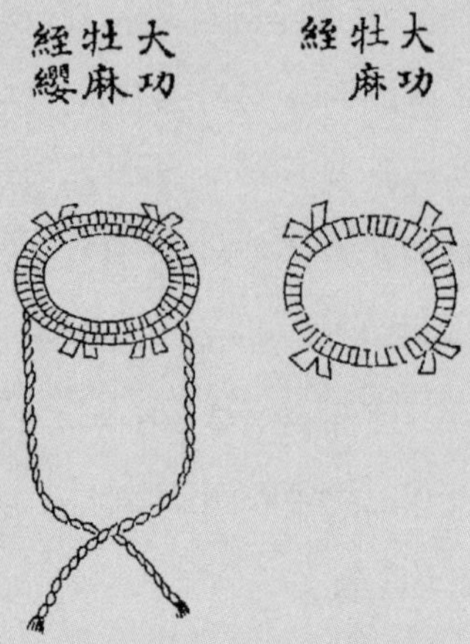

수질에 끈을 매다는 것은 수질을 고정하기 위한 것이니, 관에 끈을 매달아 관을 고정하는 것과 같은데, 또한 턱 아래에서 묶는다. 중상으로 죽은 사람을 위해 대공 7월로 복을 하는데, 수질에 끈을 매달지 않는다. 오복(五服)의 정복(正服) 가운데에는 7개월 동안 복을 하는 것이 없는데, 오직 이 중상으로 죽은 사람을 위해 대공의 복을 하는 경우에만 있다. 그러므로 『예기』「상복소기(喪服小記)」에서 "9개월과 7개월의 상은 세 계절 동안 복을 한다."고 한 것이 이것이다. 장상으로 죽은 경우, 모두 9개월 동안 복을 하고 수질에 끈을 매다는 것은 그 정이 무겁기 때문이다.【중상으로 죽은 사람을 위해 대공 7월로 복을 하는 경우 수질에 끈을 매달지 않는 것은 정이 감쇄하기 때문이다.】 정현이 한 가닥의 줄로 끈을 만든다는 알 수 있었던 것은① 참최의 관승영(冠繩纓, 참최관에 매다는 숫마로 만든 한 가닥의 끈)이 한 가닥의 줄을 통째로 구부려서 관의 테두리[武]에 꿰매어 붙이고, 아래로 늘어뜨려 끈을 만든다는 것을 보았기 때문이다.② 그러므로 이곳의 수질에 매다는 끈 또한 통째로 한 가닥의 줄을 구부려서 수질에 꿰매어 붙이고, 아래로 늘어뜨려 끈을 만든다는 것을 알았던 것이다.【장상으로 죽은 사람을 위해 대공의 복을 하는 경우 및 성인으로 죽은 사람을 위해 정복으로 대공의 복을 하는 경우, 수질에 모두 끈을 매단다. 소공 이하의 경우는 수질에 모두 끈을 매달지 않는다.】

그러므로 『의례』「상복」'대공 구월'장에서 "대공(大功)의 베로 만든 상의와 하의를 입고, 숫마[牡麻]로 만든 수질과 요질을 두르는데, 그 수질에는 끈을 매달고, 베로 만든 허리띠[布帶]를 차며, 3개월이 되면 소공의 상복으로 수복(受服)을 하고, (마로 만든 수질과 요질을) 칡으로 만든 수질과 요질로 바꾸어 두르고 9개월을 채우는 경우는 다음과 같다."고 한 것은 성인으로 죽은 사람을 위해 정복의 대공으로 복을 하는 규정이다.【'수(受)'는 이어받는다[承]는 뜻과 같다. '정복 대공(正服大功)'장은 '상대공(殤大功)'장보다 가볍다. 그러므로 '상대공'장의 다음에 규정을 둔 것이다.】

『의례』「상복」'대공 구월'장의 전(傳)에 "대공의 최복은 9승의 베로 만들고, 소공의 최복은 11승의 베로 만든다."고 하였다. 이 장에는 강복(降服)이 있고, 정복(正服)이 있고, 의복(義服)이 있다. 강복의 경우, 최복은 7승의 베로 만들고, 관은 10승의 베로 만든다. 정복의 경우, 최복은 8승의 베로 만들고, 관은 또한 10승의 베로 만든다. 의복의 경우, 최복은 9승의 베로 만들고, 관은 11승의 베로 만든다. 또 10승의 베로 최복을 만드는 것은 강복의 소공이며, 11승의 베로 최복을 만드는 것은 정복의 소공이다. 『의례』「상복」'대공 구월'장의 전(傳)에서 수복(受服)의 예로서 강복의 대공 및 정복의 대공을 말하지 않고 단지 의복의 대공으로 복을 하는 경우의 수복만을 말한 것은【관의 승수로 수복을 한다. 의복 대공의 경우 11승의 베로 관을 만드는데, 정복 대공의 최복의 승수(11승)로 수복을 하는 것이다.③ 『의례』「상복」'대공 구월'장 전(傳)의 정현 주에서 "이는(대공) 수복의 하한이다.④"라고 한 것은 강복의 대공

(7승)과 정복의 대공(8승) 두 복을 뛰어넘어 곧바로 의복의 대공(9승)을 취한 것이다. 이것이 하한이니, 수복의 하한에 의거한 것이다. 「상복」의 전(傳)에서 언급한 것은 수복을 하는 것이 이 의복의 대공에서 끝남을 밝힌 것이다.】, 소공의 복을 할 경우, 장례에 이르러서 단지 마질(麻絰: 마를 꼬아서 만든 수질과 요질)을 바꾸어 갈질(葛絰: 칡으로 만든 수질과 요질)을 두를 뿐이다. 이로 인해서 최복(衰服: 상복의 상의와 하의)에는 수복의 법이 없다. 그러므로 『의례』 「상복」 '대공 구월'의 전(傳)에서는 의복의 대공에 의거하여 말한 것이다.

(『의례』 「상복」 '대공 구월'장의) 복제(服制) 규정은 다음과 같다. 시집간 고모·손위누이·손아래누이·딸을 위해, 큰아버지나 작은아버지의 아들을 위해【종부형제(從父兄弟: 사촌형제)이다. 아직 시집가지 않은 종부자매(從父姊妹: 사촌누이)를 위해서도 또한 마찬가지로 한다.】, 남의 후사가 된 사람이 친곤제를 위해【남의 후사가 된 사람은 친형제에게 낮추어서 대공으로 복을 한다.⑤】, 서손(庶孫)을 위해⑥【손자이든 손녀이든 모두 같은 복을 입어 준다.】, 적부(適婦: 적자의 처)를 위해⑦【적자를 중히 여기기 때문이다.】, 시집간 여자가 여러 형제들을 위해【아버지가 살아 계실 때는 똑같이 대공으로 복을 하고, 아버지가 돌아가셔서 아버지의 후사가 된 자를 위해서는 기년으로 복을 한다.】, 시집간 고모가 남자 조카[丈夫]와 여자 조카[婦人]를 위해⑧【남자조카이든 여자조카이든 같은 복을 입어 준다.】, 남편의 조부모·세부모·숙부모·시집간 남편의 곤제의 딸, 시집을 갔거나 아직 시집을 가지 않은 딸이 큰아버지·큰어머니·작은아버지·작은어머니·고모·손위누이·손아래누이를 위해, 첩이 여군(女君: 남편의 적처)의 친족을 위해 대공의 복을 한다.【이상 모두 성인 대공으로 복을 하는 경우이다.】

[絰之有纓, 所以固絰, 猶如冠之有纓, 以固冠, 亦結於頤下也. 大功中殤七月, 絰無纓. 五服之正, 無七月之服, 唯此大功中殤有之. 故『禮記』云, "九月·七月之喪三時"者, 是也. 長殤皆九月, 絰有纓者, 爲其情重故也.【七月無纓

者, 情殺故也.】鄭知以一條繩爲之者, 見斬衰冠繩纓, 通屈一條繩屬之於武, 垂下爲纓, 故知此絰之纓, 亦通屈一條繩, 屬之於絰, 垂下爲纓.【大功長殤及正大功, 絰皆有纓, 小功已下, 絰皆無纓.】故"[大功][1]布衰裳, 牡麻絰纓, 布帶, 三月, 受以小功衰, 卽葛, 九月者.", 則成(非)[人][2]正大功之服也.【受猶承也. 正大功章, 輕於殤大功, 故次在殤章之下.】「傳」曰, "大功布九升, 小功布十一升." 此章有降·有正·有義, 降則衰七升, 冠十升, 正則衰八升, 冠亦十升, 義則衰九升, 冠十一升. 又十升者, 降小功也, 十一升者, 正小功也. 「傳」以受服不言降大功及正大功, 直言義大功之受者【以冠爲受. 以義大功冠十一升, 受小功之正者也. 註云, "此受之下也."者, 謂越大功降·正二服, 直取義大功. 是下也, 據受之下. 發傳者明受盡於此義大功也.】, 以其小功至葬, 唯有變麻服葛, 因故衰無受服之法. 故「傳」據義大功而言也. 叙服, 姑·姊妹·女子子適人者, 世父·叔父之子【從父兄弟也. 從父姊妹在室者, 亦如之.】, 爲人後者爲其昆弟【爲人後者降兄弟服大功.】, 庶孫【男女同.】, 適婦【重適.】, 女子子適人者爲衆昆弟【父在則同, 父沒而爲父後者, 服朞也.】, 姪丈夫·婦人【姪男·姪女.】, 夫之祖父母·世父母·叔父母·夫之昆弟之女適人者, 女子子嫁者未嫁者·爲世父母·叔父母, 姑·姊妹, 妾爲女君之黨.【已上皆服正大功者.】]

1 [大功]: 저본에는 '大功' 2글자가 없으나, 『의례』「상복」'대공 구월'장에 의거하여 보충하였다.
2 (非)[人]: 저본에는 '非'로 되어 있으나, '人'의 잘못이므로 바로잡았다.

역주

① 정현이 ~ 것은: 『의례』「상복」 '상대공(殤大功)' 정현의 주에 "대공 이상은 수질에 끈을 다는데, 한 가닥의 줄로 만든다. 소공 이하는 수질에 끈이 없다.[自大功以上絰有纓, 以一條繩爲之. 小功已下絰無纓也.]"고 하였다.

② 참최의 ~ 때문이다: 『의례』「상복」 '참최 삼년'장의 전(傳)에 "관승영은 조촉(條屬: 한 가닥의 줄을 구부려서 관의 테두리를 만들고 아래로 늘어뜨려 끈을 만들어서 관량에 꿰매어 붙임)을 하고, 관량(冠梁: 관 테두리의 앞쪽에서부터 덮어서 관의 뒤쪽까지 이르는 부분을 말하는데, 간단히 '관(冠)'이라고도 함)의 주름은 오른쪽으로 향하게 접어서 꿰맨다.[冠繩纓條屬, 右縫.]"고 하였다. 이에 대해 정현은 "통째로 한 가닥의 줄을 구부려 관의 테두리[武]를 만들고, 아래로 늘어뜨려 관끈[纓]을 만들어 관에 꿰매어 붙인다.[通屈一條繩爲武, 垂下爲纓, 著之冠也.]"고 하였다.

③ 관의 승수로 ~ 하는 것이다: 『의례』「상복」 편의 '수복' 규정에는 몇 가지 원칙이 발견된다. ① 참최 삼년복과 자최 삼년복을 제외하면, 자최 기년에서 소공까지 각각 강복·정복·의복의 3등급이 있다. ② '관기수(冠其受)' 즉 성복 때 착용하는 관(冠)의 승수와 동일한 승수의 최복으로 바꾸어 입는다. 이를 '수최(受衰)'라고 한다. ③ 성복 때보다 3승 아래의 최복으로 수최를 한다. ④ 성복 때보다 1승 아래의 관으로 바꾸어 쓰는데, 이를 '수관(受冠)'이라 한다. ⑤ 대공 이상에는 모두 '수최'와 '수관'이 있다. ⑥ 수관은 수최보다 1승이 많다. ②의 원칙의 예를 들자면, 의복

대공은 9승의 베로 최복(상복)을 만들고, 11승의 베로 관을 만드는데, 수복을 할 때는 관의 승수와 동일한 11승의 베로 최복을 만들어 갈아입는다. 또 이 11승은 정복 소공의 최복과 동일한 승수이다.

④ 이는(대공) 수복의 하한이다: 가공언은 "'대공 구월'장에는 강복이 있고, 정복이 있고, 의복이 있다. 강복의 경우에는 최복이 7승이고, 관이 10승이며, 정복의 경우에는 최복이 8승이고, 관은 또한 10승이며, 의복의 경우에는 최복이 9승이고, 관은 11승이다. 10승은 강복으로 입는 소공이다. 11승은 정복으로 입는 소공이다. … 「상복」 '대공 구월'장의 '전(傳)'은 의복으로 입는 대공에 의거하여 말한 것이다."라고 하였다. 이여규도 "이 전(傳)의 문장은 의복으로 입는 대공의 경우에 의거하여 말한 것으로, 의복으로 입는 대공의 상복은 9승인데, 정복의 소공 11승의 최복으로 수복을 한다. 상복에서 수복을 하는 것은 여기에서 끝난다. 소공 이하의 경우는 수복이 없다.[傳據義服大功而言. 義服大功衰九升, 受以小功衰十一升, 服之有受者止於此. 小功以下無受也.]"고 하였다.(胡培翬, 『儀禮正義』 권23, 1490쪽 참조.)

⑤ 남의 후사가 된 사람은 친형제에게 낮추어서 대공으로 복을 한다: 본래 친곤제를 위해서 기년으로 복을 해야 하는데 대공으로 낮추어서 복을 하는 것은, 자신을 후사로 삼아 준 사람을 아버지로 삼기 때문에 친곤제에게 한 등급을 낮추어서 복을 하기 때문이다. 출강(出降)의 원칙 때문이다.

⑥ 서손(庶孫)을 위해: 진전(陳銓)은 적손 한 사람 이외에는 모두 서손이 된다고 하였는데, 호배휘는 적자가 있으면 적손이 없으므로, 적자가 있는 경우는 모든 손자가 서손이 된다고 하였다. 호배휘는 또 "손자는 조부모를 위해 기년의 복을 하고, 조부모는 서손을 위해 자신의 존귀함

을 가하기 때문에 동일한 복으로 갚아 주지 않고 대공의 복을 한다. 만약 적자가 먼저 죽었다면 적손 한 사람을 위해 기년의 복을 한다.[孫於祖父母服期, 祖父母於庶孫以尊加之, 故不爲報服, 而服大功也. 若適子先死, 則爲適孫一人期.]"고 하였다. 조부모가 서손을 위해 대공으로 낮추어 복을 하는 것은 강복 가운데 '존강(尊降)'에 해당한다.(胡培翬, 『儀禮正義』 권23, 1492쪽 참조.)

⑦ 적부(適婦: 적자의 처)를 위해: 호배휘는 "『예기』 「복문(服問)」에 '군주가 상주가 되는 경우는 부인처(夫人妻: 정처), 대자(大子: 적자), 적부(適婦: 적자의 처)가 죽었을 경우이다.'라고 하였다. 군주가 이미 적부의 상주가 되었다면 또한 대공으로 복을 한다는 것을 알 수 있다. 이 적부를 위한 복은 천자·제후에 공통된다.[「服問」曰, '君所主夫人妻·大子·適婦', 君既爲適婦喪主, 則亦服大功可知. 是適婦之服, 通於天子·諸侯也.]"고 하였다.(胡培翬, 『儀禮正義』 권23, 1492쪽.)

⑧ 시집간 고모가 ~ 여자 조카[婦人]를 위해: 호배휘에 따르면 시집가지 않고 집에 있는 여자를 위해서는 남자와 마찬가지로 대공의 복을 해 주는데, 이미 시집간 여자에 대해서도 낮추지 않고 대공의 복을 해 준다는 뜻이다. 따라서 이곳의 '부인(婦人)'은 '시집간 조카'를 의미한다.(胡培翬, 『儀禮正義』 권23, 1494쪽 참조.)

【喪服圖下16 : 09-緦衰衣세최의·緦衰裳세최상】

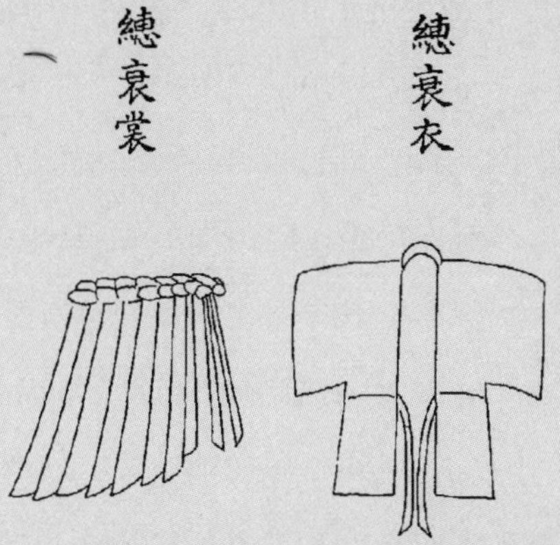

(『의례』「상복」'세최 칠월'장에) "세밀하지만 성긴 베[緦布]로 만든 상의와 하의를 입고, 숫마[牡麻]로 만든 수질과 요질을 두르고, 장례를 치른 후 곧바로 상복을 벗는 경우는 다음과 같다. 제후의 대부가 천자를 위해 세최 7월로 복을 한다.[1]"고 하였다. 『의례』「상복」'세최 칠월'장의 전(傳)에서는 "세최란 무엇인가? 소공포와 같이 세밀하지만 성긴 베로 만든 것이다."라고 하였고,

『의례주소』「상복·기(記)」에서는 "세최는 4승반의 베로 만들고 그 관은 8승의 베로 만든다."라고 하였다. 가공언의 소에 "제후의 대부는 천자의 배신(陪臣)이니, 때때로 함께 천자를 뵙기 때문에 복을 하는 것이다. 천자는 7개월 만에 장례를 치르는데, 장례를 마치면 (제후의 대부들은) 곧바로 상복을 벗는다. 그러므로 낮추어 '대공 구월'장의 아래에 규정을 둔 것이다. 그 마 가닥[縷]의 거칠고 세밀함은 소공과 같지만,[2] 베의 승수는 또 (소공보다) 작다. 그러므로 '소공'장의 앞에 규정을 서술한 것이다.[3] 이곳 (「상복」'세최 칠월'의 장)에서 허리띠[帶]와 신발[屨]을 언급하지 않은 것은 「상

복」 '세최 칠월'장의 전(傳)에서 '소공포와 같이 세밀하지만 성긴 베로 만든 것이다.'라고 하였으므로 허리띠와 신발 또한 소공과 같음을 알 수 있기 때문이다.④"라고 하였다.⑤【그 마 가닥을 잿물을 넣어 부드럽게 마전을 한 정도는 소공처럼 세밀하지만, 완성된 베는 4승반으로 거칠다. 그 마 가닥을 세밀하게 하는 것은 (천자의) 배신(陪臣)이 이 세최를 입는 것으로 은혜가 가볍기 때문이다. 제후가 천자를 위해 복을 하는 경우, 지존(至尊: 천자)을 위해 복을 하는 것이므로 의복(義服)의 참최복을 하며, 마 가닥은 3승반의 최복처럼 거칠게 다듬는다. 이제 천자의 배신(陪臣: 제후의 대부)은 군주(제후)보다 낮추어서 지존(至尊: 천자)을 위해 1승을 더하여 4승반의 최복으로 바꾸어서 복을 한다. (세최복의) 승수(4승반)가 자최의 중복(정복, 5승)에 해당하는 것은 감히 형제를 위해 입는 복(소공)으로 지존을 위해 복을 할 수 없기 때문이다.⑥ 무릇 베가 세밀하지만 성긴 것을 '세(繐)'라고 한다. 한나라 때 남양군(南陽郡)의 등씨(鄧氏)가 베를 제조하였는데 '세(繐)'라고 이름한 것이 있었으니, 이를 '등세(鄧繐)'라고 한다.】

["繐衰裳, 牡麻絰, 旣葬除之者. 諸侯之大夫爲天子服也."「傳」曰, "繐衰者何? 以小功之繐也.",「記」曰, "繐衰四升有半, 其冠八升." 賈釋云, "諸侯之大夫, 天子之陪臣, 以時會見於天子而服之. 以天子七月而葬, 旣葬而除, 故降在大功九月下. 其縷雖如小功, 升數又少, 故在小功上也. 此不言帶屨者, 以其「傳」云, '小功[之]繐(衰)[1]', 則帶屨亦同於小功也[2]."【治其縷如小功, 而成布四升半. 細其縷者, 以其陪臣服此繐衰, 恩輕故也. 諸侯爲天子服, 至尊義服斬, 縷如三升半. 今陪臣降君, 改服至尊加一升爲四升半. (精麤)升數在齊衰之中者, 不敢以兄弟服服至尊

1 小功[之]繐(衰): 저본에는 '小功繐衰'로 되어 있으나, 『의례』「상복」 '세최 칠월'장의 전(傳)에 의거하여 '小功之繐'로 교감하였다.
2 則帶屨亦同於小功也: 『의례주소』「상복」 '세최 칠월'장의 가공언 소에는 "則帶屨亦同小功, 可知"로 되어 있다. 이에 따라서 번역하였다.

也[3]. 凡布細而疏者, 謂之繐. 漢時南陽(鄉)[郡][4]鄧氏造布, 有名繐者, 謂之鄧繐.】]

3 (精麤)升數在齊衰之中者, 不敢以兄弟服服至尊也: 저본에는 '精麤' 두 글자가 있으나, 『의례』「상복」'세최'장의 정현 주에 의거하여 연문으로 처리하였다. 이 문장은 정현의 주를 인용한 것으로 보인다. 『의례』「상복」'세최 칠월'장의 정현 주에는 "服在小功之上者, 欲著其縷之精麤也, 升數在齊衰之中者, 不敢以兄弟之服服至尊也(복이 소공의 앞에 있는 것은 마가닥의 정밀하고 거친 정도를 보이고자 한 것이고, 승수가 자최의 중복에 해당하는 것은 감히 형제를 위해 입는 복으로 지존을 위해 복할 수 없기 때문이다)."로 되어 있다. 앞 문장 '欲著其縷之精麤也'에서의 '精麤' 두 글자가 잘못 '升數'에 붙어서 인용된 듯하다.

4 (鄉)[郡]: 저본에는 '鄉'으로 되어 있으나, 『欽定儀禮義疏』에 의거하여 '郡'으로 교감하였다. 『欽定儀禮義疏』 권44, 「禮器圖」4에는 "漢南陽郡, 有鄧氏, 造布名繐, 故注云'鄧繐'"라고 하였다.

역주

① 제후의 대부가 ~ 한다: 오계공은 제후의 대부는 천자의 배신(陪臣)이므로 참최복을 할 수 없지만 복이 없을 수도 없기 때문에 세최의 복을 제정한 것이라고 하였다. 또 자최 3월로 하지 않는 것은 구국(舊國)의 군주를 위한 복을 피하기 위한 것이라고 하였다.(胡培翬, 『儀禮正義』 권24, 1522쪽, "諸侯之大夫, 於天子爲陪臣, 不可以服斬, 又不可以無服, 故爲之變而制此繐衰焉. 不齊衰三月者, 亦避於其舊國君之服也.")

② 그 마 가닥[縷]의 거칠고 세밀함은 소공과 같지만: 같은 승수의 베라고 해도 그 마 가닥을 어떻게 다듬는가에 따라 거칠고 세밀한 정도가 달라진다. 세최는 4승반이므로 360올의 마 가닥을 사용하여 만들고, 소공은 10승(강복)이므로 800올의 마 가닥을 사용하여 만든다. 당연히 소공이 세밀해야 하지만, 세최의 마 가닥에 회치와 조치의 인공을 가하여 마전을 하면 그 거칠고 세밀함의 정도가 소공과 같아질 수 있다. 이 때문에 『의례』 「상복」 '세최 칠월'장에서 베의 승수 측면에서는 세최가 한참 낮음에도 불구하고 정복의 자최가 아니라 소공의 앞에 기술했던 것이다.

③ 그 마 가닥[縷]의 ~ 서술한 것이다: 『의례』 「상복」 편에서 '세최'에 대한 규정은 대공의 다음, 소공의 앞에 기술되어 있다. 자최는 4승(강복)·5승(정복)·6승(의복)이고, 대공은 7승(강복)·8승(정복)·9승(의복)이며, 소공은 10승(강복)·11승(정복)·12승(의복)이다. 세최는 4승반이므로 승수로 말한다면, 강복의 자최(4승) 다음에 기술되어야 함에도 소공의 앞

에 서술되어 있다. 정현은 그 이유를 다음과 같이 설명한다. “(세최)복이 소공의 앞에 기술되어 있는 것은 마 가닥의 정밀하고 거친 정도를 보이고자 한 것이다. 승수가 자최의 중간 등급(정복, 5승)에 해당하는 것은 감히 형제(소공)들에게 입는 복으로 지존(천자)에게 복을 할 수 없기 때문이다[『儀禮』「喪服·記」, 鄭玄의 注, “服在小功之上者, 欲著其縷之精麤也, 升數在齊衰之中者, 不敢以兄弟之服服至尊也.]” 정현의 논점은 승수로 말한다면 정복의 자최(5승) 앞에 기술해야 하지만, 그 가닥[縷]의 거칠고 세밀함의 측면에서는 소공과 같기 때문에 정복의 자최 앞이 아니라 소공의 앞에 규정을 기술했다는 것이다.

④ 허리띠와 ~ 때문이다: 『의례』「상복」‘소공 오월’장 정현의 주에 의하면 소공 이하는 길구(吉屨)를 신는데, 다만 신발의 코 장식[絇]을 하지 않는다.(小功以下, 吉屨無絇也.)

⑤ 가공언 소에 ~ 하였다: 이 문장은 「상복」‘세최 칠월’장의 가공언 소를 전재한 것이 아니라 가공언의 소, 정현의 주, 「상복」‘세최 칠월’장의 전(傳)」 등을 뒤섞어 놓은 것이다.

⑥ (세최복의) 승수(4승반)가 ~ 때문이다: 복제 상에서 ‘곤제(昆弟)’와 ‘형제(兄弟)’는 다른 의미로 사용되는데, 대공 이상일 경우는 ‘곤제’라 하고, 소공 이하일 경우는 ‘형제’라고 한다. 따라서 이곳의 ‘형제’는 종조곤제(從祖昆弟) 즉 6촌 형제를 가리킨다. 『의례』「상복」편에서는 곤제(친형제)를 위해서는 자최 부장기로, 형제(종조곤제)를 위해서는 소공 5월로 복을 하는 것으로 규정되어 있다. 신분적 상하관계 즉 ‘존(尊)’의 원리에서 보면 천자는 자신의 친형제보다 존귀하므로 곤제(친형제)를 위한 5승보다 무거운 4승반의 최복을 입음으로써 신분적 상하관계를 표현한다. 하지만 혈연적 연대감 즉 ‘친(親)’의 원리에서 보면 천자는 자신의 친형제보

다 친밀할 수 없다. 따라서 4승반으로 최복을 만들면서도 그 가닥에 회치와 조치의 인공을 가하여 매끄럽게 마전을 함으로써 종조곤제(형제)를 위한 소공복과 거칠고 세밀한 정도를 같게 하는 것이다.

【喪服圖下16：10-殤小功상소공·小功葛絰소공갈질·腰絰요질·小功葛帶소공갈대】

殤小功

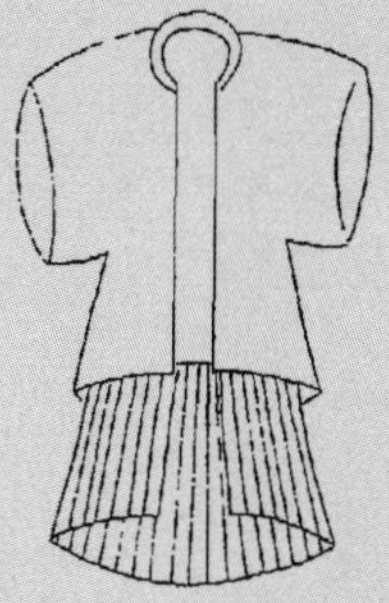

小功葛絰

腰絰

小功葛帶

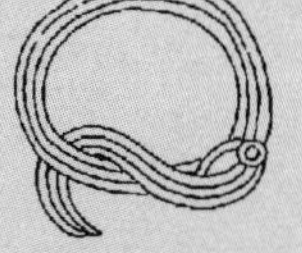

상소공(殤小功)[상의와 하의를 이어 붙여서 만드는 것은 부인의 복식이다. 특별히 이를 그려 넣은 것은 참최에서 시마에 이르기까지 부인의 상의와 하의가 모두 그러함을 밝힌 것이다.[連衣裳婦人服, 特圖此者, 明斬衰至緦麻, 婦人衰裳皆然.]

소공갈질(小功葛絰)

요질(腰絰)

소공갈대(小功葛帶)[위에 또한 요질이 있으니, 혁대를 본뜬 것이다.[上亦

有腰絰, 象革帶.]

(『의례주소』「상복」'상소공 오월'장에) "소공(小功)의 베로 만든 상의와 하의를 입고, 조마(澡麻: 물로 씻어 낸 숫마)①로 만든 요질[帶]과 수질[絰]을 두르고 5개월 동안 복을 하는 경우는 다음과 같다."고 하였는데, 정현의 주에서 "'조(澡)'는 마 껍질의 오물을 씻어서 제거한 것인데, 그 뿌리를 잘라내지 않는다. 『예기』「상복소기」에 '하상(下殤)으로 죽은 사람을 위해 소공의 복을 할 경우, 요질[帶]은 물로 씻어 낸 마로 만드는데, 그 뿌리는 잘라내지 않으며, 양 끝을 구부려 올려서 허리 중간에서 합하여 묶는다.'고 하였다."고 하였다. 가공언의 소에는 "이 '상소공(殤小功)'의 장(章)은 본래 자최나 대공으로 복을 해야 하는 친족이지만, 성인이 되지 못하고 죽었으므로 소공으로 낮추어서 복을 하는 경우이므로 '성인 소공'의 장 앞에 규정을 둔 것이다. '소공'이라고 말한 것은 대공이 인공을 가한 것이 거칠고 성긴 것과 대비한 것이니, 소공은 인공을 가한 것이 섬세하고 정밀한 것이기 때문이다."라고 하였다.【위의 대공 이상은 모두 '대(帶: 요질)'의 글자가 '질(絰: 수질)'의 글자 다음에 있었는데, 이 장에서 '대'의 글자를 '질'의 글자 앞으로 내세운 것은, 대공 이상의 경우는 질(수질)과 대(요질)에 마의 뿌리가 있는데 소공 이하의 경우는 마의 뿌리를 잘라내기 때문이다. 이 '상소공'의 장 가운데는 하상(下殤)의 소공이 있는데, 대(요질)의 경우 마 뿌리를 잘라내지 않고 대공복과 똑같이 한다. 그러므로 문장을 도치시켜 중함을 보여 주었다. 또 위의 대공 이상의 문장에서는 대부분 단지 '질(絰)' 한 글자로 2개의 '대(帶: 수질과 요질)'를 포괄하여 보여 주었는데, 이곳에서 별도로 '대(요질)'라고 말한 것은 또한 대의 경우 마 뿌리를 잘라내지 않아서 성인 소공의 질(요질)과 같지 않음을 보여 주고자 한 것이다. 그러므로 (대와 질) 두 글자를 함께 보여 준 것이다.②】

(『의례』「상복」'상소공 오월'장의) 복제(服制) 규정은 다음과 같다. 하상(下

殤)으로 죽은 작은아버지를 위해 상소공 5월로 복을 한다. 하상으로 죽은 적손을 위해 상소공 5월로 복을 한다. 하상으로 죽은 곤제를 위해 상소공 5월로 복을 한다. 대부의 서자가 하상으로 죽은 적곤제를 위해 상소공 5월로 복을 한다. 하상으로 죽은 고모·손위누이·손아래누이·딸을 위해 상소공 5월로 복을 한다.③【이상 8인은 본래 기년으로 복을 해야 하는데, 이제 하상으로 죽었기 때문에 낮추어서 소공으로 복을 하는 경우이다.】 남의 후사가 된 사람이 장상(長殤)으로 죽은 친곤제를 위해 상소공 5월로 복을 한다. 장상으로 죽은 종부곤제를 위해 상소공 5월로 복을 한다.④【이 두 가지는 본래 대공으로 복을 해야 하는데, 이제 장상으로 죽었기 때문에 낮추어서 소공으로 복을 하는 경우이다.】 『의례』「상복」'상소공'장의 전(傳)에 "질문하는 사람이 '중상(中傷)으로 죽은 사람의 경우는 왜 규정에 보이지 않는가?'라고 하였다. 대답하는 사람은 '상대공(殤大功)의 경우는 중상으로 죽은 사람을 위해서는 장상으로 죽은 사람을 위해서 하는 복에 따르고, 상소공(殤小功)의 경우는 중상으로 죽은 사람을 위해서는 하상으로 죽은 사람을 위해서 하는 복에 따르기 때문이다.'라고 하였다."고 하였다.【질문자는 하상으로 죽은 종부곤제를 위해 시마로 복을 하는 것에 의거하여 말한 것이다.⑤「상복」'시마'장에서 하상으로 죽은 종부곤제에 대한 복의 규정을 보여 주었고, 이곳의 장에서 장상으로 죽은 종부곤제에 대한 복의 규정을 보여 주었는데, 오직 중상으로 죽은 종부곤제에 대한 복의 규정만 보이지 않기 때문에 질문을 한 것이다.】 장상으로 죽은 남편의 작은아버지를 위해 상소공 5월로 복을 한다.⑥【중상으로 죽은 경우를 보이지 않은 것은 중상은 하상을 따라 시마 3월로 복을 하기 때문이다.】 하상으로 죽은 곤제의 아들·딸과【남자와 여자를 포함한 조카들이다. 본래 기년으로 복을 해야 하는데, 이제 하상으로 죽었기 때문에 소공으로 복을 하는 것이다.】 남편의 곤제의 아들·딸을 위해 상소공 5월로 복을 한다.⑦【남자와 여자를 포함한 조카들이다. 본래 기년으로 복을 해야 하는데, 이제 하상으로 죽었기 때문에 소공으로 복을 하는 것이다.】 장상으로 죽은 남녀 서손을 위해 상소공 5월로 복을 한다.【모두 소공의 복과 같게 하여 변복(變服: 受服)이 없다. 오복(五服)에서 상의를 '최(衰)'라 하고, 하의를 '상(裳)이라 한다. 남자는 상의와 하의를 달리하고, 부인은 상의와 하의를 달리하지 않는다. 상의 또한 남자의 경우 바깥쪽으로 폭을 접어서 꿰매고[外削幅], 상의에 최(衰: 길이 6촌 너비 4촌의 베 조각)를 붙이고, 상의에는 띠가 없다. (부인의 경우) 그 하의는 심의(深衣)와 같으며, 하의에 옷섶[衽]이 없으니 모두 꿰매어 합친다. 위의 대공 이상에서는 오직 남자의 상의와 하의만을 그리고, 부인의 상의와 하의는 보이지 않았다. 그러므로 특별히 그려놓는다.】

성인 소공[正小功]의 경우, (『의례』「상복」 '소공 오월'장에서) "소공의 베로 만든 상의와 하의를 입고, 물로 씻어 낸 숫마[牡麻]로 만든 수질과 요질을 두르고, 장례를 치른 후 숫마로 만든 수질과 요질을 칡으로 만든 수질과 요질로 바꾸어 두르고 5개월을 채우는 경우는 다음과 같다."고 하였는데, 정현의 주에서는 "'즉(卽)'은 나아간다[就]는 뜻이다.⑧ 소공은 가벼우므로 3개월 만에 마로 만든 수질과 요질⑨을 바꾸는데, 입고 있던 최복에 칡으로 만든 수질과 요질을 두르고 5개월을 채운다."고 하였다. 이 '성인 소공'의 장은 가볍기 때문에 '상소공'의 다음에 규정을 둔 것이다. 이 '성인 소공'의 장에는 정복·강복·의복의 3등급이 있다. 그 상의와 하의의 제도는 물로 씻어 낸 숫마로 만든 요질과 수질을 두르는데, 마의 뿌리를 잘라내는 것만이 '상소공'의 장과 다르다.【이 성인으로 죽은 사람에 대한 복상은 그 문식이 번다하다. 그러므로 마로 만든 수질과 요질을 칡으로 만든 수질과 요질로 바꾸어 두른다. 다만 복상 기간이 짧기 때문에 최복(상의와 하의)을 가벼운 복으로 바꾸어 착용하지는 않는다. 관(冠)과 신발[屨]을 나열하지 않은 것은 앞의 '대공'장에서 이미 생략을 하였으니, 이 소공은 가볍기 때문에 또한 말하지 않은 것이다. 구설(舊說)에 "소공 이하의 경우 길구(吉屨)를 신는데, 코 장식이 없다."고 하였다. 살펴보건대, 『주례』「천관·구인(屨人)」

에 의하면 구(屨: 홑 바닥 신발)와 석(舃: 겹바닥 신발)에는 모두 구(絇: 신발의 코 장식)·억(繶: 신발의 솔기장식)·준(純: 신발의 가선장식)이 있다. '준'은 신발 입구(발을 넣는 부분)에 두른 가선장식이고, '억'은 신발의 몸통과 바닥이 서로 만나는 곳의 솔기 가운데에 덧댄 끈 장식이고, '구'는 신의 코 앞머리에 장식을 한 것으로 걸을 때의 경계로 삼기 위한 것이다. 길시(吉時)에는 걸음의 경계가 있다. 그러므로 구(絇: 신발의 코 장식)가 있다. 상중에는 걸음의 경계가 없다. 그러므로 구가 없다. 소공은 가벼운 복이므로 길구를 신지만, 길구는 지나치게 문식을 낸 것이므로 코 장식을 없앤다.】

(『의례』「상복」'소공 오월'장의) 복제(服制) 규정은 다음과 같다. (곤제의 손자와 종부곤제의 아들이 각각) 종조할아버지·종조할머니와 종조아버지·종조어머니⑩를 위해 소공 5월로 복을 하는데, 그들도 똑같은 복으로 갚아 준다."고 하였는데, 정현 주에서 "(종조조부모와 종조부모는) 할아버지와 아버지의 곤제인 친속이다.⑪"라고 하였다.【종조조부모는 증조의 아들이다. 그러므로 조부의 곤제인 친속임을 알 수 있다. 종조부모는 종조조부모의 아들이니, 이는 아버지의 곤제인 친속이다. 그러므로 정현이 "할아버지와 아버지의 곤제인 친속이다."라고 아울러서 말한 것이다. '갚아 준다[報]'라는 것은 은혜가 가벼운 양쪽이 서로 복을 하는 것임을 보이고자 한 것이다. 그러므로 '보(報: 갚아 주다)'라고 한 것이다.】 종조곤제를 위해 소공 5월로 복을 한다. 『의례』「상복」'소공 오월'장의 정현 주에 "(종조곤제는) 아버지의 종부곤제(4촌 형제)의 아들이다."라고 하였다.【이는 종조부모의 아들이다. 그러므로 정현이 "아버지의 종부곤제의 아들이다."라고 한 것이니, 자기의 재종곤제(6촌 형제)이다. 이상 3가지 복은 성인 소공의 복이다.】 (종부곤제가 시집간) 종부자매를 위해 소공 5월로 복을 한다. 『의례』「상복」'소공 오월'장 정현의 주에 "(종부자매는) 아버지의 곤제의 딸이다."라고 하였다."【종부자매가 시집을 가지 않았을 경우는 대공으로 복을 하고, 시집을 갔을 경우는 소공으로 복을 한다. 시집을 갔는지 시집을 가지 않았는지를 말하지 않은 것은 (방친의) 자매는 (아직

시집가지 않았더라도) 미리 강복을 하니, 그 종족에서도 또한 미리 강복을 하여 갚아 준다. 그러므로 시집을 가지 않았는지 시집을 갔는지를 구분하지 않은 것이다.】 (할아버지가) 시집간 손녀를 위해 소공 5월로 복을 한다.【만약 시집을 가지 않았다면 또한 대공으로 복을 한다.】 남의 후사가 된 사람이 시집간 친자매를 위해 소공 5월로 복을 한다.【고모를 위해 은혜가 가볍기 때문에 낮추어서 복을 한다.⑫】 외할아버지·외할머니를 위해 소공 5월로 복을 한다.⑬ 이모를 위해 소공 5월로 복을 하는데, 이모도 남녀 외조카들에게 똑같은 복으로 갚아 준다.【장부(丈夫)와 부인(婦人)은 모두 성인의 호칭이다. 이곳에서는 이모가 낳은 아들과 딸을 가리킨다.】 외친(外親)에 대한 복은 모두 시마(緦麻)이다. 외할아버지·외할머니를 위해서는 존귀함[尊]을 이유로 가복을 하고, 이모를 위해서는 이름[名]을 이유로 가복을 하여 모두 소공으로 복을 하는 것이다.【외할아버지는 본래 골육(骨肉)이 아니어서 정이 소원하다. 그러므로 성인은 예를 제정하면서 시마를 넘지 못하도록 하였다. 외조(外祖)라고 하였으므로, '조(祖)'는 존귀한 이름이며, 어머니를 낳아 주신 분이므로 정이 무겁다. 그러므로 존귀함[尊]을 이유로 가복을 하여 소공으로 복을 하고 시마로 복을 하지 않는다. 종모(從母)는 어머니의 자매로 어머니와 한 몸이니, 자신의 어머니를 따라 '어머니[母]'라는 이름이 있다. 그러므로 이름을 이유로 가복을 하여 소공으로 복을 하고 또한 시마로 복을 하지 않는다.】 남편의 고모·자매를 위해 소공 5월로 복을 하고, 손아랫동서와 손윗동서를 위해 소공 5월로 복을 하는데, 서로 똑같은 복으로 갚아 준다.⑭【남편의 고모·자매가 시집을 가지 않았든 시집을 갔든 모두 소공으로 복을 하는 것은 은혜가 가벼우므로 대략 낮추어 복을 하는 예에 따르기 때문이다.⑮】『의례』「상복」'소공 오월'장의 전(傳)에 "제부(娣婦)와 사부(姒婦)는 동생의 처와 형의 처인데, 왜 소공으로 복을 하는가? 생각건대, 함께 집안에 살다 보면 소공의 친밀함이 생기기 때문이다."라고 하였다.【제부와 사부는 형제의 처끼리 서로 부르는 호칭이다. (「상복」'소공'장의 전(傳)에서 말한)

'제장(弟長)'이란 '제(娣)'를 파독(破讀)⑯하면 여동생[女弟]의 뜻이고, '사(姒)'는 형[長]의 뜻이다. '娣'와 '姒' 두 글자는 모두 '女'로 의부(意符)를 삼고, '弟'와 '似'로 성부(聲符)를 삼았으니, 두 며느리에 의거하여 명칭을 세워서 나이가 어린 자를 '제(娣: 손아랫동서)'라고 하고 나이가 많은 자를 '사(姒: 손윗동서)'라고 한다. 가령 동생의 처가 나이가 많은 경우 그녀를 '사(姒)'라고 칭하고, 형의 처가 나이가 어릴 경우 그녀를 '제(娣)'라고 칭한다. 살펴보건대, 『춘추좌전』 성공(成公) 11년 조에 의하면, 목강(穆姜)은 선공(宣公)의 부인(夫人)으로서 큰며느리였다. 성백(聲伯)의 어머니는 선공의 동생 숙힐(叔肹)의 처로서 작은며느리였다. 성백의 어머니가 빙(聘)의 예⑰를 행하지 않고 (성백의 아버지와 동거를 하자), 목강은 "나는 첩을 손윗동서[姒]로 인정할 수 없다."고 하였다. 이는 두 며느리의 나이의 많고 적음을 기준으로 손아랫동서[娣]와 손윗동서[姒]를 삼은 것이지, 남편의 나이를 기준으로 손아랫동서와 손윗동서를 삼은 것이 아니다.】 군자자(君子子)는 자기를 양육해 준 서모(庶母)를 위해 소공 5월로 복을 한다. '군자자'는 귀인(貴人)⑱의 아들을 가리킨다. 『의례』 「상복」 '소공 오월'장의 정현 주에 "'군자자'란 대부 및 공자의 적처의 아들이다."⑲라고 하였다.【예(禮)의 통례에서 보면, '군자'와 '귀인'은 모두 대부 이상에 의거하여 말한 것이다. 공자(公子)의 존비는 대부(大夫)에 비유된다. 그러므로 정현이 이에 의거하여 말한 것이다. 이곳의 '자기를 양육해 준 서모[庶母慈己]'는 아버지의 첩들이다. 그러므로 『예기』 「내칙(內則)에서 "특별히 태어난 어린아이를 위하여 궁중에 방을 마련하고, 여러 첩들[諸母]⑳ 가운데 아이의 스승이 될 만한 자를 뽑는데, 반드시 너그럽고 자애롭고 온화하고 공손하고 신중하며 말이 적은 자를 구하여 아이의 스승으로 삼아서 훌륭한 도리로 가르치게 하고, 그다음은 자모(慈母)로 삼고, 그다음은 보모(保母)로 삼아서 모두 아이의 방에 거처하게 한다." 하였으니, 이러한 세 종류의 어머니[三母]가 있는 것이다. 또 『예기』 「내칙」에 "대부의 자식에게는 사모(食母: 유모)㉑가 있다."고 하였으니, 이러한 어머니들이 이른바 '자기를 양육해 준 서모[庶母慈己]'이다. 자기를 양육해 주었기 때문에 시마에서 올려서 가복을 하여 소공으로 복을 하는 것이다. 국군(國君)의 아들은 자모(慈母)를 위해 복을 하지 않으며, 사(士)는 또 '군(君)'이라 칭할 수 없으니, 아들이 자모를 위해 소공의 복을 하는 것은 오직 공자(公子) 및 대부(大夫)의 적자(適子) 두 사람뿐이다. 이곳에서는 아버지가 살아 계실 경우에 복을 하는 것이다. 이를 알 수 있는 것은 대부와 공자는 후계를 잇지 못하여 그 자신이 죽으면 (적자 이외에는 아버지의) 여존(餘尊)에 눌리는 일이 없으니,㉒ 자기를 양육해 준 세 종류의 모든 어머니에 대한 의리를 똑같이 하기 때문이다. 그러므로 아버지가 살아 계실 경우는 복을 하고 아버지가 돌아가시면 시마의 복을 한다는 것을 알 수 있다. 또 정현은 "(경문에서) '자기를 양육해 주었기 때문에 가복(加服)을 한다.'고 하였으므로 군자(君子)의 아들은 또한 사례(士禮)에 따라서 서모를 위해 시마의 복을 한다."라고 하였다. 그렇다면 본래는 서모를 위해 시마의 복을 하는 것이다.】]

["(殤)[1]小功布衰裳, 澡麻帶·絰, 五月[者][2]", 註云, "澡者, 治去莩垢, 不絶其本也. 「小記」曰, '下殤小功, 帶澡麻不絶本, 詘而反以報之.'" 賈釋云, "此殤小功章, 本齊衰大功之親, 爲殤死, 降在小功者, 故在成人小功之上. 言'小功'者, 對大功是用功麤大, 則小功是用功細小精密者也."【自上已來, 皆'帶'在'絰'下, 此章'帶'在'絰'上者, 以大功已上, 絰·帶有本, 小功已下, 斷本. 此殤小功中, 有下殤小功, 帶不絶本, 與大功同, 故進'帶'於'絰'上, 倒文以見重也. 又上文多直見一絰包二帶, 此別言'帶'者, 亦欲見帶不絶本, 與成人小功絰不同, [故][3]兩見之也.】

敍服, 叔父[之下殤].[4] 適孫[之下殤]. 昆弟[之下殤]. 大夫庶子爲適昆弟[之下殤]. 姑·姊妹·女子子[之下殤].【已上八人, 本服期, 今爲下殤, 降在小功者.】

1 (殤): 저본에는 '殤'의 글자가 있으나, 『의례』「상복」'상소공 오월'장에 의거하여 衍字로 처리하였다.
2 [者]: 저본에는 '者'의 글자가 없으나, 『의례』「상복」'상소공 오월'장에 의거하여 보충하였다.
3 [故]: 저본에는 '故'의 글자가 없으나, 『의례』「상복」'상소공 오월'장 가공언의 소에 의거하여 보충하였다.
4 [之下殤]: 저본에는 '之下殤'의 세 글자가 없으나, 『의례』「상복」'상소공 오월'장에 의거하여 보충하였다. 아래도 마찬가지이다.

爲人後者爲其昆弟·從父昆弟[之長殤].【此二者, 本服大功, 今長殤, 降在小功者.】「傳」“問者曰, ‘中殤何以不見?’ 答者曰, ‘大功之殤, 中從上, 小功之殤, 中從下.’【問者據從父昆弟之下殤在緦麻者也. 以其緦麻章見從父昆弟之下殤, 此章見從父昆弟之長殤, 唯中殤不見, 故致問也.】爲夫之叔父之長殤【不見中殤者, 中從下服緦也.】, 昆弟之子女子子【姪, 男女也. 本朞, 今在下殤.】·夫之昆弟之子女子子[之下殤]【姪, 男女也. 本朞, 今在下殤.】, 庶孫男女之(在)[5]長殤.【皆小功無變. 五服上曰衰, 下曰裳. 男子衰裳殊, 婦人衰裳不殊. 衰亦如男子外削幅, 綴衰於衣, 而衣無帶. 其裳則如深衣, 而裳無衽, 謂皆縫合. 自上已來, 唯圖男子衰裳, 婦人衰裳不見, 故特圖之.】

正小功, “布衰裳, 牡麻絰, 卽葛, 五月者”, 註云, “卽, 就也. 小功輕, 三月變麻, 因故衰以就葛絰帶, 而五月也.” 此小功成人章輕, 故次在殤小功下. 此章有三等, 正·降·義. 其衰裳之制, 澡麻帶絰, 唯斷本與前章爲異.【此成人文縟, 故麻從葛, 但以日月爲促, 故不變衰. 不列冠屨者, 上大功章已略至. 此小功輕, 故亦不言. 舊說云, “小功已下, 吉屨無絇.” 案, 『周禮』「屨人職」, 屨·舃皆有絇繶純. 純者, 於屨口有緣. 繶者, 牙底相接處, 縫中有條. 絇者, 屨鼻頭有飾, 爲行戒. 吉時有行戒, 故有絇. 喪中無行戒, 故無絇. 以小功輕, 故從吉屨. 爲其太飾, 故去絇.】

敍服, 從祖祖父母, 從祖父母, 報. 註云, “祖父之昆弟之親.”【從祖祖父母, 是曾祖之子, 故知是祖父之昆弟之親也. 從祖父母, 是從祖祖父母之子, 是父之從父昆弟之親, 故鄭幷言“祖父之昆弟之親.” 報者, 恩輕, 欲見兩相爲服, 故云‘報’也.】從祖昆弟. 註云, “父之從父昆弟之子.”【此是從祖父母之子. 故鄭言“父之從父昆弟之子”, 是己之再從昆弟. 此上三者, 爲正小功.】從父姊妹. 註云, “父之昆弟之女.”【從父姊妹在家大功, 出適小功. 不言出適及在室者, 姊妹旣逆降, 其宗族亦逆降, 報之.

5 (在): 저본에는 ‘在’의 글자가 있으나, 『의례』「상복」‘상소공’장에 의거하여 연문으로 처리하였다.

故不辨在家及出適也.】女孫適人者.【若在室, 亦服大功.】爲人後者, 爲姊妹之適人者.【姑恩輕故降也.】外祖父母. 從母, 丈夫·婦人, 報.【丈夫·婦人, 皆成人之號. 此謂從母所生之男女也.】外親之服皆緦也. 外祖父母以尊加, 從母以名加, 而皆小功焉.【外祖本非骨肉而情疏, 故聖人制禮無過緦也. 以言外(親)[祖][6], 祖是尊名, 以母之所生, 情重, 故尊加至小功, 不服緦也. 從母是母姊妹, 與母一體, 從於己母而有母名. 故以名加至小功, 亦不服緦.】夫之姑·姊妹, 娣姒婦, 報.【夫之姑·姊妹在室及嫁, 皆小功者, 因恩輕, 略從降也.】「傳」曰, "娣姒婦者, 弟長也, 何以小功也? 以爲相與居室中, 則生小功之親焉."【娣姒婦者, 兄弟之妻相名也. '弟長也'者, 破娣女弟也, 姒長也. 以娣·姒二字, 皆以女爲形, 弟似爲聲, 則據二婦立名, 謂年小者爲娣, 年大者爲姒. 假令弟妻年大, 則稱之曰'姒', 兄妻年小, 稱之曰'娣'. 案『左傳』, 穆姜是宣公夫人, 大婦也. 聲伯之母, 是宣公弟叔肹妻, 小婦也. 聲伯之母不聘穆姜, 曰, "吾不以妾爲姒", 是據二婦年大小爲娣姒, 不據夫年爲大小也.】君子子爲庶母慈已者, 曰'君子子'者, 貴人之子也. 註云, "君子子者, 大夫及公子之適妻子也."【禮之通例云, 君子與貴人, 皆據大夫已上而言也. 公子尊卑比大夫, 故鄭據而言也. 此'庶母慈己'者, 父之諸妾也. 故「內則」云, "異爲孺子室於宮中, 擇於諸母與可者, 必求其寬裕慈惠溫良恭敬愼而寡言者, 使爲子師, 敎示以善道. 其次爲慈母, 知其嗜欲. 其次爲保母, 安其居處, 皆居子室", 有此三母. 又曰, "大夫之子有食母", 此所謂庶母慈己者也. 以其慈於己, 故於緦麻上加至小功. 國君子爲慈母無服, 士又不得稱君, 子爲慈母服小功者, 唯公子及大夫之適子二人矣. 此謂父在者則服之. 知者, 以大夫公子不繼世, 身死則無餘尊之厭, 一同凡庶三母慈己之義, 故知父在則服之, 父沒則服緦麻. 又鄭云, "以慈己加, 則君子子亦以士禮爲庶母緦也. 若然是其本爲庶母緦麻也."】]

6 (親)[祖]: 저본에는 '親'으로 되어 있으나, 앞의 '外親之服'으로 인해 잘못된 것이므로 '祖'로 교감하였다.

역주

① 조마(澡麻: 물로 씻어 낸 숫마): 이여규(李如圭)는 '조마(澡麻)'는 숫마(牡麻)를 물로 씻어 낸 것이라고 하였고, 호배휘는 소공 이하는 모두 마를 물로 씻어 내는데, 그 복이 가볍기 때문이라고 하였다. (胡培翬, 『儀禮正義』 권24, 1523~1524쪽 참조.) 마를 다듬어 베를 만들 때 방망이로 두드리는 것을 '단탁(鍛濯)'이라 하고, 여기에 다시 잿물에 넣어 부드럽게 마전하는 것을 '회치(灰治)'라 한다. '단탁'의 인공만 가한 베를 '소포(疏布: 거친 베, 참최·자최)'라 하고, 다시 '회치'의 인공을 가한 베를 '공포(功布: 인공을 가한 베, 대공)'라 한다. 또 마를 물에 적셔서 부드럽고 깨끗하게 하는 것을 '조치(澡治)'라고 하는데, '조치'의 세밀한 인공을 가한 베가 소공(小功)이다.

② 위의 대공 이상의 ~ 것이다: 전체가 모두 『의례주소』 「상복」 '상소공' 장의 가공언 소를 인용한 것이다.

③ 하상(下殤)으로 ~ 복을 한다: 마융(馬融)에 의하면 본래 모두 기년으로 복을 해야 하는데 하상으로 죽었기 때문에 두 등급을 낮추어 소공으로 복을 하는 것이다.(本皆期服, 下殤降二等, 故小功也.) 성세좌(盛世佐)는 '상대공'장과 비교해 본다면, '하상으로 죽은 아들을 위해[子之下殤]', '제후가 하상으로 죽은 적자를 위해[公爲適子之下殤]', '대부가 하상으로 죽은 적자를 위해[大夫爲適子之下殤]'의 3조목도 '상대공'에 규정되어야 한다고 하였다.(胡培翬. 『儀禮正義』 권24, 1524~1525쪽 참조.)

④ 장상으로 ~ 5월로 복을 한다: 오계공(敖繼公)은 '종부곤제를 위해 복을 하는 사람'은 '남의 후사가 된 사람'과 별도의 사람인데, 경문에서 생략

한 것이라고 하였다. 장이기(張爾岐)는 오계공의 설을 구체화하여 경문은 '남의 후사가 된 사람이 친곤제를 위해 복을 하는 경우'와 '일반인이 종부곤제를 위해 복을 하는 경우' 두 가지에 대한 규정으로 보았다. 호배휘도 이 구절은 두 조목으로, 종부곤제를 위해 복을 하는 사람은 일반사람으로 남의 후사가 된 사람이 복을 하는 것이 아닌데, 이들 장상으로 죽은 두 가지 경우 모두 같은 상소공 5월로 복을 해 주기 때문에 이곳에서 총괄하여 언급한 것이라고 하였다.(胡培翬, 『儀禮正義』 권24, 1525쪽 참조.)

⑤ 하상으로 ~ 말한 것이다: 『의례』 「상복」 '시마'장에 "하상으로 죽은 종부곤제(4촌 형제)·조카와 중상이나 하상으로 죽은 남편의 작은아버지를 위해 시마 3월로 복을 한다.[從父昆弟·姪之下殤, 夫之叔父之中殤·下殤.]"고 하였다.

⑥ 장상으로 ~ 5월로 복을 한다: 본래 남편의 숙부를 위해서는 대공 9월로 복을 해야 하는데, 장상으로 죽었기 때문에 한 등급을 낮추어서 소공 5월로 복을 하는 것이다.

⑦ 하상으로 ~ 복을 한다: 백·숙부모가 이들을 위해 복을 하는 것이다. 이들이 성인으로 죽었다면 기년으로 복을 해야 하는데, 하상으로 죽었기 때문에 두 등급을 낮추어서 소공 5월로 복을 하는 것이다.

⑧ '즉(卽)'은 나아간다[就]는 뜻이다: 학경(郝敬)에 의하면, 이곳의 '질(絰)'은 수질과 요질을 겸하여 말한 것이며, '즉갈(卽葛)'이란 3개월 만에 장례를 치른 후 칡으로 조마(澡麻: 물로 씻어 낸 숫마)를 바꾼다는 뜻으로, 강복의 소공과 달리하려는 것이다.(胡培翬, 『儀禮正義』 권24, 1530쪽, "絰兼首要. 卽葛謂三月旣葬以葛易澡麻, 所以異於降服小功也.")

⑨ 수질과 요질: 정현 주의 '질대(絰帶)'는 수질과 요질을 가리킨다. 요질을

‘대’라고 한 것은 요질이 길례의 대대(大帶)를 본떴기 때문이다.

⑩ 종조할아버지·종조할머니와 종조아버지·종조어머니: 『이아(爾雅)』 「석친(釋親)」에 “아버지의 큰아버지와 작은아버지를 ‘종조조부’(종조할아버지)라 하고, 아버지의 큰어머니와 작은어머니를 ‘종조조모’(종조할머니)라 한다. 아버지의 종부곤제(4촌 형제)를 ‘종조부(5촌 從叔)’라 하고, 아버지의 종부곤제의 처를 ‘종조모(5촌 從叔母)’라 한다.[父之世父叔父爲從祖祖父, 父之世母叔母爲從祖祖母. 父之從父昆弟爲從祖父. 父之從父昆弟之妻爲從祖母.]”고 하였다. 마융은 “종조조부모(종조할아버지·종조할머니)는 증조할아버지의 아들이며, 할아버지의 곤제이니, 정복은 소공이고, 종조부모(5촌 종숙·5촌 종숙모)는 종조조부의 아들이니, 아버지의 종부곤제(4촌 형제)이다.[從祖祖父母者, 曾祖之子, 祖之昆弟也, 正服小功, 從祖父母者, 從祖祖父之子, 是父之從父昆弟也.]”라고 하였다.(胡培翬, 『儀禮正義』 권24, 1530쪽 참조.)

⑪ 할아버지와 아버지의 곤제인 친속이다: 오계공은 종조조부(종조할아버지)는 할아버지의 곤제, 종조부(5촌 종숙)는 할아버지의 곤제의 아들이라고 하였다.(胡培翬, 『儀禮正義』 권24, 1531쪽 참조.)

⑫ 고모를 위해 ~ 낮추어서 복을 한다: 『의례』 「상복」 ‘소공 오월’장 정현의 주에 “고모를 언급하지 않은 것은 친한 이(자매)를 들면 은혜가 가벼운 사람에 대해서는 낮춘다는 것을 알 수 있기 때문이다.[不言姑者, 擧其親者, 而恩輕者降可知.]”라고 하였다.

⑬ 외할아버지 ~ 복을 한다: 외할아버지·외할머니를 위해 소공으로 복을 하는 이유. ① 외할아버지·외할머니는 어머니의 지존이기 때문에 가복(加服)을 한다는 입장. 마융은 “외할아버지·외할머니는 어머니의 부모로서, 본복은 시마(緦麻)이지만 어머니가 지존으로 받드는 분이기 때

문에 소공으로 가복을 한다.[外祖父母者, 母之父母也. 本服緦, 以母所至尊, 加服小功.]"고 하였다. ② 소공의 복이 본복이라는 입장. 오계공은 "아들이 어머니를 따라 어머니의 친족에게 복을 할 경우 모두 어머니보다 두 등급을 낮추어서 한다. 어머니는 친정부모를 위해 기년의 복을 하므로 마땅히 소공을 해야 한다. 존 때문에 가복하는 것이 아니다.[子從母而服母黨者, 皆降於其母二等, 母爲其父母期, 宜小功, 非以加尊.]"라고 하였다. 호배휘는 어머니는 아버지의 후사가 된 자신의 곤제에 대해 기년의 복을 하는데, 오계공의 설대로라면 두 등급을 낮추어 소공의 복을 해야 하는데 왜 그렇게 하지 않는가라고 비판하였다.(胡培翬, 『儀禮正義』 권24, 1536쪽, "如其說, 則母爲其昆弟之爲父後者期, 何不亦降二等而小功乎?")

⑭ 남편의 고모 ~ 갚아 준다: '보(報)'의 주체에 대해 마융은 고모가 조카며느리에게 갚아 주는 것으로 보았고(報者, 姑報姪婦也.), 이여규는 고모가 조카며느리에게 갚아 주는 것과 동서들끼리 서로 갚아 주는 것으로 해석하였다. "손아랫동서와 손윗동서 양쪽을 언급하였으므로 서로 갚는다는 뜻이 자명하다. '보(報)'자는 '남편의 고모와 자매를 위해 갚아 준다.'는 것에도 걸리는데, 이 글자가 아래에 있는 것은 요컨대 손아랫동서와 손윗동서의 복도 남편으로 인해 생겨난 것이기 때문에 윗문장을 함께 받는 것이다.[娣·姒婦兩見, 則相爲報自明. 報文指爲夫之姑·姊妹而退在下者, 要娣·姒之服亦因夫而生, 故使幷蒙上文.]"라고 하였다.(胡培翬, 『儀禮正義』 권24, 1541쪽 참조.)

⑮ 남편의 ~ 때문이다: 호배휘는 "남편이 고모와 자매를 위해 하는 정복은 기년인데, 출가하면 낮추어서 대공으로 복을 한다. 처는 남편을 따라서 한 등급을 낮추어 복을 하므로, 시집을 가지 않았다면 그 정복은 대공이며 출가했다면 낮추어서 소공으로 복을 한다. 이제 은혜가 가볍기 때

문에 시집을 갔는지 가지 않았는지를 불문하고 똑같이 소공으로 강복을 하는 예에 따라 복을 한다. 이것이 '대략'이라는 의미이다.[夫爲姑·姊妹正服期, 出家降服大功, 妻從服降一等, 在室正服大功, 出家降服小功, 今因恩輕, 不分在室與出家, 一從降服小功之例服之, 是略也.]"라고 하였다.(胡培翬, 『儀禮正義』 권24, 1541쪽 참조.)

⑯ 파독(破讀): 글자의 뜻을 훈고하는 방법으로, 어떤 글자의 독음(讀音)을 바꾸어 의미의 변화를 표시하는 것을 말한다. 예를 들면 '美好'의 '好'는 상성(上聲, hǎo, 아름답다)으로 독음하는데, '愛好'의 '好'는 거성(去聲, hào, 좋아하다)으로 바꾸어 독음한다. 왕인지(王引之)는 『경의술문(經義述聞)』 「서(序)」에서 "글자의 성음이 같거나 성음이 유사한 경우, 경전에서는 종종 가차를 하였으니, 학자들은 성음으로 뜻을 구하여 그 가차의 글자를 깨고 본자로 독음한다면 의미가 얼음 녹듯이 환하게 풀리게 될 것이다.[字之聲同聲近者, 經傳往往假借, 學者以聲求義, 破其假借之字而讀以本字, 則渙然冰釋.]"라고 하였다.

⑰ 빙(聘)의 예: 두예(杜預)에 의하면 '빙의 예를 행하지 않았다.[不聘]'는 것은 매(媒)의 예를 행하지 않았다는 뜻이다.(不聘, 無媒禮.) 『예기』 「내칙(內則)」에 "빙(聘: 남자 쪽에서 여자 쪽에 매파를 보내어 혼인의 의사를 묻는 예)을 하면 처(妻)가 되고, 분(奔 : 빙의 과정 없이 첩으로 삼겠다는 의사를 듣고 달려가는 것)을 하면 첩(妾)이 된다.[聘則爲妻, 奔則爲妾.]"고 하였다.

⑱ 귀인(貴人): '귀인'에 대해 마융은 '적부인(適夫人)'이라고 하였고, 호배휘는 "첩 가운데 귀첩(貴妾)이 있는데, 처(妻)는 첩보다 더욱 귀하기 때문에 적처(適妻)를 '귀인'이라 한다."고 하였다.(胡培翬, 『儀禮正義』 권24, 1551쪽 참조.)

⑲ '군자자'란 대부 및 공자의 적처의 아들이다: 대성(戴聖)은 '군자자'를

'대부의 아들'로, '서모'를 '대부의 귀첩'으로 해석한다. "(군자자는) 대부의 적처의 아들로서, 귀첩에게 양육된 경우이다. 대부는 천첩에게 복을 하지 않는데, 자신을 양육했다면 시마의 복을 한다. '대부의 아들'이라고 하지 않고 '군자의 아들'이라고 칭한 것은 군자는 대부와 같기 때문이다.[君子子爲庶母慈己者, 大夫之適妻之子, 養於貴妾, 大夫不服賤妾, 慈己則緦服也. 其不言'大夫之子'而稱'君子子'者, 君子猶大夫也.](胡培翬, 『儀禮正義』 권24, 1549쪽 참조.)

⑳ 여러 첩들[諸母]: 여러 첩들은 태어난 아이에게는 관계상 제모(諸母)가 된다.

㉑ 사모(食母: 유모): 정현은 '사모'를 『의례』「상복」에서 말한 '유모(乳母)'로 해석하였다.(「喪服」所謂'乳母'也.) 아울러 『의례』「상복」 '시마'장에서 "유모를 위해 시마 3월로 복을 한다[乳母]."고 한 것에 대해 정현은 "자식을 기르던 사람이 다른 일이 생겨서 신분이 천한 사람이 그녀를 대신해 자기를 양육한 경우를 말한다.[謂養子者有他故, 賤者代之慈己.]"고 하였다. 그러나 호배휘는 '유모'를 '자모(慈母)'의 일종으로 보는 정현의 설을 비판하고, 유모는 단지 젖을 먹여 준 사람으로 자모와는 다르다고 주장하였다.(胡培翬, 『儀禮正義』 권24, 1563쪽 참조.)

㉒ 대부와 공자는 ~ 눌리는 일이 없으니: '여존(餘尊)'에 대하여 뇌차종(雷次宗)은 "『춘추공양전』 장공 4년 조에 '제후는 나라를 몸으로 삼는다.'고 하였다. 이 때문에 그 제후가 죽더라도 그 나라는 여전히 보존된다. 그러므로 남은 존[餘尊]이 있어 눌려서 낮춘다.[『公羊傳』云, '國君以國爲體', 是以其人雖亡, 其國猶存, 故許有餘尊以厭降之.]"고 하였고, 고염무(顧炎武)는 "존존과 친친은 주나라의 도이다. 제후에게는 한 나라의 존이 있어서 종묘·사직의 제사를 주관한다. 그러므로 이미 죽었더라도

오히려 나머지 존이 있다. 대부의 존은 제후에 미치지 못하기 때문에 죽게 되면 나머지 존이 없다. 그러므로 그의 서자는 아버지가 죽으면 그 사친(어머니)을 위해서 모두 본복에 의거하여 나라사람들처럼 복을 한다. (제후의 경우) 친(親)은 존(尊)에 비교될 수 없기 때문에 눌린다. (대부의 경우) 존은 친에 비교될 수 없기 때문에 눌리지 않는다. 이것이 제후와 대부의 차이다.[尊尊·親親, 周道也. 諸侯有一國之尊, 爲宗廟社稷之主, 旣沒而餘尊猶在. 大夫之尊, 不及諸侯, 旣沒則無餘尊, 故其庶子於父卒, 爲其私親, 並依本服如邦人也. 親不敵尊, 故厭, 尊不敵親, 故不厭]. 此諸侯·大夫之辨也.]"라고 하였다.(胡培翬, 『儀禮正義』 권23, 1502~1503쪽 참조.)

【喪服圖下16：11-緦冠澡纓시관조영】

纓澡冠緦

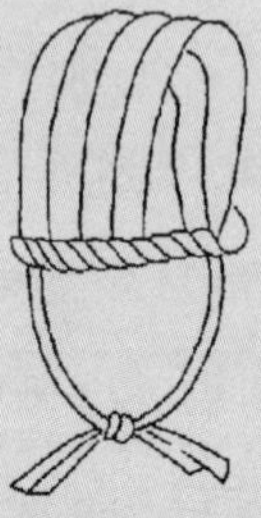

(『의례』「상복」'시마 삼월'장에) "시마 3월로 복을 하는 경우는 다음과 같다."고 하였다. 이 장(章)은 오복 가운데 가장 가벼운 복의 규정이다. 그러므로 가닥이 명주실처럼 세밀한 시마(緦麻)의 베로 상의와 하의를 만들고, 또 물에 적셔 부드럽게 하고 껍질의 오물을 씻어서 제거한 마로 수질과 요질을 만든다. 그러므로 '시마(緦麻)'라고 한 것이다.【'시(緦)'는 곧 명주실[絲]이니, 그 가닥을 명주실처럼 세밀하게 다듬었다는 뜻이다. 다만 옛날에 '緦'와 '絲' 두 글자는 통용하였다.】

무릇 상복의 변제(變除)①는 참최에서 시마에 이르기까지 비록 기간의 차이는 있지만 모두 천도(天道)를 본받는다. 그러므로 이 오복 가운데 가장 가벼운 시마복은 3개월 한 계절에 천기(天氣)가 한 번 변하는 것을 본받은 것이다. 그러므로 3개월 동안 복을 하는 것이다.【그 오복의 나머지 변제는 모두 「상복」 편의 경문(經文)과 기문(記文)에 보인다.】

『의례』「상복」'시마 삼월'장의 전(傳)에 "'시(緦)'는 15승에서 그 절반을 제거한 베이다.②【'추(抽)'는 제거한다[去]는 뜻과 같다.】 그 마 가닥에는 인공을 가하지만 그 베에는 인공을 가하지 않는 것을 '시(緦)'라고 한다.③"고 하였다. 살펴보건대, 아래 「상복·기(記)」에 대부가 명부(命婦)를 조문할 때는 석최(錫衰)를 착용한다고 하였고, 「상복·기(記)」의 전(傳)에서 또한 “(‘錫’이란) 15승에서 그 절반을 제거한 것인데, 그 마 가닥에는 인공을 가하지 않고 그 베에만 인공을 가한 것을 ‘석(錫)’이라 한다.”고 하였는데, 정현의 주에서는 “석(錫)은 그 마 가닥을 다듬지 않으니, 슬픔이 안에 있기 때문이다. 시(緦)는 그 베를 다듬지 않으니, 슬픔이 밖에 있기 때문이다.”라고 하였다. 그렇다면 (시마와 석최) 두 최복은 베의 승수는 비록 같지만 석최가 무거운 것이다. 그러므로 그 베를 다듬고 그 마 가닥을 다듬지 않는 것이니, 슬픔이 안에 있기 때문이다. 이곳의 시마의 최복은 마 가닥을 다듬고 베를 다듬지 않으니, 슬픔이 밖에 있기 때문이다.【80가닥이 1승(升)이니, 15승은 1,200가닥이다. 그 가운데 절반을 제거하면, 600가닥이 된다. 가닥의 거칠고 세밀한 정도가 조복(朝服)과 같으니, 이를 절반으로 하면 세밀하지만 거칠다고 할 만하다. 오복 가운데 가장 가볍기 때문이다.】

시마복의 관[緦冠]. 『예기』 「잡기 상(雜記上)」에 “시마복의 관에는 물에 적셔 부드럽고 깨끗하게 다듬은 베로 만든 끈을 단다.”고 하였다.【거친 참최의 관에는 승영(繩纓: 숫마로 만든 한 가닥의 끈)을 매다니, 관끈[纓]이 관보다 중하기 때문이다. 자최 이하의 관에는 포영(布纓: 베로 만든 한 가닥의 끈)을 매다니, 관끈과 관이 동등하기 때문이다. 앞의 「상복」 ‘자최 장기’장의 전(傳)에 “자최복과 대공복의 경우, (장례를 마친 후) 성복 때 쓰던 관과 동일한 승수의 최복으로 갈아입고[冠其受], 시마복과 소공복의 경우, 성복 때 입던 최복과 동일한 승수의 관을 쓴다[冠其衰].④”고 하였다. 그렇다면 이곳에서 ‘시마복의 관’이라 한 것은 관이 최복과 똑같이 시포(緦布)를 사용한다는 뜻이다. 다만 ‘조영(澡纓)’은 잿물에 넣어 부드럽게 마전을 하고 다시 물에 적셔서 부드럽고 깨끗하게 다듬은 베로 만든 관끈[纓]이니, 시마의 관과 구별된다. 시마의 관과 최복은 모두 베를 다듬지 않는데, 관끈은 물에 적셔서 부드럽고 깨끗하게 다듬으니, 그 관끈이 가볍기 때문이다. 그러므로 특별히 관과 관끈이 서로 이어져 있는 그림을 그려 넣은 것은 소공의 복 이상과 다르기 때문이다.】

(『의례』「상복」'시마 삼월'장의) 복제(服制) 규정은 다음과 같다. 족증조부모(증조할아버지의 형제·증조할아버지의 형제의 아내)【자기의 증조할아버지의 친형제이다.】·족조부모(할아버지의 4촌 형제·할아버지의 4촌 형제의 아내)【또한 고조할아버지의 손자이니, 자기의 할아버지의 종부곤제이다. 위로 고조까지 4대에 이른다.】·족부모(아버지의 6촌 형제·아버지의 6촌 형제의 아내)【자기의 아버지의 종조곤제이다.】·족곤제(자기의 8촌 형제)【자기의 삼종형제로서, 모두 일족이라 칭한다. 그러나 3족에서 위로 족증조부모에 이르고, 옆으로 4대로 나와서 고조를 함께한다. 이를 '4시마(緦麻)'라고 한다.】를 위해 시마 3월로 복을 한다. (할아버지·할머니가) 서손의 부인을 위해⑤ 시마 3월로 복을 한다.⑥ 【적자의 부인을 위해 대공 9월로 복을 하고, 서자의 부인을 위해 소공 5월로 복을 하고, 적손의 부인을 위해 또한 소공 5월로 복을 하니, 서손의 부인을 위해 시마 3월로 복을 하는 것이 그 차등임을 밝힌 것이다.】 시집간 종조고모(할아버지 형제의 딸)·종조자매(할아버지 형제의 손녀)를 위해 시마 3월로 복을 하는데, 이들도 똑같은 복으로 갚아 준다. 장상으로 죽은 종조부(할아버지 형제의 아들)·종조곤제(할아버지 형제의 손자)를 위해 시마 3월로 복을 한다.【장상으로 죽은 종조부는 숙부를 가리킨다.】 외손을 위해 시마 3월로 복을 한다.【딸이 밖으로 시집을 가서 낳았기 때문에 '외손'이라 한다.】 하상으로 죽은 종부곤제(4촌 형제)·조카를 위해 시마 3월로 복을 한다.⑦【성인으로 죽었다면 대공 9월로 복을 하고, 장상으로 죽었다면 소공 5월로 복을 해야 하는데, 이제 하상으로 죽었기 때문에 시마 3월로 복을 하는 것이다.】 중상이나 하상으로 죽은 남편의 작은아버지를 위해 시마 3월로 복을 한다.【성인으로 죽었다면 대공 9월로 복을 하고, 장상으로 죽었다면 소공 5월로 복을 한다. 중상은 하상을 따르기 때문에 이 시마의 장에 규정을 둔 것이다.】 장상으로 죽은 이모를 위해 시마 3월로 복을 하는데,

이모도 똑같은 복으로 갚아 준다.⑧ 서자⑨로서 아버지의 후사가 된 사람이 친어머니를 위해 시마 3월로 복을 한다.

『의례』「상복」'시마 삼월'장의 전(傳)에서 "왜 시마 3월로 복을 하는가?"라고 물었다. "존귀한 이(아버지)와 한 몸이 되었다면 감히 그 사친(친어머니)을 위해 복을 하지 못하기 때문이다.⑩"【아버지와 아들은 한 몸이니, 마치 머리와 다리의 관계와 같다. 첩은 정통이 아니다. 그러므로 '사친(私親)'이라 한 것이다.】 또 "이미 '감히 사친(친어머니)을 위해 복을 하지 못한다.'고 하였으므로 마땅히 완전히 복을 하지 않아야 하는데, 왜 또 시마로 복을 하는가?"라고 물었다. "궁중에서 죽은 사람이 있다면 그를 위해 3개월 동안 제사를 거행하지 않는다. 이를 이용해서 시마로 복을 하는 것이다."라고 답하였다.【가령 신복(臣僕) 가운데 궁중에서 죽은 이가 있으면 (그를 슬퍼하여) 3개월 동안 제사를 거행하지 않는다. 거행하지 않는다는 것은 폐기한다는 뜻이다. 그러므로 서자(庶子)는 이 때를 이용하여 어머니를 위해 복을 하는데, 시마 3월로 한다. 죽은 사람이 있으면 곧바로 제사를 폐기하는 것은 흉악한 사람이라는 비난을 듣지 않고자 하기 때문이다.】 귀신(貴臣)과 귀첩(貴妾)을 위해 시마 3월로 복을 한다.【'귀신(貴臣)'은 실로(室老)이다.⑪ '귀첩(貴妾)은 질제(姪娣)이다.⑫ 귀하기 때문에 모두 시마 3월로 복을 해주는 것이다.】 유모를 위해 시마 3월로 복을 하니, (어머니라는) 명분 때문에 복을 하는 것이다.⑬【자기를 양육해 준 자이다.】 종조형제(6촌 형제, 재종형제)의 아들들을 위해 시마 3월로 복을 한다. 증손을 위해 시마 3월로 복을 한다.⑭【현손이다.】 아버지의 고모를 위해 시마 3월로 복을 한다.【자기가 질손(姪孫)이 됨을 말한다.】 종모곤제(이모의 아들)을 위해 시마 3월로 복을 한다.【명분 때문에 복을 하는 것이다.⑮】 조카를 위해 시마 3월로 복을 하고, 외삼촌을 위해 시마 3월로 복을 한다.【서로 똑같이 갚아 주는 것이다.】 사위 및 처의 부모를 위해 시마 3월로 복을 한다.【서로 똑같이 갚아 주는 것이다.】 고모의 자식을 위해 시마

3월로 복을 한다.【외형제를 위해 서로 똑같이 갚아 준다.⑯】 외삼촌의 자식을 위해 시마 3월로 복을 한다.【내형제와 외삼촌은 모두 어머니를 따라서 복을 하는 것이다.⑰】 장상으로 죽은 남편의 고모·손위누이·손아래누이를 위해 시마 3월로 복을 한다.⑱ 남편의 여러 조부모들을 위해 시마 3월로 복을 하는데, 이들도 똑같은 복으로 갚아 준다. 남편의 종부곤제(4촌 형제)의 처를 위해 시마 3월로 복을 한다.【동당의 손아랫동서·손윗동서를 위해서는 친 손아랫동서·손윗동서보다 낮춘다. 그러므로 시마로 복을 한다.⑲】 장상으로 죽은 곤제의 손자를 위해 시마 3월로 복을 한다. 장상으로 죽은 종부곤제의 아들을 위해 시마 3월로 복을 한다.【자최의 상(殤)에서는 중상은 상상을 따라고, 대공의 상에서는 중상은 하상을 따른다.】 개장(改葬)을 할 때는 시마 3월로 복을 한다. 『의례』「상복·기(記)」에 대한 정현의 주에 "분묘가 다른 이유로 붕괴되어 시신과 널[尸柩]이 망실되려는 경우를 말한다."고 하였다.【'다른 이유[他故]'란 물이 범람하여 흘러넘쳐서 반드시 다른 곳으로 개장을 해야 하는 경우를 말한다. 시마로 복을 한다는 것은 신하가 군주를 위하여, 아들이 아버지를 위하여, 처가 남편을 위하여 하는 경우이다. 이 세 가지의 극심한 고통에 의거하여 복을 하는 것이니, 군주와 부모가 돌아가신 지 너무 오래되었다면 복을 하지 않을 수도 있다. 다만 직접 군주와 아버지의 시신과 널을 보았다면, 잠시 동안의 고통이라도 복을 하지 않을 수 없다. 그러므로 모두 시마로 복을 하고, 또한 3개월 만에 상복을 벗으니, 천도를 본받는 것이다.】

["緦麻, 三月者." 此章, 五服之内輕之極者, 故以緦麻布縷細如絲者爲衰裳, 又以澡治莩垢之麻爲絰帶, 故曰'緦麻'.【緦卽絲也, 謂治其縷細如絲也, 但古之緦絲二字通用.】 凡喪服變除, 自斬至緦, 雖年月不同, 皆法天道. 故此服之輕者, 法三月一時, 天氣一變, 可以除之, 故三月也.【其餘變除, 皆見經記.】「傳」曰, "緦者, 十五升抽其半.【抽猶去也.】 有事其縷, 無事其布, 曰緦." 案下記大夫命婦相弔以錫衰, 亦云, "十五升抽其半, 無事其縷, 有事其布, 曰錫." 註云,

"錫者, 不治其縷, 哀在內也. 緦者, 不治其布, 哀在外也." 然則二衰升數雖同, 但錫衰重, 故治其布, 不治其縷, 哀在內也. 此緦麻衰治縷, 不治布, 哀在外故也.【八十縷爲升, 十五升, 千二百縷, 抽其半, 六百縷. 縷麤細如朝服數, 則半之, 可謂細而疏. 服最輕故也.】

緦冠, 「雜記」曰, "緦冠, 澡纓."【麤斬衰冠繩纓, 纓重於冠. 齊衰已下布纓, 纓與冠等. 上「傳」曰, "齊衰大功, 冠其受, 緦麻小功, 冠其衰", 則此云"緦麻冠"者, 冠與衰同用緦布. 但澡纓者, 以其灰澡治布爲纓, 與冠別. 以其冠與衰皆不治, 纓則澡治之, 以其輕, 故特圖冠纓相連者, 以異於上.】

敍服, 族曾祖父母【己之曾祖親兄弟也.】·族祖父母【亦高祖之孫, 己之祖父從父昆弟. 上至高祖四世.】·族父母【己之父從祖昆弟也.】·族昆弟【己之三從兄弟, 皆名爲族. 然自三族上至族曾祖父母, 傍四出, 同出高祖, 謂之四緦麻.】. 庶孫之婦, 緦.【以適子之婦大功, 庶子之婦小功, 適孫之婦亦小功, 明庶孫之婦緦麻, 是其差也.】從祖姑·姊妹適人者, 報. 從祖父·從祖昆弟之長殤.【從祖父長殤者, 謂叔父者也.】 外孫.【以女外出適而生, 故曰'外孫'.】從父昆弟·姪之下殤.【成人大功, 長殤小功. 今下殤, 故緦.】 夫之叔父之中殤·下殤.【成人大功, 長殤小功, 中殤從下, 故在此章.】 從母之長殤, 報. 庶子爲父後者, 爲母, 緦. 「傳」問, "何以緦也?" "與尊者爲一體, 不敢服其私親也."【父子一體如首與足. 妾非正, 故云'私親'.】 又問 "旣云'不敢服其私親', 卽應全不服, 何又服緦也?" 答"有死於宮中者, 則爲之三月不擧祭, 因是以服緦也."【云假有臣僕死於宮中者, 三月不擧祭. 不擧謂廢也. 故庶子因是爲母, 緦也. 有死卽廢祭者, 不欲聞凶人故也.】 貴臣, 貴妾.【貴臣, 室老也. 貴妾, 姪娣也. 以貴皆服緦.】 乳母, 以名服也.【慈己者.】 從祖兄弟之子. 曾孫.【玄孫也.】 父之姑.【謂己爲姪孫.】 從母昆弟.【以名服.】 甥·舅【相報.】壻及妻之父母.【相報.】姑之子.【外兄弟報.】舅之子.【內兄弟與舅皆從服.】夫之姑·姊妹之長殤. 夫之諸祖父母, 報. 夫之從父昆弟之妻.【同堂娣(妹)[姒][1]降於親娣姒,

故緦.】昆弟之孫長殤. 從父昆弟之子長殤.【齊衰之殤中從上, 大功之殤中從下.】

改葬, 緦. 註云, "謂墳墓以他故崩壞, 將亡失屍柩者也."【他故, 謂水潦漂蕩, 故須別處改葬. 服緦者, 臣爲君, 子爲父, 妻爲夫. 據此三等痛極者服之, 以其君親喪亡已久, 可以無服. 但親見君父之尸柩, 暫時之痛, 不可(制)[以無][2]服. 故皆服緦, 亦三月而除, 法天道也.】]

1 (妹)[姒]: 저본에는 '妹'로 되어 있으나, 뒤의 문장에 의거하면 '姒'의 잘못이다.
2 (制)[以無]: 저본에는 '制'로 되어 있으나, 『의례』「상복·기」 정현의 주에 의거하여 '以無'로 교감하였다.

역주

① 변제(變除): 성복(成服)에서부터 담제(禫祭)를 마친 후 상복을 벗을 때까지의 과정과 의절을 '변복제상(變服除喪)' 혹은 줄여서 '변제(變除)'라고 한다. 『의례』와 『예기』에서는 '성복(成服)', '변복(變服)', '수복(受服)', '제복(除服)'의 네 가지 유형으로 변제의 규정을 기록하고 있다. '성복'은 죽은 지 3일째 되는 날 상관(喪冠)·최복(衰服)·상구(喪屨) 등을 착용하는 것을 말한다. '변복'은 성복 이후 우제·졸곡·부(祔)·소상(小祥)·대상(大祥)·담(禫) 등의 제사를 지낼 때 일시적으로 제복(祭服)을 입었다가 다시 상복으로 바꾸어 입거나 거상 중에 또 다른 상을 당해 겸복(兼服)을 할 때 복을 바꾸어 입는 것을 말한다. '제복'은 상기를 마치면 규정에 따라 상복을 벗는 것을 말한다.

② 15승에서 그 절반을 제거한 베이다: 원문 '十五升抽其半'에 대한 해석은 다양하다. 정현(鄭玄)과 이여규(李如圭) 및 오계공(敖繼公)은 15승의 절반인 '7승반'의 뜻으로 해석하였다. 실제로는 7승반 즉 600올의 베인데, 그 올이 15승의 조복(朝服)만큼 세밀하기 때문에 '7승반'이라 하지 않고 '십오승추기반(十五升抽其半)'으로 표현했다는 것이다. 이여규는 "조복의 베는 15승으로, 그 날실이 1,200가닥이다. 시마복의 베는 그 절반인 7승반의 600가닥이다. 승수는 적지만 그 가닥의 정밀함의 정도는 조복과 같다. 그러므로 시마의 규정을 소공의 규정 다음에 둔 것이다.[朝服之布, 其經千二百縷, 緦半之, 升數雖少, 而縷之精麤如朝服, 故服次小功也.]"라고 하였다. 오계공도 "무릇 오복의 베는 모두 가닥의 거칠

고 세밀함의 정도로 순서를 정한다. 그 거친 것은 복이 무겁고, 세밀한 것은 복이 가볍다. 그 때문에 승수가 비록 많아도 가닥이 거친 것은 오히려 앞에 둔다. 대공의 규정이 세최의 규정 위에 있는 것이 그런 경우이다. 승수가 비록 적어도 가닥이 세밀한 것은 오히려 뒤에 둔다. 시마의 규정이 소공의 규정 아래에 있는 것이 그런 경우이다.[凡五服之布, 皆以縷之麤細爲序. 其麤者則重, 細者則輕, 故升數雖多而縷麤, 猶居於前. 如大功在繐衰之上, 是也. 升數雖少而縷細, 猶居於後, 如緦麻在小功之下, 是也.]"라고 하였다. 한편 강조석(姜兆錫)과 성세좌(盛世佐)는 14+1/2승 즉 14승반으로 해석하였고, 김방(金榜)과 손이양(孫詒讓)은 15승의 베인데 그 가운데 절반에만 회치(灰治)의 공을 가하였기 때문에 '십오승추기반(十五升推其半)'이라 하였다고 한다.(谷田孝之, 『中國古代喪服の基礎的研究』, 風間書房, 1970, 318쪽 ; 胡培翬, 『儀禮正義』 권24, 1554쪽 참조.)

③ 그 마 가닥에는 ~ '시(緦)'라고 한다: 마 가닥을 다듬어 베를 만들 때 방망이로 두드리는 것을 '단탁(鍛濯)'이라 하고, 여기에 다시 잿물에 넣어 부드럽게 마전하는 것을 '회치(灰治)'라 하고, 또 마를 물에 적셔서 부드럽고 깨끗하게 하는 것을 '조치(澡治)'라고 한다. 이처럼 마 가닥을 방망이로 두드리고 물로 씻어 내어 다듬는 것을 '유사기루(有事其縷)'라고 한다. 그런데 이 '단탁'은 마 가닥[縷]을 다듬는 단계뿐 아니라 마 가닥을 다듬어 베를 완성한 후에도 다시 베를 방망이로 두드리고 물로 씻어 내는 인공을 가하는데, 이를 '유사기포(有事其布)'라고 한다.

④ 성복 때 입던 ~ 관을 쓴다: '관기수(冠其受)'란 장례를 치른 후 무거운 복을 가벼운 복으로 갈아입는 '수복(受服)'의 원칙이다. 즉 자최복과 대공복의 경우, 성복 때 쓰던 관과 동일한 승수의 최복(상의와 하의)으로 바꾸어 입는다. 이를 '수최(受衰)'라고 한다. 강복 자최를 예로 들면, 성복 때

에 4승의 최복 7승의 관을 쓰다가 장례를 마친 후 7승의 최복에 8승의 관으로 바꾸어 착용하므로, 장례 후의 최복의 승수는 성복 때의 관의 승수와 동일한 것이다. 다만 소공복과 시마복의 경우, 복상의 기간이 짧기 때문에 별도의 '수복' 절차가 없고, 장례를 치른 후에도 성복 때의 최복을 입은 상태로 복상 기간을 채우거나 장례를 치른 후 곧바로 상복을 벗는다. 또한 성복 때에 최복과 관의 승수가 동일한데, 이를 '관기최(冠其衰)'라고 한다. 강복의 소공은 관과 최복이 모두 10승이고, 정복의 소공은 관과 최복이 모두 11승이고, 의복의 소공은 관과 최복이 모두 12승이다. 시마의 복에는 15승의 베를 사용하는데 그 반을 제거하고 7승반의 베를 쓰니, 관과 최복의 승수는 또한 동일하다. 앞의 [喪服圖下16 : 07-大功布衰·大功布裳] 역주 ① '기장 수복표' 참조.

⑤ 서손의 부인을 위해: 마융에 의하면, 할아버지·할머니는 적손의 부인을 위해 소공으로 복을 하고, 서손의 부인을 위해 한 등급 낮추어서 시마로 복을 한다.(祖父母爲適孫之婦小功, 庶孫降一等, 故服緦.) 가공언과 이여규도 같은 입장이다.(胡培翬, 『儀禮正義』 권24, 1557쪽 참조.)

⑥ (할아버지·할머니가) ~ 시마 3월로 복을 한다: 『의례』 「상복」 편에는 '적손의 부인'에 대한 복제의 명문 규정이 없다. 이에 대해서 ① 오계공·서건학 등은 탈문 때문으로 본다. 오계공은 "서손의 부인을 위해 시마로 복을 하므로 적손의 부인을 위해서는 소공의 복을 해야 한다. '소공오월'장에 이에 대한 규정이 보이지 않는 것은 문장이 탈오되었기 때문이다. 할아버지가 서손의 부인을 위해 하는 본복은 소공이어야 하지만 적손의 부인과 구별하기 위해 한 등급을 낮추어 이곳 '시마 삼월'장에 둔 것이다.[庶孫之婦緦, 則適孫之婦, 小功也. 小功章, 不見之者, 文脫耳. 祖父母于庶孫之婦, 其本服當小功, 以別于適孫之婦, 故亦降一等而在

此.]"라고 하였다. ② 그러나 정진은 '적손'이란 존재할 수 없기 때문으로 본다. "적자가 있다면 적손은 있을 수 없다. 적자의 부인이 있다면 적손의 부인은 있을 수 없다. 적자가 죽어서 적손이 후사를 이었다 하더라도 그 적자의 부인이 있다. 결국 적손의 부인은 서손의 부인이 된다. 적자와 적자의 부인이 모두 죽고 적손의 부인이 (적손보다) 먼저 죽는 경우는 매우 드문 일이다. 그러므로 경문에서 규정하지 않은 것이다. 또 적자의 부인이 적자보다 먼저 죽는 경우가 없는 것은 아니지만, 그때는 재취 때문이다. 그러나 이때도 적자의 부인은 존재하는 셈이 된다. 더욱이 아들이 죽고, 며느리가 시아버지보다 먼저 죽은 경우는 1%도 안 되는 비정상적인 상태다. 성인은 정상적인 경우에 대해 말할 뿐이다." (秦蕙田, 『五禮通考』 권258, 凶禮13, 喪禮 참조.)

⑦ 하상으로 ~ 복을 한다: 종부곤제(4촌 형제)를 위한 본복은 대공인데, 그가 장상으로 죽은 경우에는 한 등급을 낮추어서 소공으로 복을 한다. 시집간 고모가 조카를 위한 본복은 대공인데, 그가 장상으로 죽은 경우에는 한 등급을 낮추어서 소공으로 복을 한다. 이곳에서는 하상으로 죽었기 때문에 다시 한 등급을 낮추어 시마로 복을 하는 것이다.

⑧ 장상으로 ~ 갚아 준다: 마융은 이모가 성인으로 죽으면 소공으로 복을 해 주는데, 장상으로 죽었다면 한 등급을 낮추기 때문에 시마로 복을 해 주는 것이라고 하였다. 호배휘는 "외친(外親)의 상복(殤服)에 대한 규정은 이 조목이 유일하다. 외친의 복은 모두 시마복이므로 상(殤)으로 죽었다면 복이 없다. 다만 이모는 외조카를 위해 더해서 소공으로 복을 해 주기 때문에 장상으로 죽은 경우에도 시마로 복을 해 주고, 중상과 하상으로 죽은 경우에는 복을 하지 않는다."고 하였다.(胡培翬, 『儀禮正義』 권24, 1559쪽 참조.)

⑨ 서자: 호배휘에 의하면, 이곳의 '서자(庶子)'는 '첩의 아들'[妾子]이다.(胡培翬, 『儀禮正義』 권24, 1559쪽 참조.)

⑩ 존귀한 이 ~ 때문이다: 호배휘는 "존귀한 이는 아버지를 가리킨다. 사친은 친어머니를 가리킨다. 서자로서 아버지의 후사가 된 사람은 아버지의 중(重: 종묘제사의 주재권)을 전하기 때문에 아버지와 한 몸이 된다. 그러나 첩모(친어머니)는 군주와 한 몸이 될 수 없는 사람으로서, 자기의 사친이다. 그러므로 감히 복을 하지 못한다.[尊者謂父, 私親謂其母. 庶子爲父後, 傳父之重, 卽與父爲一體, 而妾母不得體君, 是己之私親, 故不敢服也.]"고 하였다.(胡培翬, 『儀禮正義』 권24, 1560쪽 참조.)

⑪ '귀신(貴臣)'은 실로(室老)이다: '실로'는 가상(家相)을 말한다. 「상복」 '참최 삼년'장의 전(傳)에 "공·경·대부의 실로(室老)와 사(士)는 귀신(貴臣)이다["公·卿·大夫室老·士, 貴臣.]"라고 한 것에 대해 정현은 "'실로'는 가상(家相)이다. '사'는 읍재(邑宰)이다.['室老', 家相也. '士', 邑宰也.]"라고 하였다.

⑫ 귀첩(貴妾)은 질제(姪娣)이다: '질(姪)'은 처의 언니의 딸이고, '제(娣)'는 처의 여동생으로, 모두 처를 따라와서 첩이 된 자이다.

⑬ 유모를 ~ 복을 하는 것이다: 마융은 '모(母)'라는 명분 때문에, 학경은 '유(乳)'라는 명분 때문에 복을 하는 것으로 해석한다. 마융은 "사가 유모를 위해 복을 하는 것은 그녀가 자기를 젖으로 양육해 주어서 '모'(어머니)라는 이름이 있기 때문이다.[士爲乳母服, 以其乳養於己, 有母名.]"라고 하였고, 학경은 "유모는 외인의 부인으로서 대신 자식을 양육한 사람으로 본래는 '모'라고 할 수 없지만, 젖을 먹여 줌으로써 '유'라는 이름을 얻었다. 그러므로 본래 복이 없지만, 명분 때문에 복을 할 수 있게 된 것이다.[乳母, 外人婦代食子者, 本不名母, 而以乳得名, 本無服, 而

以名得服.]"라고 하였다.(胡培翬, 『儀禮正義』 권24, 1563쪽 참조.)

⑭ 증손을 위해 시마 3월로 복을 한다: 아들을 위해서는 기년으로 복을 하고, 손자를 위해서는 대공으로 복을 한다. 따라서 증손을 위해서는 소공으로 복을 해야 하는데, 시마로 복을 한다. 이에 대해 오계공은 "증손이 자기를 위해 자최 3월로 복을 하기 때문에, 자기도 증손을 위해 시마 3월로 복을 한다. 증손이 자기를 위해 복을 하는 달수를 넘길 수 없기 때문이다.[以曾孫爲己齊衰三月, 故己亦爲之緦麻三月, 不可過於其爲己之月數.]"라고 하였다.(胡培翬, 『儀禮正義』 권24, 1564쪽 참조.)

⑮ 명분 때문에 복을 하는 것이다: 가공언은 '어머니'라는 명분 때문에, 오계공은 '곤제'라는 명분 때문에 복을 한다고 하였고, 마융은 '어머니'와 '곤제'의 두 가지 의리를 겸한다고 하였다.(北京大 整理本 『儀禮注疏』 권33, 728쪽 및 胡培翬, 『儀禮正義』 권24, 1565쪽 참조.)

⑯ 외형제를 ~ 갚아 준다: 고모가 밖으로 출가하여 낳은 자식이기 때문에 나와 '외형제'가 된다. 고모의 자식은 어머니를 따라 나에게 복을 해 주므로 나도 그에게 똑같은 복으로 갚아 주는 것이다.

⑰ 내형제와 ~ 복을 하는 것이다: 어머니는 곤제의 자식을 위해 대공으로 복을 하고, 아들은 어머니를 따라서 시마로 복을 한다. 종복(從服)의 원칙에 따라 한 등급을 낮추어 복을 하는 것이다.

⑱ 장상으로 죽은 ~ 시마 3월로 복을 한다: 이들이 성인으로 죽었다면 소공 5월로 복을 해야 하는데, 장상으로 죽었기 때문에 한 등급을 낮추어 시마 3월로 복을 하는 것이다. 중상이나 하상으로 죽었다면 다시 한 등급을 낮추어 복을 해야 하는데, 시마에서 복이 끝나므로 결국 복을 하지 않게 된다.

⑲ 동당의 동아랫동서 ~ 시마로 복을 한다: 종부곤제의 아들과 곤제의 손

자 두 사람에 대한 본복은 소공인데, 장상으로 죽었다면 한 등급을 낮추어 시마로 복을 한다. 또 남편의 종부곤제의 처도 손윗동서·손아랫동서이다. 이들에 대한 복은 친 손윗동서·손아랫동서보다 낮춘다. 그러므로 시마로 복을 한다.

三禮圖集注

襲斂圖

권17 습렴도

역주 김용천

【襲斂圖17：01-掩엄】

掩

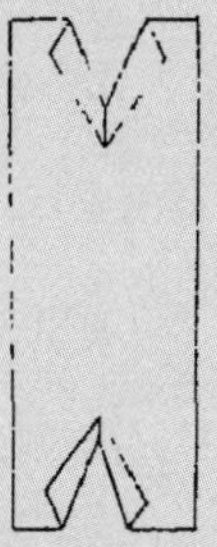

살펴보건대, 『의례』 「사상례(士喪禮)」에 "엄(掩: 머리싸개)①은 누인 비단(練帛)으로 만든다. 너비는 한 폭이고, 길이는 5척이며, 그 끝 부분을 갈라놓는다."고 하였다. 이 '엄'을 만드는 것은 시신의 머리를 감싸기 위한 것이다. '그 끝 부분을 갈라놓는다.'는 것은 뒤쪽의 두 끈을 턱 아래에서 묶는다는 뜻이다. 귀막이[瑱]②와 얼굴덮개[幎目]를 한 후, 이어서 앞쪽의 두 끈을 목 가운데에서 묶는다.【전(瑱)은 충이(充耳: 귀막이)이니. 흰색의 새 솜으로 만든다.】

[案「士喪禮」云, "掩, 練帛也. 廣終幅, 長五尺, 析其末." 作此掩, 爲裹尸首故也. '析其末'者, 以後二脚於頤下結之. 旣瑱·幎目之後, 乃以前二脚倒結於項中.【瑱, 充耳也. 用白新緜爲之.】]

역주

① 엄(掩: 머리싸개): 『의례주소』「사상례」 가공언의 소에 “엄(掩)은 지금 사람들의 복두(幞頭)와 같다. 다만 죽은 사람의 경우는 뒤쪽의 2개의 끈을 턱 아래서 묶는다는 점에서 살아 있는 사람과는 다르다.[掩, 若今人幞頭. 但死者以後二脚, 於頤下結之, 與生人爲異也.]”고 하였다. ‘복두(幞頭)’는 ‘복두(襆頭)’, ‘복두(服頭)’, ‘사각(四脚)’이라고도 한다. 본래 남자들이 머리를 싸는 검은색의 두건이었는데, 후에 점차 모자로 그 기능이 바뀌었다. 후한 시대 폭건(幅巾: 온폭의 섬세한 비단으로 머리를 감싸는 두건)을 바탕으로 북주 무제 때 이르러 네 모서리에 4개의 끈을 두르고, 머리를 쌀 때 두건의 덮개를 머리 위에 얹고, 앞면에 2개의 긴 끈을 이마 앞에서부터 머리 뒤쪽으로 묶고, 나머지 부분은 댕기처럼 머리 뒤에서 아래로 내려뜨렸는데, 이를 ‘양각(兩脚)’이라 하였다. 후면에 2개의 작은 끈을

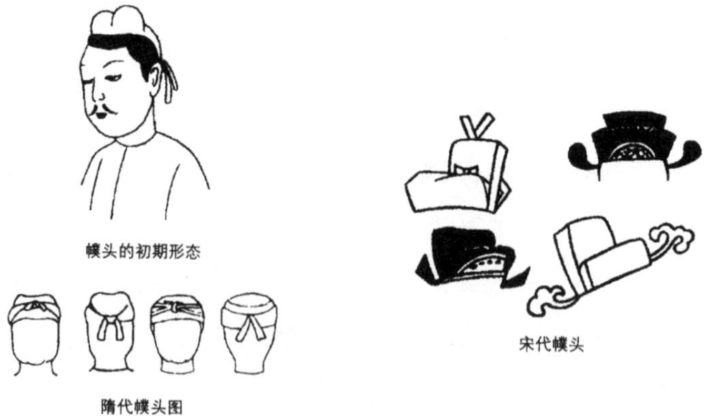

복두(幞頭)
孫晨陽·張珂, 『中國古代服飾辭典』

頭 幞

복두(幞頭)
王圻, 『三才圖會』(명)

상투를 둘러서 묶고, 정수리의 상투 앞면에서 동여맸는데, 이를 '복두(幞頭)'라고 했다. 이것이 복두(幞頭)의 초기 형태이다.(孫晨陽·張珂, 『中國古代服飾辭典』, 374~375쪽 '幞頭' 항목 참조) 호배휘는 엄(掩)은 관(冠)의 역할을 대신한다고 하였다.(北京大 整理本 『儀禮注疏』 권35, 774쪽 賈公彥의 疏 및 胡培翬, 『儀禮正義』 권26, 1674쪽 참조.)

② 귀막이[瑱]: 새 솜으로 만든 죽은 이의 귀막이를 말한다. 『의례』「사상례」에 "귀막이[瑱]에는 백광(白纊)을 사용한다.[瑱, 用白纊.]"고 하였는데, 정현의 주에는 "'전(瑱)'은 귀를 막는 것이다. '광(纊)'은 새 솜이다.['瑱', 充耳. '纊', 新綿.]"라고 하였다.

瑱

귀막이[瑱]
『欽定儀禮義疏』(청)

【襲斂圖17 : 02-幎目멱목】

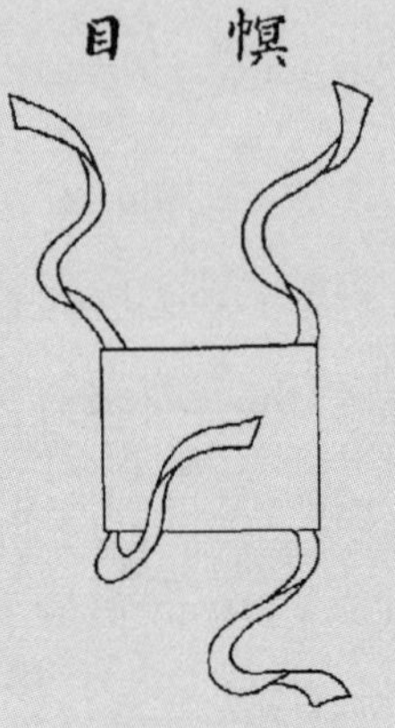

(『의례』「사상례」에) "멱목(幎目: 얼굴덮개)①은 짙은 검은색[緇]으로 만드는데, 너비는 사방으로 각각 1척 2촌이고, 안쪽의 천은 붉은색으로 하며, (속에) 솜을 채워 넣는다."라고 하였다. 정현의 주에서는 "'멱목(幎目)'은 얼굴을 덮는 것이다. 네 모서리에 각각 명주 끈을 매달아 놓는데, 모두 뒤쪽에서 묶는다."고 하였다. '멱(幎)'에 대해서 정현은 『시(詩)』「주남(周南)·규목(樛木)」에서 "葛藟縈之(칡덩굴이 휘감고 있네)"라고 했을 때의 '縈(휘감다)'의 뜻으로 읽는다고 하였다.

["幎目用緇, 方尺二寸, 赬裏, 著以絮." 注云, "幎目, 覆面者. 四角各有組繫, 皆於後結之." '幎', 鄭讀若『詩』云'葛藟縈之'之'縈'."[1]]

1 "幎目, 覆面者. 四角各有組繫, 皆於後結之." 幎, 鄭讀若『詩』云'葛藟縈之'之'縈': 『의례』「사상례」 정현 주의 원문은 "幎目, 覆面者也. 幎讀若『詩』云'葛藟縈之縈. 赬, 赤也. 著, 充之以絮也. 組繫, 爲可結也.('멱목'은 얼굴을 덮는 것이다. '멱'은 『시』「주남·규목」에서 '葛藟縈'之(칡덩굴이 휘감고 있네)'라고 했을 때의 '縈(휘감다)'의 뜻으로 읽는다. '赬'은 붉다는 뜻이다. '著'은 솜으로 채운다는 뜻이다. '명주 끈을 매달아 놓는다.'는 것은 묶을 수 있도록 하기 위해서이다.)"이다. 섭숭의는 「사상례」의 경문과 정현의 주를 바탕으로 의미를 풀이한 것이다.

역주

① 멱목(幎目: 얼굴덮개]: '멱(幎)'은 복(覆), 즉 덮는다는 뜻으로 '멱(冪)'으로도 쓰인다. '멱목(幎目)'은 시신의 얼굴을 덮는 것으로 수의의 한 부분이다. 겉면은 검은 천을 안쪽은 붉은 천을 각각 사용하고, 가운데에 솜을 넣는다. 그리고 네 귀퉁이에 명주실로 된 끈을 달아 시신의 목 뒤에서 양쪽으로 묶을 수 있게 한다. 호배휘의 설명에 따르면 천은 명주를 사용한다.(胡培翬, 『儀禮正義』, 1675쪽 참조.) 『의례』 「사상례」에 의하면, 얼굴덮개(幎目)의 겉면은 검은색이고, 너비와 폭이 1척 2촌으로, 안쪽 천의 색깔은 붉은색을 쓰며, 속에 솜으로 채우고, 네 귀퉁이에 명주 끈을 매달아 놓는다.

【襲斂圖17 : 03-鬠笄괄계】

笄 鬠

(『의례』「사상례」에) “괄계(鬠笄: 머리카락을 묶는 비녀)①는 뽕나무로 만드는데, 길이는 4촌이다. 비녀의 가운데 부분[纋中]으로 머리카락을 안정시킨다.”고 하였다. ‘괄(鬠)’은 묶는다[結]는 뜻이니, 모이는 뜻을 취한 것으로, 먼저 끈으로 머리카락을 묶고, 이어서 비녀를 꽂는 것을 말한다. 『의례』「사상례」 정현의 주에서 “‘상(桑: 뽕나무)’이라는 글자는 상(喪: 여의다)의 뜻이니, 상을 당했을 때 사용한다. 그러므로 뽕나무로 비녀를 만드는 것이니, 성음을 취해 명칭을 삼은 것이다. 비녀의 길이가 4촌이 되는 것은 관을 쓰지 않기 때문이다.”②라고 하였다. 만약 관을 쓰면 비녀를 길게 만든다. 옛날에 죽었을 경우에는 단지 비녀로 머리카락을 묶고 관을 쓰지 않았다. 부인은 단지 머리카락만 묶고 비녀를 꽂지 않았다.

살펴보건대, 『의례』「기석례·기(記)」에서 “(士는) 어머니의 상(喪)을 당했을 때 머리카락을 묶고 비녀를 꽂지 않는다.”고 하였는데, 정현의 주에서는 “‘비녀를 꽂지 않는다.[無笄]’는 것은 남자가 관을 쓰지 않는 것과 같다.”고 하였다. 왕숙(王肅)이 찬한 『공자가어(孔子家語)』에서 “공자의 상에 관을 썼다.”고 한 것은 망령된 것이다. ‘우중(纋中: 비녀 중앙의 잘록한 부분)’은 양쪽 끝부분은 넓고 가운데 부분은 좁으니, 좁은 부분으로 머리카락을 안정시킨다. 그러므로 (『의례』「사상례」) 정현의 주에서 “그것으로 머리카락을 안정시킨다.”고 한 것이다.

["鬠笄用桑, 長四寸. 纋中." '鬠', 結也, 取會聚之義, 謂先以組束髮, 乃笄也. 注云, "桑之爲言, 喪也, 爲喪所用, 故以桑爲笄, 取聲名之也. 笄長四寸者, 不冠故也". 若冠則笄長也. 古之死者, 但鬠笄而不冠. 婦人但鬠, 而無笄. 案下篇「記」云, "其母之喪, 鬠無笄." 注云, "無笄, 猶丈夫之不冠也." 王肅撰『家語』云, "孔子喪有冠"者, 妄也. '纋中'謂兩頭濶, 中央狹, 狹則於髮安, 故注云 "以安髮也[1]."]

1 以安髮也: 『의례』「사상례」 정현 주의 원문은 "'纋', 笄之中央, 以安髮也."('우'는 비녀의 가운데 부분이니, 그것으로 머리를 안정시킨다.)이다.

역주

① 괄계(鬠笄: 머리카락을 묶는 비녀): 성세좌(盛世佐)는 "괄계(鬠笄)는 머리카락을 묶은 후에 꽂는 비녀이다. 반드시 머리를 묶는다[鬠]는 말과 연결하여 말한 것은 관을 고정하는 비녀와 구별하기 위해서일 뿐이다.[鬠笄者, 鬠訖所加之笄也. 必連鬠言之者, 以別於固冠之笄耳.]"라고 하였다. 채덕진(蔡德晉)은 "살아 있을 때 머리를 고정하는 비녀는 짐승의 뼈로 만드는데, 이제 뽕나무로 만드는 것은 살아 있을 때와 달리하는 것이다.[生時固髮之笄, 用骨爲之, 今用桑, 變於生也.]"라고 하였다.(胡培翬, 『儀禮正義』 권26, 1672쪽 참조.)

② 비녀의 길이가 ~ 때문이다: 『의례주소』 「사상례」 가공언 소에는 "비녀에는 두 가지 종류가 있다. 하나는 머리를 고정하는 비녀로 남자와 부인 모두에게 있으니, 바로 이곳의 비녀가 그것이다. 다른 하나는 관을 고정하는 것으로 피변계(皮弁笄)·작변계(爵弁笄)가 그것이다. 오직 남자만 있고 여자는 없으며, 두 가지 비녀는 모두 길어 4촌에 그치지 않는다. 이제 이곳의 비녀가 4촌인 것은 머리만을 묶기 위한 것일 뿐이기 때문이다.[凡笄有二種. 一是安發之笄, 男子·婦人俱有, 卽此笄是也. 一是爲冠笄, 皮弁笄·爵弁笄, 唯男子有而婦人無也. 此二笄皆長, 不唯四寸而已. 今此笄四寸者, 僅取人髻而已.]"라고 하였다.(北京大 整理本 『儀禮注疏』 권25, 773쪽 참조.)

【襲斂圖17：04-冒모】

『예기』「상대기(喪大記)」에 "군주의 상(喪)에는 화려한 비단으로 모(冒: 시신을 감싸서 덮는 자루)를 만드는데, 하체를 감싸는 부분[殺]에 도끼 문양을 그려 넣으며, 철방(綴旁: 모의 가장자리에 매단 띠)은 7개이다. 대부의 상에는 현색(玄色)의 비단으로 모(冒)를 만드는데,① 하체를 감싸는 부분[殺]에 도끼 문양을 그려 넣으며, 철방은 5개이다. 사의 상에는 짙은 검은색[緇]의 비단으로 모를 만드는데, 하체를 감싸는 부분은 옅은 적색[赬]의 비단으로 만들고, 철방은 3개이다. 무릇 모(冒)는 상체를 감싸는 부분[質]의 길이는 손과 나란하며, 하체를 감싸는 부분[殺]의 길이는 3척이다."라고 하였다. 정현의 주에서는 "('冒'는) 습(襲)②을 한 후 시신을 감싸는 기물로, 형체를 중시하는 것이다. '쇄(殺: 하체를 감싸는 부분)'는 모의 아래치마로, 다리 부분을 씌워 감싸면서 위로 올라가는 것이다."라고 하였다.

또 『의례』 「사상례」에서 "모(冒)는 짙은 검은색[緇]의 비단으로 만드는데, 상체를 감싸는 부분[質]의 길이는 손과 나란하게 한다. 하체를 감싸는 부분[殺]은 옅은 적색[赬]의 비단으로 만드는데, 발등을 덮을 수 있을 정도가 되게 한다."고 하였다. 정현의 주에서는 "'모(冒)'는 시신을 감싸는 것으로, 형태는 곧은 자루와 같다. 상체를 감싸는 부분을 '질(質)'이라 하고, 하체를 감싸는 부분을 '쇄(殺)'라 한다. '질(質)'은 곧다[正]는 뜻이다.③ 모를 사용할 때는 먼저 쇄(하체를 감싸는 부분)로 발을 감싸면서 올라가고, 뒤에 질(상체를 감싸는 부분)로 머리를 감싸면서 내려와 손에서 가지런히 모은다. (사의 상에서) 상체를 감싸는 부분[上: 質]을 현색(玄色: 검은색)으로 만들고, 하체를 감싸는 부분[下: 殺]을 훈색(纁色: 누런빛을 띠는 진홍색)으로 만드는 것은 하늘과 땅을 본뜬 것이다."라고 하였다.

『예기정의』 「상대기」 공영달의 소에서는 "꿰매지 않은 쪽의 가장자리에 위아래로 7개의 띠를 놓고 꿰매어서 묶는다. 철방(綴旁: 모의 가장자리에 매단 띠)을 5개로 하고, 철방을 3개로 하는 것은 존비에 따른 차등이다."라고 하였다. 또 『의례주소』 「사상례」 가공언의 소에서는 "(정현이) '질(質: 상체를 감싸는 부분)은 곧다[正]는 뜻이다.'라고 한 것은 그것이 위쪽에 있으므로 곧다[正]는 뜻으로 명칭을 삼은 것이다. 상체를 감싸는 부분[質]과 하체를 감싸는 부분[殺]이 서로 만나는 곳에는 실로 꿰매어 서로 이어지게 하고 띠를 사용하지 않는다."고 하였다.④ 두 해석을 서로 겸해야 뜻이 갖추어진다.

[「喪大記」云, "君錦冒黼殺, 綴旁七. 大夫玄冒黼殺, 綴旁五. 士緇冒赬殺, 綴旁三. 凡冒質長與手齊, 殺三尺." 註云, "旣襲, 所以韜尸, 重形也. 殺, 冒之下帬, 韜足上行者也." 又「士喪禮」云, "冒緇, 質長與手齊. 赬殺, 掩足." 註云,

“冒, 韜尸者. 制如直囊, 上曰質, 下曰殺. ‘質’, 正也. 其用之, 先以殺韜足而上, 後以質韜首而下, 齊手. ‘上玄下纁’, 象天地也.” 孔『義』云, “於不縫之邊, 上下安七帶, 綴以結之. 綴旁五·綴旁三, 尊卑之差也.” 又賈釋云, “‘質, 正也’者, 以其在上, 故以正爲名. 質與殺相接之處, 則以線綴之, 使相連而不用帶.” 二義相兼乃備.]

역주

① 대부의 상에는 현색(玄色)의 비단으로 모를 만드는데: 이곳의 '모(冒)'는 상체를 감싸는 부분, 즉 모 가운데 '질(質)'을 뜻한다. 『의례주소』「사상례」 가공언의 소에 "『예기』「상대기」에서는 군주와 대부·사의 경우 모두 '모(冒)'로 쇄(殺)와 대비시켰다. (이곳에서 '모(冒)'라고 말하고) '질(質)'을 말하지 않은 것은, '모'는 이미 총명이지만 또한 '쇄'와 대비할 수 있으니, 위쪽에 있는 것의 칭호가 된다.[「喪大記」君與大夫士皆以冒對殺, 不云質, 則冒旣總名, 亦得對殺, 爲在上之稱.]"고 하였다.

② 습(襲): 죽은 첫날에 목욕(沐浴)과 반함(飯含: 시신의 입에 쌀과 조개를 채우는 의식)을 한 후, 멱목(幎目: 얼굴덮개)으로 시신의 얼굴을 가리고, 베로 만든 명의(明衣)를 입히며, 비단으로 만든 모(冒: 시신을 감싸서 덮는 자루)로 시신을 감싸는 등 '습(襲)'의 의절을 진행한다.

③ '질(質)'은 곧다[正]는 뜻이다: 유적(劉績)은 "상체를 씌우는 것은 방정하므로 '질(質)'이라 하고, 하체를 씌우는 것은 조금씩 좁아지므로 '쇄(殺)'라고 한다.[冒上身者方正, 故曰質. 冒下身者漸狹, 故曰殺.]"고 하였다.(胡培翬, 『儀禮正義』권26, 1680쪽 참조)

④ 공영달의 소에서는 ~ 하였다: 『예기정의』「상대기」 공영달의 소에 "모(冒)에는 질(質: 상체를 감싸는 부분)과 쇄(殺: 하체를 감싸는 부분)가 있다. 2개의 자루를 만드는데, 한쪽 끝을 꿰매어 합하고, 또 한쪽 가장자리를 꿰매어 연결시킨다. 나머지 한쪽 가장자리는 꿰매지 않는다. 두 자루가 모두 그러하다. 꿰매지 않은 가장자리에 위아래로 띠를 대고 꿰매어서

묶는다.[冒有質殺, 作兩囊, 縫合一頭, 又縫連一邊, 餘一邊不縫, 兩囊皆然. 不縫之邊, 上下安帶, 綴以結之.]"고 하였다. 공영달은 질(質)과 쇄(殺)의 아래쪽과 위쪽 끝을 꿰매어서 합치고, 각각의 가장자리 옆쪽은 한쪽만 꿰매고 다른 한쪽은 꿰매지 않는데, 꿰매지 않은 가장자리 쪽에 띠를 매다는 것으로 해석한 것이다. 『의례주소』「사상례」 가공언의 소에서는 "모(冒)에는 띠[帶]도 없고 또 고리[鈕]도 없는데 반드시 움직이지 않는다. 그러므로 옆쪽에서 묶어서 질과 쇄가 서로 만나는 곳에서 서로 이어지게 하는데, 존비에 따라서 줄일 뿐임을 알 수 있다.[以其冒無帶, 又無鈕, 一定不動, 故知旁綴, 質與殺相接之處, 使相連, 尊卑降殺而已.]"고 하였다. 가공언은 질과 쇄를 위아래로 꿰매서 묶는 것이 아니라 옆에서 이어 붙여서 연결하여 묶고 별도의 띠는 없다고 해석한 것이다. 황이주(黃以周)는 "꿰매어 묶는 방식에 대해서 가공언 소와 공영달 소에서의 설명이 서로 다르다. 이제 질(상체를 감싸는 부분)과 쇄(하체를 감싸는

모(冒)
黃以周, 『禮書通故』(청)

부분)는 모두 양쪽 가장자리를 꿰매어 합해서 자루처럼 만든다. 질의 아래쪽과 쇄의 위쪽은 꿰매지 않으니, 가공언 소의 설명에 따른다. 질과 쇄의 위아래 양쪽 옆에 띠를 대어서 묶으니, 공영달 소의 설명에 따른다.[縫綴之法, 賈孔二疏互異. 今定質殺皆縫合兩邊如囊, 質之下, 殺之上, 不縫, 從賈疏. 質殺之上下兩旁, 安帶以結之, 從孔疏.]"고 하였다.(『禮書通故』 권49, 2686쪽 참조)

【襲斂圖17 : 05-衾금】

衾

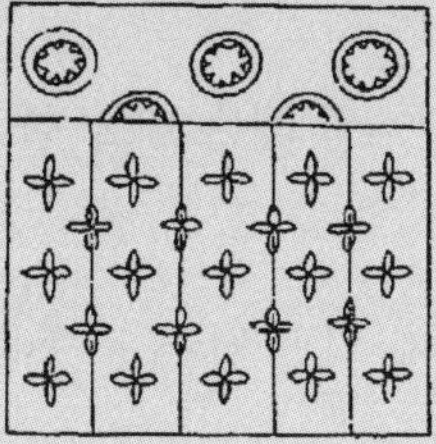

‘금(衾: 비단으로 만든 홑이불)’①이라 말하는 것은 오늘날의 이불[被]이다. 살펴보건대, 『예기』 「상대기(喪大記)」에 “소렴(小斂)을 할 때, 군주의 경우 화려한 비단 이불[錦衾], 대부의 경우 흰색 비단 이불[縞衾], 사(士)의 경우 짙은 검은색 비단 이불[緇衾]을 쓰는데, 모두 한 장씩이다.”라고 하였다. 대렴(大斂)②을 할 때에 이르러 또 두 장의 이불[衾]을 만든다. 군주·대부·사 모두 마찬가지이다. 무릇 ‘이불’은 모두 다섯 폭의 베로 만드는데, 수의를 묶는 띠[絞]로 묶는다.

[言‘衾’者, 今之被. 案[喪大記], “小斂, 君錦衾, 大夫縞衾, 士緇衾, 皆一.” 至大斂, 又制二衾. 君·大夫·士, 一也. 凡衾, 皆五幅布, 於絞上.]

역주

① 금(衾: 비단으로 만든 홑이불): 시신을 덮는 이불을 말한다. 염을 할 때 금(衾)으로 시신을 덮는데, 소렴 때는 이불 한 장을 사용하고, 대렴 때는 두 장을 사용한다.

② 대렴(大斂): 죽은 지 3일째 되는 날에 조계(阼階: 동쪽 계단) 위에서 죽은 이에게 의금(衣衾: 이불)을 덮어 주고, 시신을 관에 넣는다. 그런 후에 서계(西階: 서쪽계단) 위쪽에 구덩이를 파고 그 안에 관을 넣어 둔다.

【襲斂圖17：06-紟금】

紟

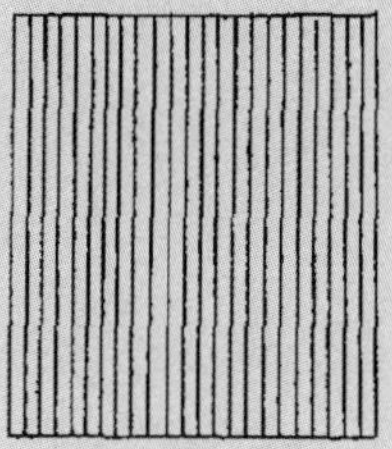

정현은 "'금(紟: 가선 장식이 없는 베로 만든 홑이불)'은 홑이불[襌被]이다. 다섯 폭의 흰 베로 만드는데, 별도로 가선장식은 하지 않는다."고 하였다. 『예기』 「상대기(喪大記)」에 "금(紟)은 다섯 폭으로 만드는데, 담(紞: 술)은 달지 않는다."고 하였다. 정현의 주에는 "'담(紞)'은 (오늘날의) 이불의 표식[被識]①과 같은 것이다. 살아 있을 때 홑이불[襌被]에 표식을 해 두었다가 사망하면 그것을 제거하는데, 살아 있을 때와 달리하는 것이다."라고 하였다.

[鄭云, "紟, 襌被也. 五幅白布爲之, 別無緣飾也." 「喪大記」云, "紟五幅, 無紞." 註云, "紞, 被識. 生時襌被有識, 死則去之, 異於生也."]

역주

① 이불의 표식[被識]: 이불의 위와 옆쪽 가선 부분에 꿰매어 붙인 비단 끈 종류로, 이불의 위아래를 구분하는 표식이다. 정현은 영(領)과 측(側)에 꿰매어 붙인다고 하였는데, 공영달은 "영(領)은 이불의 위쪽이고, 측(側)은 이불의 옆쪽을 가리킨다. 지(識)는 표식이다. 이 비단 끈 종류를 위쪽과 옆쪽에 꿰매어 붙이는 것으로 오늘날 이불의 표식과 같다.[領爲被頭, 側謂被旁, 識謂記識. 言綴此組類於領及側, 如今被之記識.]"고 하였다.(『禮記正義』 권45, 「喪大記」, 공영달의 소 참조)

【襲斂圖17 : 07-夷衾이금】

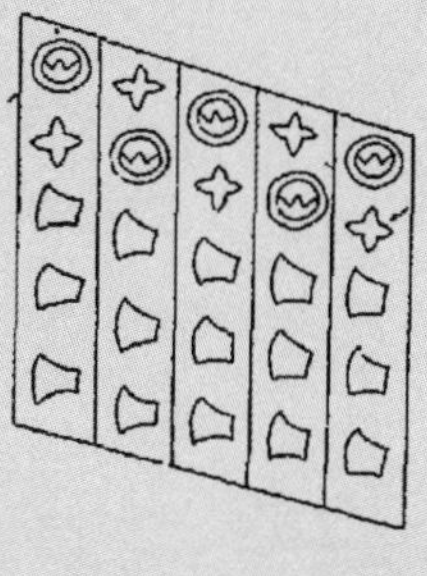

『예기정의』「상대기(喪大記)」에 "소렴 이후에는 이금(夷衾: 시신이나 널을 덮는 홑이불)을 사용하는데, 이금의 위쪽 부분[質]과 아래쪽 부분[殺]의 제도는 모(冒: 시신을 감싸서 덮는 자루)의 경우와 같다."고 하였다. 정현의 주에서는 "'모(冒)'는 습(襲)을 한 후 시신을 감싸는 것으로, 형체를 중시하는 것이다. 소렴(小斂) 이후 또 이금(夷衾)으로 덮는다. '裁'는 '制(제도)'의 뜻과 같다."고 하였다. 공영달의 소에서는 "(정현이) '小斂以往用夷衾(소렴 이후 이금을 사용한다)'이라고 한 것은, '往'은 '後'의 뜻과 같으니, 소렴 전에는 모(冒)가 있으므로 이금을 사용하지 않는다는 뜻이다. 소렴 이후에는 옷이 많아서 모를 사용할 수가 없다.① 그러므로 이금으로 (시신을) 덮는 것이다. 그 이금에 사용하는 비단의 색 및 길이의 제도는 (모의) 상체를 감싸는 자루[質]·하체를 감싸는 자루[殺]와 같다. 다만 다시는 자루[囊: 質과 殺] 및 철방(旁綴: 모의 가장자리에 매단 띠)을 만들지 않는다."고 하였다.

[「喪大記」曰, "小斂以往用夷衾. 夷衾質·殺之裁, 猶冒也." 註云, "冒, 旣襲所以韜尸, 重形也. 小斂又覆以夷衾. '裁'猶制也." 孔『義』云, "'小斂以往

用夷衾'者, '往'猶後也. 小斂前有冒, 故不用夷衾. 自小斂後, 衣多不可用冒, 故用夷衾覆之. 其夷衾所用繒色及長短制度, 與質殺同. 但不復爲囊及旁綴耳."]

역주

① 소렴 이후에는 ~ 없다: 죽은 지 2일째 되는 날의 소렴에는 제복(祭服)·산의(散衣: 평상시 입던 옷) 19벌을 준비하고, 3일째 되는 날의 대렴에는 제복·산의 이외에 군주나 친구·형제 등이 보내 준 30벌의 수의(襚衣)를 갖춘다.

【襲斂圖17：08-絞교(小斂絞)】

絞

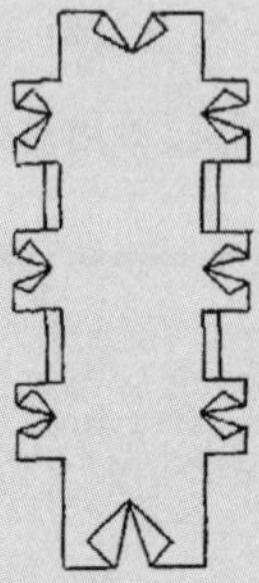

『예기정의』「상대기(喪大記)」에 "소렴(小斂)에 포교(布絞: 베로 만든 띠)① 를 사용하는데, 세로로 된 것이 1조각이고, 가로로 된 것이 3조각이다."라고 하였다. 정현의 주에서는 "교(絞)는 소렴을 마친 후에 사용하는 것으로, (시신을) 단단히 묶기 위한 것이다. '축(縮)'은 세로[從]의 뜻이다."라고 하였다. 공영달의 소에서는 "세로 한 폭을 시신 아래에 두고, 가로 세 폭 또한 시신 아래에 둔다는 뜻이다. 세로 한 폭을 가로 세 폭 위에 두는데, 매 폭의 끄트머리를 2조각으로 갈라내어 묶기에 편리하게 한다."고 하였다.

[「喪大記」云, "小斂, 布絞, 縮者一, 橫者三." 註云, "絞, 旣斂所用, 束堅之者也. '縮', 從也." 孔『義』云, "謂從者一幅, 置於尸下, 橫者三幅, 亦在尸下. 從者在橫者之上, 每幅之末析爲兩片, 以結束爲便也."]

역주

① 포교(布絞: 베로 만든 띠): 소렴과 대렴 때 시신에게 입힌 의복을 묶는 베로 만든 띠를 말한다.

【襲斂圖17：09-絞교(大斂絞)】

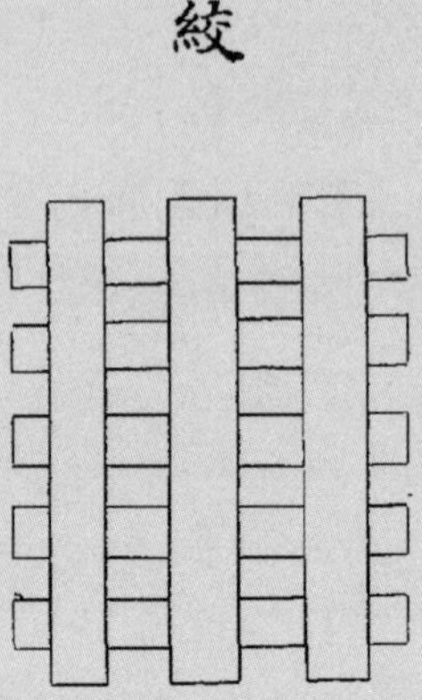

『예기』「상대기(喪大記)」에 "대렴(大斂)에 포교(布絞: 베로 만든 띠)를 사용하는데, 세로로 된 것이 3 조각이고, 가로로 된 것이 5조각이다. 베로 만든 가선 장식이 없는 홑이불[布紟]과 두 장의 시신을 덮는 비단으로 만든 홑이불[二衾]을 사용한다. 군주(君主)·대부(大夫)·사(士) 모두 똑같다. 베로 만든 띠[絞]와 베로 만든 가선 장식이 없는 홑이불[紟]은 조복(朝服)처럼 한다."고 하였다. 정현의 주에서는 "'두 장의 비단으로 만든 홑이불을 사용한다.'는 것은 혹 덮기도 하고 혹 깔기도 하기 때문이다. '조복처럼 한다.'는 것은 베의 정밀하고 거친 정도가 조복의 15승과 같다는 뜻이다. 소렴 때의 베로 만든 띠는 너비는 온폭(2척 2촌) 그대로 사용하고, 그 끄트머리 부분을 갈라낸다. 대렴 때의 베로 만든 띠는 베 한 폭을 취해서 곧게 찢어서 3조각으로 만들어 사용한다. '가로 된 것이 5조각'이라는 것은 또한 베 두 폭을 취하여 곧게 찢어서 6조각으로 만드는데 5조각만을 사용한다는 뜻이다. 세로 3조각의 아래에 두는 것은 모두 빨리 묶고자 하는 것이다." 라고 하였다.

["大斂, 布絞, 縮者三, 橫者五. 布紟, 二衾. 君·大夫·士一也. 絞·紟如朝服." 註云, "二衾者, 或覆之, 或薦之. '如朝服'者, 謂布精麤如朝服十五升. 小斂之絞, 廣終幅, 析其末. 大斂之絞, 取布一幅, 直裂作三片而用之. 其橫者五者, 亦謂取布二幅, 直裂爲六片而用五片. 置於縮三之下. 皆欲其束之急也."]

【襲斂圖17：10-明衣명의】

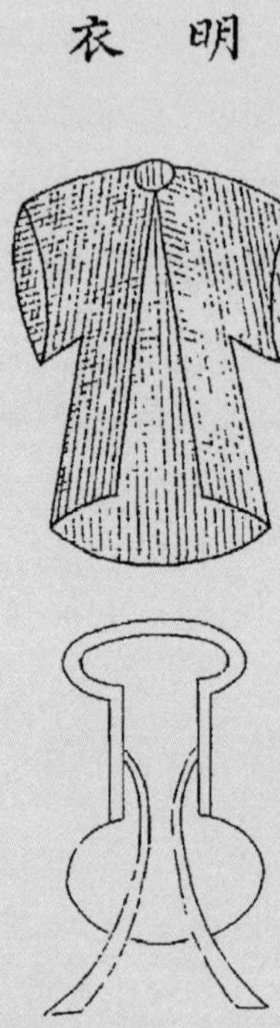

『의례』「사상례(士喪禮)」에 "명의(明衣)①는 베로 만든다."고 하였다. 또 『의례』「기석례·기(記)」에 "명의는 장막을 만드는 베[幕布]로 만드는데, 소매는 한 폭의 베를 (상의와) 이어 붙이고 줄이지 않으며, 길이는 무릎까지 내려오도록 한다."고 하였다. 정현의 주에서는 "'막포(幕布)'는 유(帷)나 막(幕)②을 만드는 베로서, 승수(升數)는 들어보지 못했다. '촉폭(屬幅)'은 폭을 줄이지 않는다는 뜻이다."라고 하였다. (가공언의 소에서는) "베의 폭은 2척 2촌이다. 무릇 베를 사용할 때는 모두 가장자리 폭 옆으로 각각 1촌씩을 줄여서 제거하니, 2척이 된다. 계산해 보건대, 이곳에서는 폭을 줄이지 않고 단지 감아서 서로 이어 붙여서 2척 2촌이 되게 하는 것이다. '길이는 무릎까지 내려오도록 한다.'는 것은 이 옷은 길게 무릎 아래까지 이르게 만든다는 뜻이다."라고 하였다.

또한 (『의례』「기석례」에 의하면) 치마[裳]가 있는데, 앞쪽은 세 폭이고, 뒤쪽은 네 폭으로, 허리 사이에 주름을 잡지 않으며, 아래로 발등에까지 이르지만 또한 땅에 끌리지 않게 한다.③ 이곳에서 '허리 사이에 주름을 잡지 않는다.'는 것은 이 한 옷은 입고서 활동하지 않으므로 위쪽을 좁게 하고 아래쪽을 넓게 할 필요가 없기 때문이다. 이제 또한 생견(生絹)으로 명의를 만든다. 그 상의는 폭이 넓은 소매[大袖]의 길이가 웃옷과 나란하며,④ 별도로 현색(玄色)의 비단으로 옷깃과 소매에 가선장식을 한다. 그 하의는 또한 앞쪽은 세 폭이고 뒤쪽은 네 폭인데, 허리 부분의 상의와 하의가 이어지는 곳에 누런빛을 띠는 진홍색으로 가선장식을 한다. 곧 『의례』「사상례」의 하편(「기석례」)에서 "치마폭과 아랫단에 누런빛을 띠는 진홍색으로 가선장식을 한다."고 한 것은 하의의 문식이고, "옷깃과 소매에 짙은 검은색으로 가선장식을 한다."고 한 것은 곧 이 명의(明衣)의 상의의 문식이다. 「기석례」 정현의 주에서 "한 번 물들인 것을 '전(縓)'이라고 하는데, 오늘날의 홍색이다.⑤ 치마를 문식할 때 치마폭에 하는 것을 '벽(綼)'이라 하고, 아랫단에 하는 것을 '석(緆)'이라고 한다. '짙은 검은색으로 상의에 가선장식을 한다.'고 한 것은 옷깃과 소매에 가선장식을 한다는 뜻이다. 상의를 짙은 검은색으로 가선장식을 하고, 하의를 홍색으로 가선장식을 하는 것은 하늘과 땅을 본뜬 것이다."라고 하였다.

[「士喪禮」云, "明衣裳用布." 又下「記」云, "明衣裳用幕布, 袂屬幅, 長下膝." 注云, "幕布, 帷幕之布. 升數未聞. '屬幅', 不削幅也." "其布幅二尺二寸. 凡用布, 皆削去邊幅旁各一寸, 爲二尺. 計之, (此則)[則此][1]不削幅, 但繚之使相著, 爲二尺二寸. 云'長下膝'者, 謂制此衣長至膝下." 亦有裳, 前三幅,

後四幅, 不辟積腰間, 下至足跗, 亦不被土也. 此'不辟積腰間'者, 以其一服不動, 不假上狹下寬也. 今亦用生絹爲衣裳. 其衣大袖與衣齊, 別以玄純領袖. 其裳亦前三後四, 以纁純腰襴. 卽「士喪禮」下篇云"緆緆緆" 是裳之飾也. "緇純", 卽此衣之飾也. 彼註云, "一染謂之緆, 今之紅也. 飾裳在幅曰綼, 在下曰緆. 緇衣謂純領與袂也. 衣以緇. 裳以緆. 象天地也."]

1 (此則)[則此]: 저본에는 '此則'으로 되어 있으나, 北京大 整理本『儀禮注疏』권40, 891쪽 賈公彥의 疏에 의거하여 '則此'으로 교감하였다.

역주

① 명의(明衣): '명(明)'은 깨끗하다는 의미이다. 원래는 평상시 재계(齋戒)할 때 입는 정결한 옷을 가리킨다. 여기서는 시신을 목욕시킨 후 안에 입히는 옷을 가리키는데, 시신의 몸에 직접 닿기 때문에 정결한 옷을 사용하는 것이다.(胡培翬, 『儀禮正義』 권26, 1672쪽 참조.)

② 유(帷)나 막(幕): 유(帷)와 막(幕)은 모두 왕이 밖으로 행차할 때 설치하는 임시장막으로, 『주례』 「천관·막인(幕人)」 정현의 주에 "사방으로 둘러친 것을 '유(帷)'라 하고, 위에 덮은 것을 '막(幕)'이라 한다. 유와 막은 모두 베로 만든다.[在傍曰帷, 在上曰幕. 帷幕皆以布爲之.]"고 하였다.

③ 치마가 있는데 ~ 끌리지 않게 한다: 『의례』 「기석례」의 원문은 "(세 폭인) 치마의 앞쪽과 (네 폭인) 치마의 뒤쪽이 있는데, 주름을 잡지 않고, 길이는 발등에까지 이른다[有前後裳, 不辟, 長及轂]."이다. 마지막 문장 "또한 땅에 끌리지 않게 한다."는 것은 이에 대한 정현의 주이다. 정현의 주에서는 "무릇 다른 복(服: 深衣)은 '짧게 하더라도 피부를 드러내지 않게 하고, 길게 하더라도 땅에 끌리지 않게 한다.[凡他服, 短無見膚, 長無被土.]"고 하였다. 또한 정현의 주는 『예기』 「심의(深衣)」의 문장이다. "옛날에 심의는 대개 제도가 있어서 그림쇠·곱자·먹줄·저울의 기준에 상응해서 만들었다. 짧게 하더라도 피부를 드러내지 않게 하고, 길게 하더라도 땅에 끌리지 않게 하였으며, 치마의 옆폭을 이어서 가장자리를 뾰족하게 하고, 허리는 아래쪽의 절반이 되게 꿰맸다.[古者, 深衣, 蓋有制度, 以應規矩繩權衡. 短毋見膚, 長毋被土, 續衽鉤邊…,

要縫半下.]"

④ 상의는 폭이 넓은 소매[大袖]의 길이가 웃옷과 나란하며: 이곳의 대수(大袖)는 소매의 중앙 부분을 가리킨다. 『의례』「상복」에 "의(衣)는 길이가 2척 2촌이다.[衣, 二尺有二寸.]"라고 하였는데, 정현은 "이는 소매의 중앙부분을 말한다. '의(衣)'라고 한 것은 몸과 서로 나란함을 밝힌 것이다. 2척 2촌이면 그 소매로 보통 사람의 팔뚝을 충분히 넣을 수 있다.[此謂袂中也. 言衣者, 明與身參齊. 二尺二寸, 其袖足以容中人之肱也.]"고 하였다. 즉 소매의 중앙 부분을 상의의 몸체[依身]와 나란히 2척 2촌으로 만든다는 뜻이다.

⑤ 한 번 물들인 ~ 홍색이다: 『이아(爾雅)』「석기(釋器)」에 "한 번 물들인 것을 '전(縓: 분홍색)'이라 하고, 두 번 물들인 것을 '정(赬: 옅은 적색)'이라 하며, 세 번 물들인 것을 '훈(纁: 누런빛을 띠는 진홍색)'이라고 한다.[一染謂之縓 再染謂之赬 三染謂之纁]"고 하였는데, 곽박(郭璞)의 주에 "(縓은) 오늘날의 홍색이다.[今之紅也]"라고 하였다.

【襲斂圖17：11-握手악수】

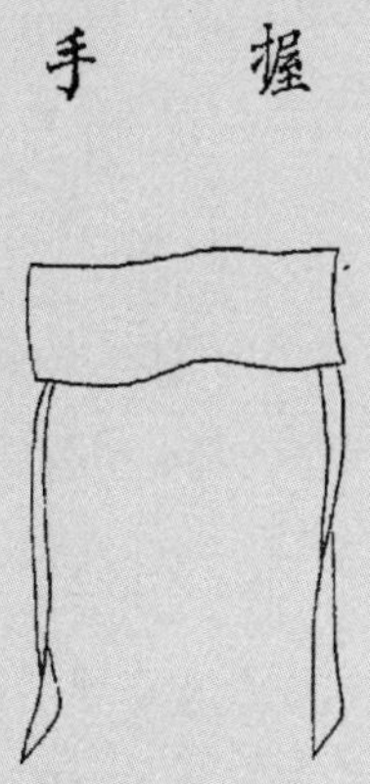

『의례주소』「사상례」에 "악수(握手: 손싸개)①는 겉면은 현색(玄色: 검은색)으로 하고, 안쪽 면은 훈색(纁色: 누런빛을 띠는 진홍색)으로 만드는데, 길이는 1척 2촌이고 너비는 5촌이다. 중앙의 양 옆에서 1촌씩 줄이고[牢中旁寸], (겉면과 안쪽 면 사이에) 솜을 채워 넣으며, (아래쪽에) 명주실로 만든 끈을 매달아 놓는다."고 하였다. 정현의 주에 "'牢'는 '樓'의 뜻으로 읽으니, '樓'는 줄여서 간략히 한다는 뜻으로, 악수의 중앙 부분을 좁고 작게 하여 손의 네 손가락을 놓는 것이다."라고 하였다. 가공언의 소에서는 "경문에서 '길이는 1척 2촌이고 너비는 5촌이다. 중앙의 양 옆에서 각각 1촌씩 줄인다.'고 하였다. 그렇다면 중앙의 너비는 3촌이 되니, 3촌의 중앙 부분에 4개의 손가락을 넣어야 한다. 손가락마다 너비가 1촌이므로 중앙 부분의 양쪽 가장자리에서 각각 4촌씩 줄여야 비로소 손의 네 손가락을 놓을 수 있다. 네 손가락(4촌) 이외에도 여전히 모두 8촌이 남으니, 모두 너비가 5촌이다."라고 하였다.

또 『의례』「기석례·기」에 "악수(손싸개)를 묶을 때, 안쪽 면을 손바닥에 붙이고, 가운데 손가락에 묶어서 고리를 만들고, 손등에서 묶는다."고 하였다.【('掔'의 음은) 烏와 亂의 반절이다.】 정현의 주에서 "'완(掔)'은 손바닥의 뒤쪽 마디의 가운데(손등)이다."라고 하였다. 이곳은 손의 안쪽(손바닥)에 놓는 것에 의거한 것이다. 그러므로 "악수(손싸개)를 묶을 때, 안쪽 면을 손바닥에 붙인다."라고 말한 것이다. 이미 손의 안쪽(손바닥)에 놓았다면, 악수의 길이는 1척 2촌이니, 중앙의 감싼 손이 서로 마주하게 된다. 악수의 양쪽 끝에는 각각 끈이 있는데, 먼저 한쪽 끝으로 손등을 한 바퀴 빙 둘러서 묶고, 다시 위쪽에서부터 꿴다. 또 다른 한쪽 끝으로 위를 향해 가운데 손가락을 구부려서 묶고, 되돌려서 반대로 손등을 묶었던 것과 함께 손바닥 뒤쪽 마디의 가운데에서 묶는다. 그러나 손에 깍지[決]를 끼지 않는 것은 악수의 끈으로 한쪽 끝을 묶어서 빙 두르고 다시 위쪽에서부터 꿰고, 되돌려서 다른 한쪽 끝과 함께 묶었기 때문이다. 어떤 사람은 "(깍지를) 만일 평상시처럼 오채색의 옥으로 만든다."고 하였는데, 아마도 잘못인 듯하다.

[「士喪禮」云, "握手, 用玄, 纁裏, 長尺二寸, 廣五寸, 牢中旁寸, 著, 組繫." (賈釋)[1]註云, "'牢'讀爲樓, 樓謂削約, 握之中央令狹小, 以安手之四指也." 賈釋"以經云, '長尺二寸, 廣五寸, 樓去中央兩旁, 各一寸', 則中央廣三寸, 在於三寸中央須容四指. 每指一寸, 則中央兩邊, 各去四寸, 方安得手之四指. 於四指外, 仍共有八寸, 皆廣五寸." 又下「記」云, "握, 裏親膚, 繫鉤中指, 結于掔"【烏亂切】鄭註云, "掔, 掌後節中也." 此據手內置之, 故言"握, 裏親膚." 旣手內置之, 握長尺二寸, 中掩之手纔相對也. 兩端各有組繫, 先以一端繞掔一匝,

1 (賈釋): 저본에는 '賈釋' 두 글자가 있으나, 이하의 문장은 정현의 주이므로 모두 衍文으로 처리하였다.

還從上自貫. 又以一端向上鉤中指, 反與繞擘者結於掌後節中. 然手無決者, 以握[繫一端繞, 還從上自貫, 反與其一端結之][2]. 或云"如平生以藻玉", 恐非.]

2 以握[繫一端繞, 還從上自貫, 反與其一端結之]: 이 문장은 『의례』「기석례」 정현의 주를 인용한 것인데, '以握' 뒤의 16글자가 생략되어 문장을 이루지 못한다. 따라서 보충하여 번역하였다.

역주

① 악수(握手: 손싸개): 시신의 손을 감싸기 위해 직사각형의 주머니 모양으로 만든 것으로, 한 손에 한 짝씩 감싼다. 보통 명주로 만드는데, 길이는 1척 2촌, 너비는 5촌이며, 안쪽의 천은 붉은색으로 겉면의 천은 검은색으로 한다. 중간 부분의 양 옆은 각각 1촌씩 줄여 잘록하게 하고 죽은 이의 손을 그 안에 놓으며, 입구 양끝에 끈을 매달아 가운데 손가락을 에워싸고 팔에서 묶을 수 있게 한다. 악수(握手)의 모양에 대한 설명은 고대에서부터 여러 견해가 분분하다.(錢玄, 『三禮辭典』, 809쪽 및 白玉林·遲鐸, 『三禮文化辭典』, 532쪽 참조.)

【襲斂圖17：12-纊極광극·決결】

纊極

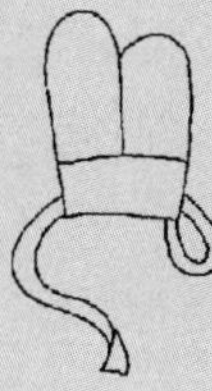

決

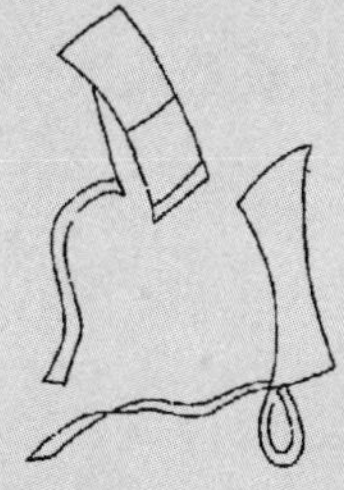

『의례주소』「사상례」에 “깍지[決][1]는 재질이 좋은 왕극(王棘)과 택극(檡棘)【(‘檡’의) 음은 澤이다.】으로 만드는데, 끈을 매달아 놓고, 명주실로 만든 골무[纊極][2] 두 개를 만들어 놓는다.”고 하였다. 정현의 주에서는 “‘결(決)’은 연다[闓]는 뜻과 같으니, 활에 끼우고 옆으로 활시위를 잡는 것이다. ‘정(正)’은 좋다[善]는 뜻이다. 왕극(王棘)과 택극(檡棘)[3]은 결이 좋고 견고하며 내구성이 뛰어난 나무로서, 모두 깍지로 만들 수 있다. ‘극(極)’은 놓는다[放]는 뜻과 같다. 손가락에 끼고 활시위를 당겼다 놓음으로써 손가락을 다치지 않도록 하는 것이다. 살아 있는 사람의 경우에는 붉은 가죽으로 만드는데 세 개를 사용한다. 죽은 사람의 경우는 명주실로 만들고 또 두 개를 사용하는 것은 사용하지 않음을 밝힌 것이다.”라고 하였다. 가공언의 소에는 "'손가락을 다치지 않도록 한다.'는 것은 이 두 나무로 활깍지의 바탕을 삼아서 활시위로 하여금 손가락을 결코 다치지 않게 한다는 뜻이다."라고 하였다.

[「士喪禮」云, "決, 用正王棘若檡【音澤】棘, 組繫, 纊極二." 註云, "'決'猶開也. 挾弓以橫執弦. '正', 善也. 王棘與檡棘, 善理堅韌之木, 皆可以爲決. '極'猶放也. 以沓指放弦, 令不挈指也. 生者朱韋爲之, 而三, 死者用纊, 又用二, 明其不用." "云'令不挈'者, 謂以此二者與決爲藉, 令弦不決挈傷指也."]

역주

① 깍지[決]: 활을 쏠 때 오른손 엄지손가락에 붙여서 활시위를 당길 때 손가락을 보호하는 것인데, 상아로 만든다. 오늘날에는 반기(扳機), 반지(扳指)라고 한다. 또한 죽은 이를 위해서도 만드는데 재질이 뛰어난 나무인 왕극(王棘) 혹은 택극(檡棘)으로 만들어서 살아 있는 사람들이 사용하는 상아로 만든 활깍지와 구별한다.

② 명주실로 만든 골무[纊極]: '광(纊)'은 명주, '극(極)은 손가락에 끼우는 골무를 뜻한다. 원래는 활을 쏠 때 손가락을 보호하기 위해 손가락에 끼우는 활깍지로서, 부드럽게 마전한 소가죽으로 만든다. 살아 있는 사람은 식지(食指), 중지(中指), 무명지(無名指) 등 세 손가락에 끼운다. 그러나 죽은 사람에게는 명주를 사용하여 만들고, 상징적으로 두 개만 끼운다.(胡培翬. 『儀禮正義』 권26, 1678쪽 참조.)

③ 왕극(王棘)과 택극(檡棘): 가시나무의 한 종류로 생각된다. 살아 있는 사람이 사용하는 깍지는 보통 상아나 뼈로 만들고, 죽은 사람을 위해 만드는 깍지는 나무로 만든다고 한다.(胡培翬, 『儀禮正義』 권26, 1678쪽 참조.)

【襲斂圖17 : 13-含貝함패·飯珠반주】

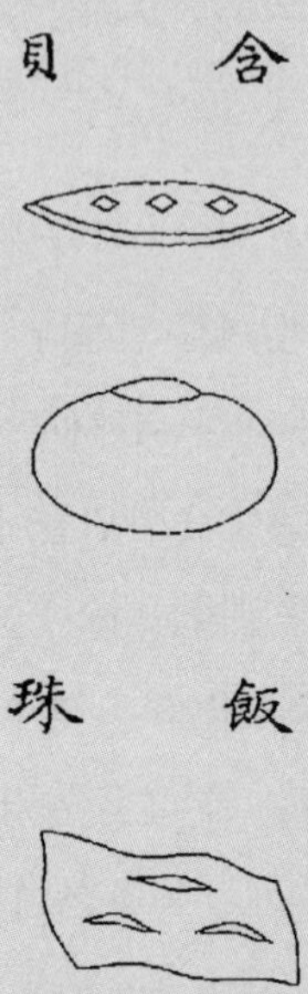

『의례주소』「사상례」에 “조개껍질 3개를 둥근 폐백바구니[筭]①에 담아 놓는다. 쌀 네 되를 네모진 대광주리[筐]②에 담아 놓는다.”고 하였다. 정현의 주에서는 “‘조개껍질[貝]’은 물에서 생산되는 물건이다. 옛날에는 화패로 사용하였는데, 강수(江水)에서 나온다. ‘변(筭)’은 대나무로 만든 기물의 명칭이다.”라고 하였다. 가공언의 소에서는 “이곳에서 ‘조개껍질 3개’라고 하였고, 아래에서 ‘쌀’이라고 하였으므로, 사(士)의 반함(飯含)③에는 쌀과 조개를 사용하는 것이다. 그러므로 『예기』「단궁 하」에서 ‘반함에는 쌀과 조개를 사용한다.’고 한 것은 또한 사례(士禮)에 의거한 것이다. 이는 제후의 사이다. 이를 알 수 있는 것은, 살펴보건대 『예기』「상대기(喪大記)에 ‘군주(제후)는 수수 뜨물[粱]로 머리를 감고, 대부는 메기장 뜨물[稷]로 머리를 감고, 사는 수수 뜨물[粱]로 머리를 감는다.’고 하였는데, 정현은 '천자의 사 경우를 말한 것이다.'라고 하였다. 또 (정현은) '천자는 찰기장 뜨물[黍]로 머리를 감았을 것이다.'라고 하였다. 그렇다면 천자의 사는 반함을 할 때 또한 수수를 사용하고, 천자는 반함을 할 때 찰기장과 쌀을 사용하는 것임이 분명하다. 그렇다면 제후는 반함을 할 때 수수[粱]를 사용하고, 천자·제후·대부 모두 똑같이 메기장[稷]을 사용하는 것이다. 이미 '사는 반함을 할 때 쌀과 조개를 사용한다.'고 하였지만 주옥(珠玉)을 겸하여 사용한다고 말하지 않았으니, 대부 이상은 반함을 할 때 쌀과 함께 주옥을 겸하여 사용하는 것이다. 살펴보건대, 『주례』「춘관·전서(典瑞)」에서 '대상(大喪: 王·后·世子의 喪)을 당하면, (전서는) 반옥(飯玉)과 함옥(含玉)④을 공급한다.'고 하였으니, 천자의 반함에는 옥을 사용하는 것이다.

또 『예기』「잡기 하」에서 '천자의 반함에는 9개의 조개껍질을 사용한다.'고 한 이하의 문장에 대해서 정현은 하나라와 은나라의 예라고 하였다. 또 『예기』「잡기상」에서 '반함에 쓰일 옥을 전하는 자는 벽옥[璧]을 잡는다.'고 하였으니, 이는 제후에 의거하여 말한 것이다. '조개[貝]'는 물에서 생산되는 물건으로, 장강과 회수에서 나온다. 그러므로 『서전(書傳)』에서 '은나라 주왕(紂王)이 주나라 문왕(文王)을 유폐시키자, 산의생(散宜生)이 강수와 회수 사이에서 대패(大貝)를 채취하여 수레 바퀴자국을 따라가서 주왕(紂王)에게 바쳤다.'⑤고 하였으니, 조개는 강수와 회수에서 나오는 것이다. 『한서』「식화지」에는 대패(大貝)·모패(牡貝) 등이 보이는데 그것으로 재화의 비용으로 삼았다. 이는 옛날에는 조개로 화폐를 삼았던 것이다."라고 하였다.

[「士喪禮」云, "貝三, 實于笄. 稻米一豆, 實于筐." 註云, "'貝', 水物, 古者以爲貨, 江水出焉. '笄', 竹器名." 賈義云, "此[云][1]'貝三'下(有)[云][2]'稻米', 則士飯含用米貝也. 故「檀弓」云, '飯用米貝', 亦據士禮也. 此皆諸侯之士.

知者, 案「喪大記」‘君沐粱, 大夫沐稷, 士沐粱.’ 鄭‘以爲天子之士.’ 又云‘天子沐黍與?’ 然則天子之士含, 亦用粱, 天子飯用黍米, 明矣. 則諸侯飯用粱, 天子·諸侯·大夫同用稷也. 旣士飯用米貝, 不言兼有珠玉, 大夫已上飯米, 兼珠玉也. 案「典瑞」云, ‘大喪, 供飯玉含玉,’ 是天子飯含用玉也. 又「雜記」云, ‘天子飯九貝’已下者, 鄭以爲‘夏·殷禮’也.又「雜記」云, ‘含者, 執璧.’ 彼據諸侯也. 貝, 水物也, 出於江淮. 故「書傳」云, ‘紂囚文王, 散宜生於江淮之間, 取大貝如車渠, 以獻於紂’, 是貝出江淮也. 『漢書』「食貨志」有大貝·牡貝之等, 以爲貨用. 是古者以貝爲貨也.”]

1 [云]: 저본에는 ‘云’이 없으나, 北京大 整理本『儀禮注疏』권35, 「士喪禮」 780쪽에 의거하여 보충하였다.
2 (有)[云]: 저본에는 ‘有’로 되어 있으나, 北京大 整理本『儀禮注疏』권35, 「士喪禮」 780쪽에 의거하여 ‘云’으로 교감하였다.

역주

① 둥근 폐백바구니[笲]: 갈대나 대나무로 엮어서 만든 둥근 형태의 바구니로, 안쪽과 바깥쪽을 모두 푸른 비단으로 덧입힌다. 대추[棗], 밤[栗], 생강이나 계피 등 견과류를 담는 용도로 사용한다.

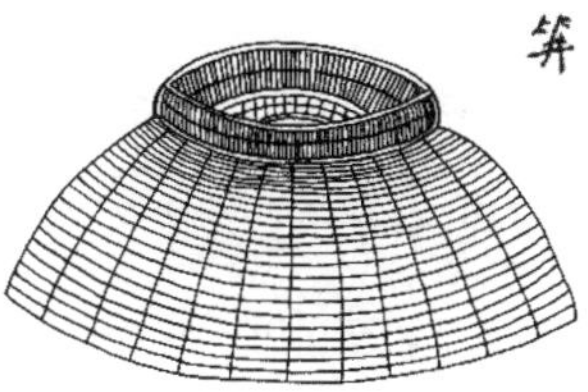

변(笲)
黃以周, 『禮書通故』(청)

② 네모진 대광주리[筐]: 물건을 담는 방형의 대나무 기물이다. 육덕명의 『경전석문』 권11 「예기음의(禮記音義)」에 "네모진 광주리를 '광(筐)'이라 하고, 둥근 광주리를 '거(筥)'라고 한다.[方曰筐, 圓曰筥.]"고 하였다.

③ 반함(飯含): 죽은 첫날에 시신의 입 안에 쌀과 조개, 옥 등을 채우는 의식으로, 차마 입 안을 텅 비게 하지 못하기 때문에 행하는 것이다. 『예기』 「단궁 하」에 "반함(飯含)에는 쌀과 조개를 사용하는데 차마 비워두지 못하기 때문이다. 이것은 음식을 드리는 도[食道]로서 하는 것이 아니고, 아름다운 물건을 넣는 형식을 사용하는 것이다.[飯用米·貝, 弗忍虛也. 不以食道, 用美焉爾.]"라고 하였다.

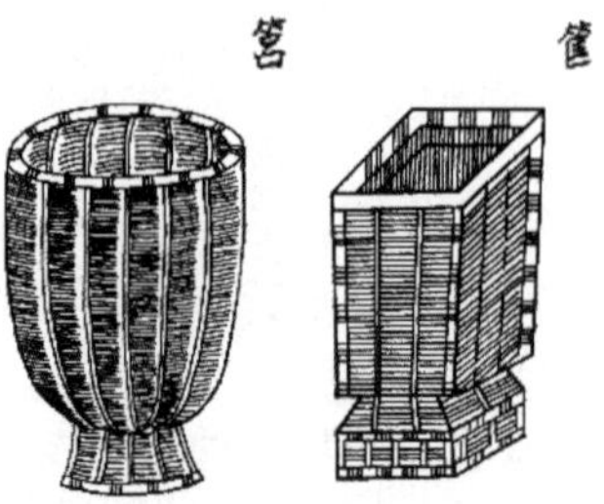

광(筐)과 거(筥)
黃以周, 『禮書通故』(청)

④ 반옥(飯玉)과 함옥(含玉): 죽은 지 첫날에 죽은 이의 입 안을 채우는 것을 '반함'이라 하는데, 천자의 경우 입 안에 옥을 넣는다. 이를 '함옥(含飯玉)'이라 하는데, 반옥(飯玉)도 동시에 진행된다. 대상(大喪)을 당했을 때 하관을 한 후 무덤에 벽옥(璧玉)을 넣는데, 이를 '증옥(贈玉)'이라 한다. (『주례』「천관·태재」 및 『예기』「잡기 상」 정현의 주 참조.)

⑤ 『서전(書傳)』에서 ~ 바쳤다: 『상서대전(尙書大傳)』 권2, 「高宗肜日傳」에 "散宜生 … 江淮之浦, 取大貝, 如車渠, 陳於紂庭."으로 기록되어 있다.

【襲斂圖17 : 14-浴盤욕반】

浴盤

욕반(浴盤: 목욕물을 받는 대야)은 길이 9척, 너비 4척, 깊이 1척으로 만드는데, 사방으로 테두리가 있어 수레상자[輿]와 유사하며, 안쪽에 붉은 칠을 한다. 중류(中霤: 室의 중앙)에서 목욕을 하고 이 쟁반으로 받들어 시상(尸床) 아래에 놓는다.

[浴盤, 長九尺, 廣四尺, 深一尺, 有四周, 似輿, 漆赤中. 浴於中霤, 以此盤承牀下.]

【襲斂圖17 : 15-夷盤이반】

『주례』「천관·능인(凌人)[1]」에 "대상(大喪: 왕의 상)을 당하면, (능인은 尸牀 아래에 놓는) 이반(夷槃)[2]에 채울 얼음을 공급한다."고 하였다. 정현의 주에서는 "'이(夷)'라는 글자는 시신[尸]의 뜻이다. 이반 안에 얼음을 채워서 시상(尸床) 아래에 놓는 것은 시신을 차갑게 하려는 것이다. 시신에 사용하는 쟁반을 '이반(夷盤)'이라 하고, 시신을 올려놓는 평상을 '이상(夷床)'이라 하고, 시신을 덮는 이불을 '이금(夷衾)'이라 하니, 모두 시신에 의거하여 말한 것이다. (숙손통의) 『한예기제도(漢禮器制度)』에는 '대반(大盤)은 너비가 8척, 길이가 1장 2척, 깊이가 3척인데, 안쪽에 붉은 칠을 한다.'고 하였다." 라고 하였다. 제후의 경우는 '대반(大盤)'이라고 한다. 그러므로 『예기』「상대기」에 "군주의 상(喪)에는 대반(大盤)을 설치하고, 그 안에 얼음을 만들어 넣는다."고 하였다.

[『周禮』「凌人」, "大喪, 共夷盤·冰." 註云, "夷之言, 尸也. 實冰於夷盤中, 置之尸牀之下, 所以寒尸也. 尸之盤曰'夷盤', 牀曰'夷牀', 衾曰'夷衾', 皆依尸而爲言者也. 『漢禮器制度』, '大盤, 廣八尺, 長丈二尺, 深三尺, 漆赤中.'" 諸侯謂之大盤, 故「喪大記」云, "君設大盤造冰."]

역주

① 능인(凌人): 『주례』 천관의 관직으로, 하사(下士) 2인이 담당하고 그 휘하에 부(府) 2인, 사(史) 2인, 서(胥) 8인, 도(徒) 80인이 있다. 얼음의 출납과 관련한 정령을 관장한다. 매년 12월에 휘하의 속관들에게 명하여 산에 들어가 얼음을 캐오게 한다. 예상되는 수치보다 3배의 양을 미리 계산하여 빙실(氷室)에 넣어 둔다.

② 이반(夷盤): 얼음을 담는 나무로 만든 쟁반으로, 시신을 올려놓은 시상(尸床) 아래에 두어서 시신이 부패하지 않게 한다. 군주(제후)는 대반(大盤)을 사용하고, 대부는 이반을 사용한다.

【襲斂圖17：16-夷床이상】

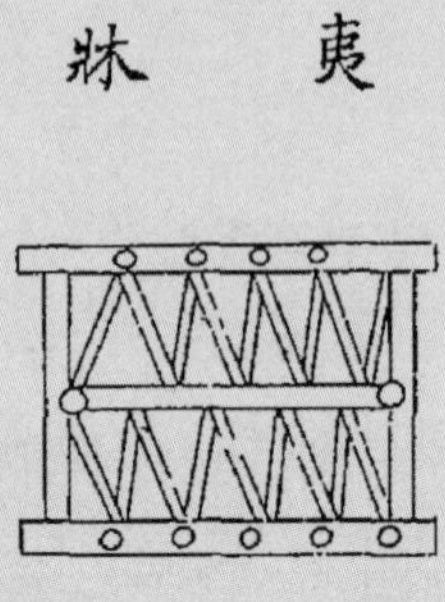

이상(夷牀)으로 시신을 옮겨 놓는데, 길이는 1장 2척, 너비는 7척이며, 옆으로 4개의 고리[鐶]①가 있고, 앞과 뒤에도 또한 고리가 있으며, 양 옆에 꼭지[鈕]② 장식을 만들어 줄로 곧게 가운데 부분을 꿴다. 시신을 내리고자 할 때는 그 곧은 줄을 끌어당기면 꼭지들이 모두 풀린다.

[夷牀以遷尸, 長丈二尺, 廣七尺. 旁爲四鐶, 前後亦有鐶, 爲鈕於兩旁, 以繩直貫中. 欲下尸則引其直繩, 諸鈕悉解矣.]

역주

① 고리[鐶]: 금이나 옥으로 만든 둥근 모양의 물건을 말한다.

② 꼭지[鈕]: 위에서 끌어당기거나 끈 등을 매달 수 있는 장식물을 말한다.

【襲斂圖17 : 17-浴床욕상】

욕상(浴牀)①은 또한 이상(夷牀)이라고도 한다. '이(夷)'라는 글자는 시신[尸]의 뜻이다. 길이는 1장 2척, 너비는 4척 4촌이다. 가로로 위쪽에 나무로 만든 평상이 있으며, 앞쪽과 뒤쪽 양 끝에 우리를 설치한다. 사는 검은 칠을 하고, 대부는 구슬 장식을 추가하고, 제후는 구름 문양을 그려 넣고, 천자는 벼와 온갖 화초를 추가하여 그려 넣는다.

['浴牀', 亦曰'夷牀'. '夷'之爲言, 尸也. 長丈二尺, 廣四尺有四. 横上有木(策)[第][1], 設欄于前面及後兩端. 士漆之, 大夫加珠飾, 諸侯畫雲氣, 天子加禾稼百草華也.]

1 (策)[第]: 저본에는 '策'으로 되어 있으나 문세를 이루지 못하므로 丁鼎의 교감에 따라 '第'로 바꾸어 번역한다.

역주

① 욕상(浴牀): 시신을 목욕시키기 위한 평상으로 '이상'이라고도 하는데, 시신을 내려놓는 '이상'과 다르다.

【襲斂圖17：18-駔圭조규】

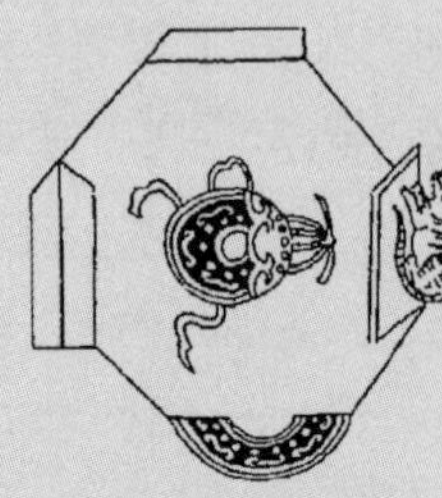

(『주례주소』「춘관·전서(典瑞)」에) "끈으로 규(圭)·장(璋)·벽(璧)·종(琮)·호(琥)·황(璜)의 아래쪽과 그 옆쪽에 아로새긴 조각 문양[渠眉]의 구멍을 꿰어서 연결하고, 벽(璧)과 종(琮) 위쪽에 아로새긴 조각 문양의 구멍을 아래위로 관통시켜서 시신을 거둘 때 사용한다."①고 하였다.

정현의 주에서는 "'시신을 거둔다.'는 것은 대렴 때에 하는 것이다. '駔'은 組(끈)의 뜻으로 읽는다. '거미(渠眉)'는 옥을 문식하여 움푹 들어가거나 돌출되어 나온 부분이다. 끈으로 여섯 개 옥의 움푹 들어가거나 돌출되어 나온 옥의 문양 장식의 가운데를 꿰어서 연결하여 시신을 거둔다. 규(圭)는 왼쪽에 있고, 장(璋)은 머리 부분에 있으며, 호(琥)는 오른쪽에 있고, 황(璜)은 다리 부분에 있으며, 벽(璧)은 등 부분에 있고, 종(琮)은 배 부분에 있으니, 방명(方明)을 취하여 본떠서 신으로 여기는 것이다. '벽과 종 위쪽에 아로새긴 조각문양의 구멍을 아래위로 관통시킨다.[疏璧琮]'는 것은 하늘과 땅을 통하게 한다는 뜻이다."라고 하였다.

가공언의 소에서는 "(정현이 시신 거두는 일을) 대렴 때 하는 것임을 알았던 것은 이 여섯 가지 옥을 왕에게 주어 문식을 하는 것은 분명 의상 밖에서 하는 것이기 때문이다. 그러므로 대렴 이후에 하는 것임을 알 수 있다. (정현의 주에서) '거미(渠眉)는 옥을 문식하여 움푹 들어가거나 돌출되어 나온 부분.'이라고 한 것은 이 여섯 가지 옥의 양 끝에는 모두 구멍이 있고, 또 양 구멍 사이에는 도랑이 만들어지며, 도랑의 양 끝에서 조금 높게 솟아나 눈섭 같은 홀의 양각이 만들어진다. 그러므로 '끈으로 여섯 개 옥의 움푹 들어가거나 돌출되어 나온 옥의 문양 장식의 가운데를 꿰어서 연결하여 시신을 거둔다.'고 한 것이다. 그 '규(圭)는 왼쪽에 있다.'고 한 이하의 문장은 모두 「춘관·대종백」에서 '청규로 동방에 제사를 지낸다.' 등의 문장을 요약한 것이다. 시신은 머리를 남쪽으로 향하게 하여 이 여섯 가지 옥을 두는 것처럼 한다. (정현의 주에서) '벽과 종 위쪽에 아로새긴 조각문양의 구멍을 아래위로 관통시킨다는 것은 하늘과 땅을 통하게 한다는 뜻이다.'라고 한 것은 벽(璧)을 등 부분에 두어서 그 시신이 아래에서 벽을 우러러보게 하고, 종(琮)을 배 부분에 두니 이는 종이 위에 있는 것이다. 같지 않게 하는 것은 등을 양으로 삼고 배로 음을 삼기 때문이다. 그러므로 시신의 배와 등을 따라서 두는 것이다. 하늘과 땅은 음양의 주인이니, 사람의 배와 등은 그것을 본뜻 것이다. 그러므로 벽과 종을 통하게 하여 하늘과 땅을 통하게 하는 것이다."라고 하였다.

["駔圭·璋·璧·琮·琥·璜之渠眉, 疏璧琮, 以斂尸." 註云, "以斂尸者, 於大斂時加之也. '駔'讀爲(祖)[組][1]. '渠眉', 玉飾之溝瑑也. 以組穿聯六玉溝瑑之中, 以斂尸. 圭在左, 璋在首, 琥在右, 璜在足, 璧在背, 琮在腹, 蓋取象方明, 神之也. '疏璧琮'者, 通於天地." 疏云, "知於大斂加之者, 以其六

1 (祖)[組]: 저본에는 '祖'로 되어 있으나, 『주례』「춘관·전서」 정현의 주에 의거하여 '組'로 교감하였다.

玉所與爲飾, 明在衣裳之外, 故知在大斂後加之也. 云'渠眉, 玉飾之溝瑑'者, 此六玉兩頭皆有孔, 又於兩孔之間爲溝渠, 於溝渠之兩畔稍高爲眉瑑, 故云'以組穿聯六玉溝瑑之中, 以斂尸'也. 其圭在左已下, 皆約「大宗伯」青圭以禮東方之等, 以尸南首, 而置此六玉然也. 云'疏璧琮, 通於天地'者, 置璧於背, 以其尸仰璧在下也, 置琮於腹, 是琮在上也. 而不類者, 以背爲陽, 以腹爲陰, 故隨尸腹背而置之. 天地爲陰陽之主, 人之腹背象之, 故疏璧琮以通天地也."]

역주

① 끈으로 ~ 사용한다: 명주실로 끈을 만들어 규(圭)·장(璋) 이하 6가지 옥을 꿰는 것을 말한다. 가공언은 6가지 옥의 양쪽 끝머리에 모두 구멍이 있는데, 끈으로 꿰어 연결해서 시신을 염할 때 사용한다고 하였다. "6가지 옥은 양쪽 끝머리에 모두 구멍이 있다. 또 양쪽 구멍 사이가 구거(溝渠)이고, 구(溝)의 양쪽 가장자리가 미(眉)가 된다.[六玉兩頭皆有孔, 又於兩孔之間爲溝渠, 於溝之兩畔稍高爲眉.]"고 하였다. 이에 따르면 원문의 규·장 등의 '거미(渠眉)'는 오목한 아랫부분의 조각 문양이 '거'이고, 그 옆쪽의 조각 문양이 '미(眉)'이다. 또 원문의 '疏璧琮'에서 '疏'는 정현에 의하면 '통(通)'의 뜻으로, 벽과 종 위쪽의 오목한 조각 문양을 상하로 관통시켜서 천지로 통한다는 뜻을 상징하는 것이다. 또 『주례』「춘관·전서」 정현의 주에 의하면, '염시(斂尸)'는 대렴을 가리키는 것으로, 염을 할 때 규(圭)를 왼쪽에 놓고, 장(璋)을 머리 부분에 놓고, 호(琥)를 오른쪽에 놓고, 황(璜)을 다리 쪽에 놓고, 벽(璧)을 등 쪽에 놓고, 종(琮)을 배 쪽에 놓는다.(以斂尸, 圭在左, 璋在首, 琥在右, 璜在足, 璧在背, 琮在腹, 蓋取象方明, 神之也.)

【襲斂圖17：19-重중】

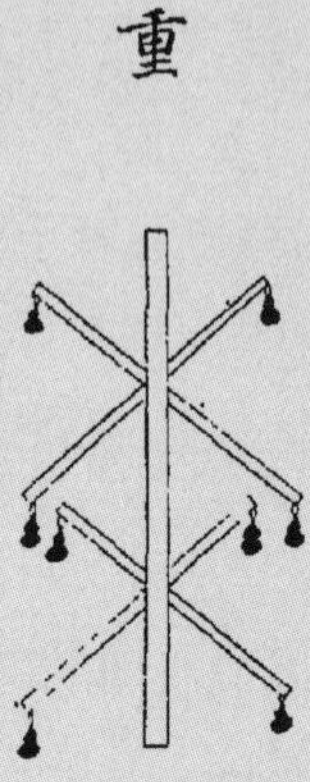

『의례주소』「사상례」에서 "'중목(重木)①'은 (나무를) 깎아서 다듬고 구멍을 뚫는다②. 전인(甸人)은 뜰의 중앙에 중을 설치하는데, 뜰을 삼등분하여 남쪽으로 1/3이 되는 지점에 놓는다.③"라고 하였다. 정현의 주에서는 "나무로 만드니, 거기에 물건을 매다는데, '중(重)'이라고 한다. '간(刊)'은 깎아서 다듬는다는 뜻이니, 나무를 뚫어서 대나무 껍질을 꼬아 만든 노끈으로 솥을 꿰어 매다는 구멍[縣鬠孔]④을 만든다. 사(士)의 중목(重木)은 길이가 3척이다."라고 하였다. 가공언의 소에서는 "(정현이) '나무로 만드니, 거기에 물건을 매달아놓는데, '중'이라고 한다.'고 한 것은 나무로 만든 것을 '중'이라 칭하는 뜻을 풀이한 것이니, 나무의 아래쪽에 물건이 매달려 있는데 서로 겹쳐져 있으므로 '중(重: 겹치다)'이라는 명칭을 얻은 것이다. (정현이) '잠공(鬠孔)'이라 한 것은, 아래(「사상례」의 경문)에서 '금(幹)을 사용하여 (솥을 중에) 매달아 놓는다.'라고 하였으니, '금(幹)'은 곧 '멸(篾)'이다. '멸'이란 대나무의 푸른 껍질을 꼬아 만든 끈이니, 대나무의 푸른 껍질을 꼬아 만든 끈으로 2개의 솥[鬲]을 꿰어 이 중(重)의 구멍 안에 넣는 것이다.

(정현이) '잠(簪)'이라고 말한 것은 마치 관(冠)의 잠(簪: 비녀)⑤으로 관을 상투[紒]에 이어 붙이게 하는 것과 같기 때문이니, 이곳에서는 대나무의 푸른 껍질을 꼬아 만든 끈[軡篾]으로 솥[鬲]을 꿰어 중목(重木)의 구멍에 이어 붙여서 넣는 것이다. 그러므로 '잠공(簪孔)'이라고 한 것이다."라고 하였다.

또 (『의례주소』「사상례」에) "하축(夏祝)은 반함[飯]⑥을 하고 남은 쌀로 죽을 끓이는데, 2개의 솥[鬲]을 사용하여 서쪽 담장 아래의 부뚜막에서 만든다."라고 하였다. 정현의 주에서 "하축은 (축 가운데) 하나라의 예를 익힌 자이다. '죽여반(鬻餘飯)'은 시신에 반함을 하고 남은 쌀로 죽을 만든다는 뜻이다. (죽을 다 끓인 후) 거친 베[疏布]로 솥[鬲] 위를 덮어서 그 입구를 막고, 대나무의 푸른 껍질을 꼬아 만든 끈을 사용하여 솥을 중(重)에 이어 붙여서 매달아 놓는다. (경문에서) '갈대자리를 사용하여 덮는다[冪用葦席]'라고 한 것은 갈대자리로 중(重)의 사면을 빙 둘러 덮은 후 주름을 잡아 구부려서 돌리고, 양 끝을 뒤쪽에서 묶는다는 뜻이다.⑦ '좌임(左衽)'은 갈대자리의 서쪽(왼쪽) 끝부분이 (오른쪽 끝부분의) 위에 놓이게 한다는 뜻이다."라고 하였다. (가공언의 소에서는) "이는 사람이 북쪽을 향해 서 있는 것에 의거하여 말한 것이니, 갈대자리를 중의 앞에 놓고, 북쪽을 향해 서서 갈대자리의 양끝부분이 남쪽을 향하도록 하여 덮고, 그러한 후에 동쪽 끝부분을 아래에 놓아서 서쪽을 향하도록 하고, 서쪽 끝 부분을 위에 놓아서 동쪽을 향하도록 한다. 이것이 '주름을 잡아 구부려서 돌리고, 양 끝을 뒤쪽에서 묶어서 서쪽(왼쪽) 끝부분이 위쪽에 놓이게 한다.'는 뜻이다. 그렇게 한 후에 대나무의 푸른 껍질을 꼬아 만든 끈으로 그것을 묶어 뒤쪽에서 맺는다⑧."라고 하였다.

(『의례주소』「사상례」) 가공언의 소에서 "정현은 '사(士)의 중목(重木)은 길이가 3척이다.'라고 하였다. 그렇다면 대부 이상의 경우 각각 차등이 있

는 것이니, 마땅히 명정(銘旌)[9]의 깃대와 마찬가지로 사는 3척,[10] 대부는 5척, 제후는 7척, 천자는 9척으로 해야 하는데, 이는 수직으로 세운 나무의 길이에 의거한 것이다. 횡목의 길이는 이에 반이 되어야 한다[11]."라고 하였다.

『예기』「잡기 상(雜記上)」에 "중(重)은 우제를 지낸 후 땅에 묻는다."고 하였고, 정현의 주에서는 "중(重)을 세워 두었던 곳에 나아가 묻는다."고 하였다. 『예기정의』「단궁 하(檀弓下)」에서는 "중에는 신주의 도가 있다.[12]"고 하였는데, 공영달의 소에서는 "처음 죽었을 때 중을 만드는 것은 길제(吉祭)를 지낼 때 나무 신주[木主]의 도리와 같은 것이다. 길제의 나무 신주는 그것으로 신을 의지하게 하는 것이고, 상중에 중을 만드는 것은 또한 그것으로 신을 의지하게 하는 것이다. 그러므로 '중에는 신주의 도가 있다.'고 한 것이다."라고 하였다. '중(重)'은 은나라 시대에서 시작되었다. 반함을 하고 남은 쌀로 죽을 만들어 솥에 그것을 담고, '중'이라 칭한 것이다. 오늘날의 양앵(糧罌)[13]은 옛 중(重)의 남아 있는 형상이다. 반드시 중을 진설하는 것은 귀신이 혹 이에 의지하여 음식을 마시고 먹기 때문이니, 효자가 부모의 정령이 기대어 의지하는 바가 있기를 바라는 것이다.

또 『의례』「사상례」 정현의 주에서 "사(士)는 2개의 력(鬲: 솥)을 사용하니, 그렇다면 대부는 4개, 제후는 6개, 천자는 8개의 력을 사용하는 듯하다. 궤(簋: 밥그릇)의 경우와 감쇄하는 수치가 같은 것이다[14]."라고 한 것은 '력'은 '궤'와 마찬가지로 밥을 먹는 도이기 때문이다. 왕자(王者)는 8개의 궤를 사용한다. 그러므로 8개의 중(重)을 서쪽 계단 아래에 뜰을 삼등분하여 남쪽으로 1/3이 되는 지점에 설치한다. 한 개의 나무를 세우는데 길이는 9척이고, 가로세로로 교차시켜 횡으로 뚫어서 4개의 구멍을 파고, 4개의 가로막대를 관통시킨다. 하나의 가로막대마다 2개의 솥을 매다니,

4개의 가로막대에 8개의 솥을 매다는 것이다.⑮ 제후의 경우는 나무의 길이가 7척이니, 3개의 가로막대에 6개의 솥을 매단다. 대부의 경우는 나무의 길이가 5척이니, 2개의 가로막대에 4개의 솥을 매단다. 사의 경우는 나무의 길이가 3척이니, 1개의 가로막대에 2개의 솥을 매단다. 모두 거친 베로 솥의 위쪽을 덮고, 갈대자리로 감싼다. 후대에는 중과 갈대자리를 두 가지로 하였으니, 중은 널[柩]을 따라서 무덤 안에 넣고, 가로막대 등은 갈대자리와 함께 흉례의 물건으로 삼았다.

[「士喪禮」云, "重木, 刊鑿之. 甸人置重于中庭, 參分庭一在南." 注云, "木也, 縣物焉曰重. 刋, 斲治之也, 鑿之爲縣簪孔. 士[重木][1]長三尺." 賈釋云, "'木也, 縣物焉曰重'者, 解名木爲重之意, 以其木有物縣於下, 相重累, 故得(名重)[重名][2]' 云'簪孔'者, 下[云][3]'繫用靲', 靲卽篾也. '篾'者, 竹之靑皮, 以篾貫二鬲內此孔中. 言'簪'者, 若冠之簪使冠連屬於紒, 此用靲篾貫鬲, 連屬內於重木之孔, 故云'簪孔.'" 又曰, "夏祝鬻餘飯, 用二鬲于西牆下." 注云, "夏祝, 祝習夏禮者也. 鬻餘飯, 謂以飯尸餘米爲鬻者也. 其冪用疏布, 灸塞其口, 以篾屬於重. '冪用葦席', 謂以席覆重, 辟屈而反, 兩端交於後. 左衽, 西端在上[4]." "此據人北面, 以席先於重, 北面向南掩之, 然後以

1 [重木]: 저본에는 '重木' 두 글자가 없으나, 『의례』「사상례」 정현의 주에 의거하여 보충하였다.

2 (名重)[重名]: 저본에는 '名重'으로 되어 있으나, 北京大 整理本 『儀禮注疏』 권36, 「士喪禮」 790쪽 賈公彦의 疏에 의거하여 '重名'으로 교감하였다.

3 [云]: 저본에는 '云'이 없으나, 北京大 整理本 『儀禮注疏』 권36, 「士喪禮」 790쪽 賈公彦의 疏에 의거하여 보충하였다.

4 夏祝 祝習夏禮者也 ~ 西端在上: 이 문장은 『의례』「사상례」의 경문과 정현의 주를 요약 정리한 것이다. 「사상례」의 경문은 "夏祝鬻餘飯, 用二鬲于西牆下. 冪用疏布, 久之, 繫用, 縣于重. 冪用葦席, 北面, 左衽. 帶用靲, 賀之, 結于後(죽을 다 끓인 후 2개의 솥 위에 거친 베로 솥의 입구를 막으며, 대나무 끈을 사용하여 솥을 중에 매달아 놓는다. 중과 솥을 덮을 때는 갈대자리를 사용하는데, 갈대자리의 양 끝이 북쪽을 향하게 하고, 오른쪽 끝이 왼쪽 끝의 위로 오게 해서, 서쪽을 향하게 한다. 갈대자리를 묶는 끈은 대오리를 사용하고, 둘레를 두 번 둘러서 갈대자리 뒤쪽 즉 남쪽에서 묶는다)."이다. 이에 대한 정현의 주는 "夏祝, 祝習夏禮者也. 夏人

東端爲下, 向西, 西端爲上向東, 是爲辟屈而反, 兩端交於後, 爲左衽, 然後以簭加束之, 結於後也.” 賈釋云, “[鄭言]‘士重[木]三尺[5]’, 則大夫已上各有差, 當如銘旌之杠, 士三尺, 大夫五尺, 諸侯七尺, 天子九尺, 據豎者言之. 其橫者宜半之.” 「雜記」曰, “重, 旣虞而埋之.” 註云, “就所倚處埋之也.” 「檀弓」曰, “重, 主道也.” 孔『義』云, “謂始死作重, 猶若吉祭木主之道也. 吉祭木主所以依神, 在喪作重, 亦以依神. 故云‘主道也.’” 重, 起於殷代. 以含飯餘鬻, 以鬲盛之, 名曰重. 今之糧甖, 卽古重之遺象也. 所以須設重者, 鬼神或依飮食, 孝子冀親之精有所憑依也. 又鄭注「士喪禮」云, “士二鬲, 大夫四, 諸侯六, 天子八, 與簋同差”者, 以其與簋同是飯食之道故也. 王者八簋, 故八重置於西階下, 三分庭一在南. 豎一木, 長九尺, 互達橫鑿, 穿爲四孔, 貫四橫木. 每一橫縣二鬲, 四橫八鬲. 諸侯七尺, 三橫六鬲. 大夫五尺, 二橫四鬲. 士三尺, 一橫二鬲. 並覆以疏布, 裏以葦席, 而後代重與葦席爲二物, 重隨柩入壙, 橫木等與葦席爲凶.]

敎以忠, 其於養宜. 鬻餘飯, 以飯尸餘米爲鬻也. 重, 主道也. 士二鬲, 則大夫四, 諸侯六, 天子八與. 簋同差. 久讀爲灸, 謂以蓋塞鬲口也. 竹簭也. 以席覆重, 辟屈而反, 兩端交於後. 左衽, 西端在上. 賀, 加也(‘하축’은 축 가운데 하나라의 예를 익힌 사람이다. 하나라 사람은 충실함으로 가르쳤기 때문에 봉양을 하는 데 적당하다. ‘죽여반’은 반함을 하고 남은 쌀로 죽을 만드는 것이다. ‘중’은 신주의 도리이다. 사가 솥을 둘로 한다면 대부는 넷이고 제후는 여섯이며 천자는 여덟인 듯하다. 궤(簋: 밥그릇)의 경우와 감쇄하는 정도가 같다. ‘久’는 ‘灸’의 뜻으로 읽는데 솥의 입구를 막는다는 말이다. ‘금 ’은 대오리 즉 대나무로 만든 끈이다. 갈대자리로 중을 두 번 둘러서 양 끝을 뒤에서 묶는다. ‘좌임’은 서쪽 끝이 위로 오게 하는 것이다. ‘賀’는 더한다는 뜻이다.)”이다.

5 [鄭言]士重[木]三尺: 저본에는 ‘士重三尺’으로 되어 있으나, 北京大 整理本『儀禮注疏』권36, 「士喪禮」790쪽 賈公彦의 疏에 의거하여 ‘鄭言士重木三尺’으로 교감하였다.

역주

① 중목(重木): 사람이 처음 죽고 아직 신주를 만들기 전에 임시로 제사를 받기 위해 설치하는 긴 나무막대를 말한다. 나무를 깎아 윗부분에 구멍을 뚫어 놓은 형태로, 구멍에 금(軡) 즉 대나무 껍질로 만든 노끈으로 꿰어 묶어서 죽을 담은 솥을 매단다. 우제(虞祭)를 지낸 후에 중(重)을 땅에 묻고 비로소 신주로 대체한다. 방포(方苞)는 "습(襲)을 마치고 모(冒: 시신을 감싸서 덮는 자루)로 시신을 덮은 뒤에는 부모의 모습을 다시는 볼 수 없으므로 나무막대를 뜰의 중앙에 설치하여 신령이 의지하도록 하는 것이다.[旣襲設冒, 親之形容, 不可復見, 故設木於中庭, 使神依焉]."라고 하였다. '중(重)'은 나무로 만들기 때문에 '중목(重木)'이라고도 한다. 가공언에 의하면, 사의 중목은 길이 3척, 대부는 5척, 제후는 7척, 천자는 9척이다.(鄭言士重木長三尺, 則大夫以上各有等, 當約銘旌之杠, 士三尺, 大夫五尺, 諸侯七尺, 天子九尺.)(胡培翬, 『儀禮正義』 권26, 1709쪽 ; 北京大 整理本 『儀禮注疏』 권36, 「士喪禮」 790쪽 賈公彦의 疏 참조.)

② (나무를) 깎아서 다듬고 구멍을 뚫는다[刊鑿之]: 호배휘는 "'간(刊)'은 나무를 깎고 다듬어서 기물을 만드는 것이고, '착(鑿)'은 구멍을 만들어서 대나무 껍질을 꼬아 만든 노끈[簪]으로 매다는 것을 말한다.[刊是斲治之使成器, 鑿謂爲孔以縣簪.]"라고 하여 '간(刊)'과 '착(鑿)'은 두 가지 일이라고 하였다. 주식(朱軾)은 『의례절약(儀禮節略)』에서 "중의 앞쪽을 뚫어서 2개의 구멍을 만들고, 잠(簪: 대나무 노끈)으로 꿰어서 솥을 매다는 용도로 사용한다.[鑿其前爲二孔, 以簪貫之, 爲縣鬲之用]."고 하였다.(胡培

翬,『儀禮正義』 권26, 1709쪽 참조.)

③ 뜰의 중앙에 ~ 지점에 놓는다: 호배휘에 의하면 '뜰의 중앙[中庭]'은 동쪽과 서쪽 사이의 중앙이다.(中庭, 東西之中也) 「사상례」 경문의 '參分庭一在南'은 뜰 하나를 3등분하여 남쪽으로 1/3이 되는 지점에 중을 두는 것을 말한다. 성세좌(盛世佐)는 "뜰 하나를 3등분한 것의 하나인데, 그 남쪽 1분에 두는 것을 말한다. 만일 뜰의 남북 길이가 3장이라면, 중을 설치하는 지점은 당과의 거리가 2장이고, 문과의 거리는 1장이다.[謂三分庭之一, 而在其南一分也. 如庭深三丈, 則設重之節, 去堂二丈, 去門一丈矣.]"라고 하였다.(胡培翬, 『儀禮正義』 권26, 1709쪽 참조.)

④ 대나무 껍질을 꼬아 만든 노끈으로 솥을 꿰어 매다는 구멍[縣簪孔]: 장혜언(張惠言)은 "정현은 '縣簪孔'이라고 하였다. '簪'에 '縣(매달다)'이라고 말한 것은, 가공언의 소에서 '금(紟)을 사용하여 (솥을) 이 구멍 안에 넣어서 매단다. 금(紟: 대나무 껍질을 꼬아 만든 노끈)은 곧 잠(簪)이다.'라고 하였으니, 그 뜻이 이러한 것이다.[鄭言縣簪孔, 簪而言縣, 則疏云'用紟內此孔中, 紟卽簪也', 其義是也.]"라고 하였다.(『儀禮圖』 권5, '重')

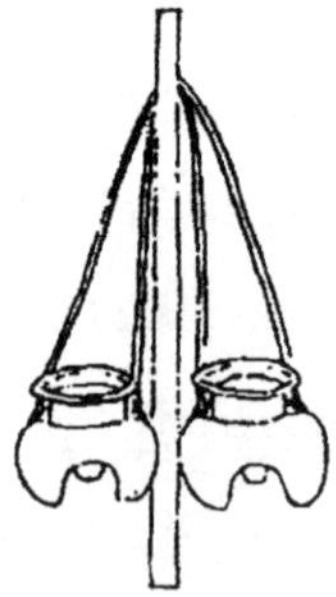

중(重)
張惠言, 『儀禮圖』(청)

⑤ 잠(簪: 비녀): '잠자(簪子)'라고도 한다. 머리카락을 묶거나 관을 고정하는 바늘 형태의 머리 장식을 말한다. 주대에는 일반적으로 '계(笄)'라고 칭했는데, 진한 이후 '잠(簪)'으로 개칭하였다. 유희(劉熙)의 『석명(釋名)』 「석수식(釋首飾)」에 "잠(簪)은 비녀이니, 비녀로 관을 머리카락에 연결시킨다.[簪, 兟也, 以兟連冠於髮也.]"고 하였다. 상세한 것은 [冠冕圖03 : 11-笄] 역주 ① 참조.

⑥ 반함[飯]: '반(飯)'은 반함(飯含)을 뜻한다. 상례에서 죽은 첫날에 시신의 입 안에 쌀과 조개, 옥 등을 채우는 의식으로, 차마 입 안을 텅 비게 하지 못하기 때문에 행하는 의절이다. 『예기』 「단궁 하」에 "반함(飯含)에는 쌀과 조개를 사용하는데 차마 비워 두지 못하기 때문이다. 이것은 음식을 드리는 도[食道]로서 하는 것이 아니고, 아름다운 물건을 넣는 형식을 사용하는 것이다[飯用米·貝, 弗忍虛也. 不以食道, 用美焉爾.]"라고 하였다.

⑦ 갈대자리로 중(重)의 사면을 빙 둘러 덮은 후 주름을 잡아 구부려서 돌리고, 양 끝을 뒤쪽에서 묶는다는 뜻이다: 호배휘는 「사상례」 정현 주의 '以席覆重, 辟屈而反, 兩端交於後.'에 대해서 "'以席覆重'은 갈대자리로 중의 위쪽을 덮는다는 뜻이 아니라, 갈대자리로 중의 사면을 빙 둘러서 덮는다는 뜻이다. 그러므로 치마에 주름이 있는 것과 같은 것이다. '辟'은 그 가운데를 텅 비워 둔다는 뜻이고, '屈'은 구부려서 돌리고, 또 겸하여 2개의 솥을 덮는다는 뜻이다. 그렇다면 주름을 잡아 구부려서 돌리는 곳은 마땅히 위쪽은 좁고 아래쪽은 넓게 된다.[案席覆重, 非覆之於上, 當是四面旋轉覆之, 故如裳之有辟積. 辟謂空其中, 屈謂屈而轉之, 且兼覆二鬲, 則辟屈之處, 當上狹而下寬.]"고 하였다.(胡培翬, 『儀禮正義』 권26, 1711~1712쪽 참조.)

⑧ 이는 사람이 북쪽을 향해 서 있는 것에 의거하여 말한 것이니 ~ 뒤쪽에서 맺는다: 오계공(敖繼公)은 "(「사상례」 경문의) '북면(北面)'은 갈대자리의 양 끝이 모두 북쪽에 놓이는 것을 말한다. '좌임(左衽)'은 오른쪽 끝 부분이 (왼쪽 끝 부분의) 위쪽에 놓여서 서쪽을 향하는 것이니, 죽은 사람의 옷깃이 왼쪽을 향하는 것을 본뜬 것이다.[北面, 謂席之兩端皆在北也. 左衽者, 右端在上而西鄕, 象死者之左衽也.]"라고 하였다. 심동(沈彤)은 「사상례」 경문의 '북면'과 '좌임'에 대한 오계공의 해석이 타당하다고 하면서 정현의 주는 「사상례」의 경문과 배치된다고 지적하였다. 하지만 호배휘는 정현의 주는 경문과 배치되는 것이 아니라 심동이 잘못 이해한 것이라고 비판하였다. 호배휘에 의하면, 갈대자리[席]는 본래 끝부분이 남쪽을 향하게 하여 중의 북쪽에 놓는데, 또 양쪽 끝부분의 나머지는 반대로 뒤쪽으로 향하여 돌린다. 그러므로 '양쪽 끝부분을 반대로 돌려서 뒤쪽에서 교차하여 묶는다.[反兩端交於後]'라고 한 것이다. 중(重)은 북쪽을 향해 놓이므로 서쪽이 왼쪽이 된다. 그렇다면 '좌임(左衽)'을 하면 마땅히 서쪽이 위쪽이 되는 것이다. 정현 주의 의미는 돌려서 동쪽을 향하는 것이 아래쪽에 놓이고, 돌려서 서쪽을 향하는 것이 위쪽에 놓인다는 뜻이다. 따라서 가공언의 소는 잘못된 것이다.(胡培翬, 『儀禮正義』 권26, 1712쪽, "今案, 注亦不背經, 但不如敖說之明顯耳. 蓋席本是南轉而北, 又以兩端之餘者, 反向後轉之, 故云'反兩端交於後.' 重北面, 以西爲左, 則左衽自當以西爲上. 注蓋謂轉而向東者在下, 轉而向西者在上耳. 賈疏誤.")

⑨ 명정(銘旌): 죽은 이의 이름을 써넣은 깃발로서, 명(銘) 혹은 명정(銘旌)이라 칭한다. 명정은 살아 있을 때 사용하던 깃발을 사용하여 죽은 이의 등급과 신분을 표명한다. 왕의 경우는 태상(太常)의 깃발을 세우고, 제후는 기(旂)를 세우고, 고·경은 전(旜)을 세우고, 대부와 사는 물(物)의

깃발을 세운다. 『의례』「사상례(士喪禮)」에 "명정을 만들 때는 각각 죽은 이가 생전에 사용했던 물(物) 깃발을 가지고 한다.[爲銘, 各以其物.]"고 하였고, 정현의 주에서는 "'명(銘)'은 명정(明旌)이다. 잡색의 비단으로 만든 깃발을 '물(物)'이라고 하니, 대부와 사가 세우는 것이다. 죽은 이는 구별이 되지 않는다. 그러므로 깃발로 표시하는 것이다.[銘, 明旌也. 雜帛爲物, 大夫士之所建也. 以死者爲不可別, 故以其旗識識之.]"라고 하였다. 『의례』의 「사상례」와 「기석례」 등에 의하면, 명정은 먼저 서쪽 계단 위에 세워 두었다가(「사상례」, "竹杠長三尺, 置于宇西階上."), 염을 할 때 뜰 중앙의 중목(重木)에 옮겨서 걸어 놓고(「사상례」, "祝取銘, 置于重."), 대렴 이후에 관을 안치한 구덩이 동쪽에 세워 두고(「사상례」, "卒塗, 祝取銘置于肂."), 장례를 지낼 때는 인(茵: 관 아래에 까는 깔개) 위에 옮겨 놓는다(「기석례」, "祝取銘, 置于茵.").

⑩ 명정(銘旌)의 깃대와 마찬가지로 사는 3척: 『의례』「사상례」에 "길이가 3척 되는 대나무 깃대에 명정(銘旌)을 달아 서쪽 계단 위의 평고대[梠]에 세워 둔다.[竹杠長三尺, 置于宇西階上.]"고 하였고, 정현의 주에서는 "'강(杠)'은 명정의 깃대이다. '우(宇)'는 평고대이다.['杠', 銘橦也. '宇', 梠也.]"라고 하였다. 호배휘는 "'치(置)'는 세운다는 뜻이다. 서쪽 계단의 위에 세우는데, 그 위쪽으로 처마와 마주한다. 명정을 서쪽 계단 위에 세워 두는 것은 명정은 널을 표시하는 것인데, 널이 서쪽 계단 위에 있기 때문이다.[置, 立也. 立于西階之上, 其上當宇. 銘所以必置于西階上者, 以銘所以表柩, 柩在西階上故也.]"라고 하였다.(胡培翬, 『儀禮正義』 권26, 1667쪽 참조.)

⑪ 횡목의 길이는 이에 반이 되어야 한다: 장혜언은 가공언의 말대로라면 수직으로 세우는 나무 이외에 별도로 횡목이 있다는 뜻이 되므로 잘못

이라고 비판하였다. 호배휘도 정현이 '길이가 3척'이라고만 말하고 횡목을 언급하지 않았으므로 횡목이 없음을 알 수 있다고 하여 장혜언의 설을 지지하였다. 다만 『대당개원례』에서도 "횡목의 길이는 수직으로 세운 나무의 절반으로 한다."고 되어 있다. 그러나 호배휘는 이는 후대의 제도로서 주대의 제도와는 다른 것이라고 하였다.(胡培翬, 『儀禮正義』 권26, 1709쪽 참조.)

⑫ 중에는 신주의 도가 있다: 『예기』 「단궁 하」에 "중(重)에는 신주의 도(道)가 있다. 은나라에서는 신주를 만들면 중(重)을 빈묘(殯廟)에 묶어 매달아 놓았으며, 주나라에서는 신주를 만들면 중(重)을 철거하여 매장하였다.[重, 主道也. 殷主綴重焉, 周主重徹焉.]"고 하였다. 정현의 주에서는 "처음 죽었을 때 아직 신주를 만들기 이전에는 중(重)으로 그 신(神)을 주관하게 하는 것이다. 중(重)은 우제(虞祭)를 지낸 후에 묻으며, 그 뒤에 신주를 만든다.[始死未作主, 以重主其神也. 重既虞而埋之, 乃後作主.]"고 하였다.

⑬ 양앵(糧罌): 마른 식량을 담는 질그릇으로, '糧罌'으로도 쓴다. 중앙의 배 부위는 크고 입구는 작은 항아리 모양이다. 고대에는 무덤에 넣는 명기(明器)로 사용하였다. 북제(北齊) 안지추(顏之推)의 『안씨가훈(顏氏家訓)』 「종제(終制)」에 "나는 두께 두 치의 소나무 관과 옷과 모자 외에 한 가지라도 덧붙여서는 안 되며, 시상(尸牀)에는 오직 칠성판만 두도록 하라. 밀랍으로 만든 노아(弩牙)·옥 돼지·주석 인형 같은 것들은 모두 생략하고, 마른 식량을 담는 질그릇[糧罌] 등의 명기(明器) 등도 마련해서는 안 되며, 묘지명이나 명정 따위는 말할 나위도 없다.[吾當松棺二寸, 衣帽已外, 一不得自隨, 床上唯施七星板, 至如蠟弩牙·玉豚·錫人之屬, 並須停省, 糧罌明器, 故不得營, 碑誌旒旐, 彌在言外.]"고 하였다. 또 송대

고승(高承)의 『사물기원(事物紀原)「길흉전제(吉凶典制)」 '양앵(糧罌)' 조목에서도 "오늘날 상가에서 관을 만들고 염을 할 때, 널 안에 반드시 양앵(糧罌)을 놓는 것은 … 『예기』「단궁 하」에 '중(重)에는 신주의 도(道)가 있다.'고 하였고, 『삼례도』에서는 '중은 상나라 시대에서 시작되었다. 반함을 하고 남은 쌀로 죽을 만들어 솥에 담으니, 이를 중이라 한다. 뜰에 중을 진설하는데, 신이 이에 의지하여 먹게 하려는 것이다. 오늘날의 양앵은 곧 옛 중의 남겨진 뜻이다.'라고 하였다.[今喪家棺歛, 柩中必置糧罌者 ……『禮』「檀弓」曰, '重, 主道也.' 『三禮圖』曰, '重起于商代.' 以飯唅餘粥, 以鬲盛之, 名曰重. 設之於庭, 恐神依之以食. 今之糧罌, 卽古重之遺意也.]고 하였다.

⑭ 사(士)는 ~ 수치가 같은 것이다: 『의례』에서 사(士)의 예인 「특생궤사례」에서는 2개의 대(敦: 밥그릇)를 사용하고(「特牲饋食禮」, "兩敦在西堂."), 대부의 예인 「소뢰궤사례」에서는 4개의 대를 사용한다고 하였다.(「少牢饋食禮」, "上佐食取黍稷于四敦.") 동성의 대부와 사는 궤(簋)를 사용한다. 그러므로 이곳에서는 모두 '궤'라고 말한 것이다. 『예기』「명당위(明堂位)」에서 "주나라의 궤(簋) 8개[周之八簋]"라고 하였고, 『시』「소아·녹명(鹿鳴)」에서 "8개의 궤를 진설하여 올린다[陳饋八簋]"고 한 것은 모두 천자의 예를 말한 것이니, 위에서 아래로 2개씩 감쇄하는 원칙에 의하면 제후는 6개의 궤를 사용한다. 『예기』「제통(祭統)」은 대부의 예를 말한 것인데, '4개의 궤서(簋黍: 기장밥을 담은 밥그릇)'라고 하여 2개의 궤를 남겨 두는 것은 양염(陽厭: 吉祭에서 尸가 묘실에서 나간 뒤에 西北쪽 모퉁이에 음식을 차려 놓는 의절)을 위해서 사용하지 않기 때문이다.(胡培翬, 『儀禮正義』 권26, 1710쪽 참조.)

⑮ 하나의 가로막대마다 ~ 솥을 매다는 것이다: 죽을 담은 솥[鬲]을 중(重)

에 매다는 것의 의미에 대해서 방포(方苞)는 "솥을 중에 매다는 것은 대체로 부모에 대한 봉양이 이때에 이르러 끝나게 된다. 아침저녁으로 그것을 보면 효자의 마음에 측은함이 생겨나니, 이른바 '일부러 흥기시키는 물건을 둔다[以故興物]'는 것이다.[鬻縣于重, 蓋親之養, 至是而終矣. 朝夕見之, 孝子之心, 有隱焉, 所謂以故興物也.]"라고 하였다.

【襲斂圖17：20-銘旌명정】

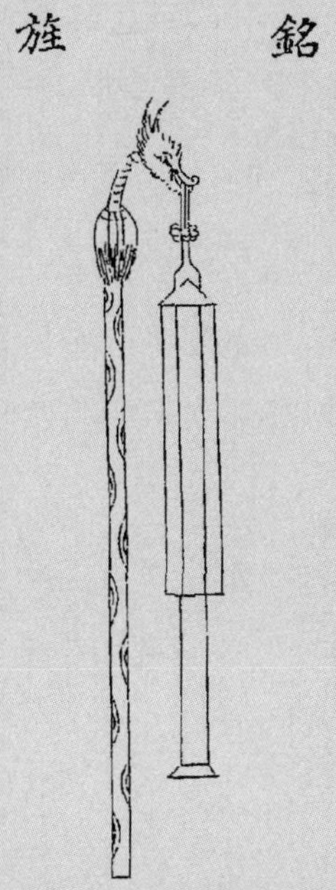

『예기』「단궁 하」에서 "'명(銘)'은 명정(明旌)이다. 죽은 이는 구별할 수 없다.① 그러므로 깃발로 표시한 것이다."라고 하였고, 정현의 주에서는 "명정(明旌)은 죽은 이의 이름을 쓴 깃발이다."라고 하였다. 『의례』「사상례」에서 "명정을 만들 때는 각각 죽은 이가 생전에 사용했던 물(物)② 깃발을 가지고 한다."고 하였다.

『주례』「춘관·사상(司常)」에서는 "(사상은) 대상(大喪)을 당하면 명정(銘旌)을 공급한다."고 하였고, 정현의 주에서는 "왕의 경우는 태상(太常)의 깃발을 사용한다.③"고 하였다. 또 살펴보건대, 『주례』「춘관·사상」에 "왕은 태상(太常)의 깃발을 세우고, 제후는 기(旂)의 깃발을 세우고, 고(孤)와 경(卿)은 전(旜)의 깃발을 세우고, 대부와 사는 물(物)의 깃발을 세운다."

고 하였으니, 명정도 이와 마찬가지로 하는데 높이만 다를 뿐이다. 『예위(禮緯)』에 "천자의 정(旌) 깃발의 깃대 높이는 9인(仞)④이고, 제후는 7인이고, 대부는 5인이고, 사는 3인이다."라고 하였다. 『의례』「사상례」에 "길이가 3척 되는 대나무 깃대에 명정을 매단다."고 하였으니, 죽은 사람의 경우에는 척(尺)으로 인(仞)을 바꾸는 것이다. 천자는 9척, 제후는 7척, 대부는 5척, 사는 3척의 대나무 깃대를 사용한다. 그 명정의 깃발 몸체 또한 척으로 인을 바꾸니, 또 견거(遣車)의 차등에 따르는 것이다.⑤ 불명(不命)의 사(士)⑥의 경우, 『의례』「사상례」에서 "상단 부분은 반폭(半幅)의 검은 베로 만들고【길이는 1척이다.】, 하단 부분은 온 폭 길이의 붉은 베로 만들며【길이는 2척이다. 검은 베와 붉은 베는 합해서 길이 3척이 된다.】, 너비는 3촌의 베를 사용한다. 하단의 붉은 베에 '아무개씨 아무개의 널[柩]'이라고 쓴다.⑦ 길이가 3척 되는 대나무 깃대에 명정을 매달아 서쪽 계단 위의 평고대[梠]에 세워 둔다."고 하였다. 정현의 주에서는 "'강(杠)'은 명정의 깃대이다. '우(宇)'는 평고대[梠]이다."라고 하였다.【'梠'의 음은 '呂(려)'이다. '려(梠)'는 양 끝 평고대[連綿]⑧의 나무이다.】

[「檀弓」曰, "銘, 明旌也. 以死者爲不可別也, 故以其旗識之", 注云, "明旌, 神明之旌也." 「士喪禮」云, "爲銘, 各以其物." 『周禮』「司常」, "大喪則供銘旌", 注云, "王則太常." 又案「司常職」云, "王建太常, 諸侯建旂, 孤卿建旜, 大夫士建物", 則銘旌亦然, 但尺數異耳. 『禮緯』云, "天子之旌高九仞, 諸侯七仞, 大夫五仞, 士三仞." 其「士喪禮」, "竹杠長三尺", 則死者以尺易仞也. 天子九尺, 諸侯七尺, 大夫五尺, 士三尺. 其旌旗身亦以尺易仞也, 又從遣車之差, 蓋以喪事略故也. 若不命之士, 則「士喪禮」云, "以緇布半幅【長一尺也.[1]】,

1 長一尺也: 저본에는 '長一尺也'의 4글자가 「사상례」의 경문으로 되어 있으나, 今本「士喪

頳其末 長終幅【長二尺也. 緇·頳共長三尺.[2]】, 廣三寸, 書銘於末曰, '某氏某之柩.' 竹杠長三尺, 置於宇西階上." 注云, "杠, 銘幢也. 宇, 梠也."【音呂. 梠者, 兩端連綿木也.】]

禮」에는 없는 문장이므로 聶崇義의 注로 처리하였다.

2 長二尺也. 緇·頳共長三尺: 저본에는 이 10글자가 「사상례」의 경문으로 되어 있으나, 今本 「士喪禮」에는 없는 문장이므로 聶崇義의 注로 처리하였다.

역주

① 죽은 이는 구별할 수 없다: 『예기』「단궁 하」 정현의 주에 "'구별할 수 없다.'는 것은 모습이 보이지 않기 때문이다.[不可別, 形貌不見.]"라고 하였다.

② 물(物): 잡색의 비단으로 만든 깃발을 '물(物)'이라고 한다. 기의 직폭(直幅: 正幅)의 장대에 붙인 것을 '삼(縿: 기폭)'이라고 하고, 삼(기폭)의 옆에 횡폭을 꿰매어 삼에 붙여서 휘날리게 하는 장식을 '유(斿: 기폭의 귀에 붙인 긴 천 조각 장식물)'라고 하는데, '유(斿)'는 '패(旆)'라고도 한다. '삼'과 '유'가 같은 색깔의 기는 모두 '전(旜)'이라고 하고, '삼'과 '유'의 색깔을 달리하는 기는 모두 '물(物)'이라고 한다. 『주례』「춘관·사상(司常)」에 "해와 달을 그려 넣은 것을 '상(常)'이라 하고, 용을 교차하여 그려 넣은 것을 '기(旂)'라고 하고, 기폭과 기폭의 귀에 붙인 천 조각 장식물을 같은 색으로 만든 것을 '전(旜)'이라 하고, 기폭과 기폭의 귀에 붙인 천 조각 장식물을 다른 색으로 만든 것을 '물(物)'이라 하고, 곰과 호랑이를 그려 넣은 것을 '기(旗)'라고 하고, 새매를 그려 넣은 것을 '여(旟)'라고 하고, 거북과 뱀을 그려 넣은 것을 '조(旐)'라고 하고, 한 깃털에 다섯 색깔로 물을 들여 장식한 것을 '수(旞)'라고 하고, 여러 깃털에 다섯 색깔로 물을 들여 장식한 것을 '정(旌)'이라 한다.[日月爲常, 交龍爲旂, 通帛爲旜, 雜帛爲物, 熊虎爲旗, 鳥隼爲旟, 龜蛇爲旐. 全羽爲旞. 析羽爲旌.]"고 하였다. 이를 '구기(九旗)'라고 한다.

③ 왕의 경우는 태상(太常)의 깃발을 사용한다: 왕(王)·왕후(王后)·세자(世

태상(太常)

기(旂)

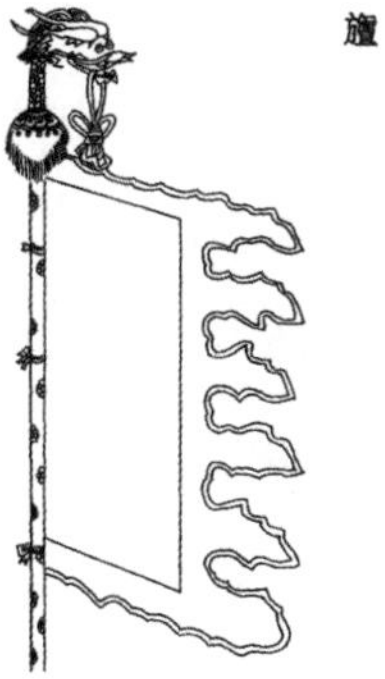

전(旜)

물(物)

기(旗)

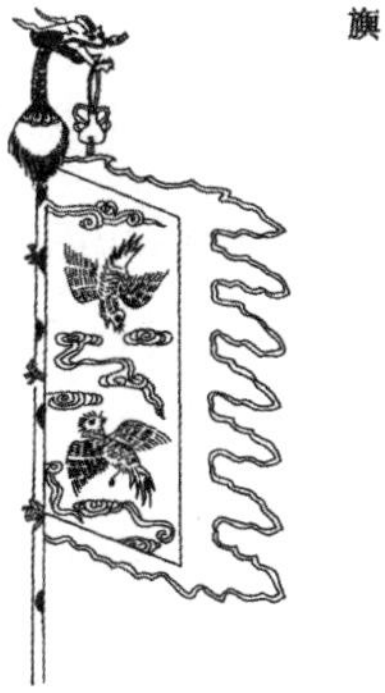

여(旟)

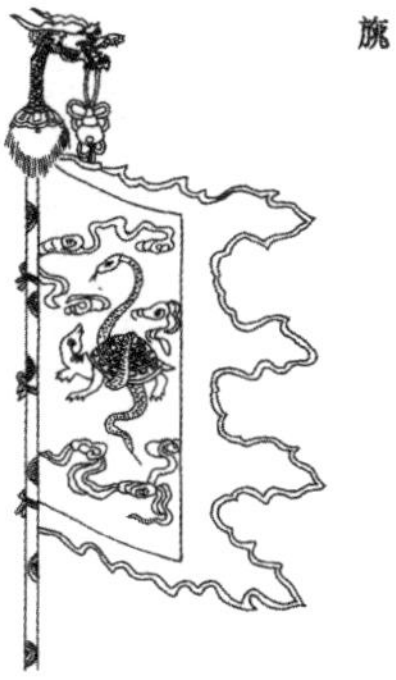

조(旐)

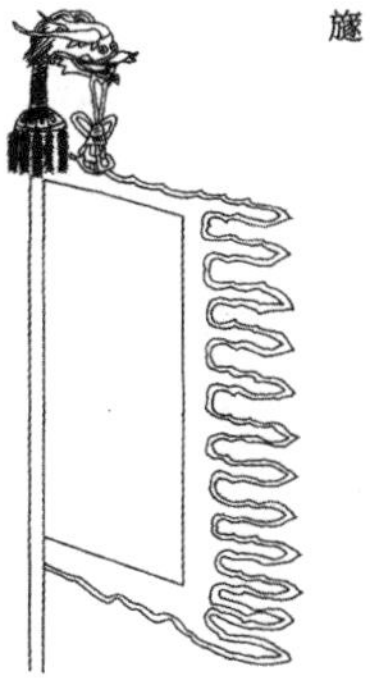

수(旞)

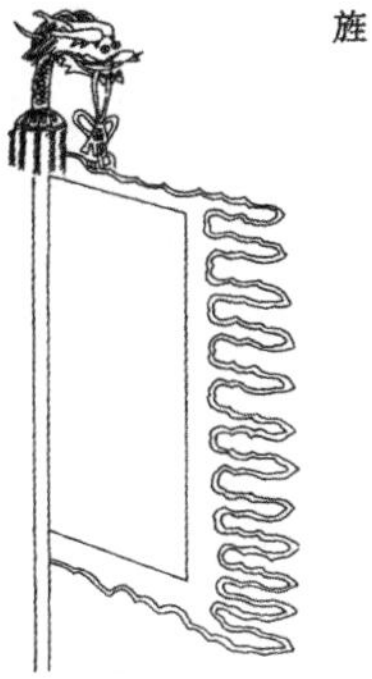

정(旌)

黃以周,『禮書通故』(청)

子)의 상을 모두 '대상(大喪)'이라 하는데, 이 가운데 왕의 상을 당했을 때는 태상의 깃발에 왕의 이름을 써서 널의 표지로 삼는다는 뜻이다.

④ 인(仞): 길이의 단위로, 7척을 1인이라 한다. 일설에는 8척을 1인이라 하기도 한다. 하안(何晏)의 『논어집해(論語集解)』「자장(子張)」에서 포씨(苞氏)의 말을 인용하여 "7척을 인이라 한다.[七尺曰仞]"고 하였고, 『의례』「향사례」 정현의 주에서도 "7척을 인이라 한다.[七尺曰仞]"고 하였다. 『한서』「식화지 상(食貨志上)」 안사고(顔師古)의 주에서는 "응소는 '인은 5척 6촌이다.'라고 하였다. 이는 잘못된 설이다. 8척을 인이라 하니, 사람이 팔을 펼칠 때의 1심(尋: 8척)에서 취한 것이다.[應劭曰 '仞, 五尺六寸也.' 此說非也. 八尺曰仞, 取人申臂之一尋也.]"라고 하였다. 『산해경(山海經)』「서산경(西山經)」 곽박(郭璞)의 주에도 "인은 8척이다.[仞, 八尺也.]"라고 하였다. 당대 이후에는 대체로 안사고의 설에 따랐다.

⑤ 견거(遣車)의 차등에 따르는 것이다: '견거'는 견전(遣奠) 때 진설한 희생의 몸체를 싣고 묘지로 가서 광중(壙中)에 함께 부장하는 의장용 수레이다. 장지로 출발하기 전에 견전(遣奠)에 올렸던 희생 가운데 하체 즉 다리 부분을 취해서 노끈[苞: 희생싸개]으로 묶어 싣고, 상여를 뒤따른다. 장례 때 무덤 안에 관을 놓고 관의 네 귀퉁이에 이 견거를 놓고 그 옆에 풀을 묶어 사람 모양으로 만든 추령(芻靈)을 세워 놓는다.(錢玄, 『三禮辭典』, 967쪽 '견거' 항목 참조.) 견거의 수는 천자 9승(乘), 제후 7승, 대부 및 천자의 상사는 5승이며, 제후의 사는 견거가 없다. 『예기』「단궁 하」 정현의 주에 "견거 승수(乘數)의 차등은 대부가 5승이고, 제후가 7승이니, 천자는 9승이다. 제후가 명수(命數)대로 하지 않는 것은 상례에서의 기물의 수는 대략의 수만 쓰기 때문이다.[遣車之差, 大夫五, 諸侯七, 則

天子九. 諸侯不以命數, 喪數略也.]”라고 하였다. ‘포(苞)’는 3척 길이의 갈대를 엮어서 만든 것으로, 견전(遣奠)의 예를 행할 때 이것으로 희생 고기를 싼다. 대부 이상은 모두 태뢰(太牢: 소·양·돼지)의 희생을 사용하는데, 천자의 경우는 9개, 제후는 7개, 대부는 5개의 포(苞)를 각각 진설한다. 사(士)는 3개의 포(苞)를 사용한다.

⑥ 불명(不命)의 사(士): 주대에 관작(官爵)을 9등급으로 나누었는데, 이를 구명(九命)이라 한다. ‘명’은 봉사(封賜)·임명의 뜻이다. 아직 정식으로 작명을 받지 못한 사(士)를 ‘불명의 사’라고 칭한다.

⑦ 상단 부분은 반폭(半幅)의 검은 베로 ~ 쓴다: 『의례』「사상례」 정현의 주에 “정기(旌旗)가 없는 것은 작명을 받지 못한 사(士)의 경우이다. 반폭은 1척이고 온폭은 2척이다. 시신이 관에 들어가면 널[柩]이 된다.[無旌, 不命之士也. 半幅一尺, 終幅二尺. 在棺爲柩.]”고 하였다. 온폭을 종폭(終幅)이라고 하며 길이는 2척이다. 따라서 반폭은 1척이 된다. 원래

명정(銘旌)
黃以周, 『禮書通故』(청)

베의 온폭은 2척 2촌 정도이지만 양쪽으로 1촌씩 감쇄하기 때문에 2척으로 계산한다.(北京大 整理本 『儀禮注疏』 권35, 賈公彦의 疏 771쪽 참조.) 『예기』 「문상(問喪)」에 "침상에 있는 유해를 시신[尸]이라고 하고, 관에 들어간 유해를 널[柩]이라고 한다.[在牀曰尸, 在棺曰柩.]"고 하였다.

⑧ 평고대[連綿]: '연면(連綿)'은 지붕의 평고대, 즉 처마 끝에 서까래를 받치기 위해 걸쳐 놓은 나무를 가리킨다. 양웅(揚雄)의 『방언(方言)』 권13에 "지붕의 평고대를 '령(櫺)'이라 한다.[屋梠謂之櫺]"고 한 것에 대해서, 곽박(郭璞)의 주(注)에는 "('櫺'은) 작려(雀梠)이니, 곧 지붕의 처마이다. 또한 '연면(連緜)'이라고도 부른다. 살펴보건대, 유희(劉熙)의 『석명(釋名)』에는 '려(梠)'를 '만(楊)'이라고도 하는데, 서까래에 연결하여 걸쳐대어서 나란하고 평평하게 하는 것이다. 위쪽으로 들어가는 것을 '작(爵)'이라고 하는데, 머리의 형태가 참새와 유사하기 때문이다. '雀'은 고대에 '爵'과 통용되었다.[雀梠, 卽屋檐也, 亦呼爲連緜. 案劉熙『釋名』梠或謂之楊, 緜連榱頭, 使齊平也. 上入曰爵, 頭形似爵頭也. 爵·雀古通用.]"고 하였다.

【襲斂圖17 : 21-蓍시】

蓍

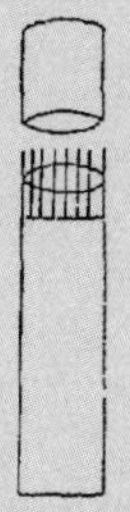

(『의례』「사상례」에서) 장례를 거행하려고 할 때, "시초[蓍]로 묏자리를 점치는데,① 총인(冢人)②이 묏자리를 조성한다."고 하였다. 정현의 주에서는 "'택(宅)'은 묏자리[葬居]이다. '영(營)'은 측량한다[度]는 뜻과 같다."고 하였다. (『의례』「사상례」에서) "묏자리의 네 모퉁이를 파고, 판 흙을 모퉁이 바깥쪽에 놓는다. 묏자리의 한가운데 부분을 파고, 판 흙을 판 묏자리의 남쪽에 놓는다."고 하였는데, (정현의 주에서는) "매장을 할 때는 북쪽으로 머리를 둘 것이기 때문이다.③"라고 하였다.

(『의례』「사상례」에서) "조곡(朝哭)을 마치면, 주인과 중주인(衆主人)④은 모두 묏자리로 가서, 묏자리의 남쪽에서 북쪽을 향해 서서 수질과 요질을 벗는다.⑤【(정현의 주에) "'조(兆)'는 조영해 놓은 묘역이다.⑥ '수질과 요질을 벗는다[免絰]'는 것은 길하기를 구할 때는 완전한 흉복을 착용해서는 안 되기 때문이다.⑦"라고 하였다.】 점칠 내용을 명하는 사람[命筮者]⑧은 주인의 오른쪽에 선다.【(정현의 주에) "신분이 높은 사람을 대신하여 명령하는 사람은 마땅히 오른쪽으로 나가야 하기 때문이다."라고 하였다.】 점을 치는 사람[筮者]은 동쪽을 향해 서서 왼손으로 시초[蓍]를 넣어 둔 아래통[下韇]⑨을 잡고 오른손으로 위통을 뽑아

벗겨 낸 다음, 위통을 왼손으로 넘겨서 아래통과 함께 잡고, 남쪽을 향해 점칠 내용에 대한 명을 받는다. 명하는 말은 '애자(哀子) 아무개가 아버지 아무개보[某甫][10]를 위해 묏자리를 점치고자 한다. 이곳을 묏자리[幽宅]의 터로 정하고자 하니, 훗날 잘못되는 사태는 없겠는가?'이다.【(정현의 주에) "'탁(度)'은 도모한다는 뜻이다. '자(玆)'는 여기라는 뜻이다. '기(基)'는 처음이라는 뜻이다. '아버지를 위해 묏자리를 점치고자 한다. 이제 이곳을 신명이 거주하는 묘역의 터로 정하고자 하니, 훗날 잘못되는 사태가 없을 수 있겠는가?'라는 뜻이다. '잘못되는 사태[艱難]'는 비상적인 일과 붕괴 같은 것을 가리킨다."고 하였다.】 서인(筮人: 점을 치는 사람)[11]은 응낙한 후 술명(述命)[12]을 하지 않고, 주인의 오른쪽으로 돌아 북쪽을 향해 중앙 부분에 파 놓은 곳을 가리키면서 점을 친다. 땅에 획을 그어 괘를 기록하는 괘자(卦者)[13]는 서인의 왼쪽에 선다.【(정현의 주에) "명을 받은 후에 거듭하여 말하는 것을 '술(述)'이라 한다. '거듭하여 말하지 않는다.[不述]'는 것은 사(士)의 예는 간략하게 하기 때문이다. '중봉(中封)'은 가운데가 움푹 들어간 땅이다."라고 하였다.】 점치는 일을 마치면, (서인은) 점을 쳐서 얻은 괘(卦)를 들고서 점칠 내용을 명한 사람 및 주인에게 보여 준다. 점칠 내용을 명했던 사람은 이를 받아서 살펴본 후 점치는 사람에게 돌려준다. 서인(筮人)은 동쪽을 향해 여러 점치는 사람들[旅占][14]과 함께 얻은 괘를 가지고 길흉을 판단한 후 또 점칠 내용을 명했던 사람과 주인에게 나아가 '점을 쳤더니 길하게 나왔습니다.'라고 보고한다.【(정현의 주에) "'종(終)'은 길하다는 뜻과 같다."라고 하였다.】 만약 얻은 점괘가 길하지 않으면, 다시 다른 땅을 골라 점을 치는데, 처음 점을 칠 때와 같은 절차로 한다."라고 하였다.

살펴보건대, 상대부 이상 천자에 이르기까지는 거북점[卜]을 치고 시초점[筮]을 치지 않는다. 그러므로 『예기』「잡기 상(雜記上)」에 "대부는 묏자리와 장례 날짜에 대해서 거북점을 치고, 하대부와 사는 묏자리에 대해서는 시초점을 치고 장례 날짜에 대해서는 거북점을 친다.⑮"고 하였으니, 이곳 「사상례」의 경문이 그것이다. 또 『의례주소』 「사상례」 가공언의 소에서는 "'술명(述命)을 하지 않는 것은 사(士)의 예는 간략하게 하기 때문이다.'라는 것은 다만 사의 예에서는 시초점을 치도록 명하는[命筮] 말에 한 가지가 있고, 거북점을 치도록 명하는[命龜] 말에 두 가지가 있다는 뜻이다.⑯ 대부 이상의 경우는 시초점을 치도록 명하는 말에 두 가지가 있고, 거북점을 치도록 명하는 말에 세 가지가 있다.⑰ 사의 경우 시초점을 치도록 명하는 말에 단지 한 가지만 있다는 것은 곧 위의 「사상례」의 경문에 단지 시초점을 치도록 명하는 말만 있고 술명의 일이 없는 것을 말한다. (『의례』 「소뢰궤사례」)에서 '그대 위대한 시초의 신령함을 빌려 점을 치고자 하나이다.'라고 한 것이 곧 술명의 일이다."라고 하였다.

[將葬, "筮宅, 冢人營之." 注云, "宅, 葬居也. '營'猶度也." "掘四隅, 外其壤, 掘中, 南其壤. 爲葬將北首故也. 既朝哭, 主人皆往, 兆南, 北面, 免絰.【'兆', 所營域也[1]. '免絰'者, 求吉不敢純凶.】命筮者在主人之右.【"命尊者, 宜右出."】筮者東面, 抽上韇, 兼筴執之, 南面受命. 命曰, '哀子某, 爲其父某甫筮宅, 度玆幽宅兆基, 無有後艱?'【"度, 謀. 玆, 此. 基, 始也. 言爲父筮葬居, 今謀此以爲幽冥居兆域之始, 得無後將有艱難乎? 艱難, 謂有非常若崩壞."】筮人許諾, 不述命, 右還, 北面, 指中封而筮之. 畫地識卦者在左.【"既受命而申言之曰述. '不[述]'[2]者, 士禮略也. '中封'者, 中央壤也[3]."】卒筮, 執卦以示命筮者及主人. 命筮者受視, 反之, 東面, 旅占卒, 又進告於命筮者與主人, '占之曰從.'【從猶吉也.】若

1 兆, 所營域也: 『의례』 「사상례」 정현의 주에는 "'兆', 域也, 所營之處."라고 되어 있다.
2 [述]: 저본에는 '述'이 없으나 『의례』 「사상례」 정현의 주에 의거하여 보충하였다.
3 既受命而申言之曰述. ~ 中央壤也: 저본에는 이 문장이 「사상례」의 경문으로 되어 있으나, 사실은 「사상례」 정현의 주이다.

不從, 更擇地筮如初儀." 案上大夫已上, 至天子, 卜而不筮. 故「雜記」云, "大夫卜宅與葬日, 下大夫與士則筮宅卜日." 此經是也. 又賈釋云, "'不述命, 士禮略'者, 但士禮命筮辭有一, 命龜辭有二, 大夫已上命筮辭有二, 命龜辭有三. 士命筮辭直有一者, 卽上經直有命筮, 無述命也. '假爾大筮有常', 卽是述命之事也."]

역주

① 시초[蓍]로 묏자리를 점치는데: '서(筮)'는 시초[蓍]의 점괘로 길흉을 판단하는 것을 말한다. 『의례』「사관례(士冠禮)」 정현의 주에 "'서(筮)'는 시초[蓍]를 사용하여 관례를 거행하기로 한 날의 길흉을 『역(易)』에 묻는다는 뜻이다.['筮'者, 以蓍問日吉凶於『易』也.]"라고 하였다. 거북의 껍질을 살라서 조짐을 취하는 것을 '복(卜)'이라 한다. 『예기』「곡례 상」 정현의 주에 "큰일[大事: 征伐·出師·巡狩]에는 거북점을 치고, 작은 일에는 시초점을 친다.[大事卜, 小事筮.]"고 하였다. 나라에 커다란 일이 발생하면 먼저 시초점을 치고 후에 거북점을 친다. 『예기정의』「곡례 상」에서 "거북점이나 시초점을 칠 때 세 번을 초과하지 않는다.[卜筮不過三]"고 한 것에 대해서 공영달의 소에서는 "천자와 제후는 큰일의 경우에는 거북점과 시초점을 함께 사용하는데, 모두 먼저 시초점을 치고 후에 거북점을 친다.……차사(次事)의 경우에는 거북점만 치고 시초점은 치지 않는다.[天子·諸侯若大事則卜筮幷用, 皆先筮而後卜.…… 若次事, 則唯卜不筮也.]"고 하였다. 또 '서(筮)'는 점을 칠 때 사용하는 시초[蓍]를 지칭하기도 한다. 『의례』「특생궤사례」 정현의 주에 "'서(筮)'는 묻는다[問]는 뜻이다. 신명에게 물을 때 사용하는 것에서 이름을 취한 것이니, 시초[蓍]를 가리킨다.['筮', 問也. 取其所用問神明者, 謂蓍也.]"고 하였다.

② 총인(冢人): 왕족의 묘지를 관장하는 관직으로, 작위는 하대부이다. 『의례』「사상례」 정현의 주에 "'총인'은 묘지의 묘역을 관장하는 유사이

다.[冢人, 有司掌墓地兆域者.]”라고 하였고, 『주례』 「춘관·총인(冢人)」에서도 “총인은 왕족의 묘지 땅을 관장하는데, 묘역을 변별하여 그 지도를 그린다.[冢人掌公墓之地, 辨其兆域而爲之圖.]”고 하였다.

③ 매장을 할 때는 북쪽으로 머리를 둘 것이기 때문이다: 『예기』 「단궁상」에 “국도(國都)의 북쪽에 장사지내고 머리를 북쪽 방향으로 두는 것은 삼대의 공통된 예로서, 어두운 곳으로 가는 것이기 때문이다.[葬於北方, 北首, 三代之達禮也, 之幽之故也.]”라고 하였다.

④ 주인과 중주인(衆主人): 『의례』 「사상례」의 경문에는 “主人皆往”으로 되어 있는데, 호배휘는 “주인이 모두 간다.”고 하였으므로 중주인도 포함되는 것으로 해석하였다.(胡培翬, 『儀禮正義』 권28, 1805쪽 참조.)

⑤ 수질과 요질을 벗는다: 「사상례」 경문의 ‘면질(免絰)’에 대해서 이여규(李如圭)는 “‘면질’은 질을 벗는다는 뜻이다.[免絰, 去絰也.]”라고 하였고, 진혜전(秦蕙田)은 “수질과 요질을 벗고 사용하지 않는 것이니, 단문(袒免)이라고 할 때의 ‘문(免)’과는 다른 것이다.[去絰不用, 與袒免之免不同.]”라고 하였다. 오계공(敖繼公)은 “질(絰)은 상복의 가장 중요한 것인데, 이때 그것을 벗고 신명과 마주하는 것은 사람과 마주하는 경우와는 다르게 해야 하기 때문이다. 『예기』 「복문(服問)」에 ‘무릇 다른 사람을 찾아가 만날 때도 수질을 벗지 않으며, 비록 군주를 알현하더라도 수질을 벗지 않는다.’고 하였다.[絰, 服之最重者, 於此免之, 以對越神明, 宜與人異. 「服問」曰, ‘凡見人無免絰, 雖朝於君無免絰.’]”라고 하였다.(胡培翬, 『儀禮正義』 권28, 1806쪽 참조.)

⑥ ‘조(兆)’는 조영해 놓은 묘역이다: 『의례』 「사상례」 정현의 주에는 “‘조(兆)’는 경계이니, 조영해 놓은 곳이다.[‘兆’, 域也, 所營之處.]”라고 되어 있다. ‘조역(兆域)’은 묘지의 사방 둘레의 경계이니, 또한 ‘묘지(墓地)’로

칭하기도 한다. 『주례』 「춘관·총인(冢人)」에서 "왕족의 묘지 땅을 관장하는데, 그 조역(兆域)을 변별하여 지도를 그린다.[掌公墓之地, 辨其兆域而爲之圖.]"고 하였는데, 손이양(孫詒讓)은 『주례정의』에서 "'그 조역을 변별한다.'는 것은 묘지의 사방 경계에 구역과 담장이 있는 것을 가리킨다.[辨其兆域者, 謂墓地之四畔有營域堳埒也.]"고 하였다. '兆'의 정자(正字)는 '垗(묏자리)'이다.

⑦ 수질과 요질을 ~ 안 되기 때문이다: 최복(衰服)과 질(絰)은 모두 흉복(凶服)인데 이곳에서 '수질과 요질을 벗는다.'고 하였으므로 최복은 이전 그대로이면서 수질과 요질만을 벗은 것이다. 그러므로 이는 '완전한 흉복[純凶]'이 아니다.(胡培翬, 『儀禮正義』 권28, 1806쪽 참조.)

⑧ 점칠 내용을 명하는 사람[命筮者]: 주인을 대신하여 점칠 내용을 명하는 사람을 말한다. 성세좌(盛世佐)에 따르면, 재(宰) 즉 주인의 가신 중에서 우두머리가 이 일을 담당한다.(胡培翬, 『儀禮正義』 권28, 1806쪽 참조.)

⑨ 아래통[下韇]: 『의례』 「사관례」 정현의 주에는 "'독(韇)'은 시초를 넣어 두는 기구이다. 오늘날 활과 화살을 넣어 두는 기구를 '독환(韇丸)'이라고 한다.['韇', 藏筴之器. 今時藏弓矢者, 謂之韇丸也.]"고 하였다. 협(筴)은 점을 치는 점대, 즉 시초이다. 점대는 점대를 넣어 두는 통인 독(韇)

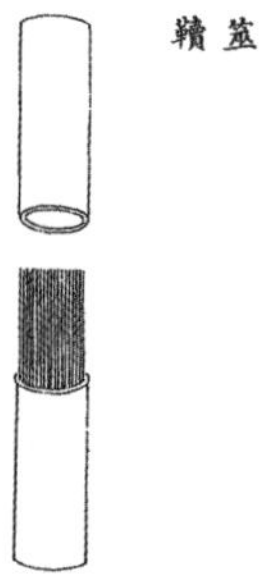

서독(筮韇)
『欽定儀禮義疏』(청)

에 들어 있다. 원래 '독'은 활을 넣는 전통(箭筒)이다. 이 '전통'은 보통 가죽으로 만들며 아래통과 위통 두 분으로 되어 있어 위통을 열고 닫는다. 점대를 넣어 두는 통도 역시 윗부분인 '상독(上韇)'과 아래 부분인 '하독(下韇)'의 두 부분으로 되어 있다.

⑩ 아버지 아무개보(某甫): 이곳의 '모(某: 아무개)'는 아버지의 이름이 아니라 자(字)를 뜻하고, '보(甫)는 남자에게 붙이는 미칭이다.

⑪ 서인(筮人: 점을 치는 사람): 호광충(胡匡衷)의 『의례석관(儀禮釋官)』에 "서인(筮人)은 사신(私臣)으로서 점치는 일을 관장하는 사람이다.[筮人私臣掌筮者]"라고 하였다. 허신(許愼)의 『설문해자』에는 "천자의 시초는 그 길이가 9척이고, 제후는 7척이고, 대부는 5척이고, 사는 3척이다.[天子蓍九尺, 諸侯七尺, 大夫五尺, 士三尺.]"라고 하였다. 따라서 사(士)에게도 시초가 있으므로 서인(筮人)을 둘 수 있다. 『예기』「잡기(雜記)」에 "점을 칠 경우 서사(筮史)는 연관(練冠)을 쓰고 장의(長衣)를 입고서 점을 친다.[如筮則史練冠, 長衣, 以筮.]"고 한 것에 대해 정현은 "하대부 및 사의 경우를 말한 것이다. '서사(筮史)'는 서인(筮人)이다.[下大夫若士也. 筮史, 筮人也.]"라고 하였다. 이는 사(士)에게도 '서인'이 있다는 증거이다. 『의례』「소례궤사례」에 의하면 '서인(筮人)'은 '서사(筮史)'라고도 칭한다.(胡培翬, 『儀禮正義』 권1, 16쪽 참조)

⑫ 술명(述命): 『의례』「사상례」 정현의 주에 "'述', 循也. 旣受命而申言之曰述. 凡筮, 因會命筮爲述命.('술'은 따른다는 뜻이다. 명을 받은 후 그것을 거듭하여 말하는 것을 '술'이라고 한다.)"이라고 하였다. 이에 대해 장평(章平)은 정현 주의 '會'는 '事'의 잘못이며, '爲'는 '遂'의 잘못이라고 하였다. 이에 따르면 정현 주의 '凡筮, 因會命筮爲述命.'은 '무릇 시초점을 칠 때, 일에 따라서 시초점을 치도록 명하고, 이어서 (서인은) 명을 받은 후

거듭해서 이를 말한다.'는 뜻이 된다. 정현 주의 앞에서 이미 '명을 받은 후 그것을 거듭하여 말하는 것을 술(述)이라 한다.'고 하였으므로, 시초점을 치도록 명하는 것[命筮]이 곧바로 술명(述命)이 될 수 없다는 점에서 타당한 해석이라 할 수 있다. 그러나 호배휘는 '會'를 '合(합하다)'의 뜻으로 보고, 시초점을 치도록 명하는 말과 합해서 덧붙여 하는 말이 '술명(述命)'이라고 하였다.(謂筮則合命筮之辭爲述命) 『의례』「소뢰궤사례」에서 시초점을 치는 날, 사(史: 筮史, 筮人)가 술명(述命)을 하면서 "假爾大筮有常. 孝孫某, 來日丁亥, 用薦歲事于皇祖伯某, 以某妃配某氏. 尙饗.(그대 위대한 시초의 신령함을 빌려 점을 치고자 하나이다. 효손 아무개는 다가오는 정해일에 황조 백 아무개께 세시의 제사를 올리고, 아무개의 비를 아무개 씨께 배향하고자 하나이다. 흠향하소서!)"라고 하였는데, 호배휘는 '假爾大筮有常.'이 주인이 점을 치도록 명하는 '명서(命筮)'의 말이고, '孝孫某' 이하가 서인(筮人)이 주인이 점을 치도록 명한 말에 덧붙여 거듭하여 말하는 '술명(述命)'으로 구분하였다.(胡培翬, 『儀禮正義』 권28, 1808~1809쪽 참조.)

⑬ 땅에 획을 그어 괘를 기록하는 괘자(卦者): '괘자(卦者)'는 서인(筮人)이 점을 쳐서 얻은 효를 땅에 지팡이[杖]로 차례차례 그려서 괘를 기록하는 사람으로, 서인은 이렇게 얻은 괘를 목판에 기록해서 주인에게 보여 준다. 이때 서인(筮人)이 직접 괘를 목판에 기록하는 것은 그것이 괘를 존중하고 시귀(蓍龜)를 존중하는 도리이기 때문이다. 한편, 『의례』「특생궤사례」에서는 괘자(卦者)가 땅에 획을 그어 괘를 기록한 후에 이렇게 얻은 괘를 목판에 기록하면, 이것을 서인(筮人)이 주인에게 보이는데, 이것은 제사와 같은 길례(吉禮)는 완만하게 진행되기 때문이라고 한다.(胡培翬, 『儀禮正義』 권1, 20~21쪽 참조.)

⑭ 여러 점치는 사람들[旅占]: 『의례』「사관례」 정현의 주에 "'여(旅)'는

무리[衆]라는 뜻이다. 돌아와서 서인(筮人)의 휘하에 소속된 사람들과 함께 점괘의 길흉을 판단하는 것이다.['旅', 衆也. 還與其屬共占之.]"라고 하였다.

⑮ 하대부와 사는 ~ 거북점을 친다: 이 문장은 『예기』「잡기 상」에 보이지 않는다. 다만 같은 『예기』「잡기 상」에 "시초점을 치는 경우 서사(筮史)는 연관(練冠)을 쓰고 장의(長衣)를 입고서 점을 친다.[如筮, 則史練冠長衣以筮.]"고 하였는데, 정현의 주에서 "'시초점을 친다.'는 것은 묏자리를 시초로 점치는 것이니, 하대부와 사의 경우를 가리킨다.[筮者, 筮宅也, 謂下大夫若士也.]"고 하였다.

⑯ 사의 예에서는 ~ 뜻이다: 사가 시초점을 칠 경우, 단지 시초점을 치도록 명하는 '명서(命筮)'의 일만 있고, 서인(筮人)이 명을 받은 후 주인의 명에 덧붙여서 거듭하여 말하는 '술명(述命)'의 일이 없으며, 또 서인이 자리로 나아가 서쪽을 향해 시초점을 치도록 명하는 '명서(命筮)의 말이 없다. 이것이 '시초점을 치도록 명하는 말에 한 가지만 있다.'는 뜻이다. 사가 장례 날짜를 정하기 위해 거북점을 칠 경우, 거북점을 치는 날에 족장이 (주인을 대신해서) 종인(宗人)에게 점을 치도록 명하면서 "애자(哀子) 아무개[某]가 앞으로 아무 날에 그의 아버지 아부개보(甫)의 장례를 거행하고자 하여 점을 치니, 상하의 귀신에게 허물과 후회가 없을 수 있겠는가?"라고 하는데, 이것이 첫 번째 '명귀(命龜)'의 말이다. 또 거북점을 치는 사람이 이어서 자리로 나아가 서쪽을 향해 앉아서 거북을 향해 점칠 일을 명한다. 이것이 두 번째 '명귀(命龜)'의 말이다. 이것이 사의 경우, '거북점을 치도록 명하는 말에 두 가지가 있다.'는 뜻이다.(胡培翬, 『儀禮正義』 권28, 1809쪽 참조.)

⑰ 대부 이상의 경우는 ~ 세 가지가 있다: 『의례』「소뢰궤사례」는 대부의

서례(筮禮)를 기록하고 있다. 「소뢰궤사례」에서 "주인은 '효손(孝孫) 아무개(주인의 이름)는 다가오는 정해일(丁亥日)에 황조(皇祖) 백 아무개[伯某]께 세시(歲時)의 제사를 올리고, 아무개의 비[某妃]를 아무개 씨[某氏]께 배향하고자 하나이다. 흠향하소서!'라고 말한다.[主人曰, '孝孫某, 來日丁亥, 用薦歲事于皇祖伯某, 以某妃配某氏. 尙饗!']"고 하였는데, 이것이 시초점을 치도록 명을 하는 첫 번째 '명서(命筮)'의 말이고, 또 "이어서 사(史)가 술명(述命)을 하면서 '그대 위대한 시초의 신령함을 빌려 점을 치고자 하나이다. 효손 아무개는 다가오는 정해일에 황조 백 아무개께 세시의 제사를 올리고, 아무개의 비를 아무개 씨께 배향하고자 하나이다. 흠향하소서!'라고 말한다.[遂述命曰, '假爾大筮有常. 孝孫某, 來日丁亥, 用薦歲事于皇祖伯某, 以某妃配某氏. 尙饗!']"고 하였는데, 술명의 앞 문장에 '그대 위대한 시초의 신령함을 빌려 점을 치고자 하나이다.[假爾大筮有常]'라는 말을 덧붙여서 또 하나의 명서(命筮)의 말이 되니, 모두 두 차례 명서의 말을 하는 것이다. 거북점을 칠 경우 점치는 일을 위해서 거북에게 명을 하는데 두 차례 명귀(命龜)의 말을 하고, 또 거북점을 치는 사람이 자리로 나아가 서쪽을 향해 거북에게 '그대 위대한 거북의 신령함을 빌려 점을 치고자 하나이다.[假爾泰龜有常]'라고 말하니, 두 차례의 '명귀'가 된다.(胡培翬, 『儀禮正義』 권28, 1809쪽 참조.)

【襲斂圖17：22-龜귀·燋작·楚焞초준】

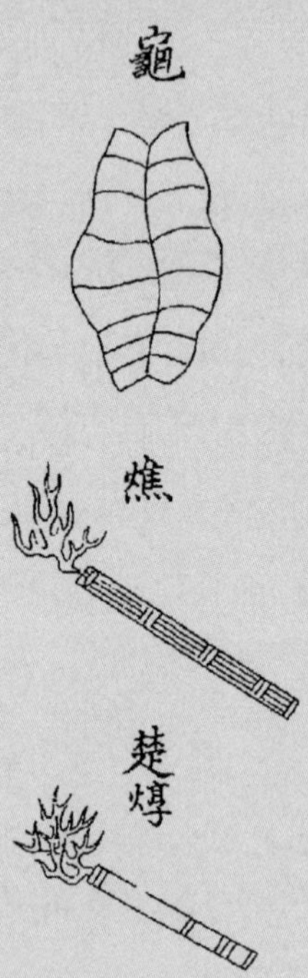

(『의례』「사상례」에서) 장례를 거행하고자 할 때, "거북으로 장례 날짜를 점치는데,[1] 조곡(朝哭)을 마치면 주인(主人)·중주인(衆主人)·외형제(外兄弟)·중빈(衆賓)들은 모두 묘문 밖의 제자리로 돌아간다. 복인(卜人: 거북점을 치는 사람)[2]은 먼저 거북을 묘문 밖의 서쪽 당[西塾] 위에 놓는데, 거북의 머리가 남쪽을 향하게 하고,[3] 거북의 아래에 자리를 깔아 놓는다.[4] 초준(楚焞)을 횃불[燋]과 함께 거북 동쪽에 놓는다.[5]"라고 하였다. 정현의 주에서는 "'초(楚)'는 가시나무이다. '가시나무를 묶어서 태운 불[荊焞]'은 거북에 구멍을 내어 불사르기 위한 것이다. '작(燋)'은 횃불이니, 불을 점화시키기 위한 것이다.[6]"라고 하였다.

(또 『의례』「사상례」에서) "족장(族長)은 장례 날짜를 점치는 의식에 참가하는데, 다른 종인(宗人)⑦들과 함께 길복(吉服)인 현단복(玄端服)을 착용하고 묘문의 서쪽에서 동쪽을 향해 서는데, 남쪽을 윗자리로 삼는다. 점치는 3인이 그 남쪽에 서는데, 북쪽을 윗자리로 삼는다. 복인(卜人) 및 횃불[燋]과 자리[席]를 들고 있는 사람들은 묘문 밖의 서쪽 당[西塾]의 서쪽에 선다."고 하였다. 정현의 주에서는 "'족장(族長)'은 유사(有司)로서 족인들의 친소관계를 관장하는 사람이다. '이(涖)'는 임한다는 뜻이다. '길복(吉服)'은 현단복(玄端服)이다. '점치는 3인[占者三人]'이란 옥조(玉兆)·와조(瓦兆)·원조(原兆)⑧의 삼조(三兆)를 관장하는 사람이다. '묘문 밖의 서쪽 당의 서쪽에 선다.[在塾西]'는 것은 남쪽을 향하여 동쪽을 윗자리로 삼는다는 뜻이다." 라고 하였다.

(또 『의례』「사상례」에서) "묘문 중앙 문 말뚝[闑]⑨의 서쪽으로 문지방[閾] 밖에 점을 칠 사람의 자리[席]를 펼쳐 놓는다. 종인(宗人)은 주인에게 준비가 다 갖추어졌음을 보고한다. 주인은 북쪽을 향해 착용하고 있던 수질과 요질을 벗어 왼쪽 팔뚝에 걸친다. 족장은 묘문 서쪽으로부터 묘문 동쪽의 자리로 와서 서쪽을 향해 선다."고 하였다.【(정현의 주에) "이복(涖卜)'은 족장이다. 다시 서쪽을 향해 서는 것은 주인을 대신하여 점을 치도록 명해야 하기 때문이다."라고 하였다.】

복인(卜人)은 묘문 밖의 당[塾] 위에서 거북[龜]과 횃불[燋]을 안고 문지방 밖을 향하여 먼저 자리 위에 거북을 놓는데 거북의 머리를 서쪽으로 두고, 다시 거북의 북쪽에 횃불을 놓는다. 횃불을 놓은 후 또 거북을 잡고서 기다리니, 종인에게 건네주려는 것이다. 그러므로 (『의례』「사상례」에서) "종인(宗人)은 복인에게 거북을 받아 거북 등의 볼록 솟은 부분을 족장에게 보여 준다.【(정현의 주에) "거북의 등껍질의 볼록 솟아 있어 구을 만한 곳을 족장에게 보여 주는 것이다."라고 하였다.】 족장은 이를 받아서 살펴본 후 돌려준다. 종인은 몸을 돌려 조금 뒤로 물러나서 족장에게 점칠 내용에 대한 명을 받는다. 명하는 말은 '애자(哀子) 아무개[某]가 앞으로 아무 날에 아버지 아무개보(甫)의 장례를 거행하고자 점을 치니, 상하의 귀신에게 허물과 후회가 없을 수 있겠는가?'이다."라고 하였다. 정현의 주에서는 "'고(考)'는 올린다[登]는 뜻이다.【정현은 『주례』의 주에서 '등(登)'을 올린다[上]는 뜻으로 풀이하였다.⑩】 '강(降)'은 내린다[下]는 뜻이다. '이날 장례를 치르고자 점을 치니, 상하의 귀신에게 허물과 후회가 없을 수 있을 것인가?'라는 말이다."라고 하였다. '상하의 귀신'이라고 말한 것은 모든 신을 전체적으로 지칭하는 것으로, 치우치게 지적하는 바가 없는 것이다. '구회(咎悔)'는 또한 무덤이 붕괴되어 무너지는 바가 있는 것을 가리킨다.

(또 『의례』「사상례」에서) "종인은 응낙한 후 술명(述命)을 하지 않고, 복인에게 거북을 건네준 후 묘문의 동쪽 문짝을 등지고 서서 거북의 조짐을 기다린다. 복인은 앉아서 거북을 태우고 일어난다.【(정현의 주에) "'작(作)'은 태운다[灼]는 뜻과 같다. '흥(興)'은 일어난다[起]는 뜻이다."라고 하였다. 】 종인은 거북을 받아 족장에게 보여 준다. 족장은 이를 받아서 살펴본 후 돌려준다. 종인【종인은 곧 거북에게 점을 치도록 명한다.】은 물러나 묘문 서쪽에서 동쪽을 향해 서고, 점을 치는 3인은 태운 거북에 의거하여 점을 치고 점을 마친 후 거북을 종인에게 돌려준다. 종인은 거북을 풀어놓지 않고 (잡은 채로) 족장과 주인에게 '점에 어느 날이 길하다고 하였습니다.'라고 고하여 말한다."고 하였다.【(정현의 주에) "'거북을 풀어놓지 않는다.[不釋龜]'는 것은 다시 잡는다는 뜻이다."라고 하였다.】]

[將葬, "卜日, 既朝哭, 皆復外位. 卜人先奠龜于西塾上, 南首, 有席. 楚焞置于燋, 在龜東." 注云, "楚, 荊也. 荊焞所以鑽灼龜者. 燋, 炬也, 所以燃火者

也.” “族長涖卜, 及宗人, 吉服立于門西, 東面南上. 占者三人在其南, 北上. 卜人及執燋席者在塾西.” 鄭云, “族長, 有司掌族人親疏者也. 涖, 臨也. 吉服, 玄端. 占者三人, 掌玉·瓦·原三兆者也. ‘在塾西’者, 南面東上.” “席(卜者)[1] 于闑西閾外. 宗人告事具. 主人北面, 免絰, 左擁之. 涖卜卽位于門東, 西面.” 【“‘涖卜’, 族長也. 更西面者, 當代主人命卜.”】 卜人從塾上抱龜燋向閾外, 先奠龜於席上, 西首, 復奠燋龜北. 旣奠燋, 又執龜以待之. 謂授宗人也. 故“宗人受卜人龜, 示高.【以龜腹甲高起所當灼處, 以示涖卜也.】 涖卜受視, 反之. 宗人還, 少退, 受涖卜者命. 命曰, ‘哀子某, 來日卜葬其父某甫. 考降, 無有近悔.’” 注云, “‘考’, 登也.【鄭注『周禮』訓‘登’爲上.】 ‘降’, 下也. 言卜此日葬魂神之上下, 得無近於咎悔乎?” 言‘魂神之上下’, 總指一切神, 無所偏指也. ‘咎悔’, 亦謂墳冢有所崩壞也. “宗人許諾, 不述命, 授卜人龜, 負東扉. 立俟龜之兆. 卜人坐作龜興.【‘作’, 猶灼也. ‘興’, 起也.】 宗人受龜, 示涖卜. 涖卜受視, 反之. 宗人【宗人却命龜.】退東面, 旅占, 卒, 不釋龜, 告于涖卜與主人, ‘占曰某日從.’”【“不釋龜, 復執之.”】]

1 (卜者): 저본에는 ‘卜者’ 두 글자가 있으나, 『의례』 「사상례」의 경문에 의거하여 衍文으로 처리하였다.

역주

① 거북으로 장례 날짜를 점치는데: 『의례』의 「사관례」와 「특생궤사례」의 경우 제사는 모두 시초점을 치는데, 이곳에서만 거북점을 치는 것은 매장하는 일을 중시하고 또한 길례와는 달리하기 때문이다.(胡培翬, 『儀禮正義』 권28, 1814쪽 참조.)

② 복인(卜人: 거북점을 치는 사람): '복인'은 태복(大卜)과 복사(卜師)의 보조자로서, 거북점을 관장한다. 작위는 중사(中士)이다. 『주례』 「춘관」의 서관(敍官)에 "태복은 하대부 2인이 담당한다. 복사는 상사 4인이 담당한다. 복인은 중사 4인이 담당하는데, 하사 16인이 보조한다.[大卜, 下大夫二人. 卜師, 上士四人. 卜人, 中士八人, 下士十有六人.]"고 하였다. 가공언에 의하면, "복인은 별도의 정해진 직무가 없는 것은 태복과 복사를 보조하여 일을 행하기 때문이다.[卜人無別職, 以其助大卜·卜師行事故也.]"라고 하였다. 호광충(胡匡衷)의 『의례석관(儀禮釋官)』에 따르면, 대부와 사는 서인(筮人)만 있고 복인(卜人)은 없다. 이 복인은 제후의 신하 가운데 파견되어 상사(喪事)를 돕는 사람이다.(胡培翬, 『儀禮正義』 권28, 1815쪽 참조.)

③ 거북을 ~ 머리가 남쪽을 향하게 하고: '숙(塾)'에 대해서 이여규(李如圭)는 『의례집석(儀禮集釋)』에서 "문을 끼고 있는 당을 '숙(塾)'이라고 한다.[夾門之堂謂之塾] 『이아(爾雅)』 「석궁(釋宮)」에서는 '문 옆에 있는 당을 숙(塾)이라고 한다.[門側之堂謂之塾]'고 하였는데, 이에 대해 곽박(郭璞)은 '문을 끼고 있는 당이다[夾門堂也]'라고 해석하였다. 문의 안쪽

과 바깥쪽에는 그 동쪽과 서쪽으로 모두 '숙'이 있다. 따라서 문 하나에 4개의 '숙'이 있는데, 문 밖의 당[外塾]은 남향이다."라고 하였다.(胡培翬, 『儀禮正義』 권1, 13쪽 참조) 이곳 『의례』 「사상례」에서 "거북을 묘문 밖의 서쪽 당[西塾] 위에 놓는데, 거북의 머리가 남쪽을 향하게 한다."고 한 것은 묘문 밖의 서쪽 당[西塾]은 남향이므로, 거북 또한 머리를 남쪽으로 두게 되는 것이다.

④ 거북의 아래에 자리를 깔아 놓는다: 이곳의 자리[席]는 거북점을 치는 자리이니, 먼저 그것으로 거북을 놓은 자리를 깔아 놓는 것이다. 『주례』 「춘관·귀인(龜人)」에 "(귀인은) 만일 제사가 있으면 거북을 받들고 간다. 상례를 거행할 때도 그와 마찬가지로 한다.[若有祭祀, 則奉龜而往. 喪亦如之.]"고 하였다.

⑤ 초준(楚焞)을 횃불[燋]과 함께 거북 동쪽에 놓는다: 초준을 횃불과 함께 한곳에 둔다는 뜻으로, 모두 거북의 동쪽에 놓는다.

⑥ 초(楚)'는 가시나무이다 ~ 불을 점화시키기 위한 것이다: 『설문해자(說文解字)』에서 '초(楚)'는 떨기나무로서 일명 '형(荊)'이라고도 한다고 하였고,('楚', 叢木, 一名荊也.) 『광아(廣雅)』 「석목(釋木)」에서도 '초(楚)'는 형(荊)과 같은 뜻으로 나무이름이라고 하였다.('楚', 荊也, 是楚爲木名.) '준(焞)'에 대해서 『설문해자』에서는 '밝다[明]'는 뜻이라고 하였는데,('焞', 明也.) 단옥재(段玉裁)의 주(注)에서는 '준(焞)'은 명화(明火)를 취하는 뜻이라고 하였다.('燉', 蓋亦取明火之意.) '명화(明火)'는 점을 치거나 제사를 지낼 때, 구리거울로 태양을 비추어 빛을 모아서 점화시키는 불을 말한다. 『주례』 「춘관·수씨(菙氏)」에 "수씨는 작(燋)과 계(契)를 관장하여 거북점 치는 일에 대비한다.[掌共燋契以待卜事.]"고 하였는데, 정현의 주에서는 '계(契)'를 초준(楚焞)으로 풀이하여 거북을 불사르기 위한 용도

로, '작(焳)'을 거(炬: 횃불)의 뜻으로 풀이하여 불을 보존하기 위한 용도로 쓰인다고 하였다.(楚焞, 卽契, 所用灼龜也. 焳謂炬, 其存火.) '炬(횃불)'는 『설문해자』에 '苣'로 되어 있는데, "(苣는) 갈대를 묶어서 불태우는 것이다.[束葦燒.]"라고 하였다. 따라서 '焳(횃불)'는 갈대를 묶어서 만들고, 태운 후에 불을 유지하여 보존할 수 있는 것이다.(胡培翬, 『儀禮正義』 권28, 1815쪽 참조.)

⑦ 종인(宗人): 호광충(胡匡衷)은 '종인'은 사신(私臣)으로서 예와 종묘를 관장하는 사람이라고 하였고, 호배휘는 예를 관장하는 관직에 대해서 천자의 경우에는 '종백(宗伯)'이라고 하고, 제후 이하는 통틀어서 '종인(宗人)'이라고 한다고 하였다. 제후와 대부는 자체적으로 가신을 종인으로 삼는다. 사(士)는 비록 신분은 낮지만 또한 가신을 두어 의례의 절차를 주관하게 하는데 대부의 종인과 직은 같다.(胡培翬, 『儀禮正義』 권1, 23쪽 참조.)

⑧ 옥조(玉兆)·와조(瓦兆)·원조(原兆): '조(兆)'는 거북껍질을 불살랐을 때 나타나는 균열의 문양을 말하는데, 점을 치는 사람은 이에 의거하여 길흉을 판단한다. 거북껍질의 균열 문양이 옥석[玉]·질그릇 파편[瓦]·들판의 밭[原]의 균열 문양과 유사하기 때문에 옥조·와조·원조를 '삼조(三兆)'라고 칭한다. 『주례』 「춘관·태복(大卜)」에 "태복은 삼조(三兆)의 법을 관장하는데, 첫째는 옥조이고, 둘째는 와조이고, 셋째는 원조이다.[大卜掌三兆之法, 一曰玉兆, 二曰瓦兆, 三曰原兆.]"라고 하였는데, 정현의 주에는 "'조(兆)'는 거북을 살라서 불을 발하여 그 (갈라진) 형태를 가지고 점을 칠 수 있는 것이니, 그 형상이 옥·질그릇·들판의 밭의 갈라진 금과 유사하다. 이 때문에 명칭을 삼은 것이다.[兆者, 灼龜發於火, 其形可占者, 其象似玉瓦原之舋罅, 是用名之焉.]"라고 하였다.

⑨ 문 말뚝[闑]: '얼(闑)'은 문 중앙에 세운 2개의 짧은 말뚝으로, 문짝이 문 지방 안으로 들어오는 것을 막아 준다. 말뚝과 말뚝 사이를 '중문(中門)'이라고 하고, 말뚝의 동쪽은 '얼동(闑東)', 서쪽은 '얼서(闑西)'라고 한다. 왕인지(王引之)는 『경의술문(經義述聞)』에서 "'얼(闑)'은 곧 문 중앙의 말뚝으로, 곧게 세워져 있으며 짧다. 수레가 문 안으로 들어갈 때, 수레의 굴대가 그 위를 넘어서 지나갈 수 있다.['闑'卽…門中之橛, 直立而短, 車入門, 車軸可越其上而過.]"라고 하였다.

⑩ 정현은 ~ 풀이하였다: 『주례』「추관·사민(司民)」에 "司民掌登萬民之數(사민은 백성들의 수를 보고하여 올리는 일을 관장한다)."라고 한 것에 대해서 정현은 "'등(登)'은 보고하여 올린다[上]는 뜻이다.[登, 上也.]"라고 하였다.

三禮圖集注

喪器圖 上

권18 상기도상

역주 소현숙

【喪器圖上18 : 01-輁軸공축】

輁軸

『의례』「기석례(既夕禮)」에 "널[柩]을 조묘(祖廟)로 옮기는데, 공축(輁軸: 관굄 수레)①을 사용한다."고 하였는데, 정현의 주에서는 "'천(遷)'은 옮긴다[徙]는 뜻이니, '조묘로 옮긴다[徙于祖]'는 것은 (죽은 이를) 조묘에 알현시키는 것이다. 『예기』「단궁 하」에 '은나라의 예에서는 조묘에 알현시키고 나서 조묘에 빈궁을 차린다. 주나라의 예에서는 조묘에 알현시키고 나서 장례를 치른다.'고 하였으니, 대체로 살아 있을 때 외출을 할 경우 반드시 존귀한 사람에게 인사를 올리는 것을 본뜬 것이다. '축(軸)'은 공축(輁軸: 관굄 수레)이다. 공축의 형상은 전린(轉轔: 굴림 바퀴)과 같은데, 양쪽 끝부분을 깎아서 굴대머리[軹]②를 만든다. 공축의 형상은 긴 평상[長牀]과 같은데, 영(桯: 수레 몸체의 양쪽 가로막대)의 앞뒤에 구멍을 뚫고 쇠를 붙여 굴대[軸]를 끼워 넣는다.③ 대부·제후 이상은 공축의 네 면에 테두리가 있는데, 이를 '춘(輴)'이라 한다. 천자의 경우에는 거기에 용을 그려 넣는다."고 하였다.

가공언의 소에서는 다음과 같이 말했다. "'축(軸)은 공축(輁軸)이다.'라고 한 것은, 아래「기석례·기」에 '이상(夷牀: 시신을 올려놓는 평상)④과 공축'

이라고 한 것이 그것이다.⑤ '공축의 형상은 전린(轉轔)과 같다.'고 한 것은, 한나라의 제도로 비유한 것이다. 한나라 때에는 전축(轉軸)을 인(轔)이라고 하였는데, '인'은 곧 수레바퀴[輪]이다. 그러므로 『의례』「사상례」에 '관을 당 위로 옮길 때 축(軸: 공축, 관굄 수레)을 사용한다.'고 하였는데, 정현의 주에서는 '축은 공축이다. 공축의 형상은 평상과 같다. 굴대[軸]는 그 바퀴이다. 끌어당기면서 운행한다.'고 하였다. 이 바퀴[輪]가 인(轔)이 되는 것이다. '양쪽 끝부분을 깎아서 굴대머리[軹]를 만든다.'고 한 것은 굴대의 끝부분으로 굴대머리를 만들고, 굴대를 깎아서 양쪽 끝부분을 가늘게 하여 공축의 양쪽 넓적다리를 뚫어서 끼워 넣는데, 앞쪽과 뒤쪽 두 곳 모두 그렇게 한다는 뜻이다. '공축의 형상은 긴 평상과 같은데, 영(桯: 수레 몸체의 양쪽 가로막대)의 앞뒤에 구멍을 뚫고 쇠를 붙여 굴대[軸]를 끼워 넣는다.'고 한 것은 이 공축은 이미 '길이가 평상과 같다.'고 하였으므로 (공축은) 앞뒤로 양쪽 가장자리의 나무가 있어 그 형상이 평상의 넓적다리와 같아서 두껍고 크게 만들며, 양쪽 가장자리에 구멍을 만들어 쇠로 팔찌를 붙이는데, 앞뒤의 양쪽 가장자리도 모두 그렇게 한다. 그렇게 한 후에 그 가운데에 굴대를 끼워 넣는다. '영(桯)'이라고 한 것은 그 두께와 크기가 굴대를 용납할 수 있기 때문이다. 그러므로 이 나무를 '영'이라고 칭한 것이다. '대부·제후 이상은 공축의 네 면에 테두리가 있는데, 이를 춘(輴)이라 한다.'고 한 것은 대부는 빈례(殯禮)를 행하고 장례를 거행할 때에는 비록 춘거(輴車)를 사용하지 않지만 사(士)는 묘(廟)를 알현할 때에 모두 공축을 사용하므로, 대부도 묘를 알현할 경우에는 마땅히 춘거를 사용해야 하기 때문이다. 제후와 천자는 빈례를 행하고 장례를 거행하고 묘를 알현할 때에 모두 춘거를 사용하는데, 다만 천자의 경우에는 끌채[轅]에 용을 장식하니, 이를 '용춘(龍輴)'이라 한다. 대부와 제후는 비록 끌채에 장식을 하지 않지만 그 수레에 모두 네 면의 테두리가 있다. 그러므로 똑같이 '춘'이라 칭하는 것이다."

살펴보건대, 완심(阮諶)의 『삼례도』에 "공축과 춘거는 길이 1장 2척, 너비 4척이니, 사는 검은 칠을 하고, 대부는 붉은 칠을 하여 장식을 하는데 그 형상이 욕상(浴牀)과 같다."고 하였으니, 그렇다면 천자의 경우는 끌채에 용을 장식하고, 붉은 구름 문양[雲氣]을 그려 넣는다.

[「旣夕禮」云, "遷于祖, 用軸", 注云, "'遷', 徙也, 徙于祖, 謂朝祖廟也. 「檀弓」曰, '殷朝而殯于祖, 周朝而遂葬焉', 蓋象平生將出必辭尊者. '軸', 輁軸也. 軸狀如轉轔, 刻兩頭爲軹(軸)[1]. 輁狀如長牀, 穿桯前後, 著金而關軸焉. 大夫·諸侯已上, 有四周, 謂之輴. 天子畫之以龍." 疏云, "軸, 輁軸者, 下「記」云, '夷牀, 輁軸', 是也. 云'軸狀如轉轔'者, 此以漢法況之. 漢時名轉軸爲轔. 轔, 卽輪也. 故「士喪禮」云, '升棺用軸', 注云, '軸, 輁軸. 輁, 狀如牀. 軸, 其輪也. 挽而行.' 是輪爲轔也. 云'刻兩頭爲軹'者, 以軸頭爲軹, 刻軸使兩頭細, 穿入輁之兩髀, 前後二者皆然. 云'輁狀如長牀, 穿桯前後, 著金而關軸焉'者, 此輁旣云'長如牀', 則有先後兩畔之木, 狀如牀髀, 厚大爲之, 兩畔爲孔, 著金釧於中, 前後兩畔皆然. 然後關軸於其中. 言'桯'者, 以其厚大可以容軸, 故名此木爲桯. 云'大夫·諸侯已上有四周, 謂之楯'者, 大夫殯葬雖不用輴, 士朝廟皆用輁軸, 則大夫朝廟當用輴. 諸侯·天子殯葬朝廟皆用輴, 但天子畫轅爲龍, 謂之龍輴. 大夫·諸侯雖不畫轅, 以其皆有四周, 故同名爲輴." 案阮氏『圖』云, "輁軸與輴, 長一丈二尺, 廣四尺, 士漆, 大夫以朱飾, 與浴牀同", 則天子畫轅爲龍, 加赤雲氣.]

1 軹(軸): 저본에는 '軹' 다음에 '軸'의 한 글자가 더 있지만 현행본 『의례』 「기석례」에 의거하여 연문으로 처리하였다.

역주

① 공축(輁軸: 관굄 수레): 관을 운반하는 수레로, 단지 '축(軸)'이라고도 한다. 그 형태는 크고 낮게 만드는데, 공축의 위쪽은 방형으로 기다란 침상(寢牀) 모양과 같이 하여 그곳에 관을 놓는다. 공축의 아래쪽에는 굴대가 있는데, 굴대를 공축의 양옆 횡목[桯]의 구멍 안으로 끼워 넣고, 공축의 양쪽 앞머리에 바퀴[輴]를 설치하여 인력으로 끌어당기면서 운행한다.(白玉林, 『삼례문화사전』, 812쪽 '輁軸' 항목 참조.)

② 굴대머리[軹]: 『주례』「고공기」 총서(總序) 정현의 주에서 정중(鄭衆: 鄭司農)은 "軹는 軎(굴대 머리)이다.[軹, 軎也]"라고 하였고, 『설문해자』에는 "'軎'는 수레의 굴대의 끝머리이다.[軎, 車軸耑也.]"라고 하였다. 따라서 '軹'는 굴대의 양쪽 끝머리를 가리키는 것이다. 『설문해자』에는 또 "'지(軹)'는 수레바퀴의 작은 구멍이다.[軹, 車輪小穿也.]"라고 하였다. 바퀴통 끝의 작은 구멍은 또한 굴대의 양쪽 끝머리가 있는 곳에 해당한다. 그러므로 '지(軹)'를 작은 구멍으로 풀이한 것이다.(호배휘, 『의례정의』 권29, 1835쪽 참조.)

③ 공축의 형상은 ~ 끼워 넣는다: 이여규(李如圭)는 '공축의 형상이 긴 평상과 같다.'는 것은 공축의 양쪽 옆의 횡목 즉 '영(桯)'이 평상의 넓적다리 같다는 뜻이라고 하였다.[桯謂輁之兩旁木如牀髀者.] 곽박(郭璞)에 의하면 '桯'은 음이 '刑'이다. 방포(方苞)는 공축의 형상은 평상과 같아서 앞뒤의 횡목과 양옆의 직목이 있다고 하였다.(호배휘, 『의례정의』 권29, 1835쪽 참조.)

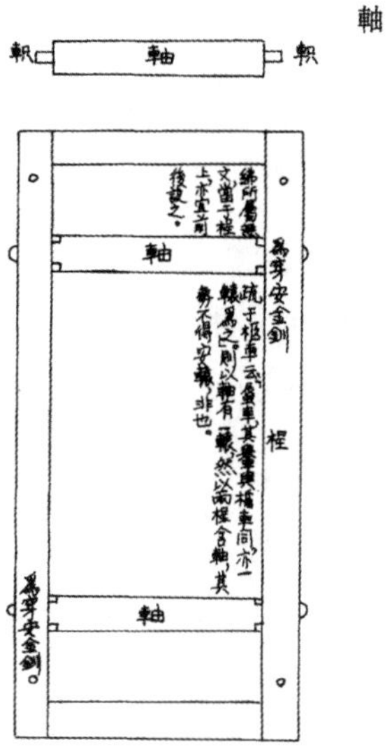

축(軸)
『예서통고』(청)

④ 이상(夷牀: 시신을 올려놓는 평상): '이상'은 시신을 올려놓고 옮길 때 사용하는 평상으로, 길이는 1장 2척, 너비는 7척이며, 옆으로 4개의 고리[鐶]가 있고, 앞과 뒤로 또한 고리가 있으며, 양옆에 뉴(鈕) 장식을 만들어 줄로 곧게 가운데 부분을 꿴다.([襲斂圖17 : 16-夷床] 참조.) 『의례』「기석례」 정현의 주에 "'이(夷)'는 시신을 말한다. 조묘를 알현할 때 시신의 머리를 북쪽으로 하여 널[柩]을 바르게 놓는데, 이때 이상을 사용한다.['夷'之言尸也. 朝正柩, 用此牀.]"고 하였다.

⑤「기석례·기」에 ~ 그것이다: 『의례』「기석례·기(記)」에 "이상과 공축은 당 아래 서쪽 계단의 동쪽에 진설한다.[夷牀·輁軸饌于西階東.]" 고 하였다. 정현의 주에서는 "이상은 조묘(祖廟)에 진설하고, 공축은 빈궁에 진설하는데, 묘가 둘인 경우에는 녜묘(禰廟)에도 공축을 진설한

다.[夷牀饌於祖廟, 輁軸饌於殯宮, 其二廟者, 於禰亦饌輁軸焉.]"고 하였다. '이상(夷牀)'은 조묘를 알현할 때 널을 바르게 하기 위해 사용하므로 조묘에 진설한다. '공축(輁軸)'은 계빈을 할 때 널을 옮기기 위해 사용하므로 빈궁에 진설한다. 묘(廟)가 둘인 경우 먼저 녜묘를 알현하고 이어서 조묘를 알현하므로 녜묘에서 조묘로 갈 때 널을 옮기기 위해서는 '공축'을 사용해야 한다. 그 때문에 녜묘에도 공축을 진설함을 알 수 있다.(호배휘, 『의례정의』 권31, 1949쪽 참조.) 가공언은 시신을 넣은 널을 조묘에 알현시킬 때 '이상'과 '공축'을 사용하므로, 이곳 「기석례」에서 '공(輁)'이라고 한 것이 '공축'을 가리킴을 알 수 있다고 풀이한 것이다.

【喪器圖上18：02-龍輴용춘】

龍輴

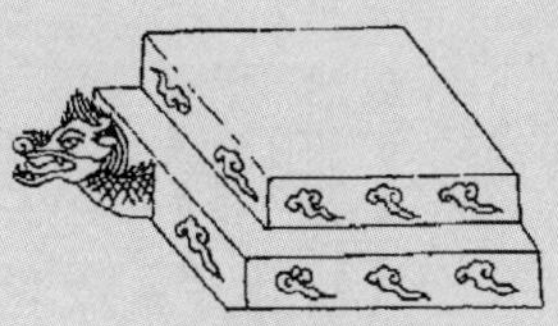

‘용춘(龍輴)’은 그 제도가 공축(輁軸)과 유사하니, 또한 길이 1장 2척, 너비 4척이다. 널 앞쪽 끌채 하나가 있는데, 끌채에 용을 장식하고 붉은 구름 문양을 그려 넣은 것에서 명칭을 취한 것이다. 군주는 빈례(殯禮)를 행할 때 춘거를 사용하는데, 화재의 우려를 방비하기 위해 위쪽에 사방으로 테두리를 친다.

[龍輴, 其制似輁軸, 亦長丈二尺, 廣四尺. 取稱於柩前一轅, 畫龍於轅, 加赤雲氣. 君殯以輴車. 備火之虞, 上有四周.]

【喪器圖上18：03-熬筐오광】

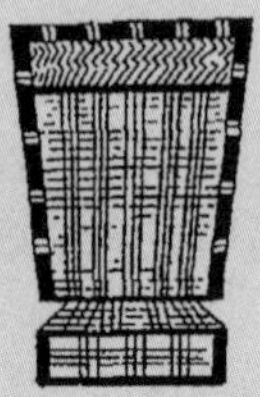

(『예기』「상대기」 정현의 주에) “‘오(熬: 볶은 곡물)’는 불로 곡물을 태워서 향기롭게 한 것으로 대광주리[筐]①에 담는다. 관 위에 흙을 바르려고 할 때② 관 옆에 두는데, 개미와 하루살이를 유혹하여 관에 다가가지 못하도록 하기 위한 것이다.”라고 하였다. 『예기』「상대기(喪大記)에 “볶은 곡물[熬]의 수는 군주의 경우 4종류인데, 8개의 대광주리에 나누어서 담는다. 대부의 경우는 3종류인데, 6개의 대광주리에 나누어서 담는다. 사의 경우는 2종류로 4개의 대광주리에 나누어서 담는데, 생선과 말린 고기를 더하여 담는다.”고 하였다. 정현은 (『예기』「상대기」의 주에서) “『의례』「사상례」에 ‘볶은 곡물[熬]은 찰기장[黍]과 메기장[稷]을 각각 2개의 대광주리에 나누어서 담는다.’고 하였고, 또 ‘볶은 곡물을 진설하는데, 관의 옆에 각각 1개의 대광주리에 담아서 진설한다.’고 하였다. 대부는 3종류의 볶은 곡물을 진설하는데, (찰기장·메기장에) 수수[粱]를 추가한다. 군주는 4종류의 볶은 곡물을 진설하는데, (찰기장·메기장·수수에) 쌀[稻]을 추가한다. 4개의 대광주리라면 시신의 손과 발 부근에 각각 1개의 대광주리를 진설하고, 나머지는 시신의 좌우에 진설한다.”고 하였다. ‘생선과 말린 고기를 더하여

담는다.'는 것은, 살펴보건대 『의례』의 「특생궤사례」에 의하면 사(士)는 말린 고기로 토기 고기[兎]를 사용하고, 「소뢰궤사례」에 의하면 대부는 말린 고기로 큰사슴고기[麋]를 사용한다.③ 천자와 제후의 경우는 명문규정이 없으니, 마땅히 여섯 가지 들짐승[六獸]④류를 사용한다.

["熬者, 以火熬穀, 使香, 以筐盛之. 將塗, 設於棺傍, 所以惑蚍蜉, 使不至棺也." 「喪大記」曰, "熬, 君四種八筐, 大夫三種六筐, 士二種四筐, 加魚腊焉." 鄭(引)[1]"「士喪禮」曰, '熬, 黍稷各二筐.' 又曰, '設熬, 傍各一筐.' 大夫三種, 加以粱. 君四種, 加以稻. 四筐, 則手足各一. 餘設於左右." '加魚腊'者, 案「特牲」, 士腊用兎, 「少牢」大夫腊用麋, 天子·諸侯無文, 當用六獸之屬.]

1 (引): 저본에는 '引'이 있으나 '士喪禮' 이하 '餘設於左右'까지가 모두 『예기』 「상대기」 정현의 주이므로 '引'의 글자는 불필요하다. 따라서 이곳에서는 衍文으로 처리하였다.

① 대광주리[筐]: '광(筐)'은 곡물을 담는 광주리로, 대나무로 만든다. 육덕명의 『경전석문』 「모시음의(毛詩音義)」에 "네모진 것을 '광(筐)'이라 하고, 둥근 것을 '거(筥)'라고 한다.[匡方筐, 員曰筥.]"고 하였다.

광(筐)
『삼재도회』(명)

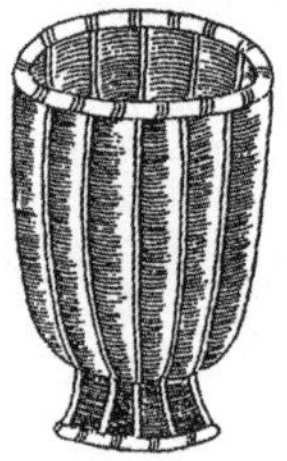

거(筥)
『흠정의례의소』(청)

② 관 위에 흙을 바르려고 할 때: 상례에서 빈궁을 차린 후에 관의 위를 나뭇가지로 덮은 후에 흙을 발라서 화재에 대비하는 것을 '도(塗)'라고 한다. 『의례』 「사상례」 정현의 주에 "나무로 관 위를 덮은 후 흙으로 덮는 것은 화재에 대비하기 위해서이다.[以木覆棺上而塗之, 爲火備.]"라고 하였다. 『예기』 「상대기(喪大記)에는 "군주의 빈례(殯禮)에는 춘거[輴]를 사용하고, 나무를 모아 쌓아 올려서 관의 위에까지 이르게 하고, 모두 진흙을 발라서 지붕처럼 만든다. 대부의 빈례에는 덮개[幬]를 사용하고, 나무를 모아서 당 위의 서쪽 벽[西序]에까지 이르게 하는데 진

흙을 바르는 것이 관에까지 닿지는 못한다. 사의 빈례에는 임(衽: 쐐기)을 보이게 하고, (임의 윗부분은) 나무로 덮어 진흙을 바르고 휘장을 둘러 친다.[君殯用輴, 欑至于上, 畢…塗屋. 大夫殯以幬, 欑至于西序, 塗不暨于棺. 士殯見衽, 塗上帷之.]"고 하였다.

③『의례』의「특생궤사례」에 의하면 ~ 큰사슴고기[麋]를 사용한다: 사(士)는 말린 고기로 토끼고기[兎]를 사용하고, 대부는 큰사슴고기[麋]를 사용한다. 사의 예(禮)인『의례』「사혼례(士昏禮)」에서 "腊一肫 髀不升(말린 토끼고기 한 마리의 좌우 전체 몸체를 가장 남쪽의 세발솥에 담아 놓는데, 넓적다리는 올리지 않는다)"이라고 한 것에 대한 정현의 주에서는 "'석(腊)'은 말린 토끼고기를 가리킨다.[腊 兎腊也]"고 하였다. 또 같은 사의 예인『의례』「특생궤사례」에서도 "세발솥[鼎]을 묘문 밖에 진설하고, 갸자[桍: 음식물을 나르는 들것의 일종]를 세발솥의 남쪽에 진설하는데, 머리 부분이 남쪽을 향하도록 하여 세로로 놓는다. 그 갸자 위에 희생고기(말린 토끼고기)를 올려놓는다.[桍在其南, 南順. 實獸于其上, 東首.]"고 하였다. 한편 대부의 예인『의례』「소뢰궤사례」에서는 "말린 고기는 좌우의 전체 몸체를 하나의 세발솥[腊鼎] 안에 담는데, 말린 고기는 큰사슴고기를 쓴다.[腊一純而鼎, 腊用麋]"고 하였다.

④ 여섯 가지 들짐승[六獸]: '육수(六獸)에 대해서 정중(정사농)은 큰사슴[麋]·사슴[鹿]·곰[熊]·노루[麕]·멧돼지[野豕]·토끼[兎]의 6가지 들짐승이라고 한 반면, 정현은 곰을 제외시키고 이리[狼]를 포함하여 육수라고 하였다.(『주례』「천관·포인(庖人)」 정현의 주 참조.)

【喪器圖上18：04-耒耜뇌사】

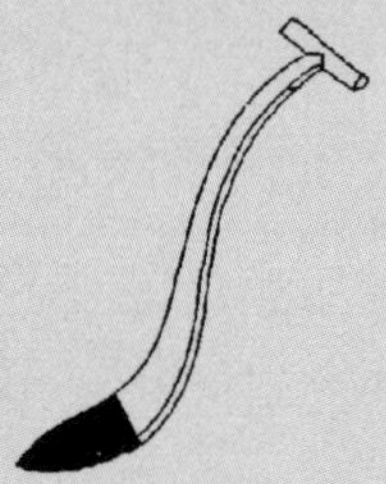

쟁기와 보습[耒耜]은 살아 있을 때의 농기구를 본뜬 것이다. 『의례』「기석례」에서는 쟁기와 보습을 무덤에 매장하는 살아 있을 때의 기물 안에 포함시켰다.①

살펴보건대, 『주례』「고공기·거인(車人)」에서 "거인은 쟁기[耒: 자루 부분]를 제작하는데, 자루의 아래 끝부분[庛]은 길이가 1척 1촌이고, 자루의 중간 곧은 부분[中直]은 길이가 3척 3촌이고, 자루의 위쪽 구부러진 부분은 길이가 2척 2촌이다. 자루의 아래 끝부분[庛]에서부터 밖으로 휘어진 부분을 돌아서 위쪽 구부러진 머리 부분에 이르기까지 총 길이는 6척 6촌이다. 자루의 아래 끝부분에서 구부러진 위쪽 머리 부분까지 안쪽으로 직선 길이를 계산하면 1보(步: 6척)의 거리와 서로 상응하게 된다.② 단단한 땅에서는 자루의 끝부분이 수직으로 달린 보습[耜]을 사용하고, 부드러운 땅에서는 자루의 끝부분이 구부러지게 달린 보습을 사용한다. 자루의 끝부분에 부착된 수직 형태의 보습은 밀어서 흙 속으로 넣기에 유리하고, 자루의 끝부분에 부착된 구부러진 형태의 보습은 흙을 갈아엎기에 유리하다.”고 하였다.

정현은 ‘庛’를 ‘刺’의 뜻으로 풀이하였으니,③【‘刺’의 음은 七과 賜의 반절이다.】 ‘자(刺)’는 아래쪽에서 앞으로 구부러져 보습[耜]과 이어지는 곳으로, 곧 자루[耒]의 앞부분이다. 그러므로 가공언은 “자루의 앞부분[耒面]을 ‘자(庛)’라고 한다.”고 하였다. 또 “뇌(耒)는 형상이 오늘날의 자루가 꼬부라진 가래와 유사하다.”고 하였다. 또 살펴보건대, 정현은 아래 「고공기」의 주에서 “보습[耜]은 (자루[耒]와) 재질을 달리한다.”고 하였다. 정현의 뜻에 의하면 (보습은) 곧 쇠붙이로 만드는 것이다. 또 『주역』 「계사 하전(繫辭下傳)」에 “나무를 깎아서 보습을 만든다.”고 한 것은 나무를 깎아서 보습을 이어받는 부분을 만든다는 뜻이다. 그렇다면 쇠붙이로 만든 보습[耜] 이외의 부분은 모두 총괄하여 ‘뇌(耒)’라고 하는 것이다.

「고공기」의 경문에서 “자루의 아래 끝부분[庛]에서부터 밖으로 휘어진 부분을 돌아서 위쪽 구부러진 머리 부분에 이르기까지.”라고 말한 것은 자루의 아래쪽 끝부분에서 손으로 잡는 위쪽 구부러진 부분의 끝에 이르기까지에 의거하여 구부러진 곳을 따라서 계산하여 6척 6촌이 된다는 뜻이다. 또 “안쪽으로 직선 길이를 계산한다.”고 한 것은 자루의 아래쪽 앞부분에서 위쪽의 구부러진 부분까지에 의거하여 아래로 바라보면서 직선으로 계산하면 6척이 되어 1보와 서로 상응하게 된다는 뜻이다. ‘중(中)’은 상응한다[應]는 뜻이다. 그러므로 아래 「고공기」의 정현 주에 “밭을 가는 사람은 농기구로 길이의 단위를 삼는다.”고 하였으니, 이른바 ‘야(野)의 땅에서는 발걸음[步: 6척]으로 길이의 단위로 삼는다.④’는 것이다. 사람의 발걸음은 크기도 하고 작기도 하여 공평하지 못할까 염려된다. 그러므로 6척의 쟁기 자루[耒]로 발걸음을 대신하여 땅을 측량하는 것이다. 만약 쇠붙이로 만든 보습[耜金]을 더하여 계산하면 조금 길어진다. 그러므로 땅을 측량할 때에는 보습 부분을 떼어 내고 사용한다.

또 「고공기·장인(匠人)」에서 "보습[耜]은 너비가 5촌이다."라고 하였으니, 자루의 아래쪽 부분[庛]도 또한 너비가 5촌이다. 옛날에 보습은 금속 하나로 만들었는데, 2개의 보습으로 짝을 이루어 한 사람이 각자 1개의 보습을 잡고 밭을 갈았으니, 장저(長沮)·걸닉(桀溺)이 짝을 이루어 밭을 갈았던 것과 같다.⑤ 한나라 때에 이르러, 보습은 머리 부분을 갈라서 2개의 금속으로 만들게 되었으니, 옛날에 짝을 이루어 밭을 갈 때 소를 이용하여 끌게 하던 것을 본뜬 것이다. 또 『주례』「지관·산우(山虞)」에 의하면, 뇌사(耒耜: 쟁기의 자루 부분)를 만드는 나무는 반드시 부드러우면서도 질겨야 하므로 계절에 따라서 어리고 작은 나무를 취하여 만든다고 하였다.⑥

[耒耜, 象生時田器. [既夕禮]耒耜在用器之中. 案『周禮』「車人職」云, "車人爲耒, 庛長尺有一寸, 中直者三尺有三寸, 上句者二尺有二寸. 自其庛緣其外, 以至於首, (以弦其内, 六尺有六寸)[六尺有六寸, 以弦其内],[1] 與步相中也. 堅地欲直庛, 柔地欲句庛. 直庛則利推, 句庛則利發." 鄭玄讀'庛'爲'刺'.【音七賜切.】 刺謂下前曲接耜者, 卽耒面也. 故賈公彦云, "耒面謂之庛." 又云, "耒, 狀若今曲柄杴." 又案鄭下注云, "耜異材." 據鄭意, 耜, 卽金也. 又『易』「下繫」云, "斲木爲耜"者, 謂斲木爲受耜之處也. 然則除耜金(也)[之][2]外, 總謂之耒. 經云, "自庛, 緣其外, 以至於首"者, 謂據庛下至手執句者之端, 逐曲量之, 有六尺六寸. 又云'以弦其内'者, 謂據庛面至句, 下望直量之, 而有六尺, 與步相中. '中', 應也. 故下注云, "耕者, 以田器爲

1 (以弦其内, 六尺有六寸)[六尺有六寸, 以弦其内]: 저본에는 '以弦其内, 六尺有六寸'으로 되어 있으나 이 문장은 '六尺有六寸, 以弦其内'의 도치라는 聞人軍의 설에 따라 교감하였다.
2 (也)[之]: 저본에는 '也'로 되어 있으며, 다른 판본에도 마찬가지이다. 그러나 이렇게 할 경우 문장이 이루어지지 않는다. 丁鼎은 '之'의 잘못일 것으로 추정했는데, 이에 따라 교감하였다.

度宜”, 所謂‘在野度以步.’ 以人步或大或小, 恐其不平, 故以六尺之耒代步以量地也. 若兼耜金則稍長. 故每量地用脫去耜而用之. 又「匠人」云, “耜廣五寸”, 其庇亦廣五寸. 古者耜一金, 二耜爲耦, 人各執一耜爲耦. 人各執一耜, 若長沮·桀溺耦而耕. 至漢, 耜歧頭兩金, 象古之耦耕用牛引也. 又「山虞職」說, 耒耜之木須堅韌, 依時取季材少木以爲之.]

역주

① 『의례』 「기석례」에서는 ~ 포함시켰다: 『의례』 「기석례」에 "죽은 이가 살아 있을 때에 늘 사용하던 기물을 무덤에 매장하는데, 활과 화살[弓矢]·쟁기와 보습[耒耜]·밥그릇[敦] 2개·국그릇[杅] 2개·물받이 그릇[槃]·물 주전자[匜] 등이다.[用器, 弓矢·耒耜·兩敦·兩杅·槃·匜.]"라고 하였다.

② 거인은 쟁기[耒: 자루 부분]를 ~ 서로 상응하게 된다: 쟁기는 '뇌(耒)'와 '사(耜)'의 두 부분으로 이루어지는데, '사'는 흙을 일구어 파는 보습으로, 초기에는 나무로 만들다가 후대에는 청동기 혹은 쇠붙이로 만들었다. '뇌'는 사의 자루부분으로, 일반적으로 나무로 만든다. '자(庛)'는 뇌의 아래쪽 끝부분으로 보습[耜]의 머리 부분을 안정시키는 나무의 명칭이다. '뇌'의 아래쪽 끝부분[庛]에서 위쪽의 머리 부분[上句]에 이르기까지 3곳에서 구부러져서 '∫'의 형태가 된다. 뇌의 위아래(위쪽 머리 부분의 '上句'에서 아래쪽 끝부분의 '庛'까지)의 직선거리가 곧 '현(弦)'으로 가상의 직선이 세로로 '∫' 형태의 뇌의 자루를 관통하는데, 이 직선[弦]이 이른바 '안쪽[內]'이다. 따라서 '∫'형의 뇌 자체는 '밖[外]'이 된다. 뇌의 실제 길이는 6척 6촌인데, 가상의 안쪽 직선거리로 계산하면 6척이 되는 것이다. 그런데 「고공기·거인」의 원문은 "以弦其內, 六尺六寸, 與步相中也(안쪽을 직선거리로 계산하면 6척 6촌이니, 1보의 거리와 서로 상응하게 된다.)"로 되어 있어 앞뒤로 서로 모순된다. 앞의 문장에 의거하여 뇌의 길이를 계산하면, 아래쪽 끝부분[庛]의 길이는 1척 6촌, 가운데 곧은 부

분[中直]의 길이는 3척 3촌, 위쪽 머리 부분[上句] 2척 2촌으로 모두 합하면 6척 6촌이 된다. 하지만 가상의 안쪽 직선거리로 계산하면 정확히 6척이 도출된다. 이 때문에 문인군(聞人軍)은 "以弦其內, 六尺六寸, 與步相中也."는 "六尺六寸, 以弦其內, 與步相中也.(6척 6촌이니, 안쪽으로 직선 길이를 계산하면 1보의 거리와 서로 상응하게 된다.)"의 도치 문장이라고 주장하였다.(楊天宇, 『주례역주』, 82쪽 ; 聞人軍, 『고공기 역주』, 130쪽 참조)

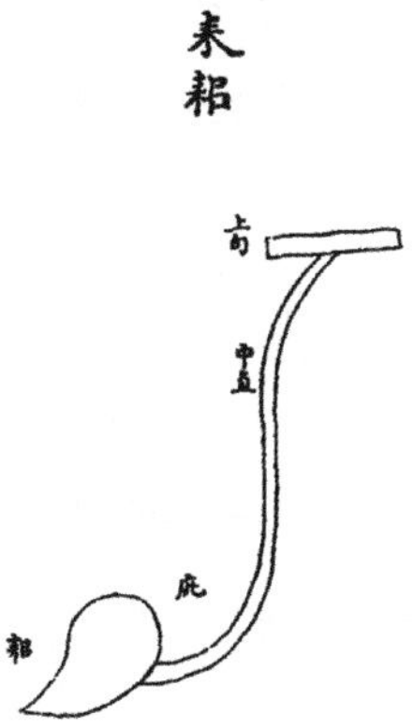

뇌사(耒耜)
왕정(王禎)
『王氏農書』(명)

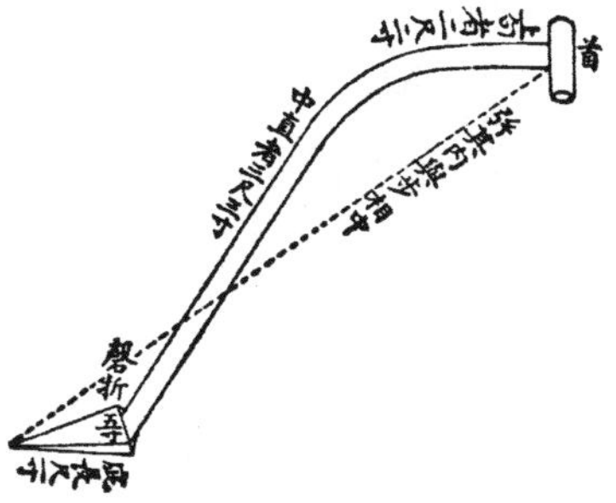

뇌(耒)
대진(戴震)
『考工記圖』(청)

③ 정현은 '庛'를 '刺'의 뜻으로 풀이하였으니: 『주례』「고공기·거인」 정현 주의 원문은 "'庛'는 '棘刺(가시나무의 가시)'라고 할 때의 '刺(가시, 끝부분)'의 뜻으로 읽으니, '刺'는 자루 아래에서 앞으로 구부러져 보습과 이어진 부분이다.[庛讀爲棘刺之刺, 刺, 耒下前曲接耜.]"이다.

④ 야(野)의 땅에서는 발걸음[步: 6척]을 길이의 단위로 삼는다: 『주례』「고공기·장인(匠人)」에 나오는 말이다. 「고공기·장인」에 "[실(室) 안에서는 안석[几]으로 길이의 단위를 삼고, 당(堂) 위에서는 대자리[筵]로 길

이의 단위를 삼고, 궁 안에서는 심(尋: 8척)으로 길이의 단위를 삼고, 야의 땅에서는 보(步: 6척)로 길이의 단위를 삼고, 도로에서는 수레바퀴[軌]로 길이의 단위를 삼는다.[室中度以几, 堂上度以筵, 宮中度以尋, 野度以步, 涂度以軌.]"고 하였다.

⑤ 장저(長沮)·걸닉(桀溺)이 짝을 이루어 밭을 갈았던 것과 같다: 『논어』「미자(微子)」에 보인다. 하안의 『논어집해』 주에서는 "정현은 '장저와 걸닉은 은자이다.'라고 하였다. 보습은 너비가 5촌이니, 2개의 보습으로 밭을 가는 것을 '우(耦)'라고 한다.[鄭曰, '長沮桀溺, 隱者也.' 耜廣五寸, 二耜爲耦.]"라고 하였다.

⑥ 『주례』「지관·산우(山虞)에 의하면 ~ 만든다고 하였다: 『주례』「지관·산우」에 "무릇 복(服: 수레 상자 옆 판 위의 가로막대. 牝服, 車較)과 뇌사(耒耜)를 제작할 때, (산우는) 어리고 작은 목재를 베어서 때에 맞추어서 이를 제작하는 관부로 보낸다.[凡服耜, 斬季材, 以時入之.]"고 하였다. 손이양(孫詒讓)에 의하면, 「지관·산우」 원문의 '耜'는 실제로는 '耒'를 가리킨다. "(이곳의) '사(耜)'는 곧 「고공기·거인(車人)」에서 말한 '뇌(耒)'이다. '뇌'는 길이가 6척 6촌인데, 나무로 만든다. '사'는 뇌의 머리 부분에 부착하는 금속이므로 나무로 만들지 않는다. 그런데 (이곳에서) '어리고 작은 목재를 벤다.'라고 한 것은, 통언하면 '뇌(耒)'도 '사(耜)'라고 칭할 수 있기 때문이다.[耜卽「車人」所爲耒也. 耒長六尺六寸, 以木爲之. 耜爲耒頭之金, 則不用木, 而云'斬季材'者, 通言之, 耒亦得稱耜也.]"라고 하였다.(손이양, 『주례정의』 권31, 1200쪽 참조.)

【喪器圖上18：05-蓑사·笠립】

蓑

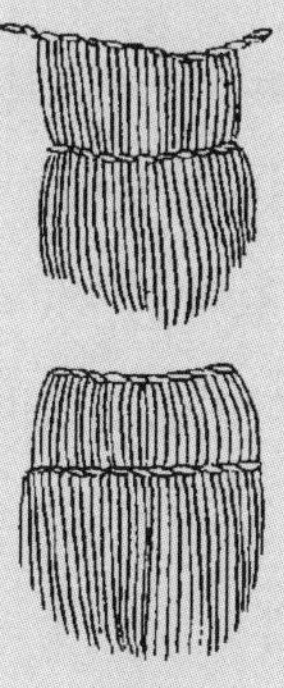

笠

『의례』「기석례·기」에 "고거(槀車)①에는 도롱이[蓑]와 삿갓[笠]을 싣는다."고 하였는데, 정현의 주에서는 "'고(槀)'는 흩어진다[散]는 뜻과 같다."고 하였다. 『주례』「춘관·사상(司常)」에 "유거(斿車)는 전렵을 하거나 교외로 순행을 떠날 때 타는 수레이다.②"라고 하였으니, 이 산거(散車)와 마찬가지로 목로(木輅)이다. 도롱이[蓑]와 삿갓[笠]은 비에 대비하기 위한 옷이다. 삿갓은 또한 더위를 막을 때에도 쓴다.

[「旣夕禮·記」云, "槀車載蓑·笠", 注云, "槀猶散也." 『周禮』「司常」, "斿車以田以鄙", 與此散車, 同是木輅也. 蓑·笠, 備雨服. 笠亦以禦暑.]

역주

① 고거(槀車): '산거(散車)'라고도 한다. 조잡하게 만드는데, 사냥을 하거나 순행을 떠날 때 타는 수레이다. 『의례』 「기석례·기」 정현의 주에 "'고(槀)'는 흩어진다(散)는 뜻과 같다. 산거(散車)는 전렵을 하거나 교외로 순행을 떠날 때 타는 수레이다.['槀'猶散也. 散車以田以鄙之車.]"라고 하였다.

② 『주례』 「춘관·사상(司常)」에 ~ 타는 수레이다: 이는 『주례』 「춘관·사상(司常)」의 경문과 정현의 주를 조합하여 만든 문장이다. 「춘관·사상」의 경문에 "유거(斿車)에는 정(旌: 여러 깃털에 다섯 색깔로 물을 들여 장식한 깃발)을 싣는다.[斿車載旌.]"고 하였고, 이에 대한 정현의 주에 "'유거는 목로이니, 왕이 전렵을 하거나 교외로 순행을 떠날 때 탄다.['斿車', 木路也, 王以田以鄙.]"라고 하였다. '목로(木路)'는 왕이 타는 수레의 일종으로, 단지 검은 칠만 하고 수레의 밧줄을 가죽으로 덮지 않으며, 금·옥·상아 등의 장식도 없다.

【喪器圖上18：06-折절】

折

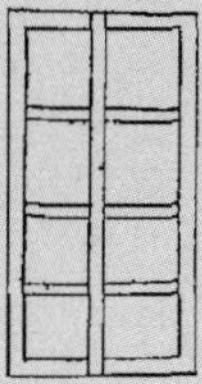

(『의례』「기석례」에) "절(折: 항석을 떠받치는 나무판자)①을 동서방향으로 하여 반대로 뒤집어서 진설한다."고 하였는데, 정현의 주에서는 "'절(折)'은 시렁[庪]과 같은 것이다. 모나게 깎은 나무를 연결하여 만든다. 모양은 대체로 평상과 같으니, 3개의 나무를 세로로 놓고, 5개의 나무를 가로로 놓아 만드는데, 평상의 깔개[簀]가 없다. 하관을 마치면 무덤[壙] 위에 진설하여 항석(抗席: 먼지를 막는 부들로 만든 자리)을 떠받치게 한다."고 하였다.

가공언의 소에서는 "'동서방향으로 하여 반대로 뒤집어서 진설한다.'는 것은 무덤에 넣을 때에는 긴 쪽을 남북방향으로 하고 짧은 쪽을 동서방향으로 하여 그 형상이 평상과 같음을 알 수 있는데, (무덤 안에) 진설할 때에는 긴 쪽을 동서방향으로 하여 진설한다는 뜻이다. '반대로 뒤집는다[覆]'라고 말한 것은 (무덤 안에 진설할 때에는) 정면이 위쪽으로 보이도록 진설한다는 뜻이니, 무덤에 넣을 때에는 이와 반대로 하여 정면이 아래쪽을 향한다.② '절(折)'은 시렁과 같다.'고 한 것은 명기(明器)의 물건들을 얹어 놓은 듯하기 때문이다. 평상의 깔개[簀]가 없음을 알 수 있는 것은 세로로 3개 가로로 5개로 (엇갈리게 놓아) 만들어서 평상의 깔개를 놓을 곳을 해당시켰기 때문이다.③

[“折, 橫覆之”, 注云, “折猶庪也. 方鑿連木爲之. 蓋如牀, 而縮者三, 橫者五, 無簀. 窆事畢, 加之壙上, 以承抗席.” 賈釋云, “橫覆之者, 加於壙時, 南北長, 東西短, 是知狀如牀也. 陳時, 長者東西. 言‘覆’者, 見其善面在上也, 加在壙上時則反, 善面向下. 云‘折猶庪’, [若庪][1]藏物然. 知無簀者, 以其縮三橫五, 以當簀處也.”]

1 [若庪]: 저본에는 ‘若庪’ 두 글자가 없으나 현행본 『의례주소』의 가공언 소에 의거하여 보충하여 교감하였다.

역주

① 절(折: 항석을 떠받치는 나무판자): '절(折)'은 형태가 평상과 유사한데 다리가 없다. 관을 무덤에 넣은 후 무덤에 절을 넣어서 항석(抗席)을 떠받친다. 황진(黃震)의 『황씨일초(黃氏日抄)』에 "절(折)은 항석을 떠받치는 것이니, 형태는 평상과 같은데 다리가 없다. (가로세로로 나무를) 엇갈리게 놓아 만들기 때문에 '절'이라고 한다.[折者, 承席也, 形如牀無足. 曲折爲之, 故曰'折.']고 하였다. 『예기』 「잡기 상(雜記上)」에 "독[甕]·단지[甒]·둥구미[筲]·항[衡] 등은 관을 덮는 보[見: 棺衣] 사이에 채워 넣는다. 이후에 절을 넣는다.[醴者, 稻醴也. 甕·甒·筲·衡, 實見間, 而後折入.]"고 하였고, 정현의 주에서는 "이것들은 매장할 때 무덤에 넣는 물건들이다. '실견간(實見間此)'은 관(내관)을 덮는 보[見]의 밖과 곽[외관]의 안 사이에 저장해 둔다는 뜻이다. '절'은 항석을 떠받치는 판이다.[此謂葬時藏物也. '衡', 當爲'桁', 所以庪甕·甒之屬, 聲之誤也. '實見間', 藏於見外·椁内也. '折', 承席也.]"라고 하였다. 호배휘(胡培翬)는 "관을 무덤에 넣은 후, 관 위에 절을 놓으니, 절의 위에 항석을 놓고, 항석의 위에 또 항목을 놓는다. 절에서 인(茵)에 이르기까지 명기(明器)는 아니지만 명기의 부류와 함께 진설하는 것은 그것들이 모두 무덤에 넣는 물건들이기 때문이다.[棺入壙後, 加折於上, 席在折上, 而抗木又在席上. 自折至茵, 非明器而與明器類陳者, 以其皆爲入壙之物也.]"라고 하였다. (호배휘, 『의례정의』, 권29, 1853쪽 참조.) 이에 따르면, 내관[棺]—관을 덮는 보[見]—독[甕]·단지[甒]·둥구미[筲]—절(折)—항석(抗席)—항목(抗木)—인(茵)—외

관[廓]의 층을 이루며 진설하는 것이다.

② '반대로 뒤집는다[覆]'라고 ~ 향한다: 「기석례」 정현의 주에 "'뒤집어서 진설한다[覆之]'는 것은 정면을 보인다는 뜻이다.['覆之', 見善面也]"라고 하였다. 이여규(李如圭)는 "절은 무덤에 넣을 때, 그 정면이 아래로 관을 향한다. 이제 이를 뒤집어서 정면이 위쪽을 향하게 하는 것이니, 관람하기에 편리함을 취하는 것이다.[折加於壙, 其善面下鄕於棺. 今覆之而以善面鄕上, 取觀之便也.]"라고 하였다. 호배휘도 "절은 좋은 면(善面: 정면)이 아래쪽을 향하는 것을 '정(正: 올바른 방향)'이라 하고, 좋은 면이 위쪽을 향하는 것을 '반(反: 반대방향)'이라 한다. 진설할 때에는 좋은 면이 위쪽을 향하므로 '복지(覆之)'라고 한 것이니, '복(覆)'은 '반대방향으로 한다[反]'는 뜻이다."라고 하였다.(호배휘, 『의례정의』 권29, 1854쪽 ; 권30, 1904쪽 참조.) 정정(丁鼎)에 의하면, '선면(善面)'은 정면이라는 뜻으로, 정면은 광택이 나고 정제되어 있다. 그러므로 정면을 '선면(좋은 면)'으로 표현한 것이다.(『신정삼례도』, 573쪽 참조.)

③ 평상의 깔개[簀]가 없음을 ~ 때문이다: '책(簀)'은 대나무나 갈대 등으로 엮어 만든 평상의 깔개이다. '절'은 3개의 세로 막대와 5개의 가로 막대를 서로 엇갈려 연결하여 만든 장방형의 목판인데, 가운데를 뚫어서 8개의 격자를 만든다. 따라서 '절'은 대나무 등을 가로세로로 엮어서 만드는 평상의 깔개[簀] 형상을 취하고, 별도의 대자리 깔개를 덮지 않는다는 뜻이다.

【喪器圖上18：07-抗席항석】

抗席

『의례』「기석례」에 “항목(抗木: 흙을 막는 나무시렁) 위에 항석(抗席: 먼지를 막는 부들로 만든 자리)①을 포개어 놓는데, 세 겹으로 한다.”고 하였는데, 정현의 주에서는 “‘항석’은 먼지를 막기 위한 것이다.”라고 하였다. 가공언의 소에서는 “이미 절(折)의 북쪽에 항목을 진설하였는데,② 또 항목의 위에 항석 세 겹을 포개어 놓는다. 그러므로 ‘항석을 포개어 놓는데, 세 겹으로 한다.’고 한 것이다. (항석은) ‘먼지를 막기 위한 것이다.’라고 말한 것은, 항목은 위쪽에 있으므로③ ‘흙을 막는다.’고 하였고, 그 항석은 아래쪽에 있으니 항목을 가려서 먼지가 아래로 향해 날아오는 것을 염려한 것이므로 ‘먼지를 막는다.’고 한 것이다.④ 그렇다면 진열할 때에는 항석을 항목의 위에 포개어 놓고, 인(茵)은 또 항석의 위에 포개어 놓는 것이다. 매장을 할 때에는 무덤 입구에 절을 놓고, 이어서 절의 위에 항석을 놓고, 이어서 항석의 위에 항목을 놓는 것이다.⑤

[「旣夕禮」云, “加抗席, 三”, 注云, “席, 所以禦塵.” 賈釋云, “旣陳抗木於折北, 又加抗席三領於抗木之上, 故云‘加抗席, 三.’ (知)[云]‘禦塵’[者][1], 以抗木在上, [故云][2]‘禦土’, 其抗席在下, 隔抗木, 慮有塵向下, 故云‘禦塵.’ 然

則在陳列之時, 抗席加於抗木之上, 茵又加於抗席之上. 及葬加折於壙口, 次加抗席於折上, 次加抗木於席上.]

1 (知)[云]'䊩麈'[者]: 저본에는 '知䊩麈'으로 되어 있으나, 현행본 『의례』 「기석례」 가공언의 소에 의거하여 '知'를 '云'으로 교감하고 '麈' 다음에 '者'를 보충하였다.
2 [故云]: 저본에는 '故云' 두 글자가 없으나, 현행본 『의례』 「기석례」 가공언의 소에 의거하여 보충하였다.

역주

① 항석(抗席: 먼지를 막는 부들로 만든 자리): 관 위에 놓아서 관 안으로 먼지가 들어오는 것을 막는 부들로 엮은 자리이다.(白玉林, 『삼례문화사전』, 522쪽 '항석(抗席)' 참조.)

② 이미 절(折)의 북쪽에 항목(抗木)을 진설하였는데: 이여규(李如圭)와 오정화(吳廷華)는 모두 항목(抗木)은 절(折)의 서쪽에 진설하는 것이라고 하였고, 호배휘도 절의 북쪽에 진설한다는 가공언의 설은 잘못이라고 비판하였다.(호배휘, 『의례정의』 권29, 1954쪽 참조.)

③ 항목은 위쪽에 있으므로: 항목의 위쪽은 곧 흙을 덮어서 무덤[冢]을 만든다. 그러므로 항목으로 흙을 막아서 무덤 안으로 들어오지 못하게 하는 것이다. 오불(吳紱)에 의하면 '항목이 위쪽에 있다.'는 것은 외관[槨]의 덮개가 된다는 뜻이다.(호배휘, 『의례정의』 권29, 1855쪽 참조.)

④ (항석은) '먼지를 막기 위한 것이다.'라고 ~ 한 것이다: 이는 「기석례」 가공언의 소를 축약 정리한 문장이다. 원문은 "'항석은 먼지를 막기 위한 것이다.'라고 말한 것은, 앞에서는 '항목은 흙을 막기 위한 것이다.'라고 하였고, 이곳의 항석에 대해서는 '먼지를 막기 위한 것이다.' 라고 하였다. 이 두 가지는 무덤 입구에서 위로 먼지를 떠받치는 것이다. 다만 항목이 위쪽에 있으므로 '흙을 막는다.'라고 하였고, 항석은 아래쪽에 있어서 항목을 가리니, 먼지가 아래로 향해 날아오는 것을 염려한 것이다. 그러므로 '먼지를 막는다.'고 한 것이다. 이 때문에 풀이하는 데에 차이가 있는 것이다.[云'席所以禦塵'者, 上云'抗木所以禦

土', 此抗席云'禦塵'者, 以此二者在壙口以上承塵, 但抗木在上, 故云'禦土', 抗席在下, 隔抗木, 慮有塵鄕下, 故云'禦塵.' 是以釋之有異也.]"로 되어 있다.

⑤ 그렇다면 진열할 때에는 ~ 놓는 것이다: 『의례』「기석례」에 "무덤[壙]의 위쪽에 절(折)을 놓는데, 거친 면이 위를 향하도록 한다. 절의 위에 항석을 놓는데, 거친 면이 아래를 향하도록 뒤집어서 놓는다. 항석의 위에 다시 항목(抗木)을 놓는다.[加折, 卻之, 加抗席, 뒤覆之. 加抗木.]"고 하였고, 정현의 주에서는 "마땅함과 차례가 있다.[宜次也]"고 하였다. 이에 대해서 가공언은 "'마땅함[宜]'이란 절은 (무덤의) 위쪽에 진설할 때에는 깨끗한 면[美面, 正面]이 위를 향하도록 하였는데, 지금 사용할 때에는 깨끗한 면이 아래를 향하도록 하고, 또 항석을 그 위에 덮는 것을 말한다. 또 절은 항석을 받쳐야 하고, 항석은 항목을 받쳐야 하니, 모두가 그 마땅함[宜]이다. '차례[次]'라는 것은 항목은 먼저 진설하고 후에 사용하며, 항석은 후에 진설하고 먼저 사용하니, 이것이 그 차례이다.[宜謂折上陳之, 美面鄕上, 今用卽美面鄕下, 抗席又覆之, 又折宜承席, 席宜承木, 皆是其宜也.次者, 木則先陳後用, 席則後陳先用, 是其次也.]"라고 하였다. 그러나 호배휘는 "먼저 절을 놓고, 이어서 항석을 놓으며, 이어서 항목을 놓는 것을 말한다. 항석 밑에 절이 없이 무덤을 덮으면 항석은 깔아서 펼칠 곳이 없게 되며, 항석 위에 항목이 없으면 흙을 막을 수 없다. 그러므로 그 차례를 따라서 진설해야 한다. 가공언의 소에서는 '마땅함'과 '차례'로 나누어 두 가지로 풀이하였고, 장이기(張爾岐)는 마침내 '3가지(절·항석·항목)를 사용할 때에는 마땅함이 있고, 순서가 있다.'고 하였으니, 잘못된 것이다.[謂宜先加折, 次加抗席, 次加抗木也. 蓋席之下, 無折以掩壙, 則席無所藉而施, 席之上無抗木, 則無以禦土,

故宜從其次也. 賈疏分宜與次兩釋之, 張氏爾岐遂謂‘三者之用, 有宜有次’, 非矣.]”고 비판하였다.(『의례주소』, 880쪽 및 호배휘, 『의례정의』 권30, 1904쪽 참조.)

【喪器圖上18：08-抗木항목】

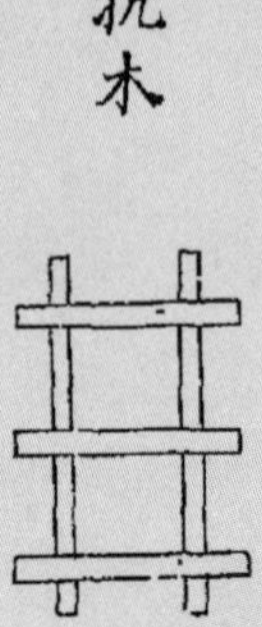

『의례』「기석례」에 "항목(抗木: 흙을 막는 나무시렁)①은 가로로 3개, 세로로 2개를 설치한다.②"고 하였는데, 정현의 주에서는 "'항(抗)'은 막는다[禦]는 뜻이니, 흙이 들어오지 않도록 막는 것이다. 그 가로막대와 세로막대로 각각 무덤[壙]을 가리기에 충분하다.③"고 하였다.

[「既夕禮」云, "抗木, 橫三縮二", 注云, "抗, 禦也, 所以禦土. 橫與縮, 各足以掩壙.]

역주

① 항목(抗木: 흙을 막는 나무시렁): 관의 가장 위층에 진설하여 관으로 흙이 들어오는 것을 막는 나무시렁이다. 관을 무덤에 넣은 후 관 위에 절(折)을 놓고, 절의 위에 항석(抗席)을 놓고, 항석의 위에 항목을 추가하여 넣고, 항목의 위에 흙을 메워 무덤을 만든다. 항목은 가로막대가 3개, 세로막대가 2개이다.(白玉林, 『삼례문화사전』, 522쪽 '항목(抗木)' 참조.)

② 가로로 3개, 세로로 2개를 설치한다: 『예기』 「상대기(喪大記)」 정현의 주에 "항목의 두께는 대체로 덧널과 동등하다. 천자는 다섯 겹이고, 제후는 세 겹이고, 대부는 두 겹이고, 사는 한 겹이다.[抗木之厚, 蓋與椁方齊. 天子五重, 上公四重, 諸侯三重, 大夫再重, 士一重.]"라고 하였다. 이는 항목의 수에 의거하여 말한 것이니, 겹마다 아래쪽에 세로로 2개가 있고, 위쪽에 가로로 3개가 있다. 이곳 「기석례」에서 '가로로 3개, 세로로 2개를 설치한다.'고 한 것은 사(士)의 경우 단지 한 겹으로 항목을 만든다는 뜻이다.(호배휘, 『의례정의』 권29, 1855쪽 참조.)

③ 그 가로막대와 세로막대로 각각 무덤[壙]을 가리기에 충분하다: 무덤[壙]은 세로가 길고 가로가 좁은데, 이 항목도 가로로 3개 세로로 2개이므로 마찬가지로 세로가 길고 가로가 좁다. 항목은 가로세로로 만드는데, 그 크기는 무덤을 가리기에 충분할 정도로 한다는 뜻이다.

【喪器圖上18：09- 茵인】

茵

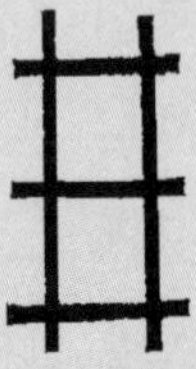

(『의례』「기석례」에) “(항석의 위에 다시) 인(茵: 관을 받치는 깔개자리)을 놓는데,① 옅은[翦] 검은색[緇色]②의 거친 베[疏布]③를 사용하여 만들며, 가선 장식이 있고, 항목과 마찬가지로 세로로 2개 가로로 3개이다.”라고 하였는데, 정현의 주에서는 “‘인(茵)’은 관을 받치기 위한 것이다.④ ‘전(翦)’은 얕다[淺]’는 뜻이다. ‘폭(幅)’은 가선을 두른다는 뜻이다. ‘역(亦: 또한)’은 또한 항목(抗木)과 마찬가지 방식으로 진설한다는 뜻이니,⑤ 사용할 때에는 항목 3개를 위쪽에 놓고 인 2개를 아래쪽에 놓아서 하늘의 3이 땅의 2와 합치하고 사람이 그 가운데에 안장되는 것을 본뜬 것이다.”라고 하였다.

가공언의 소에서는 “‘가선을 두른다[緣之]’는 것은 한 폭의 성기고 거친 베를 사용할 때마다 가선을 제거하지 않고, 이에 (양쪽 가선을) 합쳐 꿰매서 자루를 만들어 그 안에 띠와 강아지풀을 채워 넣으며, 또 별도로 물건을 이용하여 이 양쪽 가선 폭을 꿰매어 합친 곳에 가선을 둘러서 튼튼하고 견고하게 하고, 이로 인해 장식을 삼는 것이다.”라고 하였다.

[“[加][1]茵, 用疏布緇翦, 有幅, 亦縮二, 橫三”, 注云, “茵, 所以藉棺者

1 [加]: 저본에는 ‘加’가 없으나 현행본 『의례』「기석례」에 의거하여 보충하였다.

也. 翦, 淺也. 幅, 緣之也. 亦者, 亦抗木也. 及其用之, 木三在上, 茵二在下, 象天三合地二, 人藏其中.” 賈釋云, “緣之者, 每用一幅麤疏之布, 不去邊, 乃合縫之爲袋, 實以茅莠, 又別用物緣此兩邊幅縫合之處, 使之牢固, 因爲飾也.”]

① 인(茵: 관을 받치는 깔개자리)을 놓는데: 가공언은 '인을 놓는다[加茵]'는 것은 인(茵)을 항석의 위에 놓는다는 뜻으로, 명기를 진설할 때를 설명한 것이라고 하였다.('加茵'者, 謂以茵加於抗席之上, 此說陳器之時.) (『의례주소』 권38, 852쪽 참조.)

② 옅은[纁] 검은색[緇色]: 일곱 번 검게 물들이면 '치(緇)'의 색이 된다. 『의례』「사관례(士冠禮)」 정현의 주에 "일반적으로 검게 물들일 때에 다섯 번 담그면 추(緅: 검붉은 색)가 되고, 일곱 번 담그면 치(緇: 짙은 검은색)가 되니, 현(玄: 검은색)은 여섯 번 담근 것인 듯하다.[凡染黑, 五入爲緅, 七入爲緇, 玄則六入與?]"고 하였다.

③ 거친 베[疏布]: 가공언에 의하면, 대공(大功)의 성기고 거친 베를 사용하는 것이다.(『의례주소』 권38, 852쪽 참조.) 상복에서 참최와 자최를 소포(疏布: 거친 베)라고 하는 것에 반해, 대공 이하를 공포(功布: 인공을 가해 문식한 베)라고 한다. '공포'란 '단탁회치(鍛濯灰治)' 즉 방망이로 두드리고 물로 씻어 내며 다시 잿물에 넣어 부드럽게 마전한 베를 뜻한다. 방망이로 두드리고 물로 씻어 내는 '단탁(鍛濯)'의 인공만 가하면 그것을 '소포'라 하고, 여기서 다시 잿물에 넣어 부드럽게 마전을 하는 '회치(灰治)'의 인공을 가하면 그것을 '공포'라고 한다. 또 '소포'는 거칠고 성긴 정도가 심하여 아직 완성되지 않은 베인듯 하므로 '미성포(未成布)'라고 하고, '공포'는 점차 정밀하고 세밀해져서 길복의 베에 가까운 완성된 베라는 의미로 '성포(成布)'라고 칭한다. 3승에서 6승까지가 미성포이며, 6승과

7승 사이가 미성포에서 성포로 넘어가는 경계이다. 이 때문에 7승의 베로 만든 최복을 '대공(大功)'이라고 한다.

④ '인(茵)'은 관을 받치기 위한 것이다: 가공언에 의하면, 매장을 할 때에 먼저 '인(茵)'을 무덤 안에 넣어서 관의 깔개로 삼는다.(下葬時茵先屬引, 乃窆, 則茵與棺爲藉, 故先入在棺之下也.) (『의례주소』 권38, 852쪽 참조.)

⑤ '역(亦: 또한)'은 또한 항목(抗木)과 마찬가지 방식으로 진설한다는 뜻이니: 「기석례」 경문의 '항목' 조목에서는 "가로로 3줄 세로로 2줄[橫三縮二.]'이라고 하였는데, 이곳 '인' 조목에서도 "세로로 2줄 가로로 3줄이다.[縮二橫三.]'라고 하였으므로 항목과 마찬가지 방식으로 진설하는 것이다.(『의례주소』 권38, 852쪽 참조.)

【喪器圖上18：10-苞포】

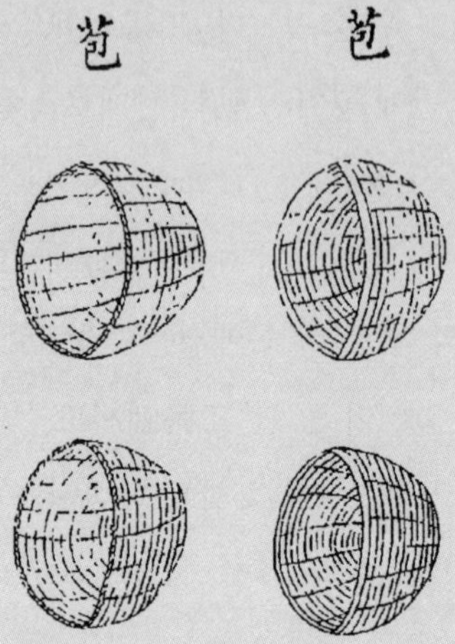

『의례』「기석례」에 "포(苞: 희생고기 싸개) 2개를 진설한다."고 하였는데, 정현의 주에서는 "견전(遣奠)[1]에 올릴 양고기와 돼지고기를 싸기 위한 것이다.[2]"라고 하였다. 아래 「기석례·기(記)」에서는 "갈대[葦]를 엮어서 포(苞)를 만드는데, 길이 3척의 갈대 한 개로 엮는다.[3]"고 하였다. 이것으로 이 양고기와 돼지고기를 싸는 것이니, 곧 견전을 올릴 때에 희생의 아래쪽 뼈마디 부위[下體]를 싸는 것이다. 또 「기석례」 정현의 주에서 "사용하기에 편리하고 쉬운 것이다."라고 한 것은 위(葦)는 길어서 사용하기 어렵기 때문에 3척을 베어 취해서 한 개로 엮어서 (포를) 만들고, 그것으로 희생의 몸체를 싸는 것이 편리하고 쉽기 때문이라는 뜻이다.

[「既夕禮」云, "苞二.", "所以裹奠羊豕之肉也." 下記云, "葦苞, 長三尺, 一編." 以此羊豕之肉, 卽遣奠所苞牲之下體也. 又注云, "用便易者", 謂以葦長難用, 截取三尺, 一道編之, 用苞牲體, 爲便易也.]

역주

① 견전(遣奠): 『예기』 「단궁 하」에서 "전(奠)을 올릴 때 장식을 가하지 않은 기물을 사용한다.[奠以素器]"라고 하였는데, 공영달의 소에서는 "'전'은 처음 죽었을 때부터 장례를 거행할 때까지의 제사 명칭이다.['奠'謂始死至葬之時祭名.]"라고 하였다. 매장하기 전에 조묘에서 거행하는 상제를 '견전'이라 한다. 장례를 거행하는 날에 진설하므로 '장전(葬奠)'이라고도 한다. 『예기』 「단궁 하」에 "처음 죽었을 때에는 말린 고기[脯]와 고기 젓갈로 전을 올리고, 장례를 거행하러 갈 때에는 견전(遣奠)을 올리고 나서 장지로 떠난다.[始死, 脯醢之奠. 將行, 遣而行之.]"고 하였고, 정현의 주에서는 "'장행(將行)'은 장례를 거행하러 간다는 뜻이다. 장례를 거행하러 갈 때에는 견전(遣奠)을 올린다.['將行', 將葬也. 葬有遣奠.]"고 하였다.

② 견전(遣奠)에 올릴 양고기와 돼지고기를 싸기 위한 것이다: 호배휘는 포(苞) 2개 가운데 하나는 양고기를 싸고, 다른 하나는 돼지고기를 싸는 것으로 구분하였다.(苞二者, 一以裹羊肉, 一以裹豕肉也.) (호배휘, 『의례정의』 권29, 1857쪽 참조.)

③ 갈대[葦]를 엮어서 ~ 갈대 한 개로 엮는다: '위(葦)'는 '가(葭)'라고도 하고 '로(蘆)'라고도 한다. 『설문해자』에서는 큰 갈대를 '위'라고 하였고[葦, 大葭也.], 『하소정(夏小正)』의 전(傳)에서는 아직 꽃을 피우지 않은 갈대를 '로'라고 하였다.[未秀爲蘆.] 호배휘에 의하면, 이곳에서는 '위(葦)'를 엮어서 포(苞)를 만드는데, 이미 꽃을 피워서 질기고 다 자란 갈대를 취

한 것이다. 또 갈대 가운데 '위'가 가장 긴데, 3척을 베어 취해서 하나의 포를 엮어 만드니, 희생고기를 싸기에 편리하기 때문이다.(此用葦爲苞, 取其以秀而堅成也. 葦最張, 截取三尺爲一編, 便於苞牲.) (호배휘, 『의례정의』 권31, 1959쪽 참조.)

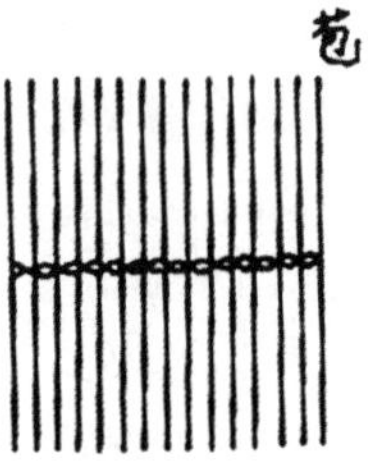

포(苞)
황이주(黃以周)
『예서통고』(청)

【喪器圖上18：11-遣車견거】

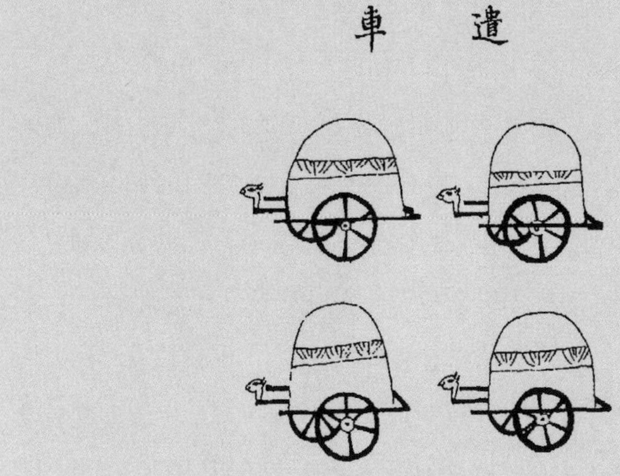

『주례』「춘관·건거(巾車)①」에서 "대상(大喪: 왕의 상)을 당했을 때, 견거(遣車)②에 장식을 하고, 이어서 멍에를 씌운 후에 장지로 출발하게 한다."고 하였는데, 정현의 주에서는 "'흠(歆)'은 일으킨다[興]는 뜻이니, 수레를 진열하여 멍에를 씌우는 것을 말한다. '출발하게 한다[行之]'는 것은 사람들로 하여금 차례대로 들고서 묘지로 가게 한다는 뜻이다.③ (견거는) '난거(鸞車)'라고도 한다."고 하였다.

(『예기』「잡기 상」에) "거친 베로 견거의 덮개 휘장[輤]을 만들어 설치하고,【정현은 ('輤'을) '蒨(꼭두서니)'의 뜻으로 읽었다.④】 사면에 가리개를 두른다. (하관을 한 후에 희생의 뼈마디를) 널의 네 모퉁이에 놓는다."고 하였다. 후정(後鄭: 정현)은 "'천(輤)'은 견거의 덮개 휘장이다. 사면에 모두 가리개를 둘러서 희생의 고기를 모두 가린다. (희생의 뼈마디를) 관곽의 네 모퉁이에 놓는다."라고 하였다.

공영달과 가공언의 소에서는 다음과 같이 말했다.⑤ 견거는 시신을 넣은 널[柩]을 매장하려고 할 때 조묘에 알현시키고, 조묘에 알현시키는 예를 마치고 장지로 출발하려고 할 때 견전(遣奠)을 진설하고, 견전을 진설하는 예를 마치면 견전에 진설하였던 희생의 앞다리 뼈 중앙부위[臂]와 아래쪽부위[臑]⑥를 취하여 이를 잘라서 덩어리를 만들어 이 견거의 수레에 싣고, 죽은 이를 보내면서 무덤 안에 넣는 것을 말한다. '장식을 한다[飾]'는 것은 또한 금·옥·상아·가죽으로 장식을 하여 살아 있을 때 사용하던 수레를 본뜬다는 뜻인데, 다만 거칠고 작게 만들 뿐이다. (견거를) 작게 만든다는 것을 알 수 있는 것은 사람들이 각각 하나씩 들고서 관곽 안의 네 모퉁이에 두는 것이기 때문이다. 후정(後鄭: 정현)은 '흠(歈)'을 일으킨다[興]는 뜻으로 풀이하였으니, 곧 수레를 진열하여 멍에를 씌우는 것을 말한다. '흠'을 수레를 진열하여 멍에를 씌운다는 뜻으로 풀이하였으니, 아래의 「춘관·거복(車僕)」에서 "대상을 당하면, 혁거(革車)⑦를 흠(歈)한다."고 하였는데, 그곳에서 '흠'은 만든다는 뜻이다. 이 「춘관·견거」의 문장에서 이미 "견거에 장식을 한다[飾遣車]"고 하였으니, 이미 '만든다[作之]'는 뜻이다. 그러므로 '흠'을 수레를 진열하여 멍에를 씌운다[陳駕]는 뜻으로 풀이한 것이다.

또 (「춘관·견거」 정현의 주에서) "'출발하게 한다[行之]'는 것은 사람들로 하여금 차례대로 들고서 묘지로 가게 한다는 뜻이다."고 한 것은, 『예기』「잡기 상」에서 "견거의 수는 견전에 진설한 희생의 개수에 맞추어서 갖춘다."고 하였기 때문이니, 수레의 다소는 각각 포(苞)로 쌌던 희생 뼈마디의 수와 똑같이 한다는 뜻이다. 천자는 태뢰(太牢: 牛·羊·豕)⑧의 희생을 사용하는데 포(苞) 9개로 싸니, 견거 9승(乘)을 갖춘다. 제후는 태뢰의 희생을 사용하는데 포 7개로 싸니, 견거 7승을 갖춘다. 태부는 태뢰의 희생을 사용하는데 포 5개로 싸니, 견거 5승을 갖춘다. 이는 조묘에 알현할 때를 가리키는 것이니, 시조의 묘(廟)에 명기를 진설한 이튿날 새벽, 대견전(大遣奠)의 예를 마친 후에는 차례대로 마주 들게 하니, 사람들은 각자 견거 하나씩 잡고서 묘지로 간다. (「춘관·건거」 정현의 주에서) "(견거는) '난거'라고도 한다."고 한 것은 견거에 또한 방울이 있기 때문이다.

살펴보건대, 『의례』 「기석례」에 "포로 희생을 싸는데, 희생의 아래쪽 뼈마디 부위[下體]를 취해서 싼다."고 하였는데, 정현의 주에서는 "'아래쪽 뼈마디 부위'는 경골[脛骨: 희생의 앞뒤 네 다리뼈]을 가리키니 걸어가는 것을 상징하고, 또 희생제기[俎]를 채우는 끝과 처음이다.⑨ 사(士)의 포는 3개인데, 앞다리[前脛]에서는 앞다리 뼈의 중앙 부위[臂]와 아래쪽 부위[臑]를 떼어 내어 취하고, 뒷다리[後脛]에서는 뒷다리 뼈의 중앙 부위[骼]를 떼어 내어 취한다.【('骼')의 음은 '格'이다.】"고 하였다. 이는 한 마리의 희생에서 3개의 뼈마디 부위를 취하는 것이다. 사의 소뢰(少牢)는 2마리의 희생을 사용하니, 6개의 뼈마디 부위를 취하게 된다. 3개의 포로 나누어서 싸면, 1개의 포로 2개의 뼈마디를 싸는 것이다. 그러나 대부 이상은 모두 태뢰의 희생을 사용하므로, 한 마리의 희생에서 3개의 뼈마디 부위를 취하면, 모두 9개의 뼈마디가 된다. 대부는 9개의 뼈마디[九體]를 15개의 덩어리로 나누어 만들어 3개의 덩어리를 1개의 포로 싸니, 모두 5개의 포가 된다. 제후는 21개의 덩어리로 나누어 만드니, 모두 7개의 포가 된다. 천자는 27개의 덩어리로 나누어 만드니, 모두 9개의 포가 된다. 대체로 존귀한 자는 한 마리의 희생에서 3개의 뼈마디 부위를 취하는데, 그 고기가 많다. 비천한 자는 비록 한 마리의 희생에서 3개의 뼈마디 부위를 취하지만, 그 고기가 적다. 정현은 또 "천자의 견전에는 말의 희생을 사용하는데, 그 개수는 상세하지 않다."고 하였다. 이 견전의 희생을 쌀 때에는 모두 희생의 왼쪽 몸체를 사용한다.

또 『주례』 「춘관·거복(車僕)」 가공언의 소에서는 "왕의 상을 당했을 때에는 견거(遣車) 9승을 갖추는데, 혁거(革車)·광거(廣車)⑩·궐거(闕車)⑪·평거(苹車)⑫·경거(輕車)⑬의 5승 이외에 금로·옥로·상로·목로의 4개의 수레가 있으니, 9승이 된다."고 하였다. 이제 견거는 단지 금으로 장식을 하니, 그것으로 나머지 병거들의 제도를 보인 것이다.【정현은 (「춘관·거복」의 주에서) "'광거'는 횡으로 진열하는 수레이다. '궐거'는 빠진 부분을 보충하는 용도로 사용하는 수레이다. '평(苹)'은 가린다[屛]는 뜻과 같으니, ('평거'는) 적과 대치할 때 스스로를 가리고 은폐하는 용도로 사용하는 수레이다. '경거'는 적진을 향해 치달려서 도발하는 용도로 사용하는 수레이다."라고 하였다.】 『주례』 「하관·교인(校人)⑭」에 "대상을 당하면 견거를 끄는 말에 장식을 하고, 매장을 할 때에 (말을) 무덤에 묻는다."고 하였다. 이는 도거(塗車)의 추령(芻靈)⑮인 듯하다.

[「巾車職」云, "大喪, 飾遣車, 遂廞之, 行之", 鄭注云, "'廞', 興也, 謂陳駕也. '行之', 使人以次舉之以如墓. 一曰'鸞車'." "用疏布爲輤【鄭讀曰蒨.】, 四面有障, 置於四隅." 後鄭云, "'輤', 其蓋也. 四面皆有障蔽, 以隱翳牢肉. 置於槨中之四隅." 孔·賈義云, '遣車', 謂將葬柩, 朝廟畢, 將行, 設遣奠竟, 取遣奠之牲臂臑, 折之爲段, 用此車載之, 遣送亡者入壙也. '飾'者, 還以金玉象革飾之, 如生存之車, 但麤小爲之耳. 知小者, 以其人各舉一, 置於槨中之四隅故也. 後鄭訓'廞'爲'興', 卽言陳駕者. 解'廞'爲'陳駕'也, 謂下「車僕」云, "大喪廞革車." 彼'廞'謂作之也. 此文既言'飾遣車', 已是'作之'義, 更言"遂廞之", 故以'陳駕'解'廞'也. 又云"'行之', 使人以次舉之以如墓"者, 「雜記」云, "遣車視牢具", 言車多少各如所苞牲體之數也. 天子太牢, 苞九个, 遣車九乘, 諸侯太牢, 苞七个, 遣車七乘, 大夫太牢, 苞五个, 遣車五乘. 此謂當朝廟之時, 於始祖廟陳器之明旦, 大遣奠之後, 則以次抗舉之, 人各執一以如墓也. "一名鸞車"者, 以遣車亦有鸞鈴故也. 案「既夕禮」"苞牲取下體", 注云"下體, 脛骨, 象行. 又俎實

之終始也. 士三箇, 前脛折取臂·臑, 後脛折取骼【音格.】” 是一牲取三體. 士少牢二牲, 則六體也. 分爲三箇, 則一箇有二體. 然大夫已上皆用太牢, 牲有三體, 凡九體. 大夫九體分爲十五段, 三段爲一苞, 凡爲五苞. 諸侯分爲二十一段, 凡七苞. 天子分爲二十七段, 凡九苞. 蓋尊者所取三體, 其肉多. 卑者雖取三體, 其肉少. 鄭又云, “天子遣奠用馬牲. 其箇數未詳.” 此遣奠所苞, 皆用左胖. 又「車僕」疏說, “王[喪][1]遣車九乘, 除革車·廣·闕·苹·輕五乘之外, 加以金·玉·象·木四者, 則九乘矣.” 今遣車特以金飾, 以見餘制.【後鄭云, “‘廣車’, 橫陣之車也. ‘闕車’, 所用補闕之車也. ‘苹’, 猶屛也, 所用對敵自蔽隱之車也. ‘輕車’, 所用馳敵致師之車也.”】「校人」, “大喪則飾遣車之馬, 及葬而埋之”, 則是塗車之芻靈與?]

1 [喪]: 저본에는 ‘喪’이 없으나 현행본 『주례』 「춘관·거복」 가공언의 소에 의거하여 보충하였다.

역주

① 건거(巾車): '건거'는 관직명으로, 천자·왕후 및 관용의 수레를 관장한다. 작위는 하대부이다.

② 견거(遣車): 대견전(大遣奠)에 진설할 희생의 몸체를 싣고 장지로 호송하는 수레를 말한다.

③ 들고서 묘지로 가게 한다는 뜻이다: '견거'는 명기(明器)에 속하므로 나무를 깎아서 거칠고 작게 만들어서 사람들이 들고서 갈 수 있다. 또 수레에 방울이 있기 때문에 '난거'라고도 칭한다.

④ 정현은 ('輤'을) '蒨(꼭두서니)'의 뜻으로 읽었다: 『예기』「상대기」에 "상여의 덮개 휘장에는 가장자리 장식을 한다.[其輤有裧]"고 한 것에 대해서 정현의 주에서는 "'천(輤)'은 관을 싣고 빈궁으로 옮기는 수레의 장식이다. '천(輤)은 그 명칭을 '시신과 가까이 한다[櫬]'는 뜻과 '꼭두서니[蒨]'라는 두 뜻에서 취한 것이다.['輤', 載柩將殯之車飾也. 輤取名於櫬與蒨, 讀如蒨旆之蒨.]"라고 하였다.

⑤ 공영달과 가공언의 소에서는 다음과 같이 말했다: 이하 끝까지는 『예기』「잡기 상」 공영달의 소와 『의례』「기석례」·『주례』「춘관·건거」 가공언의 소 내용을 요약 정리한 것이다.

⑥ 희생의 앞다리 뼈 중앙부위 [臂]와 아래쪽부위 [臑]: 희생의 뼈마디[骨體]에 따라 자르고 나누어서 21(體)로 만드는 것을 '체해(體解)'라고 하고, 21체의 각 부위의 명칭을 '체명(體名)'이라 고한다. 좌우 앞다리의 뼈[肱骨]를 각각 셋으로 나누면 위쪽부위[肩]·중앙부위[臂]·아래쪽부

위[臑]의 6체가 된다. 좌우 뒷다리의 뼈[股骨]를 각각 셋으로 나누면 위쪽부위[肫]·중앙부위[胳]·아래쪽부위[觳]의 6체가 된다. 좌우의 갈비뼈[脅]를 각각 셋으로 나누면 앞쪽부위[代脅]·중간부위[正脅]·뒤쪽부위[短脅]의 6체가 된다. 등뼈[脊骨]를 셋으로 나누면 앞쪽부위[正脊]·중앙부위[脡脊]·뒤쪽부위[橫脊]의 3체가 된다. 모두 21체이다. 능정감(凌廷堪)의 『예경석례(禮經釋例)』에서는, 희생의 왼쪽 몸체를 '좌반(左胖)'이라 하고, 오른쪽 몸체를 '우반(右胖)'이라 하고, 앞쪽 몸체를 '굉골(肱骨)' 혹은 '전경골(前脛骨)'이라고 하고, 뒤쪽 몸체를 '고골(股骨)' 혹은 '후경골(後脛骨)'이라고 하고, '돈(肫: 뒷다리 뼈의 위쪽부위)은 '전(膞)'이라고도 하고, '각(胳: 뒷다리 뼈의 중앙부위)은 '격(骼)'이라고도 하고, 등뼈[脊]의 양 곁에 있는 것을 '협(脅)' 또는 '박(胉)'이나 '간(幹)'이라고 하고, '앞다리 뼈의 위쪽부위[肩]의 위를 '익(膉: 목덜미)' 혹은 '두(脰)'라 하고, 돈(肫: 뒷다리 뼈의 위쪽부위)의 아래를 '비(髀: 넓적다리뼈)라고 하고, 나머지를 '의(儀)'라고 하며, 땅을 밟는 부위를 '제(蹄: 발굽)'라 하고, 등뼈[脊骨]가 끝나는 부위를 '고(尻: 엉덩이뼈)라고 한다.(錢玄, 『三禮辭典』 1286~1287쪽 참조)

생체도(牲體圖)
양복(楊復)
『儀禮旁通圖』(송)

⑦ 혁거(革車): 병거(兵車)의 총칭이다. 병거에는 다섯 가지가 있다. 융로(戎路)·광거(廣車)·궐거(闕車)·빈거(蘋車)·경거(輕車)로서, 이를 오융(五戎)이라 한다. 혁거는 오융의 총명이다.

⑧ 태뢰(太牢: 牛·羊·豕): 한 가지의 희생을 갖춘 것을 '특(特)'이라 하고, 두 가지의 희생을 갖춘 것을 '소뢰(少牢)'라고 칭하고, 세 가지의 희생을 갖춘 것을 '태뢰(太牢)'라고 칭한다. 『국어(國語)』「진어(晉語)」 위소(韋昭)의 주에 "무릇 희생 한 가지를 갖춘 것을 '특'이라 하고, 두 가지를 갖춘 것을 '뢰'라고 한다.[凡牲一爲'特', 二爲'牢'.]고 하였으므로, 두 가지의 희생을 갖춘 것을 '뢰(牢)'라고도 칭한다. 『예기』「왕제(王制)」 정현의 주에 "'특'은 한 마리의 소를 가리킨다.[特, 特牛也.]"고 하였듯이 특생(特牲)은 소 한 마리를 사용하는 경우도 있지만, 『의례』「특생궤사례」에서는 '특시(特豕)' 즉 돼지 한 마리를 희생으로 사용한다. 「소뢰궤사례」에서는 양(羊)과 돼지[豕]를 희생으로 사용한다.

⑨ 희생제기[俎]를 채우는 끝과 처음이다: 대견전의 예에서는 소뢰의 희생을 사용하는데, 견거에 실어서 보내는 생체(牲體) 또한 소뢰와 동일해야 한다. 『의례』「소뢰궤사례」에서 희생의 뼈마디를 희생제기 위에 담을 때에 "앞다리 뼈의 위쪽 부위[肩]·중앙 부위[臂]·아래쪽 부위[臑], 그리고 뒷다리 뼈의 위쪽 부위[膞]·중앙 부위[骼]가 양쪽 끝 즉 왼쪽 끝부분[上端]과 오른쪽 끝부분[下端]에 있다.[肩·臂·臑·膞·骼, 在兩端.]"고 하였고, 또 "앞다리 뼈의 위쪽 부위가 위쪽에 있다.[肩在上]"고 하였다. 이에 따르면 앞다리 뼈의 위쪽 부위·중앙 부위·아래쪽 부위는 희생제기의 상단에 있어 희생제기에 담는 내용물의 시작이 되고, 뒷다리 뼈의 위쪽 부위·중앙 부위는 희생제기의 하단에 있어 희생제기에 담는 내용물의 끝이 된다.(『의례주소』 권29, 872쪽 참조.)

⑩ 광거(廣車): 종횡으로 진열한 수레로, 전거(戰車)를 가리킨다. 『주례』「춘관·거복(車僕)」 정현의 주에 "'광거'는 횡으로 진열한 수레이다.['廣車', 橫陳之車也.]"라고 하였다. 그러나 손이양(孫詒讓)은 "'廣'과 '橫'은 성류(聲類)가 같아서 옛날에는 통용하였다. '횡진(橫陳)'은 종횡으로 진열하여 스스로 견고히 한다는 뜻이다.[廣與橫, 聲類同, 古通用. '橫陳', 謂縱橫陳列之, 以自固也.]"라고 하였다.(손이양, 『주례정의』 권53, 2196쪽 참조.)

⑪ 궐거(闕車): 빠진 부분을 보충하여 메우는 병거를 말한다. 『주례』「춘관·거복」 정현의 주에 "'궐거'는 빠진 부분을 보충하는 용도로 사용하는 수레이다.['闕車', 所用補闕之車也.]"라고 하였다. 손이양은 "정현의 뜻은 전시에 수레를 진열하는 것을 '진(陳)'이라고 하는데, 혹 소략하고 비었을 경우 이 수레로 그 수를 보충한다는 뜻이다.[鄭意戰時列車爲陳, 或有疏闕, 以此車補其數.]"고 하였다.(손이양, 『주례정의』 권53, 2196쪽 참조.)

⑫ 평거(苹車): 가리개가 있는 수레를 말한다. 『주례』「춘관·거복」 정현의 주에 "'평(苹)'은 가린다[屛]는 뜻과 같으니, 적과 대치할 때 스스로를 가리고 은폐시키는 용도로 사용하는 수레이다.['苹', 猶屛也, 所用對敵自蔽隱之車也.]"라고 하였다. 손이양은 "'苹'과 '屛'은 음이 같으니, 이 수레는 대체로 무두질을 잘한 가죽으로 사면을 빙 둘러서 가리개로 삼는다. 그러므로 적을 대할 때 가리고 은폐하여 화살이나 돌 더미를 피할 수 있다.[苹·屛音同, 此車蓋以韋革周匝四面爲屛蔽, 故對敵時, 可蔽穩以避矢石也.]"고 하였다.(손이양, 『주례정의』 권53, 2197쪽 참조.)

⑬ 경거(輕車): 병거 가운데 가장 가볍고 편리한 수레이다. 『주례』「춘관·거복」 정현의 주에 "'경거'는 적진을 향해 치달려서 도발하는 용도로

사용하는 수레이다.['輕車', 所用馳敵致師之車也.]"라고 하였다. 손이양은 "'경거'는 다섯 가지 융거 가운데 가장 편리하니, 신속히 달릴 때에 마땅하다. 그러므로 적진으로 달려들어 도발하는 용도로 사용하는 수레이며, 또 전렵을 할 때에도 겸하여 사용한다.['輕車', 在五戎中, 最爲便利, 宜於馳驟, 故用爲馳敵致師之車, 又兼用之田狩也.]"라고 하였다.(손이양, 『주례정의』 권53, 2197쪽 참조.)

⑭ 교인(校人): 천자의 말을 사육하고 그와 관련된 정령을 관장하는 하관 대사마의 속관이다. 작위는 중대부이다.

⑮ 도거(塗車)의 추령(芻靈): '도거(塗車)'는 흙으로 빚어 만든 수레로, 송장(送葬)할 때에 사용하는 명기(明器)이다. 『예기』 「단궁 하」에 "도거와 추령은 예로부터 있었으니, 명기(明器)의 도리이다.[塗車·芻靈, 自古有之, 明器之道也.]"라고 하였다. 정현의 주에서는 "'추령'은 띠풀을 엮어서 사람이나 말의 형상을 만든 것이다. '령(靈)'이라고 일컬은 것은 귀신의 종류에 속하기 때문이다.['芻靈', 束茅爲人馬. 謂之'靈'者, 神之類.]"라고 하였다.

【喪器圖上18 : 12-筲소】

筲

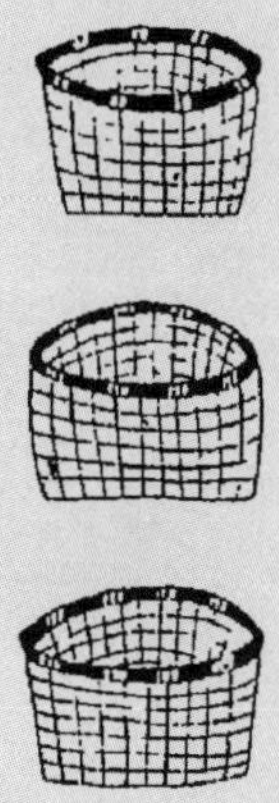

『의례』「기석례」에 “소(筲: 삼태기)①는 3개를 진설하는데, 찰기장[黍]·메기장[稷]·보리[麥]를 담는다.”고 하였는데, 정현의 주에서는 “‘소(筲)’는 씨앗을 넣는 삼태기의 일종이다. 그 용량은 대체로 궤(簋: 밥그릇)와 같으니, 1곡(觳)이다.”라고 하였다. 가공언의 소에서는 “분(畚)②의 기물은 씨앗을 담는 것이니, 이 ‘소’와 ‘분’은 씨앗을 담는 것으로 동류이다. 그러므로 들어서 비유를 삼는 것이다.”라고 하였다. 또 아래 『의례』「기석례·기(記)」에 “억새풀로 만든 삼태기[菅筲]③ 3개를 진설하는데, 그 안에 담는 것은 모두 데친 곡물이다.【(‘瀹’의) 음은 ‘藥’이다.】”라고 하였는데, 정현의 주에서는 “쌀과 보리는 모두 (익히지 않고) 끓는 물로 데치기만 하는데, 신(神)이 흠향하실지 모르기 때문이다. 음식을 드리는 도[食道]로서 하지 않는 것은 경공히 하는 까닭이다.”라고 하였다.

[「旣夕禮」云, “筲三, 黍稷麥”, 注云, “‘筲’, 畚種類也. 其容蓋與簋同, 一

穀也.” 賈釋云, “畚器所以盛種, 此筲與畚, 盛種同類, 故擧爲況也.” 又下記云, “菅筲三, 其實皆瀹【音藥.】”, 注云, “米麥皆湛之以湯, 未知神之所享. 不用食道, 所以爲敬]

역주

① 소(筲: 삼태기): ‘소(筲)’는 식량을 담는 기물로, 대나무나 왕골을 엮어서 만든다. 용량은 1곡, 즉 한 말 두 되(一斗二升)이다.

② 분(畚): 물건을 담는 기물로, 대나무 껍질이나 새끼줄을 엮어서 만든다. 『주례』 「하관·설호씨(挈壺氏)」 정현의 주에 “‘분’은 식량을 담는 기물이다.[‘畚’, 所以盛糧之器.]”라고 하였다.

③ 억새풀로 만든 삼태기[菅筲]: ‘관(菅)’은 그 줄기와 잎은 백모(白茅)와 같고 그 줄기의 형태는 가는 갈대와 유사하다. 줄기의 높이는 3m에 달한다. 예로부터 그 줄기로 취침용 돗자리를 만들었는데 이를 관석(菅席) 혹은 천(薦)이라 하였다. 또한 물에 담가 적셔서 새끼줄이나 짚신을 만들기도 하였다.(潘富俊, 『詩經植物圖鑑』, 上海書店出版社, 2003)

【喪器圖上18：13-甕옹】

甕

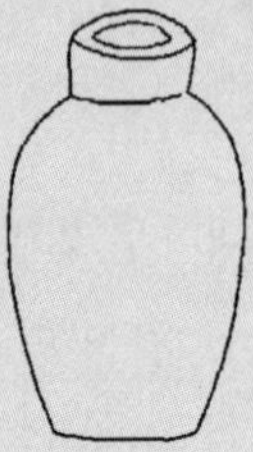

『의례』「기석례」에 “옹(甕: 옹기) 3개를 진설하는데, 그 안에 초장[醯]·고기젓갈[醢]·생강과 계피 가루[屑]를 넣으며, 거친 베로 (옹을) 덮는다.”고 하였는데, 정현의 주에서는 “‘옹(甕)’은 와기(瓦器: 질그릇)인데, 그 용량 또한 대체로 1곡(觳)①이다. ‘설(屑)’은 생강과 계피의 가루이다. 『예기』「내칙」에 ‘계수나무와 생강을 가루로 만든다.’고 하였다. ‘멱(冪)’은 복(覆: 덮는다)과 같은 뜻이다.”라고 하였다. 가공언의 소에서는 “‘옹이 질그릇임’을 알 수 있는 것은 ‘옹(甕)’과 ‘무(甒: 질그릇 술동이)②’의 두 글자는 모두 ‘瓦’를 따르기 때문이다. 그러므로 와기임을 알 수 있다.”고 하였다. “그 용량은 또한 대체로 1곡이다.”라고 말한 것은 또한 앞의 「기석례」에 “소(筲: 삼태기)는 3개를 진설한다.”고 하였는데, 정현의 주에서는 “그 용량은 대체로 궤(簋: 밥그릇)와 같으니, 1곡이다.”라고 한 것과 같은 것이다. 그러나 두(豆: 나무제기)③의 용량은 3개를 합하여 1곡을 이룬다. 두의 용량은 4승(升)이므로 3개의 두로 이미 곡을 이룬다. 곡은 1두(斗) 2승을 받는다. 그렇다면 소(筲)와 옹(甕)은 모두 용량이 1두 2승인 것이다

[「既夕禮」云, “甕三, 醯·醢·屑, 冪用疏布”, 注云, “‘甕’, 瓦器, 其容亦蓋

一瞉. ‘屑’, 薑桂之屑也, 「內則」曰, ‘屑桂與薑.’ ‘幂’,覆同也.” 賈釋云, “知‘甕瓦器’者, 以‘甕’·‘甒’二字, 皆從瓦, 故知是瓦器也.” 云“其容, 亦蓋一瞉”, 亦上“筲三”, 注云, “其蓋與簋同一瞉”者也. 然豆實三而成瞉, 以豆實四升, 旣三豆成瞉, 則瞉受斗二升, 則筲與甕俱容斗二升矣.]

역주

① 곡(觳): '곡(斛)'으로도 쓰며, 곡물의 용량을 재는 기물의 명칭 또는 용량의 단위이다. 『주례』 「고공기·도인(陶人)」 정현의 주에 "정사농(정중)은 '觳은 곡(斛)의 뜻으로 읽는다.'고 하였다. 내(정현)가 생각해 보니, 두(豆)의 용량은 3개를 합하여 1곡을 이룬다. 그렇다면 1곡의 용량은 1두 2승이다.[鄭司農云, '觳讀爲斛.' 玄謂豆實三而成觳, 則觳受斗二升.]"라고 하였다.

② 무(甒: 질그릇 술동이): '무(甒)'는 예주를 담는 질그릇 술동이로, '와대(瓦大)', '와무(瓦甒)'라고도 한다. [喪器圖上12 : 02-瓦甒]에 인용된 『구도(舊圖)』에 따르면 예주를 담는 무[醴甒]는 질그릇으로 용량이 5두이며, 입구의 직경이 1척, 목 부분의 높이는 2촌이며, 아랫부분이 좁고 밑바닥은 평평하다.

③ 두(豆: 나무제기): '두'는 채소나 젓갈 등 젖은 음식을 담는 그릇으로, 나무로 만든 다음 속에 칠을 한다. 『의례』 「향사례(鄕射禮)」 정현의 주에 "두는 젖은 음식을 담는 데에 적당하고, 변(籩: 대나무제기)은 마른 음식을 담는 데에 적당하기 때문이다.[豆宜濡物 籩宜乾物故也.]"라고 하였다. 『주례』 및 『예기』 정현의 주에 의하면, '두'는 나무로 만드는데, 용량은 4승이며 입구는 둥글고, 직경은 1척 2촌에 덮개가 있다. 또 '두(豆)'는 두(豆), 변(籩), 등(登)의 총명이기도 하다. 두의 중앙부분을 '교(校)'라고 하고 그 바닥부분을 '등(鐙)'이라고 한다.

【喪器圖上18：14-甒무】

『의례』「기석례」에 "질그릇 술동이[甒] 2개를 진설하는데, 각각 예주[醴]와 청주[酒]①를 담으며, 공포(功布: 인공을 가해 문식한 베)로 덮는다.②"고 하였는데, 정현의 주에서는 "'무(甒)'는 또한 와기(瓦器: 질그릇)이다."라고 하였다. 용량은 옹(甕)과 마찬가지로 1곡(斛)이다. 중간부위는 넓고 아래는 곧으며, 아래 바닥은 뾰족하지 않으며, 위쪽은 평평하고 낮다. 옹은 아래 바닥이 뾰족하여 무와 다르다.

[「旣夕禮」云, "甒二, 醴·酒, 冪用功布", 注云, "'甒', 亦瓦器也." 容受宜與甕同, 中寬下直, 不銳平底. 其甕下銳, 與甒爲異.]

역주

① 예주[醴]와 청주[酒]: '예(醴)'는 단술로서, 육음(六飮) 즉 水(물)·漿(신 음료)·醴(단술)·涼(찬 죽)·醫(탁한 단술)·酏(미음) 가운데 하나이다. 찌꺼기를 걸러낸 단술을 '예청(醴淸)'이라 하고, 아직 찌꺼기를 걸려내지 않은 단술을 '예제(醴齊)라고 한다. 호배휘는 '예주'는 태고시대의 술로서 탁하고 질박한 술이며, '청주'는 후대에 만들어진 술로서 청하고 문식을 낸 술이라고 하였다. (호배휘, 『의례정의』 권2, 100쪽 참조.)

② 공포(功布: 인공을 가해 문식한 베)로 덮는다: 상복에서 참최와 자최를 소포(疏布: 거친 베)라고 하는 것에 반해, 대공 이하를 공포(功布: 인공을 가해 문식한 베)라고 한다.

【喪器圖上18 : 15-桁항】

桁

『의례』「기석례」에 "모두 나무로 만든 항(桁)을 사용하여 올려놓고, 입구를 막는다[久]."고 하였는데, 정현의 주에서는 "'항(桁)'은 포(苞: 희생고기 싸개)·소(筲: 삼태기)·옹(甕: 옹기)·무(甒: 질그릇 술동이)를 올려놓는 것이다. '구(久)'는 마땅히 구(灸)가 되어야 한다. '구(灸)'는 덮개로 그 입구를 막는 것을 말한다. 무덤에 매장하는 기물[明器]마다 별도의 항(桁)을 사용한다."고 하였다.

가공언의 소에서는 "'모두 나무로 만든 항(桁)을 사용하여 올려놓고, 입구를 막는다.'는 것은 포(苞)·소(筲) 이하 모두 그 입구를 막은 후 나무로 만든 항에 놓는 것을 말한다. 그러나 포·소 등 건조한 물건을 담는 기물은 단지 (그 입구를) 싸고 막을 뿐 덮개는 없다. 옹·무 등 습한 물건을 담는 기물은 그 입구를 막을 뿐 아니라 또 덮개를 올려서 덮는다."고 하였다. 또 『예기정의』「잡기 상」 공영달의 소에는 "'항'은 나무로 만들어서 땅에 놓는 것이니, 옹·무를 올려놓기 위한 것이다."라고 하였다. 또 완심(阮諶)과 양정(梁正) 등의 『삼례도』에는 "항의 제도는 오늘날의 궤(几: 안석)①와 같은데, 좁고 길어서 명기를 받쳐 놓는 것이다."고 하였는데, 실제로는 아직 들어 보지 못했다.

[「既夕禮」云, “皆木桁, 久之”, 注云, “‘桁’, 所以庋苞·筲·甕·甒也. ‘久’當爲‘灸’, ‘灸’謂蓋塞其口. 每器異桁.” 賈釋云, “‘皆木桁, 久之’者, 謂自苞·筲以下, 皆灸塞之, 置於木桁也. 然苞·筲等燥物直苞塞之, 無冪. 甕·甒濕物, 非直灸塞其口, 又加冪覆之.” 又孔『義』云, “‘桁’, 以木爲之, 置於地, 所以庋甕·甒也.” 又阮氏·梁正等『圖』云, “桁制若今之几, 狹而長, 以承藏具”, 實未見聞.]

역주

① 궤(几: 안석): 앉을 때 몸을 편안하게 기대어 의지하거나 물건을 올려놓는 조그마한 탁자인데, 완심(阮諶)의 『삼례도』에는 "궤의 길이는 5척이고, 높이는 1척 2촌이며, 너비는 2척이다. 양쪽 끝에는 붉은 칠을 하고, 중앙에는 검은 칠을 한다."라고 하였다. [弓矢圖08 : 19-几] 참조.

【喪器圖上18 : 16-賵方봉방】

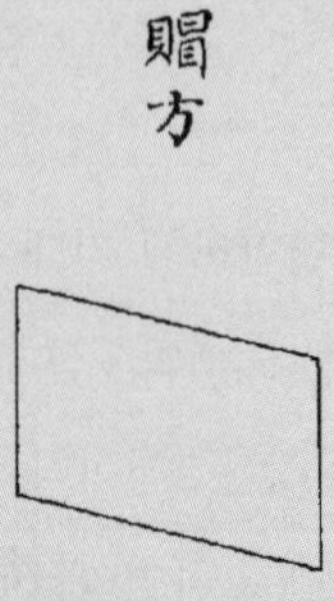

『의례』「기석례」①에 "봉(賵)을 한 사람의 이름과 물건을 판(板)에 기록하는데, 매 판에 9행, 또는 7행, 또는 5행을 기록한다."고 하였는데, 정현의 주에서는 "'방(方)'은 판(板)이다. 판에 봉(賵)②·전(奠)③·부(賻)④·증(贈)⑤을 한 사람의 이름과 물건을 기록한다. 판마다 9행, 또는 7행, 또는 5행을 기록한다."고 하였다. 가공언의 소에서는 "빈객이 보내오는 것으로 봉(賵)이 있고, 부(賻)가 있고, 증(贈)이 있고, 전(奠)이 있는데, 단지 '봉(賵)을 한 사람의 이름과 물건을 기록한다.'고 말한 것은 으뜸을 들어서 말한 것이다. 다만 보내오는 것에 다소의 차이가 있다. 그러므로 기록하는 행의 수가 같지 않은 것이다."라고 하였다. 『춘추공양전』과 『춘추곡량전』에 모두 "수레와 말을 보내는 것을 '봉(賵)'이라 한다."고 하였다.⑥ 『예기』「소의(少儀)」에 "봉으로 보내온 말은 묘문 안으로 들여보낸다."고 하였다. 『의례』「기석례」에 "군주가 보내 주는 봉은 검은색과 옅은 진홍색의 비단 열 단[玄纁束]⑦과 두 마리 말이다."라고 하였는데, 정현의 주에서는 "'봉(賵)'은 주인의 송장(送葬)을 돕는 물품이다."라고 하였다. 그렇다면 '봉(賵)'은 살아 있는 사람에게 베풀어 주거나 죽은 이를 전송하는 것이니, 아래 「기석례」 정현의 주에 "봉은 살아 있는 사람과 죽은 사람 양쪽에게 모두 베풀 수 있다."고 한 것이 이것이다. 봉으로 2필의 말을 보내 주는 것은 사(士)의 제도이다. 사는 집에 있을 때 평상시 2필의 말이 끄는 수레를 타는데, 만약 사신으로 나가거나 정벌하러 떠날 때에는 4필의 말이 끄는 수레를 탄다.

또 (『의례』「기석례」 정현의 주에) "'부(賻)'라는 글자는 '보충하다', '돕다'는 뜻이니, 재물을 보내 주는 것을 '부'라고 한다."고 하였다. 『춘추공양전』 은공 원년 조에서는 "재화를 보내 주는 것을 '부'라고 한다."고 하였고, 또 아래 「기석례」의 경문에서는 "살아 있는 사람(상주)과 아는 사람이면 부를 보내 준다."고 하였다. 그렇다면 '부'는 살아 있는 사람(상주)에게 베푸는 것이다.

'증(贈)'은 전송한다[送]는 뜻이다. 『의례』「기석례·기」에 "무릇 증으로 보내 주는 속백에는 정해진 것이 없다."고 하였는데, 정현의 주에서는 "빈(賓)이 죽은 이에게 보낸 것이다. 진기한 노리갯감을 보내는 것을 '증'이라고 하는데, 가지고 있는 것에 따라서 보내 준다."고 하였다. 진기한 노리갯감[玩好]'이라는 것은 (죽은 이가) 살아 있을 때에 가지고 놀던 기물이니, 죽은 사람과 서로 알고 지내던 사람들은 모두 죽은 이에게 보낼 수 있는 것이다. 그러므로 「기석례」의 경문에 "만약 진기한 노리갯감이라면, 앉아서 진설한 명기(明器)들 가운데 놓는다."고 하였다. '취(就)'는 좋다[善]는 뜻과 같으니, 좋은 기물[善器]이란 진기한 노리갯감의 기물을 뜻한다. 증으로 보내 주는 물건에 일정함이 없으므로 단지 가지고 있는 진기한 노리갯감을 보내 주니, 명기를 진설한 곳에 놓는다.

'전(奠)'은 빈이 보내온 물건이니, 혹 전(奠)의 제물로 삼을 만한 것이다. 그렇다면 4가지(봉·부·증·전)는 혹 친소에 따라서 보내 주거나 혹 각각 알고 지내던 사람을 위주로 하여 보내 주는 것이다. 이 때문에 소공의 형제는 복(服)이 있는 친속이므로 봉을 보내고 또 전을 올릴 수 있으니, 그 두터이 함을 허락해 주는 것이다.【봉과 전은 죽은 이와 살아 있는 이 양쪽에 베풀 수 있다.】 알고 지내던 사이라면 봉은 보내 주지만 전을 올리지는 않으니, 형제보다 낮추는 것이다.【'소지(所知)'는 안부를 통하여 서로 알고 지내는 자를 뜻한다. '전'은 죽은 이에게 베푸는 것이다. (전을 보내오는 사람이) 많기 때문에 올리지 않는 것이다.】 죽은 이와 알고 지내던 사람이라면 증을 보내고, 살아 있는 사람(상주)과 알고 지내는 사람이라면 부를 보내니, 각자 알고 지내는 사람을 위주로 하는 것이다.

[「士喪禮」下篇曰, "書賵於方, 若九, 若七, 若五", 注云, "'方', 板也. 書賵·奠·賻·贈之人名與其物於板. 每板若九行, 若七行, 若五行." 賈釋云, "以賓客所致, 有賵·有賻·有贈·有奠, 直言'書賵於方'者, 擧首而言也. 但所送有多少, 故行數不同." 『公羊』·『穀梁』皆云, "車馬曰賵", 『禮記』曰, "賵馬入廟門", 「既夕禮」云, "君賵, 玄纁束, 馬兩", 注云, "賵, 所以助主人送葬也", 則'賵'者, 施於生及送死者. 其下注亦云, "'賵'者, 生·死兩施", 是也. 兩馬, 士制也, 謂士在家常乘兩馬, 若出使及征伐, 則乘四馬. 又"賻之言補也, 助也", 謂補助主人之不足也. 『公羊』云, "貨財曰賻", 又下經云, "知生者賻." 然則'賻'者, 施於生者也, '贈'者, 送也. 「士喪禮」下「記」云, "凡贈幣無常", 注云, "賓之贈也. 玩好曰贈, 任所有也." '玩好'者, 謂生時玩弄之具, 與死者相知, 皆可以贈死者. 故經云"若就器, 則坐奠于陳." '就', 猶善也. 善器, 則玩好之器也. 以所贈無常, 唯玩好所有, 奠於明器之陳也. '奠'者, 謂賓致之物, 或可堪爲奠祭者也. 然則四者或隨親疏, 或各主於所知也. 是故小功兄弟有服之親, 且賵, 且奠. 許其厚也.【賵·奠於死·生兩施也.】所知, 則賵而不奠, 降於兄弟也.【'所知', 通問相知者也. '奠', 施於死者. 爲多, 故不奠也.】知死者贈, 知生者賻, 以其各主於所知也.]

역주

① 「기석례」: 저본에는 '「사상례」 하편(士喪禮下篇)'으로 되어 있다. 「사상례」 하편'은 금본 『의례』 「기석례(既夕禮)」를 말한다. 금본 『의례』의 「사상례(士喪禮)」와 「기석례」는 본래 한 편이었는데, 그 편폭이 길어서 2편으로 나눈 것이다. 상편은 그대로 「사상례」라고 하였고, 하편은 「기석례」로 칭하였다.(丁鼎, 『신정삼례도』, 586쪽 참조.)

② 봉(賵): 거마(車馬)와 속백(束帛) 등으로 주인의 장례를 돕는 것을 말한다. 『의례』 「기석례」 정현의 주에 "'봉'은 주인의 송장을 돕는 물품이다. 말 2필을 보내 주는 것은 사(士)의 제도이다.['賵', 所以助主人送葬也. '兩馬', 士制也.]"라고 하였다. 봉과 부(賻)의 차이는, '부'는 살아 있는 사람의 부족함을 보충해 주는 것이고, '봉'은 죽은 자를 위해 사용하는 것이다.

③ 전(奠): '전'은 제물을 진설하여 죽은 이에게 제사를 올리는 상제(喪祭)를 말하는데, 처음 죽은 이후 매장 전까지 이러한 제사를 행한다. 상주는 조석곡(朝夕哭)을 마친 후 곡위(哭位)에서 이 예를 행하는데, 이를 '조전(朝奠)'이라 한다. 소렴(小斂)의 전은 시신의 동쪽에 진설하고, 대렴의 전은 실(室)에 진설하는데 모두 자리(席)는 없다. 또 궤사(饋食)의 예를 행할 때를 이용하기 때문에 '궤전(饋奠)이라고도 칭한다. 또 빈소를 차리는 기간 동안 매달 초하루와 보름에 성대한 제물을 올리는데, 이를 은전(殷奠)이라 한다. 이는 매일 아침저녁으로 올리는 전에 비해 융성하기 때문에 '은사(殷事)' 혹은 '대전(大奠)'이라고도 한다. 이러한 상주의 제전

(祭奠)에 필요한 물품을 부의로 보내는 것도 '전(奠)'이라고 한다.

④ 부(賻): 재물을 보내어 상주를 돕는 것을 말한다. 『의례』「기석례」 정현의 주에 "'부'라는 글자는 '보충하다', '돕다'는 뜻이니, 재물을 보내 주는 것을 '부'라고 한다.['賻'之言, 補也, 助也, 貨財曰'賻'.]"고 하였다.

⑤ 증(贈): 죽은 이에게 보내 주는 완상품·옥백 등의 순장품을 말한다. 『예기』「단궁 하」 정현의 주에 "'증'은 속백을 보내 주는 것인데, 죽은 자를 무덤[壙]에서 전송하는 것이다.['贈'以幣, 送死者於壙也]"라고 하였다.

⑥ 『춘추공양전』과 『춘추곡량전』에 ~ 하였다: 『춘추공양전』 은공 원년 조에 "거마를 보내 주는 것을 '봉'이라 하고, 재화를 주는 것을 '부'라고 하고, 옷과 이불을 주는 것을 '수(襚)'라고 한다.[車馬曰賵, 貨財曰賻, 衣被曰襚]"고 하였고, 『춘추곡량전』 은공 원년 조에는 "'봉'이란 무엇인가? 4필의 말을 보내 주는 것을 '봉'이라 한다.['賵'者, 何也? 乘馬曰'賵'.]"라고 하였다.

⑦ 검은색과 옅은 진홍색의 비단 열 단[玄纁束]: '현훈속(玄纁束)'은 '현훈속백(玄纁束帛)'의 줄임말이다. '현훈(玄纁)'은 검은색 3과 옅은 진홍색 2의 비율로 이루어진 비단을 뜻하고, '속백(束帛)'은 비단 열 단을 뜻한다. 즉 '현훈속백'은 검은색 3, 옅은 진홍색 2의 비율로 구성되는 비단 10단을 의미한다.

【喪器圖上18 : 17-遣策견책】

遣策

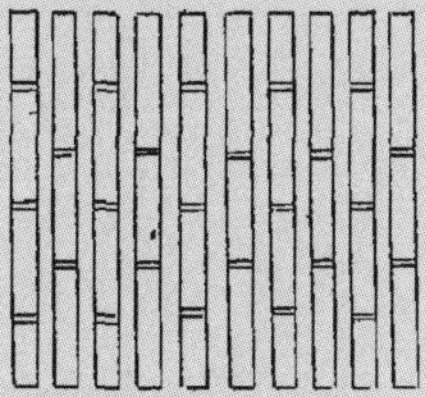

『의례』「기석례」에 "무덤에 보내어서 매장할 기물들을 책(策)에 기록한다."고 하였는데, 정현의 주에서는 "'책(策)'은 간(簡)이다. '견(遣)'은 보낸다[送]는 뜻과 같다."고 하였다. 가공언의 소에서는 "'책은 간이다.'는 것은 엮어서 연결하면 '책'이 되고, 엮지 않으면 '간'이 된다는 뜻이다. 위의 「기석례」에서는 '봉(賵)을 한 사람의 이름과 물건을 방(方: 판)에 기록한다.'고 하였는데, 이곳에서는 '무덤에 보내어서 매장할 기물들을 책에 기록한다.'고 하였다. 『의례』「빙례(聘禮)·기(記)」에서는 '100글자가 넘을 경우에는 책에 기록하고, 100글자가 안 될 경우에는 방에 기록한다.'고 하였다.① 위의 「기석례」에서는 빈객이 봉과 증(贈)으로 보내온 물건과 사람의 이름이 많지 않으므로 방에 기록을 하면 다 쓸 수 있는 것이다. 이곳에서는 주인이 스스로 기물을 죽은 이에게 보내 주는 것인데, 포(苞: 희생고기 싸개)·소(筲: 삼태기) 이하의 명기(明器)·용기(用器)② 등과 아울러 죽은 이가 살아있을 때 가지고 놀던 진기한 기물에 대해서는 그 명칭이 많으므로 책에 기록을 하는 것이다."라고 하였다.

『이아』「석기(釋器)」에 "'간(簡)'을 '필(畢: 대쪽 글판)'이라고 한다."고 하였는데, 곽박(郭璞)은 "오늘날의 간찰(簡札: 글씨 쓰는 대쪽)이다."라고 하였다.[③] 『설문해자』에서는 "'간(簡)'은 첩(牒)이다. '독(牘)'은 서판(書板)이다." 라고 하였다. 채옹(蔡邕)의 『독단(獨斷)』에서는 "'책(策)'은 간(簡)이다. 그 제도는 긴 것은 2척이고, 짧은 것은 그 절반이 된다."고 하였다. 그렇다면 한 개의 대쪽[札]을 단독으로 잡고 있으면, 그것을 '간'이라 하고,【『예기』 「왕제(王制)에 "(太史는) 간기(簡記)를 검토하여 피휘해야 할 것과 꺼려야 할 것을 기록하여 (왕에게) 받들어 올린다."고 하였다."[④]】 여러 개의 간을 이어서 엮으면 이에 책이라 칭하는 것이다. 그러므로 문장에서 '策'은 혹 '册'으로 되어 있기도 한데, 그 '간'을 엮은 형태를 본뜬 것이다. 『구명결(句命決)』에 "『춘추』는 길이 2척 4촌의 책에 기록을 하였고, 『효경』은 1척 2촌의 책에 기록을 하였다."고 하였다. 그러므로 육경(六經)의 책을 모두 길이 '2척 4촌'이라 칭한다.[⑤] 채옹이 '2척'이라고 말한 것은 한나라 시대에 천자가 책서(策書)에 사용한 것이다. 그러므로 육경과 다른 것이다.

1행에 다 쓸 수 있는 것은 '간'에 기록하고, 몇 행에 걸쳐 써야 다 쓸 수 있는 경우에는 '방'에 기록한다. 방의 개수로도 다 기록할 수 없는 경우에 비로소 '책'에 기록을 하는 것이다. 『예기정의』 공영달의 소에 "'독(牘)'은 방판(方版)이다."라고 하였다. 그렇다면 독은 방과 동일한 물건인데 그 명칭을 달리한 듯하다.

[「士喪禮」下篇云, "書遣於策", 注云, "'策', 簡也. '遣', 猶送也." 賈釋云, "'策, 簡也'者, 編連爲策, 不編爲簡. 上云'書賵於方', 此云'書遣於策'者, 「聘禮·記」云, '百名以上, 書之於策, 不及百名, 書之於方.' 上以賓客賵贈物·名字少, 故書於方則盡也. 今主人自遣送亡者, 於苞·筲以下明器·用器之等, 幷死者玩好之物, 名字數多, 故書於策." 「釋器」云, "簡, 謂之畢", 郭璞云, "今簡札也." 『說文』云, "簡, 牒也. 牘, 書板也." 蔡邕『獨斷』曰, "策, 簡也. 其制

長二尺, 短者半之." 然則單執一札謂之簡,【『禮記』云, "執簡記, 奉諱惡."】連編諸簡乃名爲策. 故於文策或作册, 象其編簡之形. 『句命決』云, "『春秋』, 二尺四寸書之, 『孝經』一尺二寸書之." 故六經之策皆稱長二尺四寸. 蔡邕言'二尺'者, 謂漢世天子策書所用, 故與六經異也. 一行可盡者, 書之於簡, 數行乃盡者, 書之於方. 方之數不容者, 乃書之於策. 孔『義』云, "牘, 方版." 然則牘與方似同一物而異其名也.]

역주

① 『의례』 「빙례(聘禮)·기(記)」에서는 ~ 하였다: 『의례』 「빙례」에서 "만일 빙국에 주국과 상의할 시급한 일이 발생하면, 빙·향의 예를 마친 후 속백 위에 서신을 올려 주군에게 빙군의 명을 전해 바친다. 100 글자가 넘을 경우에는 책(策)에 쓰고, 100 글자가 안 될 경우에는 방(方: 목판)에 쓴다.[若有故, 則卒聘, 束帛加書將命. 百名以上書於策, 不及百名書於方.]"고 하였다. 빙문을 보낸 나라의 군주가 시급한 문제로 빙문을 받는 나라의 군주에게 서신을 보낼 때 100글자가 넘을 경우 '책(간책)'에다 편지를 쓰고, 100글자가 안 될 경우에는 '방'에다 편지를 쓴다는 뜻이다. 정현에 의하면, 이곳에서 '명(名)'은 '글자[字]'의 뜻이다.[名, 書文也, 今謂之字.]

② 명기(明器)·용기(用器): '명기(明器)'는 명기(冥器)라고도 하며, 전적으로 부장품으로 사용하기 위해서 특별히 제작한 기물로서 신명(神明)에게 공급하는 용도로 사용된다. 식기, 용구(用具), 악기, 병기 등 다양한데 일반적으로 대나무나 나무 혹은 흙으로 만든다. '용기(用器)'는 죽은 이가 평소에 사용하던 기물로서, 활과 화살[弓矢]·쟁기와 보습[耒耜]·밥그릇[敦]·국그릇[杅]·물받이 그릇[槃]·물 주전자[匜] 등을 말한다.(『의례』「기석례」 참조.)

③ 『이아』 「석기(釋器)」에 ~ 하였다: 『이아』 「석기」 형병(邢昺)의 소에는 "'간(簡)'은 죽간이다. 옛날에는 종이가 없어서 죽간에 글자를 기재하고 이를 '간찰(簡札)'이라 하였으니, 일명 '필(畢)'이다. 『예기』 「학기(學記)」

에 '신기점필(呻其佔畢, 의미도 모르면서 자신이 책에서 본 것을 읊기만 한다.)'이라 하였다. 단지 자신이 보았던 죽간의 문장만 읊는다는 뜻으로, 이는 '간'이 '필(畢)'이 됨을 말한다.['簡', 竹簡也. 古未有紙, 載文於簡, 謂之簡札, 一名畢. 『禮記』「學記」云, '呻其佔畢', 謂但吟誦所視簡之文, 是謂簡爲畢也.]"라고 하였다.

④ 『예기』「왕제(王制)에 ~ 하였다: 『예기』「왕제」에 "태사는 예를 관장하여 간기(簡記)를 검토하여 피휘해야 할 것[諱]과 기피해야 하는 날[惡]을 기록하여 왕에게 받들어 올린다.[大史典禮, 執簡記, 奉諱惡.]"라고 하였다. 정현의 주에서는 "'간기'는 책서(策書)이다. '휘(諱)'는 죽은 왕의 이름이다. '오(惡)'는 자묘일(子卯日) 등처럼 기피해야 하는 날을 말한다.['簡記', 策書也. '諱', 先王名. '惡', 忌日若子卯.]"라고 하였다. '책서'는 죽간에 기록한 글을 뜻하는데, 문서·서책·왕의 관료 임명사령장 등 기록 일반을 가리킨다. '자묘일'은 불길한 날을 뜻한다. 은나라 주왕(紂王)은 갑자일에, 하나라의 걸왕(桀王)은 을묘일에 죽었기 때문에 군주는 이 날을 꺼린다. 일설에는 자(子)는 묘(卯)를 형벌하고, 묘(卯)는 자(子)를 형벌하여 서로 형벌하는 날이기 때문에 꺼린다고 한다.

⑤ 육경(六經)의 책을 모두 길이 '2척 4촌'이라 칭한다: 한대의 저작물은 일반적으로 1척 정도 길이의 죽간 위에 문장을 썼는데, 유가의 경전만은 '2척 4촌' 길이의 죽간에 문장을 썼다. 이로 인해서 '2척 4촌'이라는 말은 유가의 경전을 지칭하게 되었다. 왕충(王充)의 『논형』「선한(宣漢)」에 "당·우·하·은나라에서는 모두 2척 4촌에 기록하였는데, 유자들이 열독하여 아침저녁으로 강습하였다.[唐·虞·夏·殷, 同載在二尺四寸, 儒者推讀, 朝夕講習.]"라고 하였다.

【喪器圖上18：18-椑비】

椑

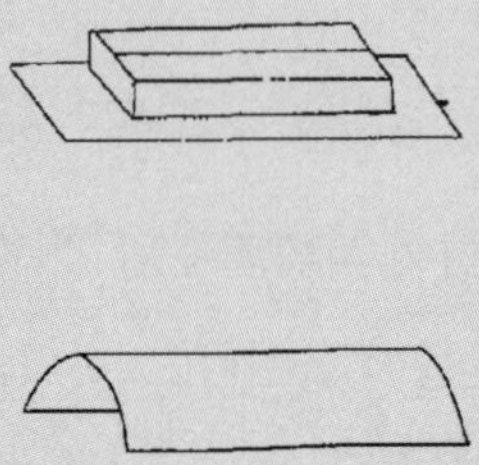

『예기』「단궁 상」에 “제후는 즉위하면 내관[椑]①을 만드는데, 해마다 한 번씩 옻칠을 한다.”고 하였다. 정현은 주에서 “마치 완성하지 못한 듯이 하는 것이다.”라고 하였다. 정현은 또 “‘비(椑)’는 이관(杝棺)을 가리키니, 시신에 가까이 닿는 관이다. ‘비(椑)’는 견고하고 밀착시킨다는 뜻이다. 천자의 내관[椑] 안에는 또 물소와 외뿔소 가죽으로 만든 가죽의 관이 있다.”고 하였다.

『예기』「상대기(喪大記)」에 “군주(제후)의 경우, 대관(大棺)의 두께는 8촌, 촉관(屬棺)의 두께는 6촌, 비관(椑棺)의 두께는 4촌이다.② 상대부의 경우, 대관의 두께는 8촌, 촉관의 두께는 6촌이다. 하대부의 경우, 대관의 두께는 6촌, 촉관의 두께는 4촌이다. 사의 관은 두께가 6촌이다.”라고 하였는데, 정현의 주에서는 “‘대관’은 관에서 가장 겉쪽에 있는 것이다. 『예기』「단궁 상」에 ‘천자의 관은 네 겹이다. 물소와 외뿔소 가죽으로 만든 관으로 싸는데, 각각 두께는 3촌이다.③【합해서 6촌이 되니, 이것이 한 겹이다.】 이관(杝棺)【‘이(杝)’는 관을 만드는 나무이니, 이른바 ‘비관’이다.】이 한 겹이고, 재관(梓棺)이 두 겹이다. 네 가지 모두 위아래 사방을 두른다.’라고 하였다.

이는 안쪽부터 설명하여 나타낸 것이다. 그렇다면 대관 및 촉관은 모두 가래나무[梓]로 만들고, 비관은 백양나무[椸]로 만드는 것이니, 이것으로 차등을 두는 것이다. 상공(上公)의 경우, 가죽으로 관을 만들고 외피를 두르지 않아 세 겹으로 한다. 제후의 경우, 가죽으로 만든 관이 없이 두 겹으로 한다. 대부의 경우, 비관이 없이 한 겹으로 한다. 사의 경우, 촉관이 없어 겹으로 하지 않는다. 서인의 경우, 관은 두께 4촌이다."라고 하였다.

(『예기』「단궁 상」에) "관을 묶을 때는 세로로 두 줄 가로로 세 줄로 하고, 임(衽)은 묶을 때마다 하나씩 사용한다.④"고 하였다.【(정현의 주에) "'임(衽)'은 오늘날의 소요(小要)이다.⑤"라고 하였다.】

["君卽位而爲椑, 歲一漆之." "若未成然." 鄭又云, "'椑', 謂椸棺, 親尸者. '椑', 堅著之言也. 言天子椑內又有水兕革棺."「喪大記」曰, "君大棺八寸, 屬六寸, 椑四寸. 上大夫大棺八寸, 屬六寸. 下大夫大棺六寸, 屬四寸. 士棺六寸", 注云, "'大棺', 棺之在表者也. 檀弓曰, '天子之棺四重. 水·兕革棺被之, 各厚三寸【合六寸, 此爲一重.】, 椸棺一【'椸', 棺木, 所謂椑棺也.】, 梓棺二【屬與大棺也.】, 四者皆周.' 此從內說而出也. 然則大棺及屬皆用梓, 椑用椸, 以是差之. 上公革棺不被, 三重也. 諸侯無革棺, 再重也. 大夫無椑, 一重也. 士無屬, 不重也. 庶人之棺四寸." 棺束縮二橫三. 衽每束一.【'衽', 今小要.】]

역주

① 내관[椑]: '비(椑)'는 내관(內棺), 즉 관 가운데 가장 안쪽의 관을 가리킨다. 천자의 관은 4겹으로 만드는데 가장 안쪽의 관을 '비'라고 한다. 정현은 이를 '이관(杝棺)'이라 칭하였는데, '이(杝)'로 만들기 때문이다. '이(杝)'는 나무의 명칭으로, '단(椴)'이라고도 한다. 그 형태는 백양나무와 비슷한데, 재질이 가볍고 습기에 잘 견뎌서 관의 재목으로 많이 사용한다. 『이아』「석목(釋木)」에 "'단(椴)'은 이(杝)이다.['椴', 杝.]"라고 하였고, 곽박(郭璞)의 주에는 "백단(白椴)이다. 나무가 백양과 비슷하다.[白椴也. 樹似白楊]"고 하였고, 형병의 소에서는 "그 재질이 습기에 잘 견딘다. 『예기』「단궁」에 '이관(椸棺: 椸木으로 만든 관)'이라고 하였는데, 정현의 주에는 '이른바 비관이다.'라고 하였다. (곽박이) 이 문장을 인용하여 증명한 것이다.[其材能濕. 『禮記』「檀弓」云, '椸棺', 鄭注云, '所謂椑棺也.', 卽引此文證之.]"라고 하였다.

② 군주(제후)의 경우 ~ 비관(椑棺)의 두께는 4촌이다: 『예기집설(禮記集說』「상대기」 진호(陳澔)의 주에는 "대관이 가장 밖에 있고, 촉관이 대관의 안에 있고, 비관이 촉관 안쪽에 있다. 이는 국군(제후)의 관이 3겹으로 되어 있다는 뜻이다.[大棺最在外, 屬在大棺之內, 椑又在屬之內, 是國君之棺三重也.]"라고 하였다.

③ 물소와 외뿔소 ~ 3촌이다: 『예기』「상대기」 정현의 주에서는 "물소와 외뿔소의 가죽으로 관의 외피를 만든다. 가죽이 각각 3촌의 두께이므로 모두 6촌인데, 이것이 한 겹이다.[以水牛·兕牛之革以爲棺被. 革各厚

三寸, 合六寸也. 此爲一重.]"라고 하였고, 『예기집설』「상대기」 진호의 주에는 "물소와 외뿔소의 가죽은 습기를 잘 견디므로 몸에 닿는 관을 만든다. 두 종류의 가죽을 합하여 입힌 것이 한 겹이 된다.[水牛·兕牛之革耐濕, 故以爲親身之棺. 二革合被爲一重.]"고 하였다.

④ 관을 묶을 때는 ~ 사용한다: '관속(棺束)'은 관의 나무를 묶는 가죽 띠를 말한다. 관의 뚜껑을 임(衽)으로 봉합한 후 위에 가죽 끈을 이용하여 관을 묶어서 단단하게 하는데, 이 묶는 것 또는 묶는 끈을 '관속(棺束)' 또는 '속(束)'이라고 칭한다. 『예기정의』「단궁 상」 공영달의 소에 "옛날에는 관의 나무에 못을 사용하지 않았다. 그러므로 가죽 끈을 사용하여 묶어서 봉합하였다.[棺束者, 古棺木無釘, 故用皮束合之]"라고 하였다.

⑤ '임(衽)'은 오늘날의 소요(小要)이다: '임(衽)'은 관 덮개와 관의 몸체를 고정시키는 나무못을 말한다. 『예기정의』「단궁 상」 공영달의 소에 의하면, 그 형태는 양쪽 머리는 넓고 중앙 부분은 좁다. 옛날에는 관에 못을 사용하지 못했기 때문에 먼저 관의 덮개 모퉁이와 양쪽 머리가 맞물리는 곳에 구멍을 내어서 구멍의 형태를 만들고, 그곳을 '임'으로 연결하여 관을 견고하게 하는 것이다. 그 형상이 머리 부분은 넓고 가운데 부분은 좁기 때문에 한대에는 '소요(小要)'라고 칭했다. 또 후대에는 '칙자(則子)'라고도 하였다. 명대 방이지(方以智)의 『통아(通雅)』「기용(器用)」에 "세요(細要)는 오늘날의 칙자이다.[細要, 今則子也.]"라고 하였고, 청대 황생(黃生)의 『의부(義府)』「임(衽)」에는 "서문장(徐文長)은 '임(衽)은 형상이 오늘날의 은칙자(銀則子)와 같으니, 한대에는 소요(小要)라고 불렀다.'고 하였다. 그 형상은 중앙 부분이 가늘다. 칙자는 대체로 그 형상을 본뜬 것이니, 관의 뚜껑을 합해서 꿰매는 도구이다.[徐文長云, '衽形

如今之銀則子, 漢時呼爲小要.' 其形中細, 則子蓋肖其形, 棺蓋合縫之具.]" 라고 하였다. 또 심의(深衣)의 임(衽: 옷깃)과 비슷하기 때문에 '임'이라고 한 것이다. 우리말로는 '사개'라고 한다.(白玉林, 『삼례문화사전』 '衽' 항목 참조.)

【喪器圖上18：19-功布공포】

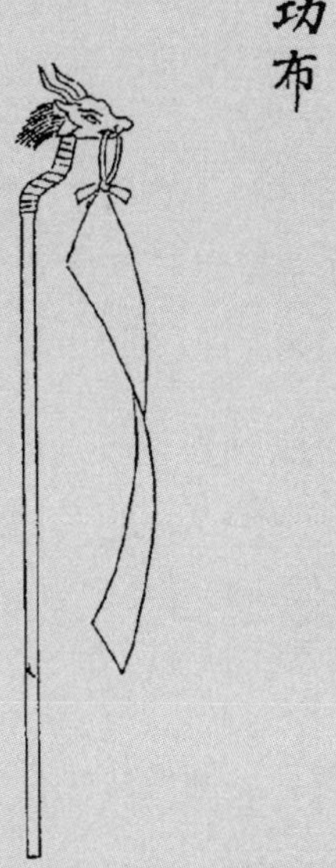

『예기』「상대기(喪大記)」에 "사(士)는 장례를 거행할 때 전거(國車)① 【('國'의) 음은 '輇'이니, '示'와 '専'의 반절이다. 혹 '團'으로 되어 있기도 한데, 또 '國'으로 잘못 쓰여진 것이다.】를 사용하는데, 두 가닥의 상여 줄[綍]②을 사용하지만 비(碑)③는 없다. 빈궁(殯宮)을 나설 때에 이르러서는 앞에서 상여[柩車]④를 인도하는 사람은 공포(功布)⑤를 휘날린다."고 하였는데, 정현의 주에서는 "'빈궁을 나설 때에 이르러서는 앞에서 상여를 인도하는 사람은 대공(大功)의 포를 휘날린다.'고 하였으므로 궁을 나선 후에는 그치고, 무덤에 이르면 상여를 인도하는 물건이 없다."고 하였다. 옛 『삼례도』에는 "'공포'는 대공의 베를 말하니, 길이는 3척이다. 상여를 인도하면서 앞쪽에 위치함으로써 장지로 가는 사람들의 절도로 삼는다."고 하였다. 또 『예기음의은(禮記音義隱)』⑥에서는 "우보(羽葆)⑦·공포 등은 그 형상이 모두 휘(麾: 대장기)[8]와 같다."고 하였으니, 깃발에 가장자리 장식물[旒]이 없는 것으로, 주나라에서는 대휘(大麾)라고 하였다.

『의례』 「기석례」에 "상축(商祝)이 공포를 잡고서 상여를 끄는 사람과 끈[披][9]을 잡은 사람을 지휘한다."고 하였는데, 가공언의 소에서는 "장례를 지낼 때에는 (널을) 수레에 태운다. 그러므로 상여[柩車]가 있는 것이다. (상축은) 앞에서 상여를 인도하는 사람 및 옆에서 끈을 잡은 사람을 모두 지휘한다."고 하였다. 또 「기석례」 정현의 주에서는 "(상축은) 상여의 앞에 위치하는데, 만약 길에 위아래로 낮고 높거나 좌우로 기울어진 곳이 있으면, 공포로 낮추거나 높이거나 왼쪽을 지지하거나 오른쪽을 지지하게 하는 절도로 삼아, 상여 줄[引]을 끄는 사람과 끈[披]을 잡은 사람에게 알린다."고 하였다. (또 「기석례」 가공언의 소에서는) "'길에 아래로 낮은 곳이 있다.[道有低]'는 것은 비탈길을 내려갈 때를 말한다. '길에 위로 높은 곳이 있다[道有仰]'는 것은 비탈길을 오를 때를 말한다. '좌우로 기울다[傾虧]'는 것은 길의 양쪽 가장자리와 수레의 좌우 바퀴 자국에 높고 낮음이 있는 것을 말한다. 만약 길에 낮은 곳이 있으면 그 공포를 아래로 내려서 상여 줄을 잡은 사람이 비탈길을 내려가고 있음을 알게 한다. 만약 길에 높은 곳이 있으면 그 공포를 들어 휘날려서 상여 줄을 잡고 있는 사람이 비탈길을 올라가고 있음을 알게 한다. 만약 상여의 왼쪽과 오른쪽에 높고 낮거나 기울어진 곳이 있으면 또한 그 공포를 좌우로 휘날려서 길에 기울어진 곳이 있음을 알게 한다. 가령 수레의 동쪽 바퀴 자국이 아래로 내려가면, 그 공포를 아래로 내려 동쪽을 향하게 해서 서쪽에서 끈을 잡고 있는 사람으로 하여금 끌어당기게 한다. 만약 수레의 서쪽 바퀴 자국이 아래로 내려가면, 그 공포를 아래로 내려서 서쪽을 향하게 해서 동쪽에서 끈을 잡고 있는 사람으로 하여금 끌어당기게 한다. 이렇게 하는 것은 수레가 기울어지 않도록 하는 것이다."라고 하였다. 대부의 경우 모(茅: 旄)[10]로, 제후의 경우 우보로, 천자의 경우 독(纛)[11]으로 전후좌우를 지휘하고 인도하는데, 모두 공포로 지휘할 때와 마찬가지로 한다.

또 『의례』「기석례」에 장차 매장을 하기 위해 계빈(啓殯)을 할 때,【('殔'의) 음은 '異'이다.】 "상축은 문(免)을 하고 왼쪽 팔의 소매를 벗어내고[袒] 공포를 잡고서 빈궁으로 들어가는데, 서쪽 계단으로 올라간다."[12]고 하였는데, 정현의 주에서는 "'공포(功布)'는 잿물에 넣어 부드럽게 마전한 베이다. 그것을 잡고서 신(神)을 접하는 것은 털어 내야 하는 것이 있기 때문이다."라고 하였다.【('拂'의 음은) 芳과 勿의 반절이다. ('抐'의 음은) 芳과 罔의 반절이다.】 가공언의 소에서는 "'불방(拂抐)'은 '불식(拂拭: 털어 내다)'이라고 말하는 것과 같다. 그러므로 아래 「기석례」의 경문에 '상축은 공포로 널을 털어 낸다.'라고 하였으니, (널의) 먼지를 털어서 제거하는 것이다. 이는 처음 신에게 고하면서 공포를 사용하는 것이다. '불식'은 흉사(凶邪)한 기운을 털어 내는 것을 말한다."라고 하였다.【공포에 이 세 가지 용도가 있음을 말한 것이다.[13] 그러므로 널리 서술하면서 변별한 것이다.】]

[「喪大記」曰, "士葬用國車【音輇, 示專反, 或作團, 又誤作國.】二綍無碑. 比出宮, 御棺用功布", 注云, "'比出宮, 用功布', 則出宮而止, 至壙無矣." 『舊圖』云, "'功布', 謂以大功之布, 長三尺, 以御柩, 居前, 爲行者之節度." 又『隱義』云, "羽葆·功布等, 其象皆如麾", 則旌旗無旒者, 周謂之大麾. 「旣夕禮」云, "商祝執功布, 以御柩, 執披", 賈釋云, "謂以葬時乘車, 故有柩車. 前引柩者及在柩車傍執披者, 皆御治之." 又注云, "居柩車之前, 若道有低仰傾虧, 則以布爲抑揚左右之節, 使引者·執披者知之也." "'道有低', 謂下坂時也. '道有仰', 謂上坂時也. '傾虧', 謂道之兩邊在柩車左右轍, 有高下也. 若道有低, 則抑下其布, 使執引者知其下坂也. 若道有仰, 則揚舉其布, 使執引者知其上坂也. 若

柩車左邊·右邊或高下傾虧, 亦左右其布, 使知道有傾虧也. 假令車之東轄下, 則抑下其布, 向東, 使西邊執披者持之. 若車之西轄下, 則抑下其布, 向西, 使東邊執披者持之. 所以然者, 使車不傾虧也." 大夫御柩以茅, 諸侯以羽葆, 天子以纛, 指引前後左右, 皆如功布之施爲也. 又「既夕禮」將葬啓殯【音異】時, "商祝免袒, 執功布入, 升自西階", 注云, "功布, 灰治之布也. 執之以接神. 爲有所拂【芳勿反】扐【芳罔反】." 賈釋云, "'拂扐', 猶言拂拭也. 故下經云, '商祝拂柩用功布', 是拂拭去塵也. 此始告神而用功布. '拂拭', 謂拂扐去凶邪之氣也."【謂功布有此三用, 故廣述而辨之.】]

역주

① 전거(國車): '전거(輇車)'로서, 높이가 낮고 바퀴살이 없는 네 바퀴의 목제 구거(柩車)를 말한다. 『예기정의』「상대기」 공영달의 소에 "(경문에) '사(士)는 장례를 거행할 때 國車를 사용한다.'고 하였는데, '國'의 글자는 '團'의 글자와 서로 유사하다. 이로 인해서 잘못된 것이다. '團'과 '輇'은 성음이 서로 유사하니, '輇'은 신거(蜃車)이다.['士葬用國車', 國字與團字相似, 因誤耳. 團與輇聲相類, 輇則蜃車也.]"라고 하였다.

② 상여 줄[紼]: '발(紼)'은 널을 실은 상여를 끄는 굵은 줄을 말하는데, '인(引)'이라고도 한다. 정현은 『예기』「상대기」의 주에서는 "관에 있을 때에는 '발'이라고 하고, 길을 떠날 때에는 '인'이라고 하며, 무덤에 이르러 하관할 때에는 또 '발'이라고 한다.[在棺曰紼, 行道曰引, 至壙將窆又曰紼.]"고 하였고, 「잡기 하」의 주에서는 "'발'과 '인'은 같은 것이다. 묘 안에서는 '발'이라고 하고, 길에서는 '인'이라고 한다. 호언(互言)으로 말한 것이다.['紼'·'引'同耳, 廟中曰紼, 在塗曰引, 互言之.]"라고 하였다.

③ 비(碑): '비'는 하관할 때 무덤의 사방 모서리에 세워 두는 나무 기둥을 말한다. 천자의 경우에는 '비' 혹은 '풍비(豐碑)'라고 하며, 제후의 경우에는 '환영(桓楹)'이라고도 한다. 위쪽에 구멍이 있는데, 굵은 새끼줄을 꿰어서 관에 매달고 도르래를 사용하여 천천히 아래로 내리면서 무덤에 하관을 한다. 천자는 장례를 거행할 때 4개의 비를, 제후와 대부는 2개의 비를 사용하는데, 사의 경우에는 비가 없다.

④ 상여[柩車]: 대렴 후 입관하기 이전에는 죽은 이의 유해를 평상 위에 놓

는데, 이 유해를 '시(尸: 시신)'라고 하고, 유해를 관에 안치하면 '구(柩: 널)'라고 칭한다. 매장을 할 때에는 이 '구'를 수레에 싣고 가는데, 그 수레를 '구거(柩車)' 곧 상여라고 한다. 『예기』「곡례 하」에 "사망한 후 (유해가) 침상에 놓였을 때는 '시'라고 하고, 관에 들어가면 '구'라고 한다.[在牀曰尸, 在棺曰柩.]"고 하였다.

⑤ 공포(功布): '공포'는 '단탁회치(鍛濯灰治)' 즉 방망이로 두드리고 물로 씻어 내며 다시 잿물에 넣어 부드럽게 마전한 베를 뜻한다. 방망이로 두드리고 물로 씻어 내는 '단탁(鍛濯)'의 인공만 가하면 그것을 '소포(疏布)'라 하고, 여기서 다시 잿물에 넣어 부드럽게 마전을 하는 '회치(灰治)'의 인공을 가하면 그것을 '공포'라고 한다.(「既葬 '受服'의 규정과 예학적 논쟁」 참조) 사(士)가 장례를 거행할 때, 상축은 이 '공포'를 들고서 상여를 인도하면서 지휘한다. 공포(대공의 베) 3척을 깃대 머리에 거는데, 형태는 휘(麾)의 깃발과 유사하다.

⑥ 『예기음의은(禮記音義隱)』: 저본에는 '은의(隱義)'로 되어 있는데, '예기음의은(禮記音義隱)'의 간칭이다. 『수서』「경적지」에는 "『예기음의은(禮記音義隱)』 1권, 사씨(謝氏) 찬."으로 저록되어 있으며, 아울러 찬자 미상의 '『예기음의은』 7권'도 저록되어 있다. 또 『통지(通志)』「문예략(文藝略)」에는 '『예기음의은』 2권'이 삼국시대 오나라 사자(謝慈: 205~253)의 저서로 저록되어 있다.

⑦ 우보(羽葆): 새의 깃털을 깃대 머리에 꽂아서 마치 덮개처럼 하는 것이다. 제후들이 장례를 거행할 때에 사용하는 의장품의 일종이다. 『의례정의』「잡기 하」 공영달의 소에 "새의 깃털을 깃대 머리에 꽂아서 덮개처럼 하는데, 이를 '우보'라고 한다. '보(葆)'는 덮개라는 뜻이다.['羽葆'者, 以鳥羽注於柄頭, 如蓋, 謂之羽葆. '葆', 謂蓋也.]"라고 하였다.

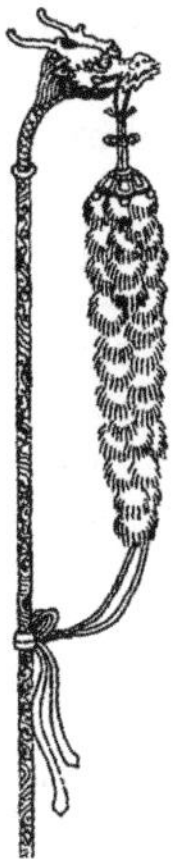

우보(羽葆)
『흠정예기의소(欽定禮記義疏)』(청)

⑧ 휘(麾: 대장기): 구기(九旗) 가운데 하나로, 거북과 뱀을 그려 넣은 것은 '조(旐)'의 깃발을 말한다. 왕의 오로(五路) 가운데 목로(木路)에 이 깃발을 세우고, 사냥을 할 때 사용한다. 또 북방을 상징하며, 군대에서 사용한다. 주나라에서는 '대휘(大麾)'라고 칭했다. 『예기』「명당위(明堂位)」

旐
『예서통고』(청)

에 “유우씨의 깃발은 ‘기(旂)’이고, 하후씨의 깃발은 ‘수(綏)’이고, 은나라의 깃발은 ‘대백(大白)’이고, 주나라의 깃발은 ‘대적(大赤)’이다.[有虞氏之旂, 夏后氏之綏, 殷之大白, 周之大赤.]”라고 하였는데, 정현의 주에서는 “‘수(綏)’는 ‘유(緌)’가 되어야 한다. ‘유(緌)’는 깃대 끝에 모우(旄牛)의 꼬리털을 단 것으로, 이른바 ‘대휘’이다.[‘綏’當爲‘緌’. ‘緌’, 謂注旄牛尾於杠首, 所謂大麾.]”라고 하였다.

⑨ 끈[披]: 상례에 사용하는 기물로, 붉은색 혹은 검은색의 비단으로 만들어 널의 양옆에 가로로 매단다. 상여가 행진할 때 사람들이 좌우에서 끌어당겨서 도로가 파손되어 상여가 기울어지는 것을 방지한다. 천자의 상여에는 한쪽에 6개의 끈을 매다는데, 양옆에서 12명이 끌어당긴다. 제후는 한쪽에 4개의 끈을 매달고 양옆에서 8명이 끌어당기고, 대부는 한쪽에 3개의 끈을 매달고 양옆에서 6명이 끌어당기고, 사는 한쪽에 2개의 끈을 매달고 양옆에서 4인이 끌어당긴다.

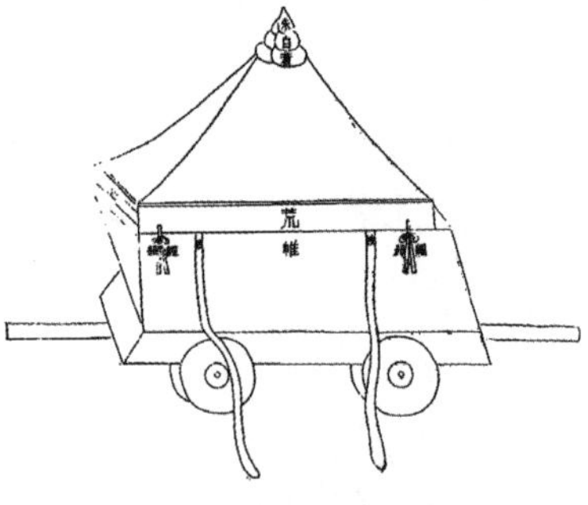

사(士)의 피도(披圖)(장혜언(張惠言)),
『儀禮圖』(청)

⑩ 모(茅: 旄): 저본과 『예기』 「잡기 하」에도 모두 ‘모(茅)’로 되어 있는데, ‘모(旄)’와 같은 글자이다. ‘모’는 깃대 끝에 소의 꼬리털로 장식한 깃발

이다.

⑪ 독(纛): 새의 깃털, 꿩의 꼬리털 혹은 모우(牦牛)의 꼬리털로 장식한 깃발을 말한다. [喪器圖上18 : 20-纛] 참조.

⑫ 계빈(啓殯)을 할 때 ~ 서쪽 계단으로 올라간다: 죽은 지 3일째 되는 날, 서쪽 계단 위에 구덩이[肂]를 파고 관을 안치함으로써 빈궁을 차리고, 매장을 하기 전에 관을 빈궁에서 조묘(祖廟)로 옮긴다. 따라서 계빈을 할 때 빈궁으로 들어가기 위해서는 서쪽 계단으로 올라가야 한다.

⑬ 공포에 이 세 가지 용도가 있음을 말한 것이다: 공포는 상여를 인도하고, 끈[披]을 잡을 사람에게 지시를 하고, 널의 먼지를 털어 내는 세 가지 용도가 있다는 뜻이다.

【喪器圖上18：20-纛독】

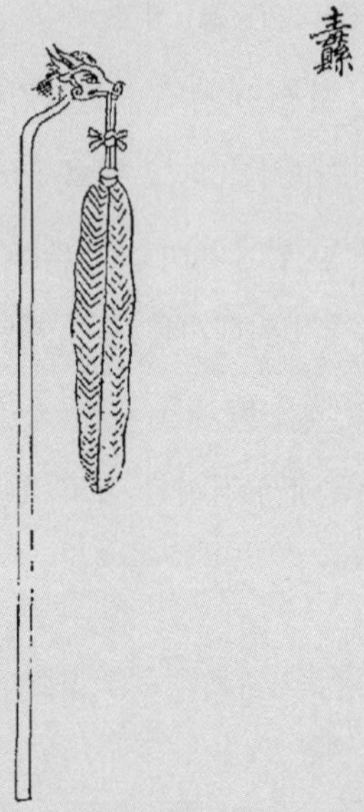

『예기』「상대기」에 "군주의 장례에는 춘거[輴][1]를 사용하고, 4개의 상여 줄[綍]과 2개의 비(碑)를 사용하며, 상여를 인도할 때에는 우보(羽葆)를 사용한다."고 하였다. 『주례』「지관·향사(鄕師)[2]」에서는 "(향사는) 매장을 할 때에 이르러 독(纛)을 잡고서 장사(匠師)[3]와 함께 상여를 인도한다."고 하였는데, 정현의 주에서는 "'도(翿)'는 우보의 깃발이니, '독(纛)'과 '도(翿: 춤추는 사람이 들고 있는 깃발)'는 뜻이 같다.[4]"

정현은 또 『예기』「잡기 하」를 인용하여 "제후의 상에 상여 줄[綍]을 잡는 사람은 500인이다. 4개의 상여 줄을 잡는 사람은 모두 입에 재갈을 문다. 사마(司馬)[5]가 방울[鐸]을 잡는데, 왼쪽에 8인 오른쪽에 8인이다. 장사는 우보를 잡고서 상여[柩車]를 인도한다."고 하였다. 『예기정의』「잡기 하」 공영달의 소에서는 "'우보'는 새의 깃털을 깃대 머리에 꽂아서 마치 덮개처럼 하는 것이니, 이를 '우보'라고 한다. '보(葆)'는 곧 덮개이다." 라고 하였다. 『예기』 「잡기 하」에서 "(장사는) 우보를 잡는다."고 한 것은 제후의 예이다. 그러므로 장사가 이를 잡는다. 『주례』에서 "(향사는) 독을 잡는다."고 한 것은 천자의 예이다. 그러므로 향사가 이를 잡는다.【아래에서 잡는 자를 말한 것은 서로 뜻을 겸하여 갖춘 것이다.】

[「喪大記」云, "君葬用輴, 四綍二碑, 御棺用羽葆." 『周禮』「鄉師」, "及葬執纛, 以與匠師御柩", 注云, "翿, 羽葆幢也. 纛與翿義同." 鄭又引「雜記」云, "諸侯執綍五百人, 四綍, 皆銜枚. 司馬執鐸, 左八人, 右八人. 匠師執羽葆御柩." 孔『義』云, "羽葆者, 以鳥羽注於柄頭, 如蓋, 謂之羽葆. '葆', 卽蓋也." 「雜記」云, "執羽葆", 是諸侯禮, 故匠師執之. 『周禮』"執纛", 是天子禮, 故鄉師執之.【下有執者相兼義備.】]

역주

① 춘거[輴]: 상여를 실어 운반하는 수레이다. 『예기』「단궁 하」 정현의 주에 "'춘(輴)'은 빈을 할 때 관을 싣는 수레[殯車]로서, 끌채에 용의 그림을 새겨 넣어서 장식을 한다.['輴', 殯車也, 畫轅爲龍.]"고 하였다. 『예기』「단궁 하」에 "천자는 춘거에 용의 무늬를 그려 넣고, 나무를 쌓아서 덧널[椁 외관]처럼 만들고 그 위에 수레 덮개를 두른다. 제후는 춘거를 사용하고 수레 덮개를 설치하며, 물로 느릅나무 흰 껍질의 즙을 묽게 해서 땅에 뿌려 춘거를 끌 때에 매끄럽게 한다.[天子龍輴而椁幬, 諸侯輴而設幬, 爲榆沈, 故設撥.]"고 하였다. 『경전석문』「예기음의(禮記音義)」에 '輴'의 음은 勅과 倫의 반절이라고 하였다.['楯', 勅倫反.]

② 향사(鄉師): 대사도(大司徒)의 속관으로, 각 향(鄉)의 교육 및 정무를 관장하는 관직이다. 하대부 4인이 담당한다.

③ 장사(匠師): 장인(匠人)의 우두머리이다. 정현에 의하면 장사는 사관(事官: 冬官)의 속관으로, 뭇 장인들을 주관하여 장례에서 향사와 함께 상여를 인도하는 일을 담당한다.[匠師, 事官之屬. 鄉師主役, 匠師主衆匠, 共主葬引.](『주례』「지관·향사」 정현의 주 참조.)

④ 독(纛)과 ~ 뜻이 같다: '독'은 새의 깃털, 꿩의 꼬리털 혹은 모우(牦牛)의 꼬리털로 장식한 깃발을 말한다. 장례를 지낼 때 상여를 끄는 역도들을 지휘할 때 사용한다. '독(纛)'은 '예(翳)' 혹은 '도(翿)'라고도 한다. 『이아』「석언(釋言)」에 "'독'은 예(翳: 춤추는 사람이 잡고 있는 깃발)이다.['纛', 翳也.]"고 하였는데, 곽박의 주에는 "춤추는 사람이 스스로를 덮고 가

리는 것이다.[舞者所以自蔽翳]"라고 하였다. 형병의 소에서는 "이순(李巡)은 '도(翿)는 춤추는 사람이 잡고 있는 깃발이다.'라고 하였고, 손염(孫炎)은 '독은 춤추는 사람이 잡고 있는 것이다.'라고 하였다. 곽박은 '오늘날의 우보당(羽葆幢)이다.'라고 하였다. 그렇다면 '도'는 일명 '독'이고, '독'은 예가 되는 것이다.[李巡曰, '翿, 舞者所持纛也.' 孫炎曰, '纛舞者所持羽也.' 郭云, '今之羽葆幢.' 然則翿又名爲纛, 纛所以爲翳.]"라고 하였다.

⑤ 사마(司馬): 이곳의 '사마'는 천자, 제후의 경이나 대부·사의 관리가 임시로 의례를 주관할 때 칭하는 명칭이다. 이를테면 향사례를 거행할 때 임시로 활쏘기의 일을 주관하는 관직을 설치하는데, 이를 '사마'라고 칭한다. 호광충(胡匡衷)의 『의례석관(儀禮釋官)』에 "사정(司正)은 음주의 예를 주관하고, 사마는 활쏘기의 예를 주관하는데, 이들은 똑같이 예사(禮事)를 주관하므로 직무를 서로 겸한다. 이는 대부와 사의 예이다. 천자의 대사의(大射儀)에서는 별도로 사마를 두어 일을 주관하게 하고, 사정으로 하여금 일을 주관하게 하지 않는다.[司正主飮酒之禮, 司馬主射禮, 以其同主禮事, 故職相兼. 此大夫·士之禮. 大射儀則別有司馬, 不使司正爲之.]"고 하였다.(호배휘, 『의례정의』 권8, 503쪽 참조.)

三禮圖集注

喪器圖 下

권19 상기도하

역주 소현숙

【喪器圖下 19：01-黼翣보삽·黻翣불삽·畫翣화삽·龍翣용삽】

『예기』「상대기(喪大記)」에 "관의 장식으로 군주는 도끼 문양의 장식이 있는 보삽(黼翣)① 2개, '己'자 두 개가 등을 맞댄 형태의 장식이 있는 불삽(黻翣) 2개, 구름문양을 넣은 화삽(畫翣) 2개를 사용하며, (양 모서리에) 모두 홀 모양의 옥[圭]을 단다. 대부와 사는 모든 삽의 머리에 오채의 깃털[緌]②을 단다."라고 하였다. 『예기』「예기(禮器)」에서는 "천자는 8개의 삽을 장식하고, 제후는 6개의 삽을 장식하고, 대부는 4개의 삽을 장식한다."라고 하였다. 또한 정현은 「상대기」의 주에서 한대의 예제를 인용하여 "(한나라에서) 삽은 나무를 사용해 광주리[筐] 형태로 만드는데,③ 너비 3척(尺), 높이 2척 4촌(寸)이다. 네모 형태이며, 양쪽 끝이 높고 하얀 베를 입힌다. 화삽이라고 한 것은[畫者] 구름모양[雲氣]을 그렸기 때문이다. 나머지 보삽과 불삽 등은 각각 보와 불의 형태를 그린다. 삽의 자루 길이는 5척이며, 수레가 갈 때 사람에게 이것을 가지고 따르게 하여 삽으로 수레를 엄폐한다. 하관을 마치면, 무덤 속에 세워서 널[柩]④을 가린다.⑤"라고 하였다. 「예기(禮器)」에서 "천자는 8개의 삽을 쓴다."라고 한 것은 "(제후의 6개의 삽에) 용삽(龍翣) 두 개를 더한 것이다. 천자의 삽 위에는 모두 옥벽을 달고 깃털을 내려뜨렸다."⑥

[「喪大記」云, "君飾棺, 黼翣二, 黻翣二, 畫翣二, 皆戴圭. 大夫士皆戴緌." 「禮器」曰, "天子八翣, 諸侯六翣, 大夫四翣." 又鄭註「喪大記」引漢禮, "翣以木爲筐, 廣三尺, 高二尺四寸. 方, 兩頭高,[1] 衣以白布. 畫者, 畫雲氣. 其餘各

如其象. 柄長五尺, 車行使人持之而從, 以障車. 既窆, 樹於壙中障柩." "天子八翣", 加龍翣二. 其戴皆加璧垂羽.]

1 兩頭高: 『예기』「상대기」 정현의 주에는 '兩角高'로 되어 있다.

① 삽(翣): 발인(發靷)할 때 널을 실은 수레와 매장할 때 널을 가리기 위해 사용하는 부채 모양의 의장(儀仗)이다. 나무로 만든다. 그려 넣은 문양에 따라 도끼 문양의 장식이 있는 보삽(黼翣)과 '己'자 두 개가 등을 맞댄 형태의 장식이 있는 불삽(黻翣), 그리고 구름문양을 넣은 화삽(畫翣)으로 나뉜다. 화삽에는 구름문양[雲氣文]을 그려 넣기 때문에 운삽(雲翣)으로도 불린다. 제후는 6개의 삽 가운데 2개에는 보 형태를, 2개에는 불 형태를, 나머지 2개에는 운기를 그린다. 공영달은 『예기정의』에서 나무로 만든 부채 형태의 삽이 길에서는 수레를 가리고, 널이 곽에 들어갈 때는 널을 가린다고 하였다.["翣形似扇, 以木爲之, 在路則障車, 入槨則障柩也. 凡有六枚, 二畫爲黼, 二畫爲黻, 二畫爲雲氣."]

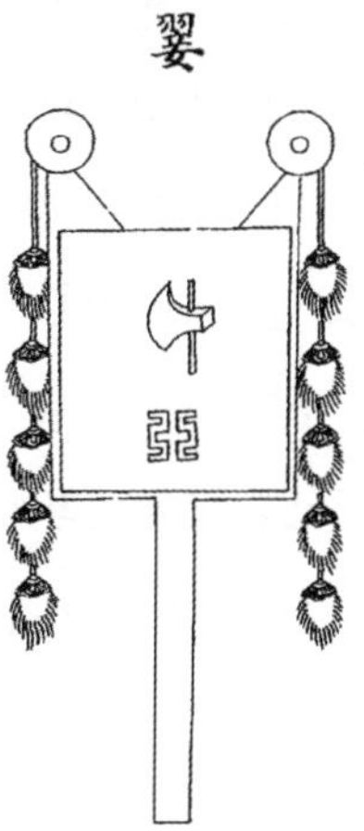

삽(翣)
『흠정의례의소』(청)

② 오채의 깃털[綏]: 『예기』「상대기」에서는 '緌'로 썼지만 정현은 '綏'로 써야 한다고 하였다.[緌, 當爲綏.] 유(綏)는 오채의 깃털[五采羽]로서, 삽의 끝에 매단다. 대부는 2개의 불삽과 2개의 화삽을 사용하는데, 삽의 양쪽 끝 위에 옥규를 달지 않고 오채의 깃털을 장식하며, 사(士)는 2개의 화삽을 사용하며, 삽 끝에 모두 오채의 깃털을 단다.

③ 삽은 나무를 ~ 형태로 만드는데: 정현과 달리 공영달은 광주리[筐]를 '테두리[框]'로 해석하였다. 즉 소에서 "나무로 광(筐)을 만든다고 한 것은, 나무를 사용해 삽의 테두리[筐]를 만드는 것으로, 이것은 마치 문의 사면에 테두리[筐]를 만드는 것과 같은 이치이다.['以木爲筐'者, 謂以木爲翣之筐, 若門戶四面筐也.]"라고 설명하고 있기 때문이다.

④ 널[柩]: 시신이 들어간 관(棺)을 지칭한다『예기』「문상(問喪)」에 "침상에 있는 유해를 시(尸)라고 하며, 관에 들어간 경우에는 널(柩)이라고 한다.[在牀曰尸, 在棺曰柩.]" 라고 하였다.

⑤ 수레가 갈 때 ~ 널[柩]을 가린다: 정현의 주에서는 수레와 널을 가린다는 글귀는 없다. 『주례』「천관·여어(女御)」의 "여어가 왕후의 상에서 삽을 든다.[后之喪, 持翣.]"에 대한 정현의 주는 "여어들이 삽을 들고 널을 실은 상여[柩車]를 따른다.[持而從柩車.]"라고 하였는데, 가공언은 "매장을 위해 무덤 속으로 향할 때, 좌우에 각각 네 명의 여어로 하여금 삽을 들도록 했기 때문에 정현이 '삽을 들고 상여를 따른다.'라고 했다.[將葬向壙之時, 使此女御持之, 左右各四人, 故鄭云'持而從柩車'也.]"고 해석하였다. 한편,『주례』「하관·어복(御僕)」의 "어복이 대상에서 삽을 든다.[大喪, 持翣.]"고 한 것에 대한 정현의 주에는 "든다(持)는 것은 널을 실은 신거(蜃車)의 좌우 양옆에 선다는 것이다.[持, 夾蜃車.]"라고 했으며, 이에 대해 가공언은 "길에서는 신거의 양쪽에서 삽을 들고

가며, 무덤 속에 들어가서는 삽을 사방에 세운다.[在路夾蜃車兩旁, 入壙則樹之四旁.]"라고 하였다. 길에서는 널을 실은 수레 양쪽에서 삽을 들고 감으로써 수레를 가리고, 입관할 때는 무덤 속 사방에 세웠기 때문에 널이 가려졌을 것이다.

⑥ 용삽(龍翣) 두 개를 ~ 깃털을 내려뜨렸다: 용삽은 삽에 용을 그린 것으로 천자의 관 장식이다. 정현은 『주례』 「천관·봉인(縫人)」의 주에서 『한예기제도(漢禮器制度)』의 "관을 장식하는데, 천자는 용, 불[火], 보, 불 등을 모두 5열로 하며, 또한 용삽이 둘 있는데 모두 옥벽을 덧달았다.[飾棺, 天子龍火黼黻皆五列, 又有龍翣二, 其戴皆加璧.]"는 글귀를 인용하였으며, 『예기』 「명당위(明堂位)」에서는 "천자가 사용하는 8개의 삽은 모두 옥벽을 달고 깃털을 내려뜨리며, 제후가 사용하는 6개의 삽은 모두 옥규를 달며, 대부가 사용하는 4개의 삽과 사가 사용하는 2개의 삽은 모두 오색의 깃털을 단다.[天子八翣, 皆戴璧垂羽. 諸侯六翣, 皆戴圭. 大夫四翣, 士二翣, 皆戴緌.]"라고 하였다.

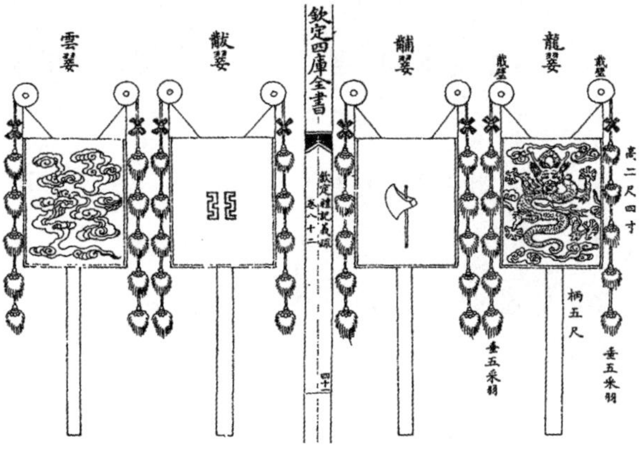

운삽·불삽·보삽·용삽
『흠정예기의소』(청)

【喪器圖下 19：02-柳車유거】

유거(柳車)①의 이름은 네 가지이다. 빈례(殯禮)에서 사용할 때는 덮개가 있어 천거(輤車)②라 하며, 장례에 사용할 때는 유거라 하고, 땅 위에 바짝 붙어서 갈 때는 신거(蜃車)③라 하며, 덮개[輤]가 없을 때는 진거(軫車)④라고 한다. 『주례(周禮)』「천관(天官)·봉인(縫人)」에서 "(봉인은 상이 있을 때) 관의 장식을 깁고, 삽(翣)⑤과 유(柳)⑥의 재료를 덮거나 싸는 일[縫棺飾, 衣翣·柳之材]을 관장한다."라고 하였다. 후정(後鄭: 정현)은 반드시 "먼저 삽과 유의 재료를 덮거나 싼 이후에야 장식을 할 수 있다. '류(柳)'는 모은다는 것이니, 여러 장식들이 모인 것을 일컫는다."라고 하였다. 또한 위 글귀[縫棺飾]에 대한 주에서 정현은 "효자가 계빈(啓殯)⑦을 마친 후에 관을 보는 것을 곧 어버이의 몸을 보는 것과 같이 한다. 널을 실었으면 수레를 장식하여 길을 떠나며, 마침내 장사를 지낸다.⑧ 마치 살아생전에 거처하던 유막(帷幕)⑨에 화려한 장식과 수[文繡]를 더하는 것[加]과 같다."⑩라고 하였다.

구거의 옆과 위에 유(帷)와 황(荒)을 치고, 불[火]과 용 등을 장식하는 것이 곧 ‘화려한 장식과 수를 더하는 것’이다. 생전의 유막에는 이런 장식이 없었기 때문에 “더한다.”라고 한 것이다. 지금은 널이 무덤 속으로 들어갈 때 유와 황 등을 널에 둘러쳐서 함께 묻는다. 그러므로 “마침내[遂] 매장한다.”라고 한 것이다. 『예기』「상대기(喪大記)」에 “관을 장식함에 제후[君]는 용으로 장식한 유[龍帷]⑪를 사용하며, 3개의 낙숫물받이[池]⑫가 있고, 깃발[幡]처럼 흔들리는 진용(振容)⑬이 있으며, 도끼 무늬가 있는 보황(黼荒)⑭을 사용한다. (황에는 또) 불[火] 3열과 불(黻) 3열을 장식한다.⑮ 백색의 비단으로 만든 덮개인 소금저(素錦褚)⑯ 위에 유와 황을 설치한다. 유와 황을 연결하는 분홍색 끈[紐]⑰이 6개이며, 유거의 꼭대기 중앙인 제(齊)⑱에는 다섯 가지 색깔[五采]로 화개(華蓋) 형태를 만들어 장식하고⑲ 5줄의 조개껍질[五貝]⑳을 장식한다. 물고기가 뛰어올라 못[池] 물이 튀는 것 같다.㉑ 제후는 분홍색의 대(戴)㉒가 6개이며, 분홍색의 피(披)㉓도 6개이다.”라고 하였다.

지금까지 서술한 내용[此]은 제후의 예(禮)이다. (정현은 ‘縫棺飾’에 대한 주에서) “『한예기제도(漢禮器制度)』에서는 ‘관을 장식함에 천자는 용, 불[火], 보, 불(黻)을 모두 5열로 한다.’라고 하였다.” 또한 『예기』「상대기」 정현의 주에서는 “황(荒)은 덮는 것[蒙]이다. 옆에 칠 때는 유(帷)라고 하고, 위에 칠 때는 황(荒)이라고 한다.”라고 하였다. 그러므로 ‘황’은 유거 위에 덮는 것이다. 별갑(鼈甲)㉔이라고도 한다. 천자의 황의 가장자리와 끝에는 용을 그리며, 또 운기를 그리고, 다음으로는 검은색과 하얀색의 보 문양을 그리며, 또한 반원형의 불[火] 모양을 그리며, 또 그 사이에 2개의 ‘己’자가 등을 맞댄 형태의 불(黻) 문양을 그린다. 소금(素錦)은 흰색 비단이다. 저(褚)는 곧 덮개[屋]이다. 황 아래에 또 흰색 비단을 사용하여 덮개를 만든 것으로, 널은 실은 수레[葬車]가 길에 갈 때 궁실을 형상한 것이다. 저(褚)

의 바깥에 곧 황과 유를 덧입힌 것이다. 유는 옆을 가리는 것이며[邊牆]이며, 황은 위에 덮는 것이다. 저로 덮는 것이 끝나면, 그 저의 바깥에 유와 황을 덧씌운다. '지(池)'는 대나무를 짜서 만드는데, 그 모습이 작은 수레의 바닥판인 다래끼[車笭][25]와 같으며, 청색의 베로 싸서 유 위에 걸어 둔다.

황의 끝부분[爪端][26]은 평소 생활하는 궁실의 낙숫물받이 홈[承霤]과 같은 형태를 형상하였다. 천자가 거주하는, 지붕 사면으로 물이 흐르는 집[四注屋][27]의 사면에는 각각 낙숫물받이 홈이 있다. 지금 (구거의) 지(池)의 사면도 그것을 형상한 것이다. 제후의 집[屋]도 지붕 사면으로 물이 흐르지만, 유거에서는 뒤쪽의 지 하나를 줄이므로 3개가 된다. '진용(振容)'에서, 진(振)은 움직이는 것이며, 용(容)은 꾸미는 것이다. 연초록색 비단[絞繒]으로 이것을 만드는데, 길이는 1장(丈) 남짓으로 깃발[幡]과 같으며, 그 위에 청색 바탕에 다섯 가지 채색으로 꿩[揄翟]을 그린다. 또 낙숫물받이[池] 아래에 동(銅)으로 만든 물고기를 걸어 놓는데, 수레가 움직일 때 장식이 되어 마치 물고기가 뛰어올라 못의 물이 튀는 것 같다. 분홍색 끈[紐]이 6개인 것은 위의 덮개[上蓋=荒]와 옆에 친 장막[邊牆=帷]이 서로 떨어져 있기 때문이다. 분홍색 비단을 사용해 이것들을 묶어서 연결하여 붙이는 것으로, 옆에 각각 3개씩이므로 모두 6개의 끈[紐]을 사용한다.

제(齊)는 황의 위쪽에 있는데 유거의 중앙에 해당하며, 형태가 둥글어 마치 수레 덮개에 꽃이 드리워진 모양이다.【덮개의 중앙이므로 이것을 들어서 설명한 것이다. 한나라 때는 작은 수레의 덮개 위에 3가지 채색으로 만들어 장식했다.】 그것의 위치가 가운데에 해당하여 마치 사람의 배꼽과 같아, 이를 '제(齊)'라고 했다. 높이는 3척, 지름은 2척 남짓이다. 또한 『의례』「기석례(旣夕禮)」 정현의 주에서는 "세 가지 채색의 비단으로 이것을 만드는데, 윗부분은 붉고[朱], 가운데는 희며, 아랫부분은 파랗다[蒼]. 솜으로 붙인다."[28]라고 하였다. 그러므로 군주는 다섯 가지 채색의 비단으로 이것을 만들어서 역시 솜으로 붙인다. 파란색[蒼] 아래에 노란색[黃]과 검은색[玄] 등 두 가지 색을 더하니, 다섯 등급이 차례대로 이어진다. 그러므로 "유거의 꼭대기에 다섯 가지 색깔로 화개 형태를 만들어 장식한다.[齊五采.]"라고 한 것이다.

'5패'란 또 조개를 5행으로 연결하여 구거 중앙의 꼭대기[齊] 위에서 서로 엇갈리게 한 것이다. "분홍색의 대(戴)가 6개이며, 분홍색의 피(披)도 6개이다."라고 했는데, 대(戴)와 피 모두 분홍색 비단으로 만들었다. 정현은 「상대기」의 주에서 "대(戴)는 겹친다는 뜻이다."라고 했다. 수레 몸판의 좌우 양쪽 판에 각각 3개의 난간[軨子]㉙을 세우는데, 각각 관을 묶는 곳[棺束]에 해당한다. 이 분홍색 대(戴)를 사용하여 관을 묶은 가죽 끈[紐]을 관통시키며, 대의 두 머리 부분은 내어 모두 그 난간에 묶고, 각각 서로 겹쳐 단단하게 한다. 분홍색 피(披)를 관 위에서 가로로 묶어 각각의 피를 대(戴)와 관속(棺束)이 연결된 곳을 관통시키고, 대(戴)의 나머지 부분은 밖으로 내어 사람들에게 잡게 한다. 관을 가로로 세 번 묶는데, 묶은 곳마다 두 개의 뉴(紐)가 있다. 각각 구부러진 부분에 가죽으로 이것을 만든다. 세 번 묶은 곳 양쪽에 (각각 두 곳씩) 모두 6개의 뉴가 있으므로 6개의 대(戴)와 6개의 피가 있게 된다. 피를 잡은 자는 만약 수레가 높은 곳을 올라갈 때는 앞에서 끌어당겨 수레가 높이 치켜 들리는 것을 방지하고, 수레가 아래로 내려갈 때는 뒤에서 끌어당겨 뒤집히는 것을 막으며, 수레가 왼쪽으로 기울면 오른쪽을 당기고, 오른쪽으로 기울면 왼쪽을 당겨 수레가 뒤집히거나 기울어지지 않게 한다.

완심(阮諶)의 『삼례도』에서는 "유거에는 네 개의 바퀴[輪]와 한 개의 끌채[轅]가 있다. 유거의 길이는 1장 2척, 너비 4척, 높이 5척이다."라고 하였다. 『주례』에서는 이를 신거(蜃車)라 하고, 『주례』「지관(地官)·수사(遂師)」에서는 "군주의 상인 대상(大喪)에서 (태재(大宰)는) 휘하의 무리들로 하여금 먼저 휘장과 장막을 무덤에 갖고 가도록 하고, (사도(司徒)는) 상여를 끌고 무덤에 가는 일을 관리한다."㉚라고 하였다. 이에 대해 정현은 주에서 "'먼저 휘장과 장막을 갖고 가도록 한다.'라고 한 것은 하관(下棺)하는 동안 먼저 신좌(神座)를 놓기 위해서이다. 신거는 널을 실은 수레[柩輅]이다. 널을 실은 수레에 유(柳)를 설치하고, 네 바퀴가 땅에 바짝 붙어서 가는 모습이 모시조개[蜃]와 유사하여 그런 이름을 갖게 되었다."라고 하였다.

또한 『의례』「기석례·기(記)」에 대해 정현은 "그 수레의 몸체[輿]는 형상이 평상[牀]과 같으며, 중앙에 끌채가 있는데 앞뒤로 튀어나왔으며, 끌채 앞뒤에는 가로로 댄 목제 로(輅)㉛를 설치하였다. 수레의 몸체 위에는 모두 네 면이 있고, 아래는 앞뒤로 굴대인 축(軸)이 있으며, 바큇살이 없는 나무판자로 만든 전(輇)으로 바퀴[輪]를 삼는다. 허신(許愼)은 『설문(說文)』에서 '바큇살이 있는 것은 륜(輪)이라 하고, 없는 것은 전(輇)이라고 한다'㉜라고 하였다"고 주를 달았다. 가공언은 『의례』 소에서 "이 (정현의) 주(註)를 보면 수레의 몸체[輿]와 관을 실은 춘거(輴車)㉝가 같은 것이니, 역시 하나의 끌채로 이것을 만든다. '앞뒤로 로(輅)를 설치한다.'라고 했는데, 경(經)에서는 단지 '앞의 로(輅)'라고 했지만, '앞'이라고 말함으로써 '뒤'와 대비시킨 것이므로 뒤에도 로(輅)가 있음이 분명하다."라고 하였다. 이 로(輅)는 나무를 이용해 구거의 끌채 위에서 묶은 것으로, 끌고 당기는 종류에 속한다. 그러므로 끌채를 묶은 것을 '로'라 호칭한 것이다. (가공언은 소에서) "'수레의 몸체 위에는 모두 네 면이 있다.'라고 했는데, 이 또한 춘거와 같다. '아래는 앞뒤로 굴대 축이 있으며, 바큇살이 없는 나무판자로 만든 전(輇)으로 바퀴[輪]를 삼는다.'라고 했는데, 이것은 춘거와 다르다. 춘거에는 바퀴가 없으며, 단지 전린(轉轔)㉞만 있으니, 이는 곧 나무판으로 된 바퀴만 있는 것이고 바큇살이 없는 것이다."라고 하였다.

[柳車名有四. 殯謂之輤車, 葬謂之柳車, 以其迫地而行則曰蜃車, 以其無輻則曰輇車. 案『周禮』「縫人」, 掌"縫棺飾, 衣翣·柳之材." 後鄭以"必先纏衣其材, 乃以張飾也. 柳之言聚也, 謂諸飾所聚也." 又上註云, "孝子旣啓, 見棺猶見親之身. 旣載, 飾而行, 遂以葬. 若存時居於帷幕而加文繡." 其帷·荒·畫·火·龍等是加文繡也. 其生時帷幕則無此畫飾, 故云"加"也. 今柩入壙, 還以帷荒等加於柩上, 同葬之. 故云"遂葬". 「喪大記」曰, "飾棺, 君龍帷·三池·振容·黼荒. 火三列, 黻三列.[1] 素錦褚, 加帷荒, 纁紐六, 齊五采·五貝, 魚躍拂池. 君纁戴六, 纁披六." 此諸侯禮也.【披皮義反.】. 『漢禮器制度』, "飾棺, 天子龍火黼黻皆五列." 又「喪大記」註云, "荒, 蒙也. 在旁曰帷, 在上曰荒." 然則, 荒, 柳車上覆. 謂鼈甲也. 天子之荒緣·荒邊畫龍, 又畫雲氣, 次畫白黑之黼文, 又畫火形如半環, 又畫兩己相背之黻文於其間. 素錦, 白錦也. 褚, 卽屋也. 於荒下又用白錦爲屋, 以葬車在道, 象宮室也. 褚外乃加帷荒. 帷是邊牆, 荒是上蓋. 褚覆竟, 而加帷荒於褚外也. 池者, 織竹爲之, 狀如小車笭, 衣以靑布, 挂著於柳上. 荒之爪端象平生宮室承霤然. 天子四注屋, 四面各有承霤. 今池亦四面象之也. 諸侯屋雖四注, 而柳降一池, 闕於後, 故三池. 振容者, 振, 動也. 容, 飾也.[2] 謂以絞繒爲之, 長丈餘, 如幡, 其上畫靑質五采之揄翟. 又懸銅魚於池下, 車動爲容飾, 魚躍拂池也. 纁紐六者, 以上蓋與邊牆相離故. 又以纁帛爲紐連之相著, 傍各三, 凡共用六紐也. 齊者, 謂在荒之上, 當柳之中央, 形圓, 如車蓋上蕤矣.【蓋之中央. 故擧以爲說. 漢時小車蓋上有三采.】以其當中, 如人

1 『예기』와 달리 『삼례도』에서는 "黻二列"로 되어 있으나, 『예기』를 따라 3열로 교감했다.
2 『삼례도』에서는 "容, 容飾也"로 되어 있으나, 여기서 '容'은 연문이므로 『예기』「상대기(喪大記)」의 원문 "容, 飾也"를 따라 교감했다.

之齊, 故謂之齊. 高三尺, 徑二尺餘. 又案「既夕禮」註云, “以三采繒爲之, 上朱, 中白, 下蒼, 著以絮.” 則人君以五采繒爲之, 亦著以絮. 蒼下有黃·玄二色, 則五等相次, 故云齊五采也. 五貝者, 又連貝爲五行, 交絡齊上. 纁戴六, 纁披六者, 戴披皆用纁帛爲之. 戴, 値也. 於車輿兩廂各豎三隻軨子, 各當棺束, 用此纁戴貫棺束之皮紐. 出兩頭, 皆絆結其軨子, 各使相値堅固, 方用纁披於棺上橫絡過, 各貫穿戴之連結棺束者, 乃於戴餘投出之於外, 使人持制之. 又棺橫束有三, 每束有二紐, 各屈皮爲之. 三束兩旁共有六紐, 故有六戴·六披也. 持披者若車登高, 則前引以防軒, 車適下則後引以防翻, 車欹左則引右, 欹右則引左, 使車不傾覆也. 案『阮氏圖』云, “柳車四輪, 一轅. 車長丈二尺, 廣四尺, 高五尺.” 『周禮』謂之蜃車, 故「遂師」云, “大喪, 使帥其屬以幄帟先, 及蜃車之役.” 註云, “幄帟先者, 爲於葬窆之間, 先張神座. 蜃車, 柩輅也. 柩輅載柳, 四輪迫地而行, 有似於蜃, 因取名焉.” 又鄭註「既夕禮·記」云, “其車之輿, 狀如牀, 中央有轅, 前後出, 設前後輅. 輿上有四周. 下則前後有軸, 以輇爲輪. 許愼『說文』, ‘有輻曰輪, 無輻曰輇.’” 孔竇『義』云, “觀[3]此註, 其輿與輴車同, 亦一轅爲之. ‘設前後輅’者, 正經唯云前輅, 言前以對後, 明有後輅也[4].” 此輅謂以木縛於柩車轅上, 屬引而挽之, 故名此轅縛爲輅也. “‘輿上有四周’者, 此亦與輴車同. 云‘下則前後有軸, 以輇爲輪’, 此與輴車異也. 以其輴無輪, 直有轉轔, 此則有輇輪, 而無輻[5].”]

3 가공언의 원소에는 ‘鄭’이 추가되었다.
4 가공언의 소는 “明知亦有後輅”이다.
5 가공언의 소에는 “而無輻”가 없다.

역주

① 유거(柳車): 『광아(廣雅)』 「석기(釋器)」에 의하면, “류는 수레이다.[柳, 車也.]” 일반적으로 상거(喪車)를 지칭한다.

② 천거(輤車): 덮개 휘장이 있는 수레이다. 『예기』 「상대기」에 “상여의 덮개 휘장에는 가장자리 장식을 한다.[其輤有裧.]”라고 한 것에 대해서 정현은 “‘천(輤)’은 관을 싣고 빈궁으로 옮기는 수레의 장식이다. ‘천은 그 명칭을 ‘시신과 가까이한다[櫬]’는 뜻과 ‘꼭두서니[蒨]’라는 두 뜻에서 취한 것이다.[‘輤’, 載柩將殯之車飾也. 輤取名於櫬與蒨, 讀如蒨旆之蒨.]”라고 하였다.

③ 신거(蜃車): 널을 싣는 수레이다. 정현은 『주례』 「지관(地官)·수사(遂師)」에 대한 주에서 “신거는 구거[柩路]로서, 구거에 유(柳)를 싣고 네 바퀴가 땅에 바짝 붙어 가는 것이 마치 모시조개[蜃] 같아서 그런 이름이 붙은 것이다.[蜃車, 柩路也. 柩路載柳, 四輪迫地而行, 有似於蜃, 因取名焉.]”라고 하였다. 공영달은 『예기정의』 「상대기」의 소에서 “바큇살이 없는 전(輇)이 곧 신거이다.[輇則蜃車也.]”라고 하였다.

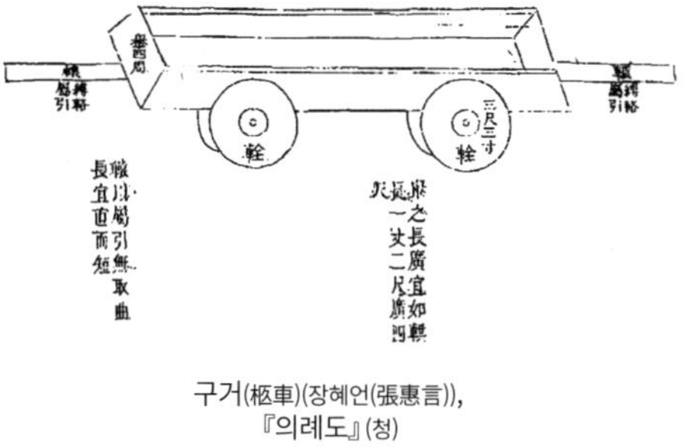

구거(柩車)(장혜언(張惠言)),
『의례도』(청)

④ 진거(軫車): 진(軫)은 수레 몸체 바닥의 틀을 이루는 사면의 가로장이다. 덮개는 없고 몸체만 있기 때문에 진거라고 한 것이다. 『주례』「고공기(考工記)·주인(輈人)」의 "수레의 몸체는 네모난데, 그것으로써 땅을 형상했다.[軫之方也, 以象地也.]"에 대해 가공언은 "이렇게 말한 것은 수레의 몸체[輿]가 네모나기 때문인데, 몸체라 말하지 않고 몸체 바닥의 가로장[軫]이라고 한 것은 진(軫)이 몸체의 근본이기 때문이다.['軫之方也, 以象地也'者, 據輿方而言, 不言輿言軫者, 軫是輿之本, 故舉以言之.]"라고 하였다.

⑤ 삽(翣): 발인(發靷)할 때 널을 실은 수레와 매장할 때 널을 가리기 위해 사용하는 부채 모양의 의장(儀仗)으로서, 나무로 만든다. 이에 대해서는 [喪器圖下19 : 01-黼翣·黻翣·畫翣·龍翣] 참조.

⑥ 유(柳): 널을 실은 구거(柩車)의 옆에 드리우는 유(帷)와 위에 치는 황(荒) 등의 장막을 통칭한다

⑦ 계빈(啓殯): 발인하기 전, 빈전에 안치된 재궁을 출관하기 위해 찬궁(攢宮)을 여는 의식이다.

⑧ 널을 실었으면 ~ 장사를 지낸다: 공영달은 『예기정의』 소에서 "『예기』「기석례(既夕禮)」에서 '해가 서쪽으로 기울면 수인(遂人)과 장인(匠人)이 일꾼을 지휘하여 구거를 당 아래 양쪽 계단 사이에 두게 하고, 널을 들고 당(堂) 아래로 내려가 구거[蜃車]의 위에 싣고 유(帷)와 황(荒)을 설치한다. 관 장식이 끝나면 바로 구거를 돌려 바깥쪽을 향하게 하고 구거를 옮겨 널을 싣는 곳으로 이동시킨다. 구거가 묘지로 향해 출발할 때 올리는 전[祖奠]을 설치하며, 이튿날 아침에는 조전(祖奠)을 치우고 견전(遣奠)을 설치한다. 포(苞)를 사용하여 양(羊)과 돼지(豕) 등 두 희생을 싸는데, 하체만 취한다. 그리고 구거를 끄는 줄[引]을 부착하고 무덤

으로 향한다.[日側, 遂匠納車於階間, 卻柩而下, 載之於蜃車之上, 乃加帷荒. 飾棺訖, 乃還車向外, 移柩車去載處. 設祖奠. 明日旦, 乃更徹祖奠, 設遣奠. 苞牲, 取下體. 乃引向壙.]'라고 했으므로 '널을 싣고 장식이 끝나면 길을 떠나 마침내 장사를 지낸다.'라고 하는 것"이라고 설명했다.

⑨ 유막(帷幕): 『주례』 「천관(天官)·막인(幕人)」에서 정현은 "옆에 치는 것은 '유(帷)'이며, 위에 치는 것은 막(幕)이다.[在旁曰帷, 在上曰幕.]"라고 설명했다.

식관(飾棺)
『흠정예기의소』, (청)

⑩ 마치 살아생전에 ~ 같다: 가공언의 소에 의하면 "생전에는 유막에 화려한 장식과 수[文繡]가 없는데, 사망하면 사람들이 자신의 어버이를 싫어할까 두려워 문수를 장식하는 것이다.[生時帷幕無文繡, 今死, 恐眾惡其親, 更加文繡.]" 정현도 『예기』 「상대기」에서 "관을 장식하는 것은 도로에서나 무덤 속에서 화려하게 하여 사람들이 돌아가신 어버이를 싫어하지 않게 하기 위해서이다.[飾棺者, 以華道路及壙中, 不欲眾惡其

親也.]"라고 하였다.

⑪ 용으로 장식한 유[龍帷]: 유거의 옆에 둘러친 장막[帷]은 하얀 천으로 만들며, 왕후(王侯)는 모두 용을 그려 군주의 덕을 형상했다.

⑫ 낙숫물받이(池): 정현의 주에 의하면, 대나무로 만드는데 그 모습이 작은 수레의 다래끼[車笭]와 같다. 푸른색 베로 싼다. 유거가 궁실을 형상한 것이므로 황의 끝에 낙숫물받이를 건 것은 궁실의 낙숫물받이 홈[承霤]을 모방한 것이다. 제후와 대부는 동으로 물고기를 만들어 낙숫물받이 아래 걸어 둔다.["池, 以竹爲之, 如小車笭, 衣以靑布, 柳象宮室, 縣池於荒之爪端, 若承霤然云. 君·大夫以銅爲魚, 縣於池下."] 공영달은 이 낙숫물받이 형태를 대나무로 짠 삼태기 형상으로 설명하였으며, 낙숫물받이의 숫자에 대해서 다음과 같이 설명하였다. 즉, "천자의 집의 지붕은 사면으로 물이 흐르는 우진각지붕이므로 사면에 낙숫물받이 홈이 있다. 그러므로 유거 또한 4개의 낙숫물받이가 있어야 한다. 제후의 집 지붕도 역시 사면으로 물이 흐르는 우진각지붕이지만, 유거에서는 낙숫물받이 하나를 감소시키는데, 뒤쪽에 하나가 없다. 그러므로 낙숫물받이가 3개이다.[池謂織竹爲籠, 衣以靑布, 桂著於柳上荒邊爪端, 象平生宮室有承霤也. 天子生有四注屋, 四面承霤. 柳亦四池, 象之. 諸侯屋亦四注, 而柳降一池, 闕於後一. 故三池也.]"

⑬ 깃발[幡]처럼 흔들리는 진용(振容): 진용은 움직이는 장식이다. 비단을 꼬아 만드는데, 길이가 1장(丈) 남짓으로 그 모습이 깃발[幡]과 같다. 깃발 위에 꿩을 그려 낙숫물받이 아래 걸어 장식으로 삼는다. 수레가 가면 깃발이 움직이므로 '진용'이라고 한 것이다.[공영달의 소, "振, 動也. 容, 飾也. 謂以絞繒爲之, 長丈餘, 如幡. 畫幡上爲雉, 縣於池下爲容飾. 車行則幡動, 故曰振容."] 정현은 이것을 '수초가 움직이는 것'으로 묘사했

다.[以爲振容, 象水草之動搖.]

⑭ 도끼 무늬가 있는 보황(黼荒): 황의 가장자리를 따라 검은색과 흰색의 도끼 무늬를 장식한 것이다.[공영달 소, "緣荒邊爲白黑斧文, 故云黼荒."]

⑮ 불[火] 3열과 ~ 장식한다: 황(荒)의 중앙에 반원형의 불[火] 3행과 2개의 '己'자가 등을 맞댄 형태의 불(黻) 무늬 3행을 그린 것이다[공영달의 소, "'火三列'者, 列, 行也. 於鱉甲黼文之上, 荒中央, 又畫爲火三行也. 火, 形如半環也. '黼三列'者, 又畫爲兩己相背, 爲三行也."]

⑯ 소금저(素錦褚): 발인할 때 흰 비단으로 만든 집 모양의 덮개이다. 삼례에 따르면 대부 이상은 먼저 소금저로 관을 덮은 뒤에 다시 유(帷)와 황(荒)을 설치하여 이중으로 관을 가렸고, 사(士)는 소금저 없이 갈대자리와 부들자리를 사용하여 관을 가렸다. 『예기』「상대기」에 "흰 비단의 저(褚)로 덮고 그 위에 유(帷)와 황(荒)을 설치한다.[素錦褚, 加帷荒.]"라고 한 것에 대해 정현은 "대부 이상의 상(喪)에서는 저(褚)로 관의 몸체를 덮고 그 위에 유와 황을 설치한다.[大夫以上有褚以襯覆棺, 乃加帷荒於其上.]"라고 하였고, 진호(陳澔)는 『예기집설(禮記集說)』에서 "소금(素錦)은 흰 비단이다. 저(褚)는 집[屋]이다. 황(荒) 아래에 흰 비단을 사용하여 집 모양을 만드는데 궁실을 형상한 것이다. 유와 황을 설치한다는 것은 유는 옆을 가리는 것이고 황은 위를 덮는 것으로, 저로 덮는 일이 끝나고 저의 밖에 유와 황을 설치한다는 것이다.[素錦, 白錦也. 褚, 屋也. 荒下用白錦以爲屋, 象宮室也. 加帷荒者, 帷是邊牆, 荒是上蓋, 褚覆竟而加帷荒於褚外也.]"라고 하였다.

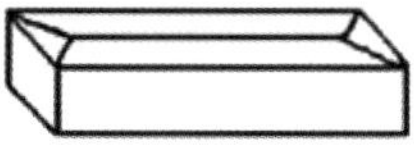

소금저(素錦褚)
(『오례번역어사전』 '소금저' 항목)

⑰ 끈[紐]: 유와 황을 연결하는 것으로[정현 주, " 紐, 所以結連帷荒者也."], 『의례』「기석례(旣夕禮)」에 의하면 "앞은 붉고 뒤는 검다.[紐前赬後緇.]"

⑱ 제(齊): 수레 덮개 위의 꽃처럼 드리워진 부분[蕤]을 형상한 것으로, 여러 가지 채색의 천을 봉합하여 만든다. 형태는 참외가 갈라진 것 같다.[정현 주, "齊, 象車蓋蕤, 縫合雜采爲之, 形如瓜分然."]

⑲ 다섯 가지 색깔[五采]로 ~ 장식하고: 유거 위 중앙에 높이 3척, 지름 2척 남짓한 크기로 만든 둥근 화개 형태의 장식을 한다. '다섯 가지 색깔[五采]'이라고 한 것은 오채의 비단옷을 입은 인군(人君)들의 행렬이 잇따르기 때문이다.[공영달의 소, "'齊五采'者, 謂鼈甲上當中央, 形員如華蓋, 高三尺, 徑二尺餘. 五采, 謂人君以五采繒衣之列行相次, 故云'五采'也."]

⑳ 5줄의 조개껍질[五貝]: 조개껍질을 5줄로 이어 만들어 유거 위 중앙에 매다는 것이다.[공영달의 소, "'五貝'者, 又連貝爲五行, 交絡齊上也."]

㉑ 물고기가 ~ 튀는 것 같다: 못에는 반드시 물고기가 있는데, 구거의 낙숫물받이에 비단으로 만든 꿩이 매달리거나, 또 그 아래에 동으로 만든 물고기가 걸려 있어 수레가 갈 때 마치 물고기가 못 위로 뛰어오르는 것처럼 보인다.[공영달의 소, "'魚躍拂池'者, 凡池必有魚, 故此車池縣絞雉, 又縣銅魚於池下. 若車行則魚跳躍上拂池也."] 한편, 『예기』「상대기」 원문에서는 이 글귀 앞에 "보삽 2개, 불삽 2개, 화삽 2개를 사용하며, 모두 규옥을 장식한다.[黼翣二, 黻翣二, 畫翣二, 皆戴圭.]"는 내용이 첨가되어 있다. 섭숭의가 바로 앞의 [喪器圖上19 : 01-黼翣, 黻翣, 畫翣, 龍翣]에서 이미 언급했기 때문에 여기서는 생략한 것 같다.

㉒ 대(戴): 정현은 주에서 "대(戴)는 겹친다는 뜻이다. 관속(棺束)과 유거의 골재를 겹치게 하여 앞뒤의 끈[披]을 묶은 것이다.[戴之言值也, 所以連

系棺束與柳材, 使相值, 因而結前後披也.]”라고 하였다. 공영달은 “관은 가로로 세 번 묶는데, 각 관속(棺束)의 양쪽의 구부러진 곳에 뉴(紐)가 있으므로 모두 6개의 뉴가 있다. 지금 분홍색 대(戴)를 이 뉴에 관통시킨 후 유거의 골재[柳骨]와 잇기 때문에 모두 6개의 대(戴)가 있게 된다.[棺橫束有三, 亦每一束兩邊輕各屈處爲紐, 三束有六紐. 今穿纁戴於紐以系柳骨, 故有六戴也.]”라고 하였다.

㉓ 피[披]: 상례에 사용하는 기물로, 진홍색의 비단[絳帛]으로 만들어 한쪽 끝은 유거와 연결된 분홍색 끈[纁戴]과 묶고 한쪽은 유(帷) 바깥으로 내서 사람이 이를 끌어당긴다. 즉, 구거가 기울거나 뒤집히지 않도록 조정하는 끈이다. 6개의 대(戴)에 묶기 때문에 피[披]도 6개이다. 이것을 피라고 하는 이유는 수레를 끌고 높은 곳으로 오를 때는 앞을 끌어당겨 수레가 들리는 것을 막고, 아래로 내려갈 때는 뒤를 끌어당겨 수레가 뒤집히는 것을 막으며, 왼쪽으로 기울 때는 오른쪽을 끌어당기고, 오른쪽으로 기울 때는 왼쪽을 끌어당겨 구거가 뒤집히지 않게 하기 때문이다.[공영달의 소, “纁, 謂亦用絳帛爲之, 以一頭系所連柳纁戴之中, 而出一頭於帷外, 人牽之, 每戴系之, 故亦有六也. 謂之披者, 若牽車登高, 則引前以防

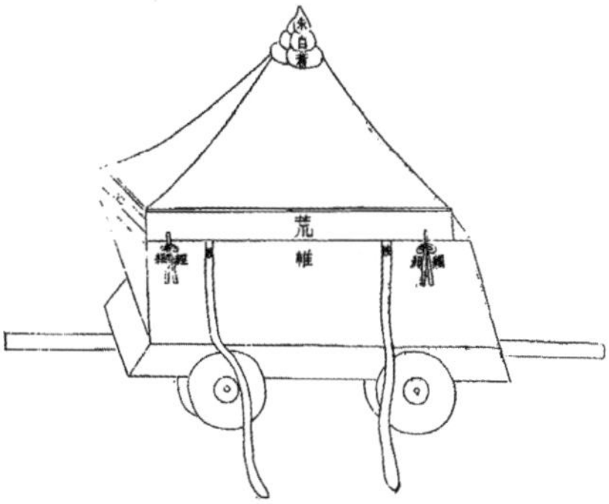

사(士)의 피도(披圖)(장혜언),
『의례도』(청)

軒車, 適下則引後以防翻車, 欹左則引右, 欹右則引左, 使車不傾覆也.”]

㉔ 별갑(鼈甲): 관을 실은 구거의 덮개로, 자라의 등딱지와 모양이 비슷해서 이런 이름이 붙었다.(『석명(釋名)』「석상제(釋喪制), “其蓋曰柳, …亦曰鼈甲, 似鼈甲然也.”)

㉕ 다래끼[車笭]: 수레에 사람이 타는 공간[車廂]의 밑바닥에 대나무를 이용해 가로세로로 짠 바닥면을 가리킨다. 공영달은 “정현이 이것을 작은 수레의 다래끼라고 한 것은 작은 수레의 몸판[箱]은 반드시 좁고 긴 것을 알았기 때문[云‘池以竹爲之, 如小車笭, 衣以靑布’者, 鄭以漢之制度而知;如小車笭‘者, 以小車之箱必猶狹長, 故云‘如小車笭.’]”이라고 해석하였다.

㉖ 황의 끝부분[爪端]: 공영달은 황의 재료가 밖으로 튀어나온 것이 마치 사람의 손톱 같아서 조단(爪端)이란 표현을 사용했다고 해석하였다.[“云‘縣池於荒之爪端, 若承霤然雲’者, 荒之爪, 謂荒之材出外, 若人之指爪, 而縣此池於荒之爪端.”]

㉗ 지붕 사면으로 물이 흐르는 집[四注屋]: 가옥의 상부 사면에 지붕을 설치했으므로, 비가 오면 빗물이 지붕의 사면을 타고 흘러내리게 된다. ‘사주(四注)’, ‘사면파(四面坡)’, ‘사아(四阿)’ 등으로 부른다. 현대 건축 용어로 중국에서는 ‘무전정(廡殿頂)’으로, 한국에서는 ‘우진각지붕’으로 호칭한다.

㉘ 『의례』「기석례」 ~ 솜으로 붙인다: 이 부분은 ‘齊三采’에 대한 정현의 주이다.

㉙ 난간[軨子]: 수레의 앞과 좌우에 달린 격자 형식의 난간이다.(『說文』「車部」, “軨, 車轖間橫木.” ; 『玉篇』「車部」, “軨. 車闌也.”)

㉚ 군주의 상인 대상(大喪)에서 ~ 일을 관리한다: 이 부분의 『주례』 원문은

“大喪, 使帥其屬以幄帟先, 道野役. 及窆, 抱磿, 共丘籠及蜃車之役.”이다. 이에 대해 정현은 “먼저 휘장과 장막을 무덤에 갖고 가도록 하는 것은 태재의 관할이며, 그 나머지는 사도의 관할이다.[使以幄帟先者, 大宰也. 其餘司徒也.]”라고 하였다.

㉛ 로(輅): 사람이 끌 수 있도록 수레의 끌채 끝에 설치한 가로로 된 나무막대.

㉜ 허신(許愼)은 ~ 전(輇)이라고 한다: 『의례』「기석례」 해당 부분의 정현 주는 “許叔重說, ‘有輻曰輪, 無輻曰輇.’”로 ‘허신의 설에 의하면’이라고 한 반면, 『예기』「잡기(雜記)」에 대한 정현의 주는 “許氏『說文解字』曰, ‘有輻曰輪, 無輻曰輇.’”으로, ‘허신의 『설문해자』에서는’이라고 좀 더 구체적으로 언급하였다.

㉝ 춘거(輴車): 상여를 실어 운반하는 수레이다. 『예기』「단궁 하」 정현의 주에 “‘춘(輴)’은 빈을 할 때 관을 싣는 수레[殯車]로서, 끌채에 용의 그림을 장식한다.[‘輴’, 殯車也, 畫轅爲龍.]”고 하였다. 『예기』「단궁 하」에 “천자는 춘거에 용의 무늬를 그려 넣고, 나무를 쌓아서 덧널[椁 외곽]처럼 만들고 그 위에 수레 덮개를 두른다. 제후는 춘거를 사용하고 수레 덮개를 설치하며, 물로 느릅나무 흰 껍질의 즙을 묽게 해서 땅에 뿌려 춘거를 끌 때에 매끄럽게 한다.[天子龍輴而椁幬, 諸侯輴而設幬, 爲榆沈, 故設撥.]”라고 하였다.

㉞ 전린(轉轔): 수레바퀴이다. 「기석례·기」의 정현 주에 의하면,“전린과 공축의 형상이 같다.[軸, 輁軸也. 軸狀如轉轔.]” 가공언의 소에 의하면 “한나라 때에는 전축(轉軸)을 인(轔)이라고 하였으므로, ‘인(轔)’은 곧 수레바퀴[輪]이다.[‘軸狀如轉轔’者, 此以漢法況之. 漢時名轉軸爲轔. 轔, 輪也.]”

【喪器圖下 19：03-鄉師향사】

『주례』「지관(地官)·향사(鄕師)①」에서 “장례에 이르러 독(纛)②을 잡고 장사(匠師)③와 함께 상여를 인도하고 역인(役人)을 감독한다.”④라고 하였다. 정현은 주에서 “장사는 사관(事官: 冬官)의 속관으로 사공(司空)에 속하니, 향사가 사도에 속하는 것과 같다. 향사의 주된 역할은 장사와 함께 뭇 장인들을 주관하여 장례에서 상여[柩車]를 인도하는 일을 담당한다.”라고 하였다. (정현은 또 주에서 정사농(鄭司農)의 다음 말을 인용했다.) “독(纛)은 깃발[翳]로, 우보(羽葆)⑤이다. 이것을 잡고 상여 끄는 일을 지휘하는 것으로, 그 행렬의 나아가고 물러서는 진퇴를 바로 하는 것이다.”⑥

[「地官·鄕師」, “及葬執纛, 以與匠師御匶【古柩字】而治役.” 註云, “匠師, 事官之屬, 其於司空, 若鄕師之於司徒也. 鄕師主役, 匠師主衆匠, 共主葬引.” “纛, 翳也, 卽羽葆也. 執以指麾輓柩之役, 正其行列進退也.”]

역주

① 향사(鄕師): 대사도(大司徒)의 속관으로, 각 향(鄕)의 교육 및 정무를 관장하는 관직이다.[『주례』「지관·향사」, "鄕師之職, 各掌其所治鄕之敎, 而聽其治."] 하대부 4인이 담당한다.

② 독(纛): 새의 깃털, 꿩의 꼬리털 혹은 모우(牦牛)의 꼬리털로 장식한 깃발을 말한다. [喪器圖上18 : 20-纛] 참조. 장례를 지낼 때 상여를 끄는 역도들을 지휘할 때 사용한다. '독(纛)'은 '예(翳)' 혹은 '도(翿)'라고도 한다. 『이아』「석언(釋言)」에 "'독(纛)'은 예(翳: 춤추는 사람이 잡고 있는 깃발)이다.['纛', 翳也]"고 하였는데, 곽박(郭璞)의 주에는 "춤추는 사람이 스스로를 덮고 가리는 것이다.[舞者所以自蔽翳.]"라고 하였다. 형병(邢昺)의 소에서는 "이순(李巡)은 '도(翿)는 춤추는 사람이 잡고 있는 깃발이다.'라고 하였고, 손염(孫炎)은 '독(纛)은 춤추는 사람이 잡고 있는 것이다.'라고 하였다. 곽박은 '오늘날의 우보당(羽葆幢)이다.'라고 하였다. '독(纛)'은 또 예(翳)라고도 한다. 그렇다면 '도(翿)'는 일명 '독(纛)'이고, '독(纛)'은 예(翳)가 되는 것이다.[李巡曰, '翿, 舞者所持纛也.' 孫炎曰, '纛舞者所持羽也.' 郭云, '今之羽葆幢.' 然則翿又名爲纛, 纛所以爲翳.]"라고 하였다

③ 장사(匠師): 장인(匠人)의 우두머리이다. 『주례』「지관·향사」의 정현 주에 의하면, 장사는 사관(事官: 冬官)의 속관으로, 뭇 장인들을 주관하여 장례에서 향사와 함께 상여를 인도하는 일을 담당한다.[匠師, 事官之屬. 鄕師主役, 匠師主衆匠, 共主葬引.]

④ 장례에 이르러 ~ 감독한다: 상여가 무덤으로 갈 때 향사가 상여[柩車]

앞에서 우보당을 잡고 가면서 장사와 함께 상여를 인도한다. 이는 길에서 상여가 기울거나 뒤집어질까 우려해서 장사와 함께 그 상여를 바르게 인도하는 것이다.[가공언의 소, "鄉師執葆幢, 卻行在柩車之前, 以與匠師禦柩. 謂在路恐有傾覆, 故與匠師禦正其柩."]

⑤ 우보(羽葆): 새의 깃털을 깃대 머리에 꽂아서 마치 덮개처럼 하는 것이다. 제후들이 장례를 거행할 때에 사용하는 의장품의 일종이다. 『의례정의』「잡기 하」 공영달의 소에 "새의 깃털을 깃대 머리에 꽂아서 덮개처럼 하는데, 이를 '우보'라고 한다. '보(葆)'는 덮개라는 뜻이다.['羽葆'者, 以鳥羽注於柄頭, 如蓋, 謂之羽葆. '葆', 謂蓋也.]"라고 하였다.

⑥ 독(纛)은 깃발[翳]로 ~ 진퇴를 바로 하는 것이다: 정현이 인용한 정사농의 원문장은 "翿, 羽葆幢也. 『爾雅』曰, '纛, 翳也.' 以指麾輓之役, 正其行列進退."이다.

【喪器圖下 19 : 04-方相氏방상씨】

『주례』「하관(夏官)·방상씨(方相氏)①」에서 "방상씨는 곰 가죽을 쓰고 황금으로 만든 네 개의 눈을 하고 검은[玄] 웃옷과 붉은[朱] 치마를 입고, 창을 잡고 방패를 든다. 대상(大喪)에서 상여[匶: 柩車]를 선도(先導)한다."라고 하였다. 이는 장례에서 방상씨를 앞에 서게 하여 흉하고 나쁜 것을 물리치는 것을 가리킨다. 『주례』「하관·방상씨」에서 또 "무덤에 이르러 무덤 속으로 들어갈 때는 창으로 사방의 귀퉁이를 때리면서 망량(罔兩)②을 쫓아낸다."라고 하였다.

[「夏官·方相氏」, "掌蒙熊皮, 黃金四目, 玄衣朱裳, 執戈揚盾. 大喪, 先匶." 謂葬使之前導, 以郤凶惡也. "及墓, 入壙, 以戈擊四隅, 驅罔兩[1]也."]

1 『주례』 원문에는 '方良'으로 되어 있다.

역주

① 방상씨(方相氏): 사마(司馬)의 속관으로, 자신이 부리는 100명을 거느리고 계절마다 역병 제의에서[時難] 집안을 수색하고 역질을 몰아낸다[『주례』「하관·방상씨」, "帥百隸而時難, 以索室驅疫"]. 방상씨가 곰 가죽을 쓰는 것은 역귀를 놀라게 해서 물리치기 위한 것이다[정현의 주, "冒熊皮者, 以驚驅疫癘之鬼."].

② 망량(罔兩): 원문에서는 '方良'으로 썼는데, 정현은 주에서 '망량'으로 썼다. 그 이유는 천자의 곽(槨)은 측백나무[柏]의 심(心)으로 만든 황장(黃腸)이며, 그 바깥쪽은 돌로 하는데, 『국어(國語)』에 "나무와 돌의 괴수[怪夔]가 망량(罔兩)이다."라고 했기 때문이라고 설명하였다.["方良, 罔兩也. 天子之槨柏, 黃腸爲裏, 而表以石焉. 『國語』曰, "木石之怪夔罔兩."] 한편 가공언의 소에서는 "『국어』에서 '물의 괴룡(怪龍)은 망상(罔象)이며, 흙의 괴수[怪夔]는 망량이다.'라고 했으므로 방량은 망량임을 알 수 있다.[按『國語』, "水之怪龍罔象, 土之怪夔罔兩", 則知方良當爲罔兩也.]"라고 하였다.

【喪器圖下 19 : 05-兆域조역】

『주례』「춘관(春官)·총인(冢人)①」에서 "(총인은) 군주[公]의 무덤 구역을 관장하여, 묘지의 경계 등[兆域]을 판별하고, 그 조역의 그림②을 그린다. 선왕(先王)을 장사지낼 때는 중앙에 두고, 소(昭)와 목(穆)③을 왼쪽과 오른쪽에 만든다."라고 하였다.

가공언은 소에서 다음과 같이 말했다. "정현은 '공(公)은 군주[君]이다.'라고 했는데 공을 군주라고 해석한 것은 '공'이라고 말하면 제후의 통칭이고, '군주'라고 말하면 위로 천자와 통하기 때문이다. 이것은 왕의 묘역에 대한 것이므로 공을 군주라고 해석한 것이다. '그림으로 그린다.'라고 한 것은, 아직 죽지 않았을 때 먼저 그 땅의 형세 등을 그려 무덤의 봉분[丘壟]을 만들 곳을 미리 그려 내는 것이다. 이를 그림으로 그려서 매장에 관한 것을 밝혀 놓는다. 뒷날 매장을 담당하는 자는 이 그림에 의거하여 봉분을 둔다. 정현이 '선왕은 무덤을 만든 자이다.'라고 한 것은 왕의 도성은 옮겨 갈 수 있기 때문이다. 주나라 문왕(文王)은 풍(豐)④에 도읍을 두고, 무왕(武王)은 호경(鎬京)⑤에 도읍을 두고, 평왕(平王)은 낙읍(洛邑)⑥에 도읍을 두었는데, 이처럼 도읍으로 삼은 곳에서 장사를 지내면 '무덤을 만든 자가 된다.' 문왕이 풍에서 장사를 지냈으므로, 자손은 모두 그곳에 가서 매장하는 것과 같은 이치이다. 그러므로 문왕이 가운데에 거처하고, 문왕의 동생은 목(穆)이 된다.【문왕이 비록 순서에 따라 목에 자리하지만, 풍으로 도읍을 옮겨 거주하다가 필(畢)⑦에서 장례를 지냈으므로 그의 자손들은 소와 목에 따라 그의 좌우에 위치한다. 그러므로 문왕이 중앙에 함께 위치하는 것이다.】 즉 무왕은 소가 되어 왼쪽에 두고, 성왕(成王)은 목이 되어 오른쪽에 두고, 강왕(康王)은 소가 되어 왼쪽에 두고, 소왕(昭王)은 목이 되어 오른쪽에 두며, 목왕(穆王)은 소가 되어 왼쪽에 두고, 공왕(恭王)은 목이 되어 오른쪽에 둔다. 그다음의 자손들 역시 모두 그러하니, 소목 제도에 따라 동서(東西)로 위치한다.⑧ 그렇다면 형이 죽고 동생이 군주가 될 경우에는 형제가 각각 소와 목이 된다. 동생이 이미 신하가 되어 신하의 서열에 서는 것이니, 곧 부자(父子)와 같아서 소목을 달리하는 것이다. 반드시 이 뜻을 알아야 한다. 『춘추(春秋)』 노(魯)나라 문공(文公) 2년(기원전 625년) 8월조를 보면, '8월 정묘월(丁卯月)에 태묘에서 체(禘)제사[大事]⑨를 지내는데 희공(僖公)을 올려 모셨다[躋].'⑩라는 기록이 있다. 이는 혜공(惠公)이 소가 되고, 은공(隱公)은 목이 되며, 환공(桓公)은 소가 되고, 장공(莊公)은 목이 되며, 민공(閔公)은 소가 되고, 희공은 목이 되어야 마땅한데, 지금 희공을 민공의 위에 두고 소로 삼고, 민공을 목으로 삼았음을 말한 것이다. 그러므로 『좌전』에서 '거꾸로 제사를 지냈다.[逆祀]'⑪라고 한 것이다. 형제를 함께 소의 위치에 둘 수 없음을 알고서, 희공을 올려 민공의 위에 둔 것을 '거꾸로 제사를 지냈다.'라고 한 것이다. 『춘추(春秋)』 '정공(定公) 8년(기원전 502년)'조를 보면, '희공과 민공 등

두 선공(先公)을 순사(順祀)하였다.[從祀先公.]'⑫라는 구절이 있다. 『좌전』은 이에 대해 '비로소 선공을 순사하여 (원하는 바를) 빌었다.'⑬라고 하였다. 만약 본래 서열이 같은데도 희공을 민공의 위에 두면, 이후 여러 공들의 소목이 문란해지는데, 어찌 정공 8년에 이르러 비로소 순사했다고 할 수 있겠는가. 원래 희공과 민공의 소목이 다르기 때문에 후에 모두 문란해진 것임을 밝힌 것이다. 만일 그렇다면 형제가 서로 뒤섞이지 않아야 하니, 형이 군주가 되면 소목이 바뀌는 것임을 알 수 있다. 단 묘역을 둘 때에는 소목으로서 좌우에 처하며, 묘(廟)에서도 마찬가지이다."

또 이어지는 (『주례』「춘관·총인」의) 아래 글에서 "작등(爵等)으로 봉토[丘封]의 한도를 정한다."⑭라고 했는데, 가공언은 이 글에 대한 소에서 다음과 같이 말하였다. "천자 역시 작호(爵號)이다. 등급이 높은 자는 무덤의 봉토[丘]가 높고 그곳에 심는 나무도 많으며, 등급이 낮은 자는 봉토[封]도 낮고 나무도 적은데, 이렇게 함으로써 존비(尊卑)를 구분한다. 정현은 '왕공의 봉토는 구(丘)라 하고 신하들의 봉토는 봉(封)이라 부른다.'고 알고 있는데, 경문(經文)에는 이런 글이 없다. 『이아(爾雅)』에서는 '흙이 높이 솟은 것은 구(丘)라 하고, 높은 구(丘)는 부(阜)라 한다.'라고 하였다. 구(丘)는 자연 그대로의 것이므로 왕공에 속한다. 흙을 모아 놓은 것을 봉(封)이라 하는데, 이는 인력으로 만든 것이므로 신하들에 속한다. 그렇다면 군주는 5등을 겸할 수 있다. 정현은 또한 『한률(漢律)』의 '열후(列侯)의 봉토[封]는 높이 4장이다.'라고 한 부분을 인용했는데, 『주례』에는 봉토[丘封]의 고하(高下)나 수목의 수량에 대한 언급이 없기 때문에 한나라의 법으로 이를 비유한 것이다. 『춘추위(春秋緯)』⑮를 살펴보니 '천자의 무덤 높이는 3린(仞)⑯이며, 소나무를 심는다. 제후의 무덤 높이는 그 반이며 측백나무[栢]를 심는다. 대부의 무덤 높이는 8척(尺)이며, 난목[欒]을 심는다. 사(士)의 무덤 높이는 4척이며 회나무[槐]를 심는다. 서인은 봉분[墳]이 없으며, 양류(楊柳)를 심는다.'라고 쓰여 있다. 정현이 이 구절을 인용하지 않은 것은 『춘추위』가 다른 시대[異代]를 언급하여 대부분 『주례』와 괴리가 있기 때문이다. 혹은 정현이 이를 보지 못했기 때문에 인용하지 않았을 것이다. 또 『예기(禮記)』「왕제(王制)」에서 '서인은 봉분도 만들지 않고, 나무도 심지 않는다.'라고 했지만, 『춘추위』에서 '서인은 양류를 심는다.'라고 한 것은 서인의 예는 제정하지 않았으므로 양류를 심은 것이다."

[「春官·冢人」, "掌公墓之地, 辨其兆域, 而爲之圖. 先王之葬居中, 以昭穆爲左右." 賈釋註云, "'公, 君也.' 訓公爲君者, 言公則諸侯之通稱, 言君則上通天子. 此旣王之墓域, 故訓爲君也. 圖, 謂未有死者之時, 先畫其地之形勢, 預圖出其丘壟之處. 旣爲之圖, 明藏掌之, 後須葬者, 依圖置之也. 云'先王造塋者', 但王之都有遷徙之法, 若文王居豐, 武王居鎬, 平王居洛邑, 卽所都而葬則造塋者也. 若文王在豐葬於畢, 子孫皆就而葬之. 卽以文王居中, 文王弟[1]當穆, 【文王雖次第居穆, 以所遷居豐, 葬於畢地, 子孫旣昭穆夾處, 文王合居中央.】則以武王爲昭居左, 成王爲穆居右, 康王爲昭居左, 昭王爲穆居右, 穆王爲昭居左, 恭王爲穆居右.[2] 已下子孫皆然, 據昭穆夾處東西. 若然, 兄死弟及俱爲君, 則以兄弟爲昭穆. 以其弟已爲臣, 臣子一列則如父子, 故別昭穆也. 必知義當然者. 案文二年秋八月, '大事於太廟, 躋僖公.' 謂以惠公當昭, 隱公爲穆, 桓公爲昭, 莊公爲穆, 閔公爲昭, 僖公爲穆. 今升僖公於閔公上爲昭, 以閔爲穆. 故云逆祀. 知不以兄弟同居昭位, 升僖公於閔公上爲逆祀者, 案定八年『經』云, '從祀先公.'『傳』曰, '始順祀先公而祈禱焉.[3]' 若本同倫, 以僖公升於閔公

1 저본에는 '次第'로 되어 있으나 가공언의 소인 '弟'로 교감하였다.
2 가공언의 소에는 "穆王爲昭居左, 恭王爲穆居右" 부분이 없으며, 섭숭의가 추가한 것이다.
3 원래의 경문은 "順祀先公而祈焉"이다.

之上, 則以後諸公昭穆不亂, 何得至定八年始云順祀乎. 明本以僖閔昭穆別, 故於後皆亂也. 若然, 兄弟相事, 兄爲君[4]則昭穆易可知. 但置塋以昭穆夾處, 與置廟同也." 又下文云, "以爵等爲丘封之度."[5] 則"天子亦是爵號也. 尊者丘高而樹多, 卑者封下而樹少, 以別尊卑也. 鄭知'王公曰丘, 諸臣曰封"者, 此無正文. 案『爾雅』云, '土之高者曰丘, 高丘曰阜.'[6] 以丘是自然之物, 故屬之王公也. 聚土曰封, 人力所造, 故屬之諸臣. 若然, 公中可兼五等. 鄭又引『漢律』'列侯封[7]高四丈'者, 以周禮丘封高下·樹木之數無文, 故以漢法況之. 案『春秋緯』云, '天子墳高三仞, 樹以松. 諸侯半之, 樹以栢. 大夫八尺, 樹以欒.[8] 士四尺, 樹以槐. 庶人無墳, 樹以楊柳.' 鄭不引之[9]者, 『春秋緯』或說異代, 多與周禮相乖. 或者鄭所不見, 故不引也.[10] 又「王制」云, '庶人不封不樹.' 而春秋緯云, '庶人樹以楊柳'者, 以庶人禮所不制, 故樹[11]楊柳也."]

4 가공언의 소는 "後事兄爲君"이다.
5 원래의 경문은 "以爵等爲丘封之度與其樹數"이다.
6 저본은 "高阜曰丘"라 했으나 문맥상 가공언의 소에 의해 교감하였다.
7 정현의 원주는 '封'을 '墳'으로 하였다.
8 저본은 '藥草'라 했으나 가공언의 소를 따라 교감했다.
9 저본에는 '之'가 빠져 있으나 가공언의 소에 따라 첨가하여 교감하였다.
10 저본과 달리 가공언의 소는 "故不引,或鄭所不見也"로 순서가 바뀌어 있다.
11 저본에는 '容'으로 했으나, 문맥상 가공언의 소를 따라 '樹'로 교감하였다.

역주

① 총인(冢人): 묘지(墓地)와 조역을 관장하는 관리이다.(『예기』「사상례(士喪禮)」정현의 주, "冢人, 有司掌墓地兆域者.")

② 조역의 그림: 조역(兆域)은 무덤을 조성한 구역, 즉 묘역을 의미한다. 조역을 그린 고대 조역도가 현존한다. 하북성 평산(平山) 칠급촌(七汲村)의 전국시대 중산왕(中山王) 무덤에서 출토된 <조역도(兆域圖)> 동판(銅版)이다(아래 사진). 길이 96cm, 너비 48cm의 이 동판은 왕이 친히 보고 결정한 지상의 능원계획도로 추정하고 있다. 그러나 청동으로 제작한 후 금은을 화려하게 상감한 이 <조역도> 동판은 시공과정에서 실제 사용한 '종이그림'이 아니다. <조역도>에 딸린 '소명(詔命)'에는 "하나는 함께 묻고, 하나는 부고(府庫)에 보관한다.[其一從, 其一藏府.]"라고 밝히고 있어 이 동판이 봉토 위의 향당(享堂)과 능원 공사 당시 무덤 속 곽실(槨室)에 매장된 것으로 추정한다. 지하의 국왕은 사망 이후 아주 간편하게 이 <조역도>를 대조함으로써 아랫사람들이 명령을 충실히 집행했는지 살필 수 있었다. '소명'에는 아주 준엄하게 "왕명을 행하지 않는

자, 그 재앙이 자손까지 미칠지어다.[不行王命者, 殃連子孫.]"라고 밝히고 있다

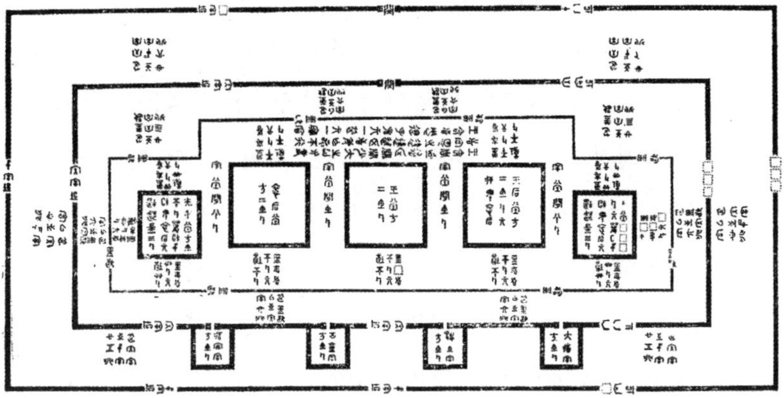

전국시대 중산왕묘
<조역도> 동판(河北省文物管理處, 『䂂墓—戰國中山國國王之墓』, p.105의 도32)

③ 소(昭)와 목(穆): 종묘에 신주(神主)를 모시는 차례이다. 천자는 7묘(廟)이고 제후는 5묘이다. 천자의 경우 중앙에 태조의 신주를 두고, 왼쪽에 2세(世), 4세, 6세를 두고 '소(昭)'라고 하며, 오른쪽에 3세, 5세, 7세를 두고 '목(穆)'이라 한다.

④ 풍(豐): 현재 섬서성 서안시 서남쪽 지역으로, 문왕이 기산(岐山. 현재의 섬서성 보계(寶鷄))에서 이곳으로 천도했다.

⑤ 호경(鎬京): 서주시기(기원전 11세기 중엽~기원전 771년) 도성으로 현재의 서안시 서남쪽에 소재한다. 무왕 즉위 이후 풍(豐)에서 호경으로 이주했다.

⑥ 낙읍(洛邑): 현재의 낙양으로, 동주시기(기원전 770년~기원전 256년) 도성이다.

⑦ 필(畢): 원래 주나라 희성(姬姓)의 옛 터로 현재 섬서성 서안시(西安市) 북

서쪽에 위치한다.『한서(漢書)』「유향전(劉向傳)」에 의하면, "주나라 문왕과 무왕, 주공(周公) 모두 필(畢) 땅에 묻혔다.[文武周公葬於畢.]"

⑧ 그다음의 자손들 ~ 동서(東西)로 위치한다: "소왕은 목이 되어 오른쪽에 둔다." 다음에 이어지는 가공언의 소는 "이하 모두 그러하다. 평왕이 동쪽으로 도읍을 옮겼으므로 그가 죽어 장사를 지내면 그가 또 무덤을 조성한 자가 되어 자손들은 소목에 근거하여 좌우에 동서로 위치한다.[……昭王爲穆居右, 已下皆然. 至平王東遷, 死葬卽又是造塋者, 子孫據昭穆夾處東西.]"이다.

⑨ 체(禘) 제사[大事]: 체제사는 길체(吉禘)로, 삼년상이 끝나고 사자의 신주(神主)를 묘(廟)에 모시는 제사이다. 정현은 주에서 "길체를 지낼 시기가 아님에도 불구하고 태묘에서 이를 거행했으므로, 공자가 이를 비판한 것이 분명한데도 단지 '제사를 거꾸로 지냈다'고만 했다. 그러므로 공자가 이 일을 특별히 중대하게 여겨 '대사(大事)'라고 하고, 다른 곳과는 달리 표현한 것이다.[時未應吉禘, 而於大廟行之, 其譏已明, 徒以逆祀, 故特大其事, 異其文.]"라고 하였다. 민공 3년에 장공(莊公)의 길체(吉禘)를 지낸 것도 예가 아닌데, 거기서는 '길체'로 기록하고 이곳에서는 단어를 달리하여 '대사'로 기록한 것을 말한다.『춘추(春秋)』에서 체제(禘祭)는 일반적으로 '(有)事' 라 하였는데, 여기서만 특별히 '大事'로 기록하였다.

⑩ 태묘에서 ~ 올려 모셨다[躋]: 민공은 열 살이 채 안되어 군주가 되었고, 수년이 되지 못해 사망했다. 민공의 서형(庶兄)인 희공이 그 뒤를 이어 30여 년 통치했다. 희공은 노나라의 어진 임금으로 칭송되었고, 민공의 형이었기 때문에 장문중(臧文仲)이 희공을 민공의 위에 올려 모실 것을 주장했다. 인정상으로는 맞는 듯 보이나, 공자는 '함부로 역사(逆祀)를

했다'고 하여 이를 장문중이 행한 세 가지 '부지(不知)' 가운데 하나로 보았다.["臧文仲其不仁者三, 不知者三. 下展禽, 廢六關, 妾織蒲, 三不仁也. 作虛器, 縱逆祀, 祀爰居, 三不知也."] 정현은 "희공은 민공의 서형이지만 민공을 이어 군주의 위에 올랐으므로, 사묘에서는 민공의 아래 자리가 되어야 한다. 지금 민공의 위에 두었으므로 이를 나무란 것이다." 라고 하였다.

⑪ 거꾸로 제사를 지냈다[逆祀]: 『좌전』에서 이를 '역사'라고 비판하였는데["秋, 八月, 丁卯, '大事於大廟, 躋僖公', 逆祀也."], 정현은 "희공은 민공의 형이므로 부자관계는 아니다. 그러나 일찍이 희공이 민공의 신하였기 때문에 자리가 밑에 있어야 하는데, 민공의 위에 두었으므로, '역사'라고 한 것이다."라고 하였다.

⑫ 선공을 순사(順祀)하였다[從祀先公.]: 선공, 즉 민공과 희공을 소목의 순서에 맞게 제사지낸 것이다. 문공(文公)이 자기 아버지인 희공의 신주를 민공의 신주 위에 올려 역사한 것을 이때에 바로잡아 희공의 신주를 민공의 신주 아래로 내려 소목의 서차(序次)에 맞게 제사한 것이다. 정현은 "종사(從祀)는 순사(順祀)로서, 민공과 희공[二公]을 소목의 위차에 맞게 제사한 것이다. 순사해야 할 위가 하나가 아니고 친진(親盡)하였기 때문에 통틀어 '선공'이라고 말한 것이다.[從, 順也. 先公, 閔公僖公也. 將正二公之位次. 所順非一, 親盡, 故通言先公.]"라고 하였다.

⑬ 비로소 ~ 빌었다: 『좌전』에 의하면, 순사한 시기는 정공 8년 겨울 10월이다. 정현은 "장차 큰일을 하기 위해 순사함으로써 선공의 호감을 사고자 한 것이다.[將作大事, 欲以順祀取媚.]" 라고 하였다. 한편 『좌전』에서는 이 문장에 바로 이어 "신묘일에 희공의 체제를 지냈다.[辛卯, 禘於僖公.]"라고 했는데, 정현에 의하면 신묘일은 10월 2일이다. 공영달

에 의하면 체제는 태조의 묘에 여러 공(公)들의 신주를 소목으로 배치하고 거행하는 대제(大祭)인데, 지금 순사하기 위해 희공의 묘에서 체제를 거행했던 선공들의 신주를 모셔다가 모두 희공의 묘(廟)에 둔 것이다. 체제는 태묘(太廟)에서 지내야 하는 것인데도, 지금 희공의 묘에서 한 것은 순사의 뜻을 밝히기 위함이다. 순사하면 희공의 신주를 아래로 내리고 민공의 신주를 위로 올려야 하므로 희공의 신(神)에게 송구하게 된다. 그러므로 희공의 묘에서 체제를 거행하여 여러 선공의 신(神)으로 하여금 두루 알게 한 것이다.["『釋例』曰, '大祭於太廟, 以審定昭穆, 謂之禘. 禘於太廟, 禮之常也. 各於其宮, 時之爲也. 雖非三年大祭而書禘, 用禘禮也.' 然則禘者, 審定昭穆之祭也. 今爲順祀而禘於僖公, 則是並取先公之主, 盡入僖廟, 而以昭穆祭之, 是爲周禘禮也. 計禘禮當於太廟, 今就僖廟爲禘者, 順祀之義, 退僖升閔, 懼於僖公之神, 故於僖廟行禘禮, 使先公之神遍知之."]

⑭ 작등(爵等)으로 ~ 정한다: 원문은 "작등(爵等)으로 봉토[丘封]의 한도와 그곳에 심는 나무의 수를 정한다[以爵等爲丘封之度與其樹數.]"이다. 신분 등급에 따라 봉분의 높낮이, 그리고 무덤에 심는 나무의 수량을 정하는 것이다.

⑮『춘추위(春秋緯)』: 한대에 무명씨에 의해 만들어진 것으로,『춘추』의 경문을 해석함에 고대 신화전설이나 천인감응의 재이상서(災異祥瑞)의 설을 첨가한 참위류(讖緯類) 서적이다.

⑯ 린(仞): 길이를 재는 단위로『설문(說文)』「인부(人部)」에 의하면, 팔뚝을 편 길이로, 8척(尺)에 해당한다.(仞, 伸臂一尋, 八尺, 從人, 刃聲.)

찾아보기

ㄱ

ㄴ

ㄷ

ㅇ

ㅈ

ㅊ

ㅌ

ㅍ

ㅎ

저자 소개

섭숭의聶崇義

섭숭의는 북송 초기 하남 낙양 출신으로, 예학 특히 '삼례(三禮)'에 정통했던 인물이다. 후한·후주·북송 등의 왕조에서 20년 동안 학관(學官)을 맡으면서 예전(禮典)의 일을 함께 관장했다. 후주 세종 현덕 3년에 당시까지 전해지던 각종 『삼례도』를 수집·고증하여 교(郊)·묘(廟)에 사용할 제기(祭器)와 옥기(玉器)를 도상으로 그리기 시작했다. 그 작업은 북송 태조 건륭 2년에 완성되어 『삼례도』의 이름으로 상주되었으며, 이후 국자감의 강당 벽에까지 그려져 전국으로 유포되었다. 송대 이후 예도(禮圖) 나아가 예제(禮制)의 변화와 전개과정을 고찰하고자 할 때, 『삼례도집주』는 그 출발점이 된다. 또 송대 이전 대부분의 예도가 망실된 현 상황에서 이를 완정한 형태로 담고 있는 섭숭의 『삼례도집주』는 사료적 가치의 측면에서도 매우 귀중한 자료라고 할 수 있다.

역주자 소개

김용천 金容天

동국대학교 대학원 사학과에서 석사 및 박사학위를 받았으며, 현재 대진대학교 역사문화콘텐츠학과 교수로 재직 중이다. 저서로 『전한후기 예제담론』(2007), 『중국고대 상복의 제도와 이념』(2007)이 있으며, 역서로 『후한 유교국가의 성립』(2011), 『삼국지의 정치와 사상』(2017) 등이 있고, 『의례 역주』(2015), 『예기천견록 2』(2022), 『주례주소(1·2·3)』(2023)를 주해하였다. "『석거예론』의 분석과 전한시대 예치이념"(2007), "전국시대 선양론의 전개와 입현공치"(2017), "기장 '수복'의 규정과 예학적 논쟁"(2019), "당대 복제담론과 변례"(2021) 등 다수의 논문이 있다.

소현숙 蘇鉉淑

중국사회과학원 역사학박사로서, 현재 원광대학교 학술연구교수로 재직 중이다. 저서로 『東魏北齊莊嚴紋樣硏究－以佛教石造像及墓葬壁畵爲中心』(2008)이 있고, 공저로 『돌, 영원을 기록하다－고대 중국인의 삶과 죽음』(2018)이 있으며, 역서로 『죽음을 넘어－죽은 자와 산 자의 욕망이 교차하는 중국 고대 무덤의 세계』(2019)가 있다. "東魏武定年間白石半跏思惟像硏究"(2017), "唐 高宗의 阿育王像 複製와 流布－道宣의 역할 및 諸州官寺制의 기능을 중심으로"(2021) 등의 논문이 있다.